Gundisalv Feldner

Die Lehre des heil. Thomas von Aquin über die Willensfreiheit

vernüfstigen Wesen

eine philosophische Studie

Gundisalv Feldner

Die Lehre des heil. Thomas von Aquin über die Willensfreiheit vernüfstigen Wesen
eine philosophische Studie

ISBN/EAN: 9783744668309

Hergestellt in Europa, USA, Kanada, Australien, Japan

Cover: Foto ©ninafisch / pixelio.de

Weitere Bücher finden Sie auf **www.hansebooks.com**

Lehre des heil. Thomas von Aquin

über die

Willensfreiheit der vernünftigen Wesen.

Eine philosophische Studie

von

Fr. Gundisalv Feldner, Ord. Praed.,
Regens und Baccalaureus S. Theol.

GRAZ.
Verlag von Ulrich Mosers Buchhandlung
(J. Meyerhoff).

1890.

Vorwort.

Es ist keine leichte Sache, das Gebiet der Willensfreiheit richtig abzugrenzen. Die Geschichte weiss von Streitigkeiten zu erzählen, die diesbezüglich mehr als einmal im Laufe der Jahrhunderte entstanden sind. Die einen wollten dieses Gebiet mehr als erlaubt ist ausdehnen, die andern gegen alles Recht einschränken. Zum Glücke für die Menschen hat die göttliche Vorsehung Sorge dafür getragen, dass in diese dunkle Frage volle Klarheit komme. Der große heil. Augustin und S. Thomas von Aquin sind vor allem die providentiellen Männer, welche Gott gesandt hat, um uns über die Willensfreiheit richtigen Aufschluss zu geben. Vorliegende Arbeit bringt ausschließlich die Lehre des Doctor Angelicus über die Willensfreiheit der vernünftigen Wesen vom philosophischen Standpunkte aus zur Darstellung. Sollte es gelingen durch dieses Werk im erhöhten Masse die Aufmerksamkeit der Leser auf die Doctrin des heil. Thomas zu lenken, so würde niemand glücklicher sein als:

Graz, am 14. September 1889.

Der Verfasser.

Inhalts-Übersicht.

	Seite
I. Kapitel: Der Wille als Vermögen oder Potenz .	1—124
§ 1. Der Wille der vernünftigen Wesen	1—12

Allgemeine Begriffsbestimmungen des Willens. Hauptmerkmal: die Selbstbestimmung; n. 1. Bestimmung und Selbstbestimmung überhaupt; n. 2. Zweifache Selbstbestimmung; n. 3. Der Wille im allerweitesten Sinne bestimmt; n. 4. Unterschied des Willens vom Strebevermögen der Naturdinge und der Thiere; n. 5, *a, b*.

§ 2. Abhängigkeit des Willens vom Verstande . . . . . 12—24

Der Wille vernünftig durch Antheilnahme; n. 6. Was das bedeutet; n. 7. Unter Verstand ist der praktische gemeint. Folgen eines Fehlers im Verstande. Eine in neuerer Zeit aufgetauchte Lehre; n. 8. Zwei concrete Beispiele von der Abhängigkeit des Willens: die Übereinstimmung unseres Willens mit dem göttlichen; n. 9. Pflicht des Willens dem irrenden Verstande zu folgen; n. 10. Der Einfluss des Verstandes auf den Willen ein mittelbarer; n. 11. Dieser Einfluss ein ausschließlich objectiver; n. 12.

§ 3. Der Wille als Natur und dessen Naturnothwendigkeit   24—46

Der Wille ein einziges Vermögen; n. 13. Die Naturnothwendigkeit im Objecte begründet; n. 14. Das Gut, die Glückseligkeit im allgemeinen und das einzige Mittel zum Ziele bilden das genannte Object; n. 15. Eine unbedingte und bedingte Nothwendigkeit auch in Gott; n. 16. Dieses nöthigende Object für den geschaffenen Willen nicht *objectum quod*; n. 17; sondern bloß objectiver Grund, *ratio volendi*; n. 18. Gottes Wesenheit allein bewegt den Willen objectiv nothwendig; n. 19. Die neuere Theorie unrichtig; n. 20. Inwiefern die objective Bewegung des Willens „allgemeiner Natur"; n. 21. Das Object bestimmt den Willen specificativ; n. 22. Der Zwang und die Gewalt allein der Freiheit hinderlich; n. 23.

§ 4. Der Wille als Wahlfreiheit *(liberum arbitrium)* . . . . 47—62

Warum der Wille frei ist; n. 24. Was die Wahlfreiheit in sich ist; n. 25. Die Wahlfreiheit formell einfach, virtuell zweifach; n. 26. Die Vernunft nicht formell identisch mit der Freiheit; n. 27. Die Vernunft wirkliches Princip, Grund und Wurzel der Freiheit; n. 28.

§ 5. **Das tiefste innerste Wesen der Wahlfreiheit** . . . . 62—86

Der Wille an und für sich ein reines Vermögen, eine reine Potenz; n. 29. Der Wille als actives Princip zusammengesetzt aus Potenz und Act. Unterschied zwischen activer und passiver Potenz. Eine zweifache objective Indifferenz des Willens; n. 30. Doppelte subjective Indifferenz des Willens; n. 31. Die subjective Indifferenz des Willens zugleich verbunden mit der objectiven; n. 32. Welche Indifferenz des Willens für die Freiheit wesentlich erforderlich, damit der Wille an und für sich frei genannt werden könne; n. 33. Die passive oder privative für die Freiheit an und für sich nicht nothwendig; n. 34. Die Freiheit formell durch die active Indifferenz constituiert; n. 35. In den Geschöpfen die passive damit verbunden; n. 36. Diese active Indifferenz eigentlich und *per se* Indifferenz hinsichtlich der Thätigkeit oder der Unthätigkeit; n. 37. Sie hängt aber *per accidens* von der objectiven ab, schließt diese letztere *per accidens* in sich; n. 38. Die Lehre des heil. Thomas und seiner Schüler nicht gegen die Freiheit; n. 39. Der *sensus compositus* und *divisus* des heil. Thomas; n. 40. Der Wille niemals zu einem bestimmt; n. 41.

§ 6. **Der Gegenstand oder das Object der Wahlfreiheit** . 86—124

Das dreifache Object hinsichtlich dessen der Wille frei; n. 42. Hierin der diametrale Gegensatz zwischen S. Thomas und Calvin, Jansenius bezüglich des Objectes; n. 43. Ebenso in Betreff der Thätigkeit oder Unthätigkeit; n. 44. Die Lehre des heil. Thomas diesbezüglich eine ständige; n. 45. Die Macht des Willens, nach dem Bösen zu streben, der Freiheit nicht wesentlich; n. 46. Der Grund warum der Wille Böses begehren kann; n. 47. Die Unabhängigkeit der Freiheit nicht wesentlich; n. 48. Das Gebiet der Freiheit somit ein sehr ausgedehntes, bevor der Wille Gottes Wesenheit besitzt; n. 49. Einwürfe gegen die dargelegte Doctrin: der Wille kann nicht alle seine Acte nicht vollziehen. Widerlegung derselben. Der Wille kennt keine Gewalt; n. 50. Er kennt auch keine subjective Nothwendigkeit; n. 51. Die sogenannten *motus primo primi* beweisen nichts dagegen; n. 52. Diese *motus* unterstehen auch dann der Freiheit, wenn sie von der Vernunft selber ausgehen; n. 53. Der Vorwurf gegen die Thomisten, als zerstörten sie die Freiheit, durchaus unbegründet; n. 54.

II. Kapitel: Die Thätigkeit des Willens der vernünftigen Wesen . . . . 125—144

§ 7. **Die Willensthätigkeit oder der Willensact** . . . . . 125—135

Die Potenz Princip einer Thätigkeit; n. 55. Verschiedene Namen für die Thätigkeit: den Act, die Form und die wirksame Ursache bezeichnend; n. 56. Die Thätigkeit als Accidens und darum als Form im Thätigkeitsvermögen; n. 57. Die immanente und transeunte Thätigkeit als Accidens im Thätigkeitsvermögen als ihrem Subjecte; n. 58. Die Thätigkeit als solche, oder formell genommen in gar keinem Subjecte; n. 59. Die *operatio* im Unterschiede von der *actio*; n. 60.

§ 8. **Das Verhältnis der Thätigkeit zu ihrem Principe: zu der Wesenheit, zu der Potenz im passsiven und activen Zustande** . . . . 135—144

Die Thätigkeit sachlich unterschieden von der Wesenheit in allen geschaffenen Dingen; n. 61. Die Thätigkeit in den Geschöpfen sachlich unterschieden von ihrer Existenz; n. 62. Die Thätigkeit in den Creaturen sachlich unterschieden von der passiven Potenz, von dem Agens *in potentia*; n. 63. Die Thätigkeit sachlich unterschieden von der activen Potenz, von dem Agens *in actu*; n. 64. Die active Potenz, das Agens *in actu* zusammengesetzt aus Potenz und Act; n. 65.

IN. Kapitel: Der Einfluss Gottes auf den Willen der Geschöpfe . . . . 145—274

§ 9. **Gott die Ursache der activen Potenz, des Willens** *in actu* . . . . 145—164

Die active Potenz Princip der Thätigkeit; n. 66. Gott die Ursache der activen Potenz; n. 67. Gott allein Ursache der activen Potenz; n. 68. Die *praemotio physica*; n. 69. Das Appliciren doppelsinnig; n. 70. Der sogenannte simultane Concurs; n. 71. Der bloß simultane Concurs unzureichend; n. 72.

§ 10. **Gott die Ursache der Thätigkeit in den Geschöpfen** 164—180

Die Thätigkeit Gottes der Natur und Causalität nach früher; n. 73. Im Concurse der Gegner keine Über- und Unterordnung; n. 74. Gottes Thätigkeit früher, weil sie ihm immanent; n. 75. Die Thätigkeit selber nicht constitutives Princip der activen Potenz; n. 76. Gott und das Geschöpf entfalten nur eine Thätigkeit; n. 77. Inwiefern Gott unmittelbar wirkt; n. 78. Der simultane Concurs nur haltbar unter Voraussetzung der *praemotio physica*; n. 79. Das Geschöpf Instrument Gottes; n. 80.

§ 11. **Der tiefste innerste Grund der** *praemotio physica* . . 180—188

Unfähigkeit der Creatur das Sein der activen Potenz zu verursachen; n. 81. Die Creatur wirkt das Sein der Thätigkeit nur als Instrument Gottes, durch sich selbst aber ausschließlich passiv, stofflich; n. 82. Der ganze Effect der geschaffenen Ursache zuzuschreiben; n. 83.

§ 12. **Die** *praemotio physica* **der Vertheidiger des bloß simultanen Concurses** . . . . 188—197

Die Gegner lehren thatsächlich eine *praemotio physica*; n. 84. Dasselbe lehrt ebenso klar die neueste Theorie von der Bewegung zum Guten und zu der Glückseligkei; im allgemeinen; n. 85. Die *praemotio physica* von allgemeinen Gesichtspunkten aus bewiesen; n. 86.

§ 13. **Die physische Vorherbewegung und die Freiheit** . . 197—223

Der vorhergehende Einfluss Gottes im Interesse der Freiheit bestritten; n. 87. Dieser Einfluss nothwendig für die formelle Freiheit; n. 88. Durch diese Bewegung erhält der Wille die Herrschaft über seine Thätigkeit; n. 89. Die *praemotio* der Freiheit ebensowenig schädlich als der Wille selber; n. 90. Die *praemotio* verschafft dem Willen die ihm fehlende Vollkommenheit; n. 91. Die Vorherdeterminierung; n. 92. Vom hl. Thomas gelehrt; n. 93. Die Vorherdeterminierung gehört zur Providenz; n. 94. Sie ist nicht gegen die Freiheit; n. 95. Inwiefern eine Thätigkeit mit Nothwendigkeit erfolgt; n. 96. Die Vorherdeterminierung conform der Natur des Geschöpfes; n. 97. Die Vorherdeterminierung bringt ebensowenig eine Nothwendigkeit mit wie die Selbstdeterminierung des Willens; n. 98. Der Wille kann hier auf Erden die Freiheit gar nicht verlieren; n. 99. Die Vereinbarkeit der Vorherbewegung mit der Freiheit aus allgemeinen Principien bewiesen; n. 100.

§ 14. **Die *praemotio physica* und die Sünde des freien Willens** 223—240

Das Wesen der Sünde; n. 101. Die Sünde nicht der Tod, sondern eine unheilbare Krankheit; n. 102. Das Abweichen von der Richtschnur begründet eigentlich die Deformität in der Sünde; n. 103. Inwiefern Gott Ursache und nicht Ursache der Sünde; n. 104. In der Sünde ein Dreifaches; n. 105. Warum Gott nicht die Sünde als solche verursachen kann; n. 106. Gott nicht Endziel, darum auch nicht Ursache der Sünde; n. 107. Dass die Sünde innerlich mit dem Acte verbunden ist, beweist nichts dagegen; n. 108.

§ 15. **Der bloß simultane Concurs Gottes und die Sünde** . 240—250

Bei dem bloß simultanen Concurse wirkt Gott ebenfalls zur Sünde mit; n. 109. Dasselbe gilt, wenn er den Willen nur zum Guten und zur Glückseligkeit im allgemeinen bewegt; n. 110. Dieser Vermittlungsversuch daher ganz unbrauchbar; n. 111.

§ 16. **Schluss: Allgemeiner Überblick über das gewonnene Resultat** . . . . 250—274

Die objective Freiheit: n. 112. Die formelle in Gott; n. 113. In den Geschöpfen; n. 114. Das Freiheitsprincip; n. 115. Die Überführung des Vermögens in den Act durch Gott; n. 116. Der Name: „praemotio" richtig; n. 117. Der bloß simultane Concurs unrichtig; n. 118. Die *praemotio* nicht gegen die Freiheit: n. 119. Die Stellen aus S. Thomas beweisen nichts für die Gegner; n. 120. Die Gegner verlangen Unabhängigkeit des Willens; n. 121.

I. Kapitel.

Der Wille als Vermögen oder Potenz.

§ 1. Der Wille.

1. Der Wille ist jenes geistige Strebevermögen, welches sich zu einem vom Verstande vorgestellten Gut in der Weise neigt, dass es diese seine Neigung sich selber bestimmt. Diese Definition des Willens deutet indessen schon auf einen Willensact hin, berührt darum direct weniger die Potenz oder das Vermögen, als den Act dieser Potenz. Wir sagen daher lieber, der Sache entsprechender, der Wille sei jene Potenz unserer Seele, die ihrer Natur, ihrem Wesen nach, zu einem durch die Vernunft vorgestellten Gut hingeordnet ist.

Der englische Lehrer äußert sich hierüber mit folgenden Worten: „Je näher eine Natur Gott steht, destomehr finden wir die Ähnlichkeit der göttlichen Würde in ihr ausgeprägt. Dieser göttlichen Würde aber ist es eigen, alles zu bewegen, zu neigen, zu leiten, während Gott selber von keinem andern bewegt, geneigt oder gelenkt wird. Eine Natur wird infolge dessen umsoweniger von Gott geneigt, besitzt aber dafür umsomehr die Fähigkeit, sich selber zu neigen, je näher sie an Gott hinanreicht. Die nicht mit Sinneswerkzeugen ausgestattete Natur steht auf Grund ihrer Stofflichkeit am weitesten von Gott ab. Darum wird sie zwar zu einem Ziele hingeneigt, so jedoch, dass in ihr selber kein Neigendes, sondern bloß ein Princip dieser Neigung vorhanden ist. Die mit Sinnen begabte Natur erscheint Gott nähergerückt. Aus diesem Grunde hat sie ein Neigendes in sich selber, nämlich das erfasste oder erkannte Begehrenswerte. Allein die Neigung selber untersteht nicht der Macht des Thieres, welches geneigt wird, sondern ist ihm von anderswoher bestimmt oder determinirt. Das Thier bleibt bei dem Anblicke eines ergötzlichen Gegenstandes nicht frei, hat nicht die Möglichkeit in sich, denselben nicht zu begehren. Die Thiere besitzen keinerlei Herrschaft über ihre Neigungen. Sie sind darum nicht eigentlich selber thätig, sondern werden vielmehr, wie Damascenus sagt, getrieben (aguntur). Die Ursache dieser Erscheinung ist darin zu suchen, dass die sinnliche Strebekraft von einem leiblichen Organe abhängt. Die sinnliche Natur nähert sich infolge dessen den Dispositionen der Materie und körperlichen Dinge, so dass sie nicht so fast sich selber bewegt, als vielmehr bewegt wird.

Die vernünftige Natur ist Gott ganz nahe. Darum besitzt sie nicht allein eine Hinneigung zu einem andern überhaupt, wie die nicht belebten Geschöpfe eine solche ebenfalls haben; und sie setzt diese ihre Neigung nicht bloß in Bewegung, gleichsam als wäre dieselbe für sie schon von anderswoher bestimmt, wie die der sinnlichen Natur: nein, sie hat überdies noch diese ihre Neigung in der Gewalt, so dass sie **nicht mit Nothwendigkeit** nach dem erkannten begehrenswerten Gut strebt, so dass sie sich dazu hinneigen oder nicht hinneigen kann. Daraus ergibt sich dann die Folgerung, dass diese Neigung für sie nicht von einem andern **bestimmt** wird, sondern dass sie selber sich diese Neigung bestimmt. Sie vermag dieses deshalb zu thun, weil sie sich dabei keines leiblichen Organes bedient. Eben dadurch entfernt sie sich von der Natur des Beweglichen, nähert sich aber dafür der Natur des Bewegenden und Thätigen. Dass ein Ding die Neigung zum Ziele sich selber bestimme, das kann nur geschehen, wenn es sowohl das Ziel als auch alle Beziehungen des Zieles zu dem Mittel erkennt. Dies aber ist ausschließlich das Werk der Vernunft. Das Strebevermögen, welches von keinem ändern mit Nothwendigkeit bestimmt wird, richtet sich demgemäß nach der Auffassung oder Erkenntnis der Vernunft. Wir nennen dieses geistige Strebevermögen Willen" (de veritate q. 22. a. 4.).

Wie aus dieser etwas umständlichen Definition des Willens durch den englischen Lehrer ersichtlich ist, beruht das Hauptmerkmal des Willens auf der Selbstbestimmung der eigenen Neigung, der eigenen Thätigkeit. Der Wille als Potenz wird durch den ihm specifisch eigenen Act definiert. Dies darf uns jedoch nicht irre machen, denn die wirkliche und genau zutreffende Definition des Willens erleidet darunter keinerlei Beeinträchtigung, indem wir ja wissen, dass die Potenz als solche ihren Namen und ihr Wesen nur mit Rücksicht auf den Act besitzt. Ebenso verhält es sich mit dem Acte, denn auch dieser wird auf Grund seines Verhältnisses zu der Potenz also benannt und definiert. Der Unterschied des Willens vom sinnlichen Strebevermögen fußt der soeben angeführten Begriffsbestimmung zufolge zunächst nicht darauf, dass, gleichwie das sinnliche Strebevermögen der sinnenfälligen Erkenntnis, ebenso der Wille der Erkenntnis des Verstandes folge. Den Hauptunterschied macht der Umstand aus, dass der Wille die Hinneigung zu dem erkannten Gut **sich selber bestimmt**, während die Hinneigung des sinnlichen Begehrungsvermögens **von einem andern bestimmt wird** (l. c. ad 1.). Wollten wir das Strebevermögen überhaupt in ein solches eintheilen, das ein Allgemeines, und in ein solches, das ein Particuläres zu seinem Gegenstande hat, so wäre dieses nicht ein Unterschied an sich oder *per se*, sondern bloß in der Folge oder *ex consequenti*, insofern nämlich die Erkenntnis manchmal ein Allgemeines, manchmal dagegen ein Particuläres zu ihrem Objecte hat. Dieser Erkenntnis folgt dann die Neigung des Strebevermögens das einemal zu einem Allgemeinen, das anderemal zu einem Particulären (l. c. ad 2.).

2. Wir sehen also, wie der heil. Thomas bei der Definition des Willens ganz besonderes Gewicht legt auf die **Selbstbestimmung** desselben zu einem Acte. Das Wort **Selbstbestimmung** im Texte des Doctor Angelicus dürfte indessen eine nähere Erklärung umsomehr fordern, als es sich in gegenwärtiger Abhandlung häufig wiederfindet. Was bedeutet zunächst der Begriff: Bestimmung, Determinierung? Der englische Meister gibt uns hierüber folgenden Aufschluss: „Das Geschöpf wird in dreifacher Weise bestimmt. Es geschieht entweder durch Beifügung einer Differenz, die der Potenz oder Möglichkeit nach in der Gattung enthalten ist; oder dadurch, dass die gemeinsame Natur in irgend einem Subjecte aufgenommen und damit individuell wird; oder endlich durch Beigabe eines Zufälligen, eines Accidens" (1. dist. 8. q. 4. a. 1. ad 2.). Diesen Worten des heil. Thomas ist zu entnehmen, dass bestimmen, determinieren so viel bedeutet, als einem Dinge Grenzen setzen, ein Ding einschränken, umzäunen (Quodl. 7. a. 1. ad 1.). Ein Beispiel davon weist jede Definition auf, die wir über irgend eine Sache geben. Alle Dinge kommen, wie wir wissen, in irgend einem gemeinsamen Merkmale überein. Das höchste, allen gemeinsame besteht darin, dass sie etwas sind, eine Wesenheit, ein Sein haben. Wüssten wir aber von einem Dinge, das wir genau kennen zu lernen wünschen, weiter nichts, als dass es etwas ist, eine Wesenheit besitzt, so wäre unsere Erkenntnis äusserst mangelhaft und zu gar wenig nütze. Wollen wir darum mehr von ihm in Erfahrung bringen, darüber eine vollständigere Erkenntnis uns erwerben, so müssen wir es näher bestimmen, determinieren. Dies kann aber nur dadurch geschehen, dass wir zu dem Gemeinsamen, worin es mit den übrigen Dingen übereinkommt, ein Merkmal hinzufügen, welches ihm **allein** eigen ist. Setzen wir diesen Process so lange fort, bis wir bei den individuellen Merkmalen und Eigenschaften angelangt sind, so werden wir das erreichen, was wir wollen: die volle, genaue Erkenntnis dieses Einzeldinges. Jedermann sieht sofort ein, dass bei diesem Vorgange eine beständige Determinierung oder Einschränkung, dass unausgesetzt eine Einengung, Umzäunung oder Begrenzung platzgegriffen hat. Die Kreise um das Gemeinsame wurden immer enger und enger gezogen und dasselbe, durch Hinzufügung neuer Eigenschaften, schliesslich auf ein ganz bestimmtes, individuelles

Wesen eingeschränkt. Was ihm daher zuletzt zukommt, das ist ihm **allein** eigen.

3. Diese Determinierung oder Bestimmung nehmen wir thatsächlich auch bei dem Willen der Creaturen wahr. Der Wille als Potenz ist unbeschränkt. Potenz oder Vermögen, wurde früher gesagt, wird er genannt auf Grund eines Verhältnisses, seiner Beziehung zu dem Acte. Wenngleich der Wille zu einem Acte hingeordnet ist, so ist doch damit kein bestimmter, kein Act im einzelnen darunter zu verstehen. Zu einem Acte im einzelnen muss er erst auf irgend eine Weise bestimmt, determiniert, d. h. eingeschränkt werden. Diese Bestimmung oder Begrenzung trifft nun, wie wir vorhin vom englischen Lehrer gehört haben, der Wille **von und durch sich selber**. Darum heisst sie **Selbstbestimmung**. Er selber determiniert sich zu diesem oder jenem Acte. Allerdings soll damit nicht gesagt sein, dass er sich allein und ausschliesslich selber bestimme. Wir werden später aus S. Thomas den stringenten Beweis zu liefern Gelegenheit finden, dass bei dieser Selbstbestimmung des Willens die erste Ursache, Gott, keineswegs zurückgesetzt oder übergangen werden darf, ohne Unmögliches und in sich selbst Widersprechendes zu vertheidigen. Die Selbstbestimmung des Willens schliesst zwei Momente aus, nämlich: dass Gott den Willen mit **Nothwendigkeit**, und irgend eine creatürliche Ursache ihn auch nur in hinreichender, wirksamer Weise zu der Thätigkeit, zu einem Acte bestimme. Diese zwei Arten der Bestimmung resp. des Bestimmtwerdens **allein** kommen ihm nicht zu. Sie bilden daher für ihn die specifische Differenz, die bei jeder richtigen Definition vorhanden sein muss.

Es gibt indessen noch eine andere Weise des Bestimmt- oder Eingeschränktseins. Eine Potenz wird nicht nur vom Acte, sondern auch vom Objecte begrenzt und eingeengt. Die Potenz ist allerdings **unmittelbar** zu ihrem **Acte** hingeordnet; allein der Act ist ebensowenig wie die Potenz um seiner selbst willen da. Er hat vielmehr Beziehung zu dem Gegenstande oder Objecte. Das Object bildet das Princip und die bewegende Ursache für den Act der passiven Potenz. Die Farbe z. B. ist das Princip des Sehens oder Sehactes, indem sie den Gesichtssinn bewegt. Für die Thätigkeit, den Act der activen Potenz, ist der *terminus* und das Ziel Object (1. p. q. 77. a. 3.). Mögen wir demnach den Willen als passive oder als active Potenz fassen, in beiden Fällen müssen wir eine Beschränkung, Bestimmung desselben durch das Object anerkennen. Der Gegenstand des Willens ist das Gut im allgemeinen. Durch das Gut wird also der Wille bewegt, aber auch begrenzt. Allein unter diesem universellen Gut sind unzählige particuläre Güter enthalten. Zu keinem derselben ist der Wille bestimmt, auf keines beschränkt (de veritate q. 22. a. 6. ad 4, ad 5.

— de malo q. 6. a. unic. ad 6. — 1. p. q. 82. a. 2. ad 1.). Dieselbe Thatsache ergibt sich, wenn wir den Willen als active Potenz betrachten, für welche das Ziel Object ist. Alles Mögliche kann dem Willen als Ziel seiner Thätigkeit dienen. Nicht nur Objecte, die ausserhalb oder innerhalb des begehrenden Subjectes liegen, der Willensact, das Wollen selber, ja noch mehr, selbst das **Nichtwollen**, kann für ihn Ziel und *terminus* sein. An sich aber ist er zu allen diesen Objecten unbestimmt, nicht determiniert. **Er selbst determiniert** sich zu dem einen oder dem andern.

Die einzige Bestimmung oder Determinierung, welche der Wille von Natur aus kennt, besteht folglich darin, zu einem Acte und Objecte **überhaupt** hingeordnet zu sein. Darin liegt indessen gerade das Wesen eines Vermögens, einer Potenz. Dadurch wird eine Potenz als solche constituiert. Davon leitet sie ihr Wesen und Sein ab. Diese Hinordnung darf aber nicht als Beziehung, als Relation aufgefasst werden. Die Potenz ist dem englischen Meister nicht identisch mit der Beziehung eines Principes, denn in diesem Falle wäre die Potenz in der Kategorie, im Prädicamente: „*Relatio*". Sie bezeichnet vielmehr ein Princip selbst, oder dasjenige, **wodurch** das Agens thätig ist (1. p. q. 41. a. 5. ad 1.). Die Potenz ist demnach in sich selber, mit Rücksicht auf ihr Sein nicht eine Beziehung (1. dist. 7. q. 1. a. 2. — de potentia q. 1. a. 1. ad 3.). Wird sie in sich selber betrachtet, so gehört sie in die Kategorie, welche Qualität genannt wird. Selbstverständlich kann man dies nur vom Willen, von der **Potenz in den Geschöpfen** behaupten. In Gott ist die Potenz sachlich ein und dasselbe mit der Wesenheit. Nichtsdestoweniger bezeichnet auch in Gott die Potenz eine Wesenheit **mit der Beziehung** zu einem Acte und Objecte.

Der Wille ist ferner beschränkt und bestimmt dadurch, dass er den Gegenstand nur als ein Gut anstrebt und begehrt. In dieser Beziehung wird er ebenfalls nicht durch sich selber, sondern durch Gott, seinen Schöpfer, den Urheber seiner Natur, eigentlich durch das Wesen seiner Natur bestimmt. Darum wurde oben in der Definition gesagt, der Wille sei nichts anders als die Neigung zu einem Gut. Ein Nichtgut als solches kann niemals Gegenstand eines Begehrungs- oder Strebevermögens sein. Jedes Ding neigt sich ausschliesslich nur zu einem sich Ähnlichen und Convenierenden. Das Nichtgut aber ist dem Strebevermögen durchaus unähnlich, sagt demselben in keiner Weise zu. Darum nennt S. Thomas das Verhältnis des geistigen Strebevermögens zu einem Nichtgut *noluntas*, das zu einem Gut hingegen *voluntas* (1. 2. q. 8. a. 1. c. und ad 1.). Gegen alles, was **nicht gut** ist, hegt der Wille **Abneigung**, zu dem Gut hat er **Hinneigung**. Das Gut bildet als Gegenstand für den Willen sozusagen die Form desselben, gleichwie das Intelligible die Form des Intellectes ist (de virt. q. 2. a. 3.).

Das Nichtgut als solches aber besitzt keine Form, es ist im Gegentheil der Mangel, die *privatio* jeglicher Form, jedes Guts. Folglich kann es den Willen nicht bestimmen, nicht an sich ziehen, dessen Neigung nicht gewinnen. Es wirkt nur abstoßend.

4. Diese natürliche Beschränkung des Willens auf ein Gut mit Ausschluss jedes Nichtguts benimmt demselben in keiner Weise seine Unbestimmtheit und Unbegrenztheit. Denn, wie der englische Lehrer bemerkt, neigt sich der Wille zu jenem Gut, welches ihm von der Vernunft vorgestellt wird. Die Vernunft aber erkennt und erfasst alles, was immer auf irgend eine Art ein Sein hat. Materie und Geist, Gott und Welt, sich selbst und anderes, den Willen mit allen seinen Eigenschaften, mit seinen Neigungen und Abneigungen kann die Vernunft dem geistigen Strebevermögen als ein Gut darstellen. Sie vermag sogar das, was in Wahrheit nicht ein Gut ist, als etwas Begehrenswertes dem Willen einzureden und ihm die Neigung zu diesem Scheingut abzugewinnen. Das Gebiet der Vernunft ist somit ein sehr ausgedehntes, man kann es in gewissem Sinne ein geradezu schrankenloses nennen, denn es wird nur vom Nichts, vom Nichtsein begrenzt. Richtet sich nun der Wille, gemäss der ausdrücklichen Lehre des heil. Thomas, nach der Erkenntnis- und Darstellung eines Gegenstandes durch die Vernunft, so unterliegt es keinem Zweifel, dass er auch an dieser Unbegrenztheit der Vernunft participirt. Seine natürliche Neigung erstreckt sich demnach auf alles das, was auf Grund des Urtheils der Vernunft ein Gut ist (de virt. q. 1. a. 5. c. ad 1 et 2.). Wir sagen, seine natürliche oder angeborne Neigung beziehe sich auf jedes beliebige Gut, er sei zu keinem an und für sich bestimmt, determiniert. Dadurch unterscheidet sich eben das Vermögen, die Potenz eines Dinges von seiner Thätigkeit, seinem Acte. Und unsere Aufgabe ist zunächst die, den Willen als geistiges Begehrungsvermögen, als Potenz zu definieren.

Die Lehre des englischen Meisters, dass der Wille sich selber bestimme, darf nicht in dem Sinne verstanden werden, als bestimmte, beschränkte der Wille sich selber zum Strebevermögen, zu der Potenz. Diesbezüglich ist er schon durch seine Natur, durch den Schöpfer der Natur bestimmt. Noch weit richtiger würde man indessen sagen, dazu sei er durch seinen Ursprung aus dem Nichts bestimmt worden. Zu dem Gut im allgemeinen hat ihn allerdings der Urheber, seiner Natur entsprechend, bestimmt. Die mögliche, potentielle Neigung zu dem genannten Gut stammt von Gott. Sie liegt ganz und gar im Wesen des Willens selbst. In dieser Beziehung kann somit von einer Selbstbestimmung nicht die Rede sein. Die Selbstbestimmung des Willens, von welcher S. Thomas spricht, gilt der Willensthätigkeit oder -Unthätigkeit, sowie den einzelnen Gegenständen, Objecten, zu welchen der Wille sich neigen oder nicht neigen kann. Der Willensact ist jedesmal **bestimmt**, vollkommen **abgegrenzt**. Das Nähere hierüber wird in der vorliegenden Abhandlung allseitig erörtert und zur Genüge klargestellt werden.

5. Fassen wir die vom englischen Meister angeführte Definition des Willens genauer ins Auge, und wir werden finden, dass sie durchaus richtig und sehr zutreffend ist. Das, was dem Strebevermögen **überhaupt** zukommt, nämlich die Neigung zu einer Form, welche Form auch Act genannt wird, ist auch in der Begriffsbestimmung des Willens klar ausgesprochen. Der Wille ist die Neigung zu einem von der Vernunft erkannten und ihm vorgestellten Objecte. Dieses Object bildet für den Willen **als Potenz** den Act oder die Form, zu welcher er sich neigt. Wir haben somit das *genus* der Definition. Die specifische Differenz wird dadurch ausgedrückt, dass der Wille diese seine Neigung **sich selbst** gibt oder bestimmt. Diese Eigenschaft ist das, wodurch der Wille von dem Strebevermögen der andern Geschöpfe sich unterscheidet und zwar erstens:

a) vom Begehrungsvermögen der Naturdinge.

Die leblosen Creaturen haben bloß **das Princip der Neigung** zu einem andern in sich, nicht diese Neigung selber. Zweifelsohne streben alle Dinge nach dem Gut, aber ein jedes nach seiner Art und Weise. Ein Ding wird nämlich auf doppelte Art zu einem andern als seinem Ziele hingeordnet und hingelenkt. Entweder geschieht es durch sich selber, wie z. B. der Mensch sich selber zu einem Orte hinbegibt, den er im Auge hat; oder durch ein anderes, wie z. B. der Pfeil vom Bogenschützen zu einer bestimmten Stelle hin dirigiert wird. Jene Wesen allein vermögen sich selber zu dirigieren, die das Ziel erkennen. Denn derjenige, der etwas zu einem andern hinlenkt, muss von diesem andern Kenntnis haben. Was dagegen von einem andern geleitet wird, das braucht nicht selber das bestimmte Ziel zu erkennen. Diese Hinneigung eines Dinges durch ein anderes kann auf zweifache Weise erfolgen. Manchmal wird das, was eine Hinneigung zu einem Ziele in sich hat, vom Dirigierenden bloß angetrieben und bewegt, ohne von ihm einen **bleibenden** Eindruck, eine Form zu erhalten, auf deren Grund hin sonst dem in dieser Weise geleiteten Subjecte die angezeigte Direction oder Neigung zukommt. Neigungen dieser Art werden gewaltthätige genannt, wie z. B. jene, die vom Bogenschützen dem Pfeile mitgetheilt wird. Ein anderesmal empfängt das, was zu einem Ziele dirigiert oder hingelenkt wird, vom Dirigierenden oder Bewegenden eine Form, durch welche ihm diese Neigung zutheil wird. Die Neigung dieser Art ist eine **natürliche**, indem sie gleichsam ein natürliches Princip hat. Derjenige, der dem Steine die Schwerkraft verliehen, hat demselben auch die Neigung gegeben, dass er **naturgemäß** nach der Tiefe gezogen werde. Darum ist der Erzeuger, wie der

Philosoph im 8. Buche der Physik lehrt, der Beweger für alles Schwere und Leichte. Die Naturdinge sind auf diese Art zu all dem hingeneigt, was ihnen entspricht, indem sie ein gewisses Princip dieser Neigung in sich selbst haben. Die Neigung ist infolge dessen für sie eine natürliche, so dass sie in gewisser Beziehung selber vorwärtsstreben, und nicht bloß zu dem entsprechenden, ihnen convenierenden Ziele geleitet oder geführt werden. Die Naturdinge selbst schreiten auf ihr Ziel zu, weil sie mit dem Neigenden und Dirigierenden durch das ihnen eingeprägte Princip thätig sind *(cooperantur)*. Die Dinge hingegen, welche Gewalt erleiden, werden ausschliesslich geführt, weil sie selber für den Beweger zu dieser Bewegung nichts beitragen. Alle Dinge sind demnach naturgemäß zum Gut geneigt, ja man kann sagen, dass alle nach dem Gut streben. Streben bedeutet soviel, als dasjenige begehren, zu dem man hingeordnet ist." Alle Dinge aber werden von Gott zu dem Gut hingeordnet und dirigiert, und zwar in der Art, dass jedes derselben das Princip, wodurch es das Gut anstrebt, in sich selber hat. Man muss deshalb zugeben, dass alle Dinge, naturgemäß nach dem Gut streben. Wären die Dinge zum Gut hingeneigt, ohne das Princip der Neigung in sich zu haben, so müsste man anerkennen, dass sie zwar zu dem Gut dirigiert sind, nicht aber, dass sie nach dem Gut streben. Vermöge des in sie gelegten Principes streben alle das Gut an (de veritate q. 22. a. 1.).

Wir haben also hier den ersten Unterschied des Willens von den Naturdingen. Diese haben nur das Princip der Neigung, nicht die Neigung selber in sich. Nicht sie selbst neigen sich zu der ihnen entsprechenden Form, sondern sie werden ausschließlich von einem andern dazu geneigt.

Es ist aber noch ein weiterer Unterschied wahrzunehmen. Das Gut, welches vom natürlichen Strebevermögen begehrt wird, ist ein bestimmtes und uniformes (l. c. a. 3. ad 3.), weil das natürliche Strebevermögen der Geschöpfe im allgemeinen nichts anderes bedeutet, als die Neigung eines Dinges in Kraft seiner Natur. Daher begehrt überhaupt jede Potenz durch ihr natürliches Streben etwas, was ihr zusagt oder conveniert (1. p. q. 78. a., 1. ad 3.). Der Wille dagegen begehrt nicht bloß das, was ihm zusagt, was ihm als Potenz conveniert, sondern alles, was die andern Potenzen angeht, was überhaupt ein Gut für den ganzen Menschen ist (1. 2. q. 10. a. 1.). Das Gut des Willens ist daher nicht ein bestimmtes und uniformes, sondern der Zahl und Art nach ein gar vielfaches. Daher ist auch vonseiten des Willens die Neigung zu dem Gut nicht eine uniforme und bestimmte.

Endlich ist der Unterschied zwischen dem Willen und dem Begehrungsvermögen der Naturdinge auch darin begründet, dass diese letzteren keine Erkenntnis des Objectes haben, nach welchem sie streben. Für das Streben der Naturdinge ist eine natürliche Erkenntnis durchaus nicht nothwendig. Denn die Erkenntnis kommt durch eine Ähnlichkeit zustande. Die Ähnlichkeit bezüglich des Seins in der Natur bringt nicht allein keine Erkenntnis hervor, sondern ist derselben geradezu hinderlich. Zum Beweise dafür dient die Thatsache, dass die Organe, deren die Sinne zum Zwecke der Erkenntnis bedürfen, von allen Ähnlichkeiten der sinnenfälligen Dinge frei sein müssen, um dieselben aufnehmen und erfassen zu können. Nichtsdestoweniger begehren Wesen dieser Art etwas, indem sie vermöge ihres natürlichen Strebens, ihrer natürlichen Neigung zu einem in der Wirklichkeit existierenden Dinge Beziehung haben (de veritate q. 22. a. 1. ad 2.). Die Naturdinge selbst brauchen keine Erkenntnis des Zweckes zu besitzen, denn sie werden anstatt zu lenken, selber zu dem Ziele hingeleitet (l. c. ad 9.). Wir wollen auf die noch ausführlichere Darlegung dieses Unterschiedes vorläufig nicht weiter eingehen. Wer noch Näheres darüber zu wissen verlangt, vergleiche: 1. 2. q. 8. a. 1. — ib. q. 17. a. 8. — ib. q. 26. a. 1. — ib. q. 35. a. 1. — ib. q. 40. a. 3. — de malo q. 3. a. 3. — de virt. q. 4. a. 3. — 1. p. q. 103. a. 1. — ib. a. 8. — und noch sehr viele andere Stellen des Doctor Angelicus.

b) Der Wille unterscheidet sich ferner nach der oben gegebenen Definition aus S. Thomas vom Begehrungsvermögen der Thiere.

Obgleich alle Dinge nach dem Gut streben, und das Princip dieses Strebens, dieser Neigung in sich haben, so bewegen doch nicht alle sich selber. Um sich selber bewegen zu können, dazu ist nämlich erforderlich, dass nicht bloß überhaupt eine Bewegung stattfinde, sondern dass sie um eines Zieles willen geschehe. Dies setzt aber eine Kenntnis des Zieles voraus vonseiten desjenigen, was sich selber bewegt (1. 2. q. 6. a. 1.). Diese Kenntnis des Zieles ist entweder eine vollkommene oder eine unvollkommene. Wird der vom Erkenntnisvermögen erfasste Gegenstand nur als eine Sache, eine *res*, nicht formell als Ziel, und die Thätigkeit des sich selbst Bewegenden nicht in ihrem Verhältnisse, in ihrer Beziehung zu diesem Ziele erkannt, so bleibt die Kenntnis des Zieles ein- für allemal eine unvollkommene. Wird dagegen das Ziel nicht bloß als Sache, als *res*, sondern formell als Ziel erfasst, und das Verhältnis dessen erkannt, was zu diesem Ziele hingeordnet ist, irgendwie darauf Bezug hat, so ist und bleibt die Kenntnis des Zieles eine vollkommene. Erstere Kenntnis des Zieles ist den Thieren eigen, letztere kommt dem vernünftigen, geistigen Wesen zu (1. 2. q. 6. a. 2.). Verstehen wir demnach das Wort: geneigt *(voluntarium)* in einem weiteren Sinne, insofern es nämlich dem Gewaltthätigen entgegengesetzt ist, so unterliegt es gar keinem Zweifel, dass auch die Thiere ein neigendes, oder sagen wir williges Begehrungsvermögen haben. Denn in diesem Sinne geneigt oder willig heißt alles das, was von einem innern Princip ausgeht, gegenüber dem Gewaltsamen, dessen Princip ein äußeres ist. Die Thiere werden thatsächlich durch sich selber bewegt. Sie besitzen jedoch weder einen Willen, noch eine Wahlfreiheit (2. dist. 25. q. 1. a. 1. ad 6.) Die Thiere erkennen nicht formell und durch Vergleichung das ihnen vorgestellte Gut, sondern durch einen gewissen natürlichen Instinct. Daher haben sie eine gewisse Auffassung und Abschätzung des Nützlichen wie Schädlichen (*aestimatio*), aber keine eigentliche Kenntnis. Sie üben infolge dessen ihre Thätigkeit deshalb aus, weil sie von der Natur dazu bestimmt werden, nicht aber dadurch, dass sie sich im eigentlichen Sinne selbst dazu bestimmen (l. c. ad 7.). — Der erste Unterschied zwischen dem Willen und dem Begehrungsvermögen der Thiere besteht somit darin, dass die Thiere keine eigentliche Erkenntnis dessen besitzen, wornach sie streben.

Dazu kommt ein zweiter. Das Urtheil der Thiere erstreckt sich nicht auf alles, wie jenes der Vernunft, sondern nur auf ganz bestimmte Dinge. Ihr Urtheil ist, strenge genommen, zu einem bestimmt (de veritate q. 24. a. 2.). Sie urtheilen in Kraft des Naturtriebes, niemals aber mit Überlegung. Daher sehen wir, dass alle Thiere einer und derselben Art ihre Thätigkeit auf gleiche Weise entfalten: z. B. die Schwalben bei dem Bau der Nester, die Bienen bei Verfertigung der Waben u. s. f. Sie vermögen aber andererseits auch keine andere, als die ihrer Art entsprechende Arbeit zu verrichten. Die Schwalbe kann nur Nester bauen, weiter nichts. So verhält es sich mit allen Thieren. (l. c. a. 1.) Die Erkenntnis des Menschen dagegen ist eine gar mannigfaltige. Sein Urtheil erstreckt sich auf alles, was in der Wirklichkeit oder in der Auffassung ein Sein hat. Der Mensch urtheilt über sich selber, über seine Thätigkeit, über das eigene Urtheil. Er selbst, nicht aber seine Natur, ist die Ursache dieses seines Urtheiles (l. c.).

Der dritte Unterschied zeigt sich darin, dass die Thiere nicht im eigentlichen Sinne sich selber bewegen, zu einer Thätigkeit bestimmen. Sie werden vielmehr von Gott durch den natürlichen Instinct in Bewegung und in Thätigkeit versetzt. Darum gehorchen auch sie ihrem Schöpfer (2. 2. q. 83. a. 10. ad 3.). Die Thätigkeit des Strebevermögens richtet sich stets nach dem Urtheile der Erkenntniskraft. Das Urtheil der Thiere ist, wie wir soeben vom euglischen Meister gehört, zu einem bestimmt. Das nämliche muss folgerichtig auch vom Begehrungsvermögen der Thiere gesagt werden. Sie werden daher, wie S. Augustin bemerkt, vom wahrgenommenen Gegenstande bewegt, und, nach dem Zeugnisse des Damascenus, von den Leidenschaften getrieben, weil sie über ein wahrgenommenes Object und eine angeregte Leidenschaft auf natürliche Weise urtheilen. Die Folge davon ist dann, dass sie durch den Anblick eines Gegenstandes und durch die sogleich dabei entstehende Leidenschaft nothwendig zum Fliehen oder zum

Begehren angeregt resp. bewegt werden (de veritate q. 24. ad 2.). Es hat darum seine volle Richtigkeit, dass die bewegende Kraft der Thiere, an und für sich betrachtet, weder zu dem einen noch zu dem andern sich mehr neigt. Insofern werden sie bewegt und auch nicht bewegt. Allein das Urtheil, wodurch die bewegende Kraft zu dem einen oder andern appliciert wird, ist ein **bestimmtes, ganz determiniertes.** (l. c. ad 2.) Wenn auch bei den Thieren dem Gesagten zufolge eine gewisse Indifferenz der Thätigkeit anerkannt werden muss, so kann man doch nicht behaupten, dass es ihnen **freistehe**, zu handeln oder nicht zu handeln, **freie** Thätigkeiten zu entfalten. Die Thätigkeit an und für sich ist eine freie. Nimmt man jedoch Rücksicht auf ihre Beziehung zu dem Urtheile, so wird man finden, dass sie zu einem bestimmt, auf eines eingeschränkt ist. (l. c. ad 3.) Daher erfolgt die Thätigkeit der Thiere aus der Bestimmung **der Natur**, nicht aber aus jener **des Thätigen selber**. (2. dist. 25. q. 1. a. 1. ad 7.). Aus diesem Grunde **muss** das Schaf den Wolf fliehen, es kann gar nicht anders.

Die Thätigkeit oder Bewegung des Strebevermögens bei den Thieren hat, also strenge genommen einen äußeren Grund. Der heil. Thomas sagt diesbezüglich Folgendes: „Die Bewegung im Thiere wird auf zweifache Weise von einer äußeren Ursache veranlasst. Zunächst wird durch diese äußere Bewegung den Sinnen des Thieres ein sinnenfälliger Gegenstand vorgestellt, der, sobald er erkannt wird, alsogleich das Begehrungsvermögen des Thieres in Bewegung setzt. Überdies wird durch die äußere Bewegung der Körper des Thieres einigermaßen infolge seiner Veränderlichkeit alteriert. Bei dieser durch die Bewegung eines äußeren Gegenstandes bewirkten Alteration des thierischen Körpers, wird auch, allerdings *per accidens*, das sinnliche Begehrungsvermögen beeinflusst. Es ist ja an ein leibliches Organ gebunden und ändert sich demnach ebenfalls, wenn das Organ geändert wird" (1. 2. q. 6. a. 1. ad 2.). In dem Momente, wo das Thier ein nützliches oder schädliches Object sieht, tritt auch sofort das Begehrungsvermögen desselben in Thätigkeit (l. c. a. 2.). Das Strebevermögen der Thiere, wie selbst das sinnliche im Menschen, wird an und für sich vom äußeren Objecte mit **Nothwendigkeit in** Thätigkeit versetzt. Bei den Thieren steht dies, wie die Erfahrung zeigt, außer Frage. Auf Grund dieser **mit Nothwendigkeit** wirkenden äußeren Einflussnahme ist eine Dressur möglich (de veritate q. 22. a. 2. ad 7.). Das sinnliche Begehrungsvermögen des Menschen wird nur insofern vom äußeren Objecte **nicht mit Nothwendigkeit** bewegt, als es, nicht despotisch zwar, wohl aber politisch unter der Oberherrschaft des Verstandes und Willens steht. Die *motus primo primi* weisen indessen auf die ihm natürliche und nothwendige Bewegung hin.

Aus der soeben dargelegten Untersuchung ergibt sich mit voller Klarheit, dass der englische Lehrer den Willen sehr richtig und genau definiert hat, wenn er sagt: der Wille sei die aus der **Selbstbestimmung** hervorgehende Neigung zu irgend einem durch den Verstand ihm vorgestellten Gut. Es kann jedes beliebige, wahre oder scheinbare Gut sein, welches er begehrt. Weder der Verstand noch der Wille sind hierin beschränkt, wie die Erkenntniskraft und das Begehrungsvermögen in den Thieren, wie der *appetitus naturalis* bei den Naturdingen beschränkt sind. Diese Neigung wird ferner nicht bestimmt vom äußern Objecte. Keines derselben wirkt **nöthigend** auf den Willen ein. Das Gegentheil davon sehen wir bei den Thieren. Das Schaf **muss** fliehen, sobald es des Wolfes ansichtig geworden. Sie ist auch nicht bestimmt durch den Schöpfer unseres Willens, wie der *appetitus naturalis* in den unbelebten Creaturen und das Strebevermögen der Thiere, sondern der Wille selbst bestimmt seine eigene Neigung.

Dem aufmerksamen Leser der eingangs angeführten Stelle aus dem englischen Meister wird es nicht entgangen sein, dass der Doctor Angelicus einzig und allein **auf die Selbstbestimmung** des Willens Gewicht legt. Hierin findet er das unterscheidende Merkmal des Willens von den anderen Strebevermögen. Es ist von großer, tiefgehender Bedeutung, sich diese Lehre des heil. Thomas im Verlaufe gegenwärtiger Abhandlung fortwährend vor Augen zu halten. Die **Nothwendigkeit** der Vorherbewegung des Willens durch Gott sowohl, wie nicht minder die Wahrung der vollen Freiheit desselben, werden dabei in ein helles Licht gesetzt, und können folglich an Gewissheit nur gewinnen. Niemand hat die Freiheit des Willens nach jeder Richtung hin besser und entschiedener vertheidigt als der englische Meister, niemand besteht aber auch andererseits energischer auf der *praemotio physica* wie er.

§ 2. Abhängigkeit des Willens vom Verstande.

6. Der heil. Thomas bemerkt mehr als einmal, der Wille sei eine Neigung, die einer vom Verstande erkannten Form folgt. Diese Bemerkung führt uns zur Betrachtung des Abhängigkeitsverhältnisses der Willenskraft vom Verstande. Wiederholt spricht sich der englische Meister dahin aus, dass der Wille vernünftig durch Antheilnahme sei *(rationale per participationem)*. So sagt er z. B. vernünftig durch Antheilnahme sei nicht bloß der zornmüthige und begierliche Theil, sondern wie es im ersten Buche der Ethik heißt, das Strebevermögen des Menschen überhaupt. Unter dem Strebevermögen sei indessen auch der Wille miteinbegriffen (1. 2. q. 56. a. 6. ad 2.). Dasselbe lehrt der Doctor Ange-

licus: 1. 2. q. 59. a. 4. ad 2. Damit stimmt eine andere Stelle überein, in welcher S. Thomas Folgendes schreibt: „Das Subject der Cardinaltugend ist vierfach, nämlich das Vernünftige durch die Wesenheit; dieses wird durch die Klugheit vervollkommnet. Ferner das Vernünftige durch Antheilnahme, welches in dreifacher Weise unterschieden wird: als Wille, als begierlicher und zornmüthiger Theil. Der Wille bildet das Subject für die Gerechtigkeit, der begierliche Theil für die Mäßigkeit, der zornmüthige für den Starkmuth (1. 2. q. 61. a. 2.). Vernünftig durch Antheilnahme wird folglich nicht bloß der zornmüthige und begierliche Theil genannt, sondern das Strebevermögen im allgemeinen. Darum hat der Wille, obgleich er durch seine Wesenheit im intellectiven Theile ist, mit Bezug auf seine Acte Antheil an der Vernunft. Zumal strebt er nach den Mitteln, wie sie von der Vernunft im voraus angeordnet sind (3. dist. 33. q. 2. a. 4. qu. 3. ad 1.). Gleichwie es daher zur Vollkommenheit der menschlichen Natur, insofern der Mensch Mensch ist, gehört, dass er einen vernünftigen Willen besitze, ebenso ist ihm als Animal das sinnliche Strebevermögen eigen. Dieses letztere hat jedoch bei den Thieren nicht die Bedeutung des Willens, denn die Thiere werden mehr vom Instincte der Natur getrieben, als dass sie selber thätig sind. Infolge dessen haben sie keine freie Bewegung, wie der Wille eine solche verlangt. Das sinnliche Strebevermögen im Menschen kann man indessen Willen nennen, insofern es der Vernunft gehorcht, wie es im ersten Buche der Ethik heißt. Aus diesem Grunde hat es einigermaßen Antheil an der Freiheit des Willens und Geradheit des Verstandes. Nur in diesem Sinne kann man sagen, es sei Wille durch Antheilnahme, wie es auch Vernunft durch Antheilnahme genannt wird (3. dist. 17. q. 1. a. 1. qu. 2.). Das Strebevermögen überhaupt wird demnach insofern vernünftig durch Antheilnahme genannt, als es der Vernunft gehorcht (2. 2. q. 58. a. 4 ad 3). Der Wille steht in der Mitte zwischen der Vernunft und dem begierlichen Theile und er kann von beiden bewegt werden" (2. 2. q. 155. a. 3. ad 2.).

7. Was will uns nun der englische Lehrer mit diesen Erklärungen sagen? etwa dass der Wille keine geistige Potenz, kein vom Leibe unabhängiges Vermögen bilde? Durchaus nicht. Das liegt der Lehre des heil. Thomas ganz und gar ferne. Der Wille ist dem Doctor Angelicus eine Potenz, die unmittelbar in der Seele ruht, folglich durchaus geistiger Natur ist (3. dist. 23. q. 1. a. 3. qu. 1.). Auf die Frage, ob die Vernunft das Subject der Charitas sei, antwortet S. Thomas: „Um zu wissen, in welcher Potenz irgend eine Tugend ist, muss man beachten, welcher Potenz der betreffende Tugendact angehört. Nun besteht die Hauptthätigkeit der Charitas darin, Gott zu lieben. Dies aber ist Aufgabe der Vernunft als dirigierender, und des Strebevermögens als aus-

führender Potenz. Dieser Act gehört folglich dem Strebevermögen an. Allein das **sinnliche** Strebevermögen ist außerstande, diesen Act auszuüben, denn Gott ist nicht Object dieses Vermögens. Dieser Act kommt folglich dem Strebevermögen des **intellectiven** Theiles zu, und zwar nicht insofern er die Mittel zum Ziele erwählt, sondern insofern er Bezug auf das letzte Ziel hat. Dies aber ist dem Willen eigen. Daher ist der Wille das eigentliche Subject der Charitas. Vernünftig **durch die Wesenheit** heißt demnach nicht bloß die Vernunft selber, sondern auch das mit der Vernunft verbundene Strebevermögen, nämlich der Wille. Daher erklärt der Philosoph (3. de anima text. 42.), der Wille sei in der Vernunft (3. dist. 27. q. 2. a. 3. c. et ad 1.). Seiner Wesenheit nach ist der Wille in jenem Theile, der *per essentiam* vernünftig ist. Allerdings kommt er in Bezug auf die Ähnlichkeit seiner Acte mit dem zornmüthigen und begierlichen Theile, die vernünftig durch Antheilnahme genannt werden, überein. Der Wille selbst hat in gewisser Hinsicht Antheil an der Vernunft, indem er von der erkennenden Vernunft dirigiert wird" (ib. ad 5.).

Diese Stellen, besonders die letzte, machen uns genau mit dem Sinne bekannt, welchen der englische Lehrer unter dem „Vernünftigsein durch Antheilnahme" gemeint hat. Der Wille ist vernünftig durch Antheilnahme, insofern er von der Vernunft geleitet wird und derselben gehorcht. Von seiten des Verstandes muss die Erkenntnis eines Gegenstandes vorausgehen, damit der Wille sich zu diesem Objecte neige. Der Grund davon ist nicht schwer zu begreifen. Das Strebevermögen ist nämlich eine **passive** Potenz. Es hat daher die Bestimmung in sich, vom erkannten Objecte bewegt zu werden. Das erkannte Gut verhält sich demnach zu dem Strebevermögen wie ein Unbewegliches, das bewegt (1. p. q. 80. a. 2. — 1. 2. q. 18. a. 2. ad 3.). Die Bewegung oder Neigung des Strebevermögens folgt daher **stets** einer vorausgegangenen Erkenntnis (1. 2. q. 28. a. 1.). Diese Wahrheit hat übrigens nicht bloß hinsichtlich des menschlichen Willens ihre Geltung, sondern auch in Betreff des Begehrungsvermögens der Thiere und des *appetitus naturalis* der leblosen Geschöpfe. Der Unterschied besteht nur in Folgendem. Der Wille wird infolge der Erkenntnis des **mit ihm geeinten** Verstandes bewegt, während die Bewegung des Strebevermögens der Naturdinge der Erkenntnis eines von demselben **getrennten** Verstandes, jenes des Schöpfers der Natur folgt. Das gleiche muss von dem Begehrungsvermögen der Thiere behauptet werden, denn auch diese handeln aus einem gewissen natürlichen Instincte (1. 2. q. 40. a. 3. — 1. dist. 1. q. 4. a. 1. ad 1. — ib. dist. 35. q. 1. a. 1.). Ohne irgend eine Erkenntnis kommt demnach niemals eine Bewegung des Strebevermögens zustande. Jederzeit muss eine solche vorausgehen. Daher ist nicht bloß das Strebevermögen bewegend, sondern bei den

Thieren und Menschen auch der Sinn, die Phantasie, der Verstand, weil durch diese drei Kräfte, die der Erkenntnis dienen, das Object für das Strebevermögen vermittelt wird (de veritate q. 15. a. 3. — ib. 23. a. 1.). Die Erkenntnis ist für das Streben geradezu wesentlich. Der englische Meister erklärt darum, durch den Verstand oder die Sinne erkannt sein, komme dem Gut, welches begehrt wird, durchaus nicht *per accidens*, sondern *per se* zu (1. p. q. 80. a. 2. ad 1.). Was den Willen anbelangt, so ist es nicht nothwendig, dass die Erkenntnis sich auf ein Gut beziehe, das in der Wirklichkeit ein solches ist, es genügt, dass es überhaupt als ein Gut vom Verstande erfasst und dem Willen vorgestellt wird (1. 2. q. 8. a. 1. — ib. q. 13. a. 5. ad 2. — ib. q. 19. a. 1. ad 1 und ad 3.). Mit Recht macht darum der heil. Augustin einmal die Bemerkung, der Wille entstehe aus der Erkenntnis (2. 2. q. 83. a. 3.).

Es kann sich übrigens auch gar nicht anders verhalten. Denn wer die ideale Form eines andern in sich hat, geht durch diese Form, durch dieses ideale Abbild eine Beziehung ein zu dem Dinge, welches außerhalb existiert. Weil nun in denjenigen, der versteht und empfindet, das ideale Abbild der erkannten und empfundenen Sache selber enthalten ist — jede Erkenntnis vollzieht sich durch eine Ähnlichkeit, ein Abbild des zu erkennenden und erkannten Objectes —, deshalb muss im erkennenden und empfindenden Subjecte sich eine Beziehung herstellen zu den erkannten und empfundenen Dingen, die in der Wirklichkeit und außerhalb des Erkenntnisvermögens existieren. Dieses Verhältnis, diese Beziehung kann nicht dadurch angeknüpft werden, dass jemand einfachhin erkennt und empfindet. Das Erkennen und Empfinden kommt ja dadurch zustande, dass die Gegenstände ihrem Abbilde, ihrer Ähnlichkeit nach im Verstande resp. im Sinne, nicht außerhalb derselben sich befinden. Das erkennende oder empfindende Subject muss daher diese Beziehung zu den außenstehenden Dingen durch den Willen resp. das sinnliche Strebevermögen vermitteln (1. contr. Gent. c. 72.). Aus diesem Grunde nennen wir das Object des Willens auch Ziel, und der Verstand bewegt den Willen, indem er demselben das Ziel vorzeigt, nach welchem er streben soll (1. p. q. 82. a. 4.). Die Bewegung des Willens erfolgt somit nur dann, wenn der Verstand ein Object als Ziel darstellt. Daher übt der speculative Verstand nie einen bewegenden Einfluss auf das Strebevermögen aus, ebensowenig die Phantasie ohne Vorstellung des Objectes als eines Guts oder Übels (1. contr. Gent. c. 72. n. 5.).

Daraus leuchtet ein, welche Bedeutung der Erkenntnis bezüglich ihres Einflusses auf den Willen zugeschrieben werden müsse. Selbst dem Streben der Naturdinge muss irgend eine Kenntnis vorangehen, damit es sich verwirklichen könne. Der

Unterschied zwischen diesem und den frühern besteht nur darin, dass die Naturdinge die Erkenntnis nicht in sich selber haben, oder, wie S. Thomas sagt, dass der Verstand, dem diese Erkenntnis angehört, nicht mit dem begehrenden Subjecte verbunden ist. Die für sie nothwendige Erkenntnis besitzt aber der Urheber und Schöpfer der Naturdinge. Darum wird die Welt das Werk einer Intelligenz genannt.

8. Aus diesem Abhängigkeitsverhältnisse des Willens vom Verstande ergibt sich die Folgerung, dass der Wille niemals nach dem Bösen streben kann, außer auf Grund eines Irrthums, eines fehlerhaften Urtheils von seiten der Vernunft. Speculativ mag jenes Urtheil ein richtiges sein, allein das speculative Urtheil hat für den Willen keinerlei Bedeutung. Der *intellectus speculativus* bewegt nicht, lehrt der englische Meister. Auch das speculativ-praktische Urtheil kann allenfalls zutreffend sein, wenn der Wille sich zu einem Gegenstande neigt, der nicht gut ist. Ein Fehler muss jedoch unter allen Umständen vorhanden sein im Urtheile der Vernunft über das Particuläre, zu welchem sich der Wille *hic et nunc* neigt. Da nämlich das erkannte Gut das Object für den Willen bildet, so kann der Wille nicht zu dem Bösen sich neigen, wenn es ihm nicht *hic et nunc* als ein Gut dargestellt wird. Der Irrthum liegt somit darin, dass die Vernunft dem Willen das Böse als ein Gut vorhält (1. contr. Gent. c. 95.). Das Streben des Willens geht einzig und allein nur auf alles das, was der Verstand als ein Gut darstellt. Begehrt der Wille thatsächlich etwas Böses, wählt er also verkehrt, so geschieht es, wie der Philosoph bemerkt, infolge eines unrichtigen Urtheils der Vernunft darüber, was in diesem Einzelfalle zu wählen sei (3. contr. Gent. c. 85.). Zu dem Bösen als solchem würde der Wille niemals sich neigen. Auf die Frage, ob der Wille ausschließlich nur das Gut begehre, antwortet darum der heil. Thomas bejahend. Der Beweis, den er dafür angibt, hat folgenden Wortlaut: „Der Wille ist ein geistiges Strebevermögen. Jedes Strebevermögen aber ist nur auf das Gut gerichtet. Der Grund davon aber liegt darin, dass das Streben eine Neigung des begehrenden Subjectes ist. Dieses Subject kann sich indessen nur zu jenem Gegenstande neigen, der ihm als ähnlich und convenient dargestellt wird. Jedes Streben zielt demnach auf ein Gut ab, denn das Ähnliche, Convenierende bildet für das begehrende Subject zweifelsohne ein Gut. Der Philosoph hat folglich durchaus recht, wenn er sagt, dass alle Dinge nach dem Gut verlangen. Die Naturdinge neigen sich zu der in der Wirklichkeit existierenden Form, das sinnliche und geistige Strebevermögen, der Wille, zu der Form, die durch eine Erkenntnis vermittelt wird. Der *appetitus naturalis* strebt nach dem wirklichen Gut in der Sache, der *appetitus animalis* und der Wille nach dem Gut in der Sache infolge der Vorstellung durch

das Erkenntnisvermögen. Ist es auch kein wahres, so muss es doch ein scheinbares Gut sein, damit der Wille es begehre (1. 2. q. 8. a. 1.).

Diese Lehre des heil. Thomas über die **natürliche Abhängigkeit** des Willens vom Verstande müssen wir nebst anderen Gründen auch deshalb besonders betonen, weil in neuerer Zeit eine alte Ansicht wieder sich Geltung zu verschaffen sucht, nämlich die, dass Gott den Willen des Menschen zu dem Gut und der Glückseligkeit im allgemeinen bewege. Der Einfluss Gottes auf die vernünftigen Geschöpfe sei einzig und allein **nur in dieser Weise** vom heil. Thomas anerkannt und vertheidigt worden. Ebenso sei dieser Einfluss oder diese Bewegung **allgemeiner Natur**. Vergleichen wir die vorhin dargelegte Lehre des Doctor Angelicus über die Abhängigkeit des Willens vom Verstande, indem der Wille ausschließlich nur **ein Gut begehren kann**; erinnern wir uns ferner an das Unbeschränktsein des Willens hinsichtlich der Objecte, so dass er nach allem, was immer als **ein Gut** ihm vorgestellt wird, streben **kann**: und wir haben genau dasjenige, was diese neuere, in Wirklichkeit schon bedeutend ältere Ansicht, den englischen Meister lehren lässt. Allein bei einiger Aufmerksamkeit wird jedermann unschwer herausfinden, dass hier weder von **einer Bewegung** durch Gott die Rede, noch dass diese Bewegung allgemeiner Natur ist. Der heil. Thomas hat weder das eine noch das andere gelehrt. Das unmittelbare, **aber objective** Princip für die Bewegung des Willens bildet allerdings das erkannte Gut, weil es das Object des Willens ist und letzterer durch dasselbe bewegt wird, wie der Gesichtssinn von der Farbe (3. contr. Gent. c. 88.). Man darf jedoch nicht vergessen, dass diese **natürliche** Neigung des Willens keineswegs auf das Gut und die Glückseligkeit im allgemeinen, also auf das letzte Ziel **allein** sich erstreckt, sondern auf **jedes Gut**, das als solches erkannt wird. Wie jede andere Potenz zu ihrem Objecte, so ist der Wille zu dem erkannten Gut **auf natürliche Weise** hingeordnet (de virt. q. 1. a. 5. ad 2). Der englische Lehrer sieht den Grund, dass im Menschen **zwei** Strebevermögen angenommen werden müssen, gerade in dem Umstande, dass es zwei Erkenntniskräfte gibt (3. dist. 26. q. 1. a. 2. — 1. p. q. 80. a. 2. — de veritate q. 15. a. 3. — ib. q. 25. a. 1.).

9. Die soeben dargelegte Lehre des Doctor Angelicus ist indessen nicht bloß für die Speculation, sie ist ebensosehr auch für die Praxis von Wichtigkeit. Wir wollen es an zwei Beispielen nachweisen. Der heil. Thomas schreibt, die Frage erörternd, inwieweit unser Wille mit dem göttlichen bezüglich des gewollten Objectes conform sein müsse, Nachstehendes: „Manches will Gott durch den sogenannten vorausgehenden Willen. In dieser Beziehung unterliegt es keinem Zweifel, dass wir hinsichtlich des

Gewollten unseren Willen dem göttlichen anbequemen müssen. Gott will aber auch manches durch den nachfolgenden Willen. Dieses Gewollte ist uns nicht **immer bekannt**, außer es wird durch Gottes Wirken uns irgendwie offenbar. Das Gewollte dieser Art fügt der Sache noch etwas an Güte bei, so dass die Sache deshalb gewollt werden kann, weil Gott sie will und angeordnet hat. Sobald daher etwas als von Gott gewollt **erkannt** wird, erfassen wir es als ein Gut. Folglich muss der Wille **auf diese Erkenntnis hin** nach jenem Gut streben. Würde er dieses Gut fliehen, so wäre die Bewegung des Willens weder gut, noch Gott conform. Kein Strebevermögen braucht sich indessen zu einem Gut zu neigen, dessen Wesen **nicht erkannt wird**.

Wir wissen nun aber, dass es verschiedene Abstufungen des Strebens gibt, weil verschiedene **Erkenntnisse** vorangehen, auf welche das Streben folgt. Im Menschen ist z. B. das sinnliche Streben, das auf die sinnenfällige Erkenntnis hin erfolgt. Dieses Streben ist einzig und allein auf jenes Gut gerichtet, welches uns dem Leibe nach zusagt. Durch dieses Streben wird also das für die Sinne angenehme Gut begehrt, niemals aber ein geistiges z. B. die Wissenschaft. Ferner besitzen wir einen gewissen natürlichen Willen, wodurch wir das erstreben, was an sich uns Menschen, als solchen, gut vorkommt. Dieses Streben folgt auf die Erkenntnis der Vernunft, insofern sie etwas absolut betrachtet, z. B. Wissenschaft, Tugend, Gesundheit, die wir Menschen wollen. Endlich findet sich in uns ein gewisser überlegter Wille, dem Acte des Verstandes folgend, der das Ziel und die verschiedenen Umstände ins Auge fasst. Gemäß **diesem** Willen streben wir nach dem, was in Kraft des Zieles oder aus irgend einem anderen Umstande ein Gut ist. Hat nun ein Ding alle drei Arten der Güte, so wird jedes Strebevermögen, vorausgesetzt, dass es ein geordnetes ist, jenes Gut begehren. Fehlt dagegen dem Dinge eine dieser Arten, dann darf jenes Strebevermögen, dem die fehlende Güte entspricht, nicht nach jenem Dinge verlangen, sondern nach dem geraden Gegentheile, wenn in diesem Gegentheile die Güte liegt. Sich um der Gesundheit willen einer Operation unterziehen, ist weder dem Leibe besonders angenehm, noch an sich ein Gut. Ein Gut ist es bloß aus dem Ziele. Daher wählt dies bloß der überlegte Wille. Das sinnliche Strebevermögen und der Wille als Natur verabscheuen es. Auf ähnliche Weise verhält es sich bei unserer vorhin gestellten Frage. Wird etwas als von Gott gewollt **erkannt**, was man besonders aus dem Wirken Gottes sehen kann, so muss der **überlegte Wille** (der Wille als Freiheit), welcher der Vernunft, die vergleichend, untersuchend jenen Grund der Güte erkennt, folgt, das Gut wollen, wenngleich der natürliche Wille und das sinnliche Strebevermögen jenes Gut fliehen. Gerade durch diese Flucht sind sie dem göttlichen Willen conform, denn sie streben nach dem Gut gemäß ihrer Erkenntnis. Aus diesem Grunde kann jemand über den Tod seiner Eltern trauern, und er braucht sich nicht darüber zu freuen, was nach Gottes Willen geschieht. Daher bemerkt der Philosoph, es reiche hin, dass der Starke im Anblicke der Todesgefahr traurig gestimmt werde, es sei nicht nothwendig, dass er darüber Freude habe" (1. dist. 48. q. 1. a. 4.).

Denselben Einfluss des Verstandes, respective der Erkenntnis auf den Willen lehrt S. Thomas an einer anderen Stelle. „Der Wille strebt nach seinem Gegenstande, wie er ihm von der Vernunft vorgestellt wird. Die Vernunft aber kann etwas unter verschiedenen Gesichtspunkten betrachten, so dass der Gegenstand unter dem einen als ein Gut, unter dem andern nicht als ein Gut erscheint. Begehrt nun der Wille das Object von jenem Gesichtspunkte aus, unter welchem es als ein Gut erscheint und der Wille eines andern strebt nicht nach jenem Objecte, weil es vom Gesichtspunkte aus, unter welchem es ihm vorgestellt wird, nicht als ein Gut erscheint, so sind die Willen dieser beiden vollkommen geordnete. Der Richter will den Verbrecher mit dem Tode bestrafen und er handelt gut, sein Wille ist correct. Die Gemahlin oder die Kinder dieses Verbrechers wollen nicht, dass der Delinquent gestraft werde, weil dieser Tod für sie naturgemäß ein Übel ist. Auch sie befinden sich im Rechte. Gott, der universelle Urheber und Regierer aller Geschöpfe, betrachtet die Dinge von einem höhern Standpunkte aus, als wir Menschen. Er will infolge dessen auch manches, was wir nicht zu wollen brauchen, denn sein Verstand, seine Kenntnis stellt dem Willen so manches als ein Gut dar, was unser Verstand nicht als ein Gut auffasst. Darum ist auch nicht erforderlich, dass unser Wille nach jenem Dinge strebe. Im Gegentheil, dadurch, dass der Mensch es nicht will, ist sein Wille dem göttlichen conform, denn Gott will, dass der Mensch es nicht wolle. Unser Wille muss demnach mit dem göttlichen übereinstimmen formell, d. h. er muss das allgemeine und göttliche Gut wollen, er muss das particuläre Gut auf das allgemeine, als auf das Ziel beziehen. Das particuläre Gut selber ist er bloß materiell zu wollen verpflichtet, insofern es ihm von der Vernunft als particuläres Gut dargestellt wird. Erkennt er es nicht als ein Gut, so kann er es nicht wollen, obgleich Gott, der universelle Machthaber, es will (1. 2. q. 19. a. 10. — ib. q. 39. a. 2. ad 3. — 2. 2. q. 104. a. 4. ad 3.). Unser Wille ist demnach dem göttlichen dadurch vollkommen gleichförmig, dass er dasjenige begehrt, was der Verstand ihm als ein Gut vergegenwärtigt. Das verlangt Gott von unserem Willen. (de veritate q. 23. a. 7.). Man vergleiche damit noch den Artikel 8 derselben Quästio, woraus abermals hervorgeht, wie sehr der Wille jederzeit nach der Beurtheilung eines Dinges durch den Verstand sich richtet.

10. Ein zweites Beispiel dieser Art bietet uns der englische Lehrer in der Lösung der Frage, ob der Wille dem Verstande folgen müsse, wenn letzterer thatsächlich irrt. S. Thomas äußert sich hierüber: „Wenn der Wille bei Gegenständen indifferenter Natur mit der Vernunft nicht übereinstimmt, so ist er **böse** in Anbetracht des Objectes, von welchem die Güte oder Bösartigkeit des Willens abhängt. Das Object ist nicht vermöge seiner Natur der Grund davon, sondern insofern es *per accidens* von der Vernunft als ein begehrenswertes Gut, oder als ein Übel, ein Böses, das zu meiden ist, aufgefasst wird. Weil nun dasjenige den Gegenstand des Willens ausmacht, was ihm von der Vernunft dargestellt wird (1. 2. q. 8. a. 1.), deshalb wird der Wille, der nach einem von der Vernunft als böse erkannten Objecte strebt, dadurch selber böse. Dies gilt nicht allein in Bezug auf jene Dinge, die an und für sich indifferent, sondern auch hinsichtlich jener, die an und für sich gut oder böse sind. Denn nicht nur das Indifferente kann *per accidens* gut oder böse werden, sondern auch das, was gut, kann böse, und das, was böse, kann gut werden, **je nach der Erkenntnis oder Auffassung der Vernunft.** An Jesus Christus glauben, ist an und für sich gut und zu unserm Heile nothwendig. Allein unser Wille begehrt dieses nur, wie es ihm von der Vernunft vorgestellt wird. Würde es ihm von der Vernunft als böse dargelegt, so würde der Wille, wenn er es begehrt, etwas Böses anstreben, nicht etwa deshalb, weil es an und für sich böse ist, sondern *per accidens,* **infolge der Auffassung unserer Vernunft.** Darum erklärt der Philosoph, an und für sich gesprochen, sei derjenige unenthaltsam, der **das richtige** Urtheil der Vernunft nicht beachtet, *per accidens* jedoch auch derjenige, der **dem irrenden** nicht Folge leistet. (1. 2. q. 19. a. 5.) Daraus ergibt sich die Folgerung, schließt S. Thomas daselbst, dass der Wille, der mit dem Verstande, sei er nun richtig, oder befinde er sich im Irrthume, nicht übereinstimmt, **dem Urtheile desselben nicht folgt,** jederzeit böse ist. Der Grund dieser Wahrheit ist einfach und klar. Der Wille wird nur dadurch bewegt, etwas anzustreben, dass irgend eine Erkenntnis vorausgeht. Der Gegenstand des Willens ist ein Gut oder ein Übel (Böses), je nachdem es von der Vernunft als ein solches erkannt wird (2. dist. 39. q. 2. a. 3. — de veritate q. 17. a. 4.). Die Erkenntnis, was in einem einzelnen Falle zu thun sei, erfolgt durch die Vorschrift des Gewissens. Das Gewissen ist nichts anderes als die actuelle Applicierung **der Erkenntnis auf** einen einzelnen Fall. Daraus ist demnach klar, dass das Gewissen, das richtige wie das irrende, betreffe es das an und für sich Gute, Böse oder Indifferente stets für den Willen eine Verpflichtung zur Folgeleistung in sich schließt. (Quodl. 3. a. 27. und 8. a. 13. — ib. a. 15.)

Die Abhängigkeit des Willens vom Verstande ist somit außer allen Zweifel gestellt. Wenn auch die hier angeführten Beispiele zunächst nicht so sehr das geistige Strebevermögen als **Potenz** betreffen, sondern mehr Bezug auf den Act dieser Potenz haben, so ist doch andererseits ebenso klar und sicher, dass die Potenz selber sich nach dem Verhältnisse ihres Actes richtet. Die natürliche Neigung der Potenz bildet die entsprechende Grundlage für den Act. Dies gilt zumal vom Willen, indem der Willensact nichts anderes ist als eine verstärkte Neigung der Potenz. **Gegen** die Neigung des Willens erfolgt von seiner Seite niemals ein Act. Dies wäre Zwang, und zwingen lässt sich der Wille nicht einmal von Gott, umsoweniger von irgend einer Creatur. Das Nähere hierüber werden wir noch zu betrachten Gelegenheit haben. Daher begehrt der Wille immer, seiner innersten Neigung entsprechend, jenes Object, welches ihm durch die Vernunft als ein Gut vorgehalten wird.

Der Grundsatz *nihil volitum quin praecognitum* findet durchwegs seine Bestätigung. Wohl bildet die Erkenntnis oder der Gegenstand als **erkannter** nicht den **formellen** Grund, dass die Strebekraft sich zu demselben neigt, er ist aber doch die unerlässliche Bedingung, *die conditio sine qua non*, damit die Neigung des Willens zu ihm hingeordnet werde. *Ignoti nulla cupido.* Diese Wahrheit bleibt ein- für allemal maßgebend.

Nun kommt es allerdings manchmal vor, dass die Neigung des Willens sich nicht nach dem Urtheile der Vernunft richtet, im Gegentheil, sich vielmehr direct davon abzuwenden scheint. Allein dies ist eben nur Schein, nicht Wirklichkeit, und hat seinen Grund darin, dass die Vernunft, vom Willen dazu angeregt, ihr Urtheil über die Güte des Gegenstandes **ändert**. Der Wille bestimmt nicht bloß sich selber, sondern auch alle übrigen Vermögen, den Verstand nicht ausgenommen. Infolge einer vom Willen oder einer Leidenschaft, Gewohnheit etc. ausgehenden Bewegung erkennt die Vernunft ihren Gegenstand anders als früher, und damit ändert sie ihr Urtheil. Nichtsdestoweniger besteht das Abhängigkeitsverhältnis des Willens von der Vernunft aufrecht, weil der Wille **endgiltig** immer zu dem Gut sich neigen wird, was ihm die Vernunft, durch ihr **letztes** Urtheil, die sogenannte Sentenz, als des Begehrens wert vorhält.

11. Es erübrigt noch, dass wir genauer bestimmen, in welcher Weise eigentlich der Verstand den Willen von sich abhängig macht, den Willen determiniert. Das Strebevermögen überhaupt ist nach S. Thomas eine **passive** Potenz, jedoch befähigt vom erkannten Gut bewegt zu werden. Das erkannte Begehrenswerte verhält sich daher wie der unbewegliche Beweger, das Strebevermögen hingegen wie das Bewegende, das bewegt worden ist, wie Aristoteles lehrt (1. p. q. 80. a. 2.). Der Befehl *(imperium)* ist

nichts anderes als ein Act der ordnenden Vernunft, verbunden mit einer gewissen Bewegung, auf dass etwas geschehe oder gethan werde. Nun kann aber offenbar die Vernunft über den Willen disponieren, denn wie sie zu urtheilen vermag, dass es gut sei etwas zu wollen, ebenso kann sie befehlend anordnen, dass der Mensch wolle (1. 2. q. 17. a. 5.). Bloß der erste Willensact entstammt nicht der Anordnung der Vernunft, sondern aus dem Antriebe der Natur, oder einer höhern Ursache, die keine andere als Gott sein kann (1. 2. q. 9. a. 4. — 1. 2. q. 17. a. 5. ad 3.).

Ein Ding kann indessen auf zweifache Art bewegen. Entweder als Zweck, Ziel, wie man z. B. vom Ziele sagt, es bewege die wirksame Ursache. In dieser Weise bewegt der Verstand unsern Willen, weil das erkannte Gut Object des Willens ist, und als Ziel ihn bewegt (1. p. q. 82. a. 4.). Das Object aber bewegt, indem es den Act nach Art eines formellen Principes bestimmt. Das erste formelle Princip ist das universelle Seiende und Wahre, das darum das Object für den Verstand bildet. Auf diese Art bewegt der Verstand den Willen, indem er ihm sein Object vorstellt (1. 2. q. 9. a. 1.). Er bewegt somit den Willen nicht direct, sondern vermittest des Objectes (1. 2. q. 9. a. 3. ad 3.). Betrachten wir demnach die Bewegungen der Potenzen unserer Seele mit Bezug auf das Object, das den Act specificiert, so gehört das erste Princip der Bewegung dem Verstande an. Denn auf diese Weise wird der Wille vom erkannten Gut bewegt (de malo q. 6. a. unic.). Wir wollen ein Ding, weil es uns als ein Gut erscheint (3. dist. 23. q. 1. a. 2. ad 3.). Daraus folgt sodann, dass der Wille nie etwas begehrt, außer er werde dazu durch jenes Object, das begehrenswerte Gut und Ziel, bewegt (de veritate q. 14. a. 2.). „Alle Thätigkeiten der Geschöpfe", lehrt S. Thomas, „unterstehen der Ordnung der göttlichen Vorsehung, so dass keines derselben mit Außerachtlassung der Gesetze dieser Ordnung irgendwie thätig sein kann. Das Gesetz der göttlichen Vorsehung aber lautet dahin, dass jedes Ding von seiner unmittelbaren Ursache bewegt werde. Das nächste den Willen bewegende Princip ist das erkannte Gut, weil es für den Willen Object bildet und er selbst von demselben in der Weise bewegt wird, wie der Gesichtssinn von der Farbe. Keine Creatur vermag daher den Willen anders zu bewegen, als mittelst eines erkannten Guts. Dies geschieht dadurch, dass sie ihm zeigt, etwas sei gut, wenn es geschieht" (3. contr. Gent. c. 88.). Nur auf diese Art kann ein Geschöpf unsern Willen einigermassen neigen, wie z. B. jemand den andern überredet, etwas zu thun, indem er ihm die Nützlichkeit und das Edle der That vorstellt (de veritate q. 22. a. 9.). Wer immer daher uns einen Rath ertheilt, oder uns zuredet, der wirkt auf unsern Willen ein, jedoch nur dadurch, dass er bewirkt, dass das erkannte Object uns als ein Gut erscheint (de malo q. 3. a. 3.). Der Verstand leitet mithin den Willen nicht dadurch, dass er selbst denselben zu dem neigt, was derselbe begehrt, sondern bloß indem er demselben zeigt, wonach er streben soll (de veritate q. 22. a. 11. ad 5.).

12. Der Einfluss der Erkenntniskraft auf den Willen ist nach der soeben dargelegten Doctrin des englischen Meisters ein durchaus objectiver, die Thätigkeit des Willens specificierender. Die Vernunft zeigt dem Willen einen Gegenstand mit dem Bedeuten, derselbe sei gut, und somit begehrenswert. Von der zweiten Art des Einflusses auf den Willen *per modum imperii*, thu das! müssen wir vorläufig absehen, weil diese letztere Art bereits eine Willensthätigkeit voraussetzt (cfr. 1. 2. q. 17. a. 1.). Der Wille kann aber **objectiv** auf eine dreifache Weise bestimmt, resp. bewegt werden. Zunächst geschieht es durch das vorgestellte Object selber. Die vorgesetzte Speise z. B. erweckt im Menschen Esslust. In zweiter Linie bestimmt und bewegt auch derjenige den Willen, der ihm ein erstrebenswertes Object darbietet oder vorstellt. Drittens wirkt bestimmend auf den Willen derjenige ein, welcher den Nachweis liefert, dass dieser oder jener Gegenstand ein Gut sei. Denn auch dieser letzte stellt in gewisser Beziehung dem Willen das demselben eigenthümliche Object vor (1. 2. q. 80. a. 1.). In der Darstellung des Gegenstandes **als eines Guts** liegt demnach eigentlich und formell der Grund, dass der Wille sich zu diesem Gut neigt.

Dieser letzte Satz schließt indessen eine Schwierigkeit in sich. Worin haben wir den **formellen** Grund der Bestimmung und objectiven Bewegung des Willens zu suchen: in der Darstellung? oder in der Güte des Gegenstandes? Wird der Wille formell vom **erkannten** Gut oder vom erkannten **Gut** bewegt und bestimmt? Wir unterschreiben unsererseits die Ansicht jener Autoren, welche behaupten, die Erkenntnis und Darstellung durch die Vernunft sei bloß eine nothwendige Bedingung, *conditio sine qua non*, keineswegs aber der **formelle** Grund, dass der Wille sich zu dem Gegenstande neigt. Und in der That spricht S. Thomas immer davon, dass der Wille *sub ratione boni* sein Object begehre (cfr. de veritate q. 22. a. 12. — 1. 2. q. 8. a. 1. ad 2.).

Der Einfluss der Vernunft auf den Willen ist ferner ein durchaus **objectiver**. Der Wille kann nämlich in doppelter Weise bestimmt werden. Wird dem Willen ein Object als ein Gut vorgestellt, so kann er, falls er dieses Gut begehrt, nicht zugleich ein anderes erstreben. Durch die Vorstellung des Guts wird er zu **diesem Gut bestimmt**. Die Autoren nennen diese Bestimmung oder Bewegung des Willens eine **objective**. Es kann aber geschehen, dass der Wille sich nicht wirklich zu diesem Gut neigt, dass er keine **Thätigkeit** vollzieht, um dieses Gut zu erreichen. Bestimmt ein vorgestelltes Gut den Willen derart, dass er in Thätigkeit tritt, so wird er subjectiv von diesem Gut bestimmt. Diese subjective Bestimmung des Willens durch irgend einen Gegenstand ist es nun, die vom englischen Lehrer bestritten wird. Er anerkennt nur eine objective in dem Sinne, dass der Wille, wenn er thätig ist, vom Gegenstande, dem vorgestellten Gut, bestimmt und bewegt wird. Der Einfluss des Objectes auf den Willensact ist demnach nur ein bedingungsweiser, falls der Wille thätig ist. Die Güter, welcher Art sie immer seien, vermögen den Willen zwar einigermassen, *aliqualiter* zu bewegen, aber keines derselben, auch nicht alle zusammengenommen, bringen es zustande, dass er wirksam, *efficaciter*, bestimmt und bewegt wird. Gott, das allseitig vollkommene Gut, kann auch als Gegenstand oder Object unsern Willen wirksam bewegen. Allein solange wir hier auf Erden sind, gelingt dieses selbst ihm nicht. Die Erkenntnis und Darstellung durch die Vernunft ist unerlässliche Bedingung, damit der Wille ein Gut begehre. In diesem Leben aber ist es der Vernunft unmöglich, dem Willen Gott so vorzustellen, wie er in sich selber ist. Wenn ein Gegenstand unsern Willen wirksam bewegen soll, so muss er ihm unmittelbar als absolutes, in jeder Beziehung vollkommenes Gut vorgestellt werden. Dies kann erst im andern Leben geschehen, wo wir Gott von Angesicht zu Angesicht schauen werden.

Während die Vernunft den Willen stets objectiv, durch Vorstellung eines erstrebenswerten Guts bewegt, wird umgekehrt die Vernunft selber vom Willen subjectiv in Thätigkeit gesetzt. Die Vernunft bewegt den Willen *per modum finis*, der Wille die Vernunft *per modum agentis* (1. p. q. 82. a. 4.). Die Bewegung des Willens durch das vorgestellte Gut kann folgerichtig nicht im eigentlichen Sinne, streng genommen eine Bewegung genannt werden. Sie ist vielmehr eine Specificierung der Willensthätigkeit, die, wenn diese in Bewegung ist, sich entfaltet. Diese Specificierung geschieht indessen nicht später, als die Thätigkeit vor sich geht. Beide sind gleichzeitig.

§ 3. Der Wille als Natur und dessen Naturnothwendigkeit.

13. Der Verstand wirkt mittelst des Objectes bestimmend, in einiger Hinsicht bewegend auf den Willen ein, indem er ihm das Object als ein begehrenswertes Gut darstellt: dies war das Resultat unserer frühern Untersuchung. Nach der Beschaffenheit des vorgestellten Objectes erfolgt dann auch die Begriffsbestimmung des Willens als Natur und dessen Naturnothwendigkeit.

Vor allem muss bemerkt werden, dass der Wille als geistiges Strebevermögen oder als Potenz nur eine einzige Facultas der Seele ist. Die Unterscheidung betrifft bloß das Verhältnis dieser Potenz zu dem vorgestellten Objecte. Die Potenzen unterscheiden sich, nach der Lehre des heil. Thomas, gemäß den verschiedenen *rationes* oder objectiven Gesichtspunkten, unter welchen sie transcendentale Beziehung zu ihren Objecten haben. Nun ist der Gegenstand des Willens ein Gut, und zwar formell oder insoferne es ein Gut ist *(secundum rationem boni)*. Dieser f o r m e l l e Grund kommt aber allen Dingen gemeinsam zu. Daher kann der Wille als geistiges Strebevermögen überhaupt nicht in verschiedene Potenzen eingetheilt werden. In jedem Menschen ist darum nur e i n Wille als Potenz anzunehmen. Es kann jedoch verschiedene Beziehungen dieses e i n e n Willens geben, nach welchen er manchmal unterschieden wird. So unterscheiden wir einen n a t ü r l i c h e n Willen, welcher nämlich infolge der absoluten Güte, die wir in einem Gegenstande erfassen, n a c h A r t d e r N a t u r zu diesem Objecte bewegt wird. Ferner sprechen wir von einem v e r n ü n f t i g e n Willen, der zu einem Objecte bewegt wird, nicht auf Grund der absoluten Güte des Objectes selber, sondern weil es gut ist, in Bezug auf ein anderes, in der Hinordnung zu einem andern. Indessen ist diese Unterscheidung nur darin begründet, dass die Bewegung des Willens das einemal nach vorausgegangener Vergleichung, das anderemal ohne eine solche erfolgt. Vergleiche ziehen steht aber an und für sich nicht dem Willen, sondern der Vernunft zu. Daher ist diese Eintheilung des Willens nicht durch w e s e n t l i c h e, sondern z u f ä l l i g e, accidentelle Merkmale durchgeführt. Daraus folgt aber dann, dass es nicht z w e i geistige Strebevermögen, Potenzen oder Willen, sondern nur e i n e s geben kann. Immerhin aber besteht ein Unterschied darin, dass der Bewegung dieser e i n e n Potenz eine Erkenntnis mit oder ohne Vergleichung zwischen mehreren Objecten vorangeht (3. dist. 17. q. 1. a. 1. qu. 3.). Der Wille als Natur und der Wille als Freiheit unterscheiden sich demnach nicht nach der Wesenheit des geistigen Strebevermögens, weil n a t ü r l i c h e Hinneigung zu einem Objecte und i n f o l g e v o n Ü b e r l e g u n g nicht an und für sich Differenzen des W i l l e n s bilden, sondern nur insofern der Wille dem Urtheile der Vernunft folgt. Die Vernunft nämlich erkennt manches natürlich, gleichsam als unbeweisbares Princip für die Handlungen. Dieses Erkannte verhält sich dann wie das Ziel; denn in Bezug auf die Handlungen nimmt das Ziel die Stelle eines Principes ein, wie es im 6. Buche der Ethik heißt. Was daher dem Menschen als Ziel gilt, das wird von der Vernunft auf natürliche Art *(naturaliter)* als gut und begehrenswert erkannt. Der Wille, der dieser Erkenntnis folgt, wird Wille als Natur genannt (2. dist. 39. q. 2. a. 2. ad 2.).

An einer andern Stelle frägt S. Thomas, ob in Christus zwei geistige Strebevermögen gewesen seien? Die Antwort darauf lautet: „Der Wille wird manchmal für den Act, manchmal für die Potenz genommen. Versteht man unter Willen den Act, dann muss anerkannt werden, dass in Christus zwei geistige Willen, d. h. zwei Arten von Willensacten gewesen sind. Denn der Wille strebt, wie anderswo nachgewiesen wurde (1. 2. q. 8. a. 2. et 3.), sowohl nach dem Ziele, als auch nach den Mitteln zum Ziele *(est earum quae sunt ad finem)*, und er begehrt beides auf verschiedene Weise. Das Ziel verlangt er schlechthin und absolut als ein Gut an und für sich; das Mittel zum Ziele dagegen strebt er mit einer gewissen Vergleichung an, nämlich insofern es durch Hinordnung zu einem andern Güte besitzt. Darum ist anderer Art der Willensact insofern er sich auf etwas bezieht, was an und für sich oder um seiner selbst willen gewollt ist, z. B. die Gesundheit; und wieder anderer Art der Willensact, der sich auf dasjenige erstreckt, was bloß wegen Hinordnung zu einem andern gewollt wird, z. B. der Gebrauch von Medicinen. Ersteren Willen nennen Damascenus Thelesis, d. h. einfach Willen, die Magistri Willen als Natur. Letzterer heißt nach Damascenus Boulesis, d. h. berathender Wille; gemäß der Sentenz der Magistri wird er Wille als Vernunft genannt. Diese Unterscheidung der Acte bewirkt aber keinen Unterschied der Potenz; denn beide Acte erfolgen mit Bezug auf den einen gemeinsamen formellen Grund: das Gut als solches. Spricht man also vom Willen als Potenz in Christus, so war dem Wesen nach, nicht durch Antheilnahme, nur ein menschlicher Wille in ihm. Meint man hingegen damit den Willensact, so muss man in Christus den Willen als Natur, der Thelesis genannt wird, unterscheiden vom Willen als Vernunft, der Boulesis heißt (3. p. q. 18. a. 3.) Man vergleiche daselbst a. 4. und 5. Ebenso q. 21. a. 3.

Der englische Lehrer zieht, um die Unterscheidung des Willens in den Willen als Natur und als Freiheit klar zu machen, einen Vergleich zwischen Verstand und Vernunft im Erkenntnisvermögen. Die Potenzen, die der Erkenntnis dienen, und diejenigen des Strebevermögens, müssen sich gegenseitig entsprechen. Für die geistige Erkenntnis haben wir den Verstand und die Vernunft. Daher müssen auf seiten des Strebevermögens der Wille und die Freiheit oder Wahlkraft angenommen werden. Dies wird umsomehr einleuchten, wenn wir die Objecte und Acte derselben einer Betrachtung unterziehen. Verstehen bedeutet soviel als etwas schlechthin erfassen. Daher bezieht sich das Verstehen eigentlich auf die Principien, die ohne Vergleichung durch sich selber erkannt werden. Schließen dagegen besagt eigentlich soviel als von dem einen zur Kenntnis des andern gelangen. Diese Schlussfolgerungen aber ergeben sich aus den Principien. Auf dieselbe Art bedeutet Wollen einfach ein Ding begehren oder nach einer Sache streben. Darum bezieht sich der Wille auf das Ziel, das um seiner selbst willen begehrt wird. Auswählen hingegen ist soviel als etwas anstreben, um damit ein anderes zu erreichen. Die Wahl zielt daher auf die Mittel ab. Wie sich bei der Erkenntnis das Princip zum Schlusse verhält, so verhält sich bezüglich des Strebens das Ziel oder der Zweck zum Mittel. Den Schlüssen stimmen wir der Principien wegen bei, das Mittel verlangen wir um des Zieles willen. Daraus folgt weiters, dass die Freiheit sich zum Willen verhält, wie die Vernunft zum Verstande. Verstand und Vernunft bilden jedoch e i n e Potenz, folglich ebenso Wille und Freiheit (1. p. q. 83. a. 4.). Das Wort: Wille absolut genommen bezeichnet den Willen als Natur; der Wille, der einen Rath von seiten des Verstandes voraussetzt, ist identisch mit der Freiheit (2. dist. 24. q. 1. a. 3). Es unterliegt folgerichtig gar keinem Zweifel, dass wir einen n a t ü r l i c h e n Willen besitzen, durch welchen wir dasjenige begehren, was dem Menschen, insoferne er Mensch ist, als ein Gut erscheint, und dieser Wille folgt auf die Erkenntnis der Vernunft, die etwas absolut betrachtet (1. dist. 48. q. 1. a. 4.). Der Wille als Wahlfreiheit unterscheidet sich der Natur gegenüber wie eine Ursache von der andern. Manches geschieht auf natürliche Weise, manches mit Willen. Es gibt aber noch eine fernere Art zu wirken, neben derjenigen die der Natur, welche zu e i n e m bestimmt ist, zukommt. Und diese Art ist dem Willen eigenthümlich, weil er Herr seiner Acte ist. Da indessen der Wille in einer Natur seinen Grund hat *(fundatur)*, so ist es nothwendig, dass die Art, die der Natur eigen ist, einigermaßen vom Willen getheilt werde. Das Spätere hat Antheil an dem, was dem Frühern gehört. Früher ist in jedem Dinge das Sein, welches das Ding durch die Natur besitzt, als das Wollen, welches es durch den Willen hat. Aus diesem Grunde begehrt der Wille manches n a t ü r l i c h (1. 2. q. 10. a. 1. ad 1.). Die Natur und der Wille stehen demnach in einem solchen Verhältnisse zu einander, dass der Wille selbst eine gewisse Natur ist, weil alles, was in der Wirklichkeit vorhanden, eine gewisse Natur bildet. Darum finden wir im Willen nicht allein das, was ihm als Wille, sondern auch das, was ihm als Natur zukommt. Folglich wohnt dem Willen ein gewisses natürliches Streben nach dem convenierenden Gut inne. Neben diesem begehrt er aber noch etwas aus eigener Bestimmung, nicht aber aus Nothwendigkeit. Dies kommt ihm als Wille zu. Wie die Natur zum Willen sich verhält, so verhält sich das, was der Wille natürlich begehrt, zu dem, wofür er nicht aus der Natur, sondern aus sich selber bestimmt wird. Gleichwie daher die Natur das Fundament für den Willen abgibt, so ist das Begehrenswerte, das natürlich angestrebt wird, das Princip und Fundament für alles andere Begehrenswerte. Daraus geht zur Evidenz hervor, das der Wille etwas mit natürlicher Neigung begehrt (de veritate q. 22. a. 5.).

14. Die Lehre des heil. Thomas über den Willen als Natur dürfte nunmehr aus den soeben citierten Stellen vollkommen einleuchten. Wir haben diesen Willen früher auch N a t u r n o t h w e n-

digkeit genannt. Das Object bestimmt nämlich den Willen als Natur manchmal zu einem, so dass er nicht das Gegentheil dieses Objectes wollen kann. Auf diese Weise versetzt es ihn. nach einer Richtung hin, in Betreff der Specificierung seines Actes, in den Zustand der Nothwendigkeit. Der Wille als Natur, vom Doctor Angelicus schlechthin Natur genannt, unterscheidet sich demnach vom Willen als Freiheit dadurch, dass der Wille als Natur mit Bezug auf das Object bestimmt ist und infolge dessen keine Potenz für das Gegentheil des Objectes hat, während der Wille als Freiheit diese Bestimmung nicht kennt, folglich die soeben angeführte Potenz für das Gegentheil beibehält. Dieser Unterschied ist darin begründet, dass die Wirkung der Form des Agens, durch welche dieses wirkt, ähnlich ist. Jedes Ding besitzt aber nur eine natürliche Form, jene nämlich, wodurch es das Sein hat. Daher wirkt jedes Ding in der Weise, wie es selber beschaffen ist. Die Form dagegen, durch welche der Wille als Wahlfreiheit wirkt, ist nicht eine einzelne, numerisch bestimmte, sondern es sind deren mehrere, ja sehr viele, weil es mehrere, sehr viele erkannte, von der Vernunft gebildete Vorstellungen gibt. Was somit durch den Willen als Freiheit gewirkt wird, das ist nicht ein solches wie das Agens selbst ist, sondern wie das Agens erkennt und will. Darum bildet der Wille als Freiheit das Princip für jene Dinge, die so oder auch anders ausfallen können. Für jene Dinge hingegen, die nur auf eine Weise verwirklicht werden, die nur so und nicht anders sein können, ist der Wille als Natur das Princip (1. p. q. 41. a. 2.). Der Natur entspricht indessen immer eines, das zu ihr in einem richtigen Verhältnisse steht. Der Natur in der Gattung entspricht eines in der Gattung, der Natur in der Art, eines in der Art; der individuellen Natur eines, das individuell ist. Zu diesem einen ist die Natur bestimmt, wie wir früher bei der Erklärung des Wortes „Bestimmung" nachgewiesen haben. Der Wille ist, gleich dem Verstande, eine immaterielle Kraft. Daher entspricht ihm ganz naturgemäß eines, das, wie er selbst, universell ist, nämlich das Gut im allgemeinen. Dem Verstande entspricht das Wahre und Seiende im allgemeinen. Zu dem Gut im allgemeinen ist darum der Wille, zu dem Wahren und Seienden im allgemeinen der Verstand bestimmt. Dieses Object begehrt folglich der Wille als Natur. Allein das Gut im allgemeinen enthält viele particuläre Güter, und zu keinem derselben ist er als immaterielle Kraft bestimmt. Nach jedem derselben strebt er daher mit Freiheit, nicht mit Nothwendigkeit (1. 2. q. 10. a. 1. ad 3.).

Von der Naturnothwendigkeit des Willens kann man also in zweifacher Weise sprechen: entweder indem man den Willen in sich als eine Potenz der Seele, oder indem man ihn in seiner Beziehung zu dem Objecte betrachtet. Der Wille als

Potenz ist eine natürliche Kraft der Seele, so dass er mit Nothwendigkeit aus der Natur folgt. Er bildet ein *accidens proprium* nicht ein *accidens per accidens* der vernünftigen Natur. Manchmal wird aber die Bewegung oder der Act des Willens ebenfalls Wille genannt. In diesem Sinne gefasst ist der Wille bisweilen natürlich und nothwendig, z. B. hinsichtlich der Glückseligkeit, bisweilen hingegen frei, weder nothwendig noch natürlich, je nachdem die Vernunft, die das Princip dieser Bewegung ist, dem Willen ein nothwendiges oder freies Object vorstellt (3. p. q. 18. a. 1. ad 3.). Wird ihm das Gut im allgemeinen vorgehalten, so will er es mit einer Nothwendigkeit, wodurch die Potenz, das Vermögen für das Gegentheil ausgeschlossen wird. Wenn darum der Mensch nothwendig glücklich sein will, und das muss er, so kann er nicht zugleich unglücklich sein wollen (2. dist. 39. q. 2. a. 2. ad 5.).

Wie indessen jeder bemerken kann, betrifft diese Nothwendigkeit das Object, weil der englische Lehrer behauptet, sie schließe das gegentheilige Object aus. Die Stelle aus dem dritten Theile seiner theologischen Summa, die wir soeben angeführt, scheint aber noch auf eine andere Nothwendigkeit Rücksicht zu nehmen. Der Doctor Angelicus spricht nämlich daselbst von einer Bewegung oder einer Thätigkeit des Willens. Und von dieser Thätigkeit, dieser Bewegung des Willens, sagt er, sie sei bisweilen eine natürliche und nothwendige, bisweilen aber nicht. Dem aufmerksamen Leser wird jedoch nicht entgangen sein, was der englische Meister daselbst weiter bemerkt, die Vernunft sei das Princip dieser Bewegung, dieses Willensactes. Wie geneigt man also auch, an sich genommen, sein könnte, hier wirklich an eine subjectiv *(quoad exercitium actus)* nothwendige Bewegung des Willens zu denken, so zwingen uns doch die Worte: „die Vernunft ist das Princip dieser Bewegung", sie ausschließlich objectiv zu fassen. Die Vernunft, so haben wir früher nachgewiesen, bewegt den Willen hier auf Erden nur objectiv, nie subjectiv, so dass der Wille infolge dieser Bewegung keineswegs einen Act vollzieht. Die Naturnothwendigkeit, von welcher wir in diesem Paragraph gesprochen, berührt folgerichtig den Willensact selbst in keiner Weise. Der englische Lehrer redet nur vom Objecte, welches die Vernunft dem Willen vorstellt. Dieses Object ist manchmal, wenn es dem Willen als Gut und Glückseligkeit im allgemeinen dargestellt wird, von der Beschaffenheit, dass er es nicht zurückweisen, nicht ein anderes an dessen Stelle wollen kann. Alle andern Objecte will er frei, keines mit Nothwendigkeit. Ebenso ist er jederzeit frei hinsichtlich seines Actes seiner Thätigkeit. In dieser letztern Beziehung ist von einer Naturnothwendigkeit des Willens überhaupt keine Rede.

Diese Lehre des heil. Thomas ist entscheidend für unsere ganze Frage und bietet den Schlüssel zur Lösung der Schwierigkeit, wie die physische Vorherbewegung und die Freiheit nebeneinander ungestört und friedlich bestehen können.

15. Nach welchem Objecte strebt nun der Wille mit Nothwendigkeit? welchen Gegenstand begehrt er auf natürliche Weise, nicht aus freier Wahl? Wir werden zunächst mit dem englischen Lehrer eine mehrfache Nothwendigkeit unterscheiden müssen. Nothwendig kann etwas nach S. Thomas in mehr als einer Beziehung genannt werden. Nothwendig bedeutet, dass etwas nicht nicht sein könne, oder dass es sein müsse. Dies kann nun seinen Grund in einem innern materiellen Principe haben, wie wir z. B. sagen, das aus Gegensätzen Zusammengefügte unterliege nothwendig der Zerstörung und Auflösung, oder es hat den Grund der Nothwendigkeit in dem formellen Principe, demgemäß wir sagen, das Dreieck müsse nothwendig drei Winkel haben, die zwei rechten gleichkommen. Diese zwei Arten von Nothwendigkeit sind natürliche und absolute. Andererseits kann etwas nicht nicht sein infolge einer äußern Ursache oder in Hinsicht auf das Ziel, wenn jemand ohne dieses gar nicht, oder wenigstens nicht so gut das Ziel erreichen würde. Auf diese Weise ist die Nahrung zum Leben, das Pferd für eine Reise nothwendig. Diese Nothwendigkeit nennt man auch die Nothwendigkeit des Zieles, bisweilen heißt sie Nützlichkeit (1. p. q. 82. a. 1.).

Dies vorausgesetzt, lässt sich nun mit Leichtigkeit bestimmen, welche Objecte der Wille mit Nothwendigkeit begehrt. Zunächst ist es das Gut im allgemeinen; dann das Endziel oder die Glückseligkeit; endlich alles das, was mit dem Endziele in einem nothwendigen Zusammenhange steht. Wie die Principien der geistigen Erkenntnis auf naturgemäße Weise erkannt werden, so muss auch das Princip der Bewegungen unseres Willens etwas natürlich, nicht frei Gewolltes sein. Dies ist thatsächlich das Gut im allgemeinen, nach welchem der Wille auf dieselbe natürliche Weise strebt, wie jede andere Potenz nach ihrem eigenen Objecte. Ein nothwendig gewolltes Object ist ferner das Endziel, welches in der Praxis dieselbe Bedeutung hat, wie die ersten Principien in der Speculation. Endlich bildet alles das, was dem Willen überhaupt zukommt, ein Object, das den Willen nöthigt. Der Wille begehrt nicht allein das, was zu seinem Wesen als Potenz gehört, sondern alles, was den einzelnen Potenzen, was dem ganzen Menschen zuträglich ist. Aus diesem Grunde strebt der Mensch auf natürliche Weise nicht allein nach dem Gegenstande des Willens selber, er begehrt auch anderes, was den übrigen Potenzen conveniert, z. B. die Erkenntnis des Wahren, die unmittelbar Sache des Verstandes ist, das Dasein, das Leben und was immer zur Consistenz des Menschen erforderlich ist;

kurz: alle diese particulären Güter sind im Objecte des Willens eingeschlossen (1. 2. q. 10. a. 1.). Diese Güter sind, mit Ausnahme der Glückseligkeit, selbstverständlich nur bedingungsweise gewollt, d. h. unter der Voraussetzung, dass der Wille seine Glückseligkeit wirklich zu erreichen begehrt. Die Glückseligkeit selbst hingegen ist absolut gewollt. Mit absoluter Nothwendigkeit strebt der Wille nur nach dem **vollkommenen** Gut. Vollkommen nennen wir dasjenige, dem nichts fehlt. Ein solches Gut kann der Wille nicht nicht wollen. Das Endziel ist aber ein solches Gut. Mit der nämlichen Nothwendigkeit strebt der Wille auch nach allen jenen Dingen, die zu dem Endziele eine derartige Beziehung haben, dass es ohne sie nicht erreicht werden kann, z. B. das Dasein, das Leben (l. c. ad 3.). Ähnlich verhält es sich mit den Mitteln. Kann man nur durch **ein** Mittel zum Ziele gelangen, so muss man, vorausgesetzt, dass man das Ziel begehrt, auch das Mittel wollen. Wer z. B. über das Meer fahren will, der muss nothwendigerweise ein Schiff verlangen. Diese Nothwendigkeit steht indessen keineswegs im Widerspruche mit dem Willen, weil es nicht eine absolute, sondern eine bedingte ist.

16. Die Nothwendigkeit, absolute wie bedingte, ist in Betreff mancher Objecte nicht bloß dem menschlichen Willen eigen, sie findet sich auch in Gott. Der englische Lehrer hat sich hierüber in der unzweideutigsten Weise ausgesprochen. In der Summa contra Gentes führt er fünf Beweise dafür an, dass Gott sein Dasein und seine Güte mit **Nothwendigkeit** will. „Gott will nothwendig sein Dasein und seine Güte, heisst es dortselbst, und er kann nicht das **Gegentheil** davon wollen. Gott will sein Dasein und seine Güte als Hauptobject und als formellen Grund, warum er alles anders will. Wass immer er demnach begehrt, ist nur insofern ein Gegenstand seines Willens, als er darin sein Dasein und seine Güte will. Das Auge sieht in jeder Farbe das Licht. Gott muss aber alles *in actu* wollen, er kann niemals bloß in der Potenz wollend sein. Er muss folglich nothwendig sein Dasein und seine Güte begehren. Er will überdies mit derselben Nothwendigkeit sein Endziel, mit welcher der Mensch nach seiner Glückseligkeit strebt. Gott kann aber auch so wenig wie der Mensch unglücklich sein wollen. Als Endziel aber will er sich selber, folglich will er mit Nothwendigkeit seine Existenz und er kann unmöglich nicht sein wollen.

Dies lässt sich noch aus einem andern Grund nachweisen. Bezüglich des Strebens und der Thätigkeiten ist für die Praxis das Endziel genau das, was in der Speculation das in und durch sich bekannte, daher unbeweisbare Princip ist. Denn wie in der Wissenschaft aus den Principien die Schlussfolgerungen abgeleitet werden, ebenso wird der formelle Grund für alles das, was man will oder thut, vom Endziele hergenommen. Der Verstand stimmt aber in der

Wissenschaft den ersten Principien mit einer solchen Nothwendigkeit bei, dass er dem Gegentheile unter keiner Bedingung seinen Beifall zollen kann. Mit ganz der gleichen Nothwendigkeit begehrt folglich auch der Wille das Endziel. Unmöglich kann er das Gegentheil wollen. Weil aber Gott kein anderes Endziel hat als sich selber, muss er sich sein Dasein mit Nothwendigkeit begehren." Aus dieser Argumentation des Doctor Angelicus geht hervor, dass Gott etwas mit absoluter Nothwendigkeit will. Er hat eine absolut nothwendige Beziehung zu seiner eigenen Güte, weil sie das seinem Willen eigenthümliche Object ist. Gleichwie daher unser Wille nothwendig die Glückseligkeit, und überhaupt jede Potenz ihr eigentliches und vorzügliches Object, z. B. das Auge die Farbe begehrt, ebenso nothwendig will Gott seine Güte und sein Dasein (1. p. q. 19. a. 3. — ib. a. 10. — ib. q. 41. a. 6. ad 3. — ib. q. 46. a. 1. — a. 2.).

Gott will ferner manche Dinge bedingungsweise, gleichwie der Mensch sie will, mit dem Unterschiede jedoch, dass der Mensch sein Endziel damit zu erreichen strebt, während Gott das Endziel schon besitzt. Gott will demnach viele Dinge, nicht um dadurch seine Güte und Glückseligkeit zu erlangen, sondern selbe zu offenbaren und andern mitzutheilen. Jedem Wesen kommt naturgemäß nur ein letztes Ziel zu, welches von ihm mit natürlicher Nothwendigkeit gewollt wird. Die Natur strebt immer nach einem. Weil indessen zu diesem einen Ziele gar vieles hingeordnet werden kann, deshalb kann die vernünftige und geistige Natur vielerlei anstreben und viele Mittel zum Ziele auswählen. So z. B. will Gott naturgemäß seine Güte als Endziel und eigentliches Object. Diese kann er unter keinen Umständen nicht wollen. Zu dieser seiner Güte können indessen viele Modus und Abstufungen der Dinge hingeordnet werden. Sein Wille bezieht sich daher nie derart auf eines seiner Geschöpfe, dass er, an sich genommen, sich nicht auf andere ebenfalls beziehen könnte (de malo q. 16. a. 5.). Der Grund davon liegt offen zu Tage. Die Creaturen will Gott erst in zweiter Linie. Jeder Wille hat nämlich zwei Objecte: einen Hauptgegenstand und einen gleichsam secundären. Zu dem Hauptgegenstande wird der Wille seiner Natur nach hingezogen, weil der Wille selbst eine Natur bildet und natürliche Beziehung zu einem andern hat. Dieses Object begehrt der Wille auf natürliche Weise, wie z. B. der menschliche Wille die Glückseligkeit, nach welcher er mit Nothwendigkeit strebt, indem dieses *per modum naturae* geschieht. Secundäre Objecte sind alle jene Dinge, die zu dem Hauptgegenstande, als dem Ziele, irgend eine Beziehung haben. Hinsichtlich dieser beiden Objecte und des Willens besteht dasselbe Verhältnis, wie zwischen den ersten Principien und Schlussfolgerungen und dem Denkvermögen. Der göttliche Wille hat dasjenige zum Hauptobject, was er naturgemäß will und was gleichsam das Endziel seines Willens ist, nämlich seine eigene Güte. Um dieser Güte willen begehrt er alles, was er überhaupt will. Wegen seiner Güte will er die Geschöpfe, wie Augustinus bemerkt, damit seine Güte, die der Wesenheit nach nicht vervielfältigt werden kann, wenigstens durch Antheilnahme an seiner Ähnlichkeit vielen Dingen zutheil werde. Was demnach Gott in Betreff der Creaturen will, das ist sozusagen secundäres Object. Alles das will er seiner Güte wegen. Seine Güte bildet ferner den Grund, die *ratio volendi*, dass er alles andere will, gleichwie seine Wesenheit der formelle Grund ist, dass er alles erkennt (de veritate q. 23. a. 4.).

Ebenso begehrt der Engel etwas mit absoluter Nothwendigkeit. Auch er will **nothwendig** glücklich sein, niemals strebt er nach dem Elende, wie Augustinus sagt. Weil jedoch viele Dinge zu dieser Glückseligkeit hingeordnet werden können, deshalb steht es dem Willen des Engels gerade so wie jenem des Menschen vollkommen frei, die verschiedenen Mittel auszuwählen (de malo q. 16. a. 5. — 1. p. q. 60. a. 1.).

17. Aus dem ist klar ersichtlich, dass alle mit Verstand und Willen ausgestatteten Wesen ein **Object** haben, das sie mit absoluter Nothwendigkeit wollen. Selbst Gott macht hierin keine Ausnahme. Ebenso gibt es in allen eine bedingte Nothwendigkeit, die der heil. Thomas Nothwendigkeit des Zieles nennt. Will nämlich ein solches Wesen irgend ein Ziel, so muss es auch die Mittel zu diesem Ziele wollen. Hinsichtlich der Mittel im einzelnen, ob dieses oder jenes zu wählen sei, herrscht vollkommene Freiheit, wenn es mehr als **ein** Mittel gibt, wodurch das Ziel erreicht werden kann. Aber selbst in Betreff des Zieles kann der Wille noch in doppelter Weise frei sein. Solange **der Gegenstand, in welchem** der Wahrheit gemäß das Endziel des Geschöpfes begründet liegt, dem Willen nicht **unmittelbar** vorgestellt wird, begehrt der Wille **diesen Gegenstand** nicht mit **objectiver Nothwendigkeit**. Er kann diesen Gegenstand abweisen und sich für einen andern entscheiden. Er begehrt ihn aber auch **subjectiv nicht mit Nothwendigkeit**. Er kann, wenn der Gegenstand vorgestellt wird, die Gedanken davon abwenden, folglich bezüglich **dieses Gegenstandes** keinen Act ausüben, ihn **in Wirklichkeit** nicht wollen. In Gott verhält sich die Sache anders, denn seine Güte, real identisch mit seiner Wesenheit, bildet den **Gegenstand** selbst, den er nothwendig will. Überdies ist sein Verstand und Wille niemals in der Potenz, sondern stets im Acte, ja Act und Object zugleich.

Nunmehr hält es nicht schwer, zu begreifen, was der englische Lehrer unter der Naturnothwendigkeit des Willens verstanden hat. Fassen wir seine Doctrin übersichtlich zusammen. Wir stellen zu diesem Zwecke zwei Propositionen auf.

Erste Proposition: Die Nothwendigkeit bezieht sich auf

gar kein in der Wirklichkeit existierendes Object. Solange wir hier auf Erden leben, ist selbst Gott nicht ein Gegenstand, den der Wille mit Nothwendigkeit begehrt. Der heil. Thomas lehrt diesbüglich: „Da jedes Ding nach seiner Vollkommenheit strebt, so begehrt es dasjenige als Endziel, was in der Weise ein Gut ist, dass es das Verlangen des Strebenden stillt. Das Endziel muss die ganze Sehnsucht des Menschen befriedigen, so dass nichts mehr übrig bleibt, was er begehren könnte (1. 2. q. 1. a. 5.). Dieses Endziel begehren alle Menschen, denn alle wünschen ihre endgiltige Vervollkommnung." Allein wo existiert dieses Gut in der Wirklichkeit für uns hier auf Erden? Nirgends. Daher suchen es die einen in den Reichthümern, die andern im Vergnügen, die dritten in noch etwas anderem und so fort (1. 2. q. 1. a. 7.). Im dritten Buche seiner Summa contra Gentes zählt der englische Lehrer wenigstens fünfzehn Objecte auf mit der Frage: ob in einem dieser Gegenstände die Glückseligkeit des Menschen beschlossen sei? Es geschieht hier so ziemlich von allem Erwähnung, was der Mensch begehren kann. Keines dieser Objecte, erklärt der englische Meister, enthält in der Wirklichkeit die Glückseligkeit, nach welcher unser Wille strebt. Sinnliche Vergnügungen, Ehren, Weltruhm, Reichthümer, irdische Macht, leibliche Vorzüge, oder was überhaupt dem sinnlichen Theil des Menschen angenehm ist, Übung der moralischen Tugenden, vollendete Klugheit, Kunst, die Erkenntnis Gottes aus der Betrachtung seiner Werke, die Erkenntnis Gottes, wie die Gelehrten sie besitzen, das Wissen über Gott durch den Glauben, die Erkenntnis über die Engel: kurz, kein Gegenstand macht für uns auf dieser Welt jene Vollkommenheit aus, die wir als unser Endziel begehren (3. contr. Gent. c. 27.—45.). Existiert demnach kein Object, hat kein allseitig vollkommener Gegenstand in der Wirklichkeit Dasein, dann strebt der Wille nach keinem mit Nothwendigkeit, begehrt er kein Object, keine *res* auf naturgemäße Weise. Jedem gegenüber ist sein Verhältnis ein durchaus freies. Das Gut und die Glückseligkeit im allgemeinen bilden folglich nicht das *objectum quod*, sondern *quo*. Sie existieren ja in der Wirklichkeit nirgends für uns. Sie sind thatsächlich etwas rein Ideales oder, wie der englische Lehrer bemerkt, *principium intentionis*. Für den Willen sind sie daher nur die *ratio volendi*, der formelle Grund, unter welchem der Wille alles begehrt, wie die beleuchtete Farbe die *ratio videndi* für das Auge bildet. Gleichwie aber das Auge ganz und gar frei ist, diesen oder jenen Gegenstand zu sehen, ebenso, allerdings in einem noch weit höherem Grade, ist der Wille frei, irgend eines der geschaffenen Güter zu begehren. Von keinem wirklichen Objecte geht eine derart nöthigende Bestimmung aus, dass der Wille es wollen müsste, dass er nicht das Gegentheil desselben wollen könnte.

Wir können den Beweis dafür noch in einer andern Weise führen, ausgehend von dem Grundsatze, dass das Endziel für die Praxis die nämliche Bedeutung hat, wie die ersten Principien für die Speculation. Den ersten Principien stimmt der Verstand natürlicherweise und mit Nothwendigkeit bei. Das gleiche muss vom Willen behauptet werden. Das Endziel will er natürlich und nothwendig. In der Wissenschaft finden sich nun Wahrheiten, die mit den ersten Principien nicht in einem nothwendigen Zusammenhange stehen, z. B. die contingenten Propositionen. Nimmt man diese nicht an, so werden die ersten Principien dadurch nicht umgestoßen. Den Wahrheiten dieser Art stimmt der Verstand nicht mit Nothwendigkeit bei, wenngleich hinsichtlich der Principien selbst das Gegentheil der Fall ist. Geradeso verhält es sich mit dem Willen. Einige particuläre Güter haben mit der Glückseligkeit keinen nothwendigen Zusammenhang, so dass jemand auch ohne sie glücklich sein kann. Zu Gütern dieser Art neigt sich der Wille nicht mit Nothwendigkeit, obgleich er nothwendig glücklich sein will. Nehmen wir indessen an, die particulären Güter, oder wenigstens einige derselben wären nothwendige, sie hätten mit der Glückseligkeit einen nothwendigen Zusammenhang: wir müssten nichtsdestoweniger behaupten, dass der Wille sie nicht mit Nothwendigkeit begehrt. Manche Propositionen, erklärt der heil. Thomas weiter, sind nothwendige, weil sie mit den ersten Principien einen nothwendigen Zusammenhang aufweisen, z. B. die demonstrativen Schlussfolgerungen. Negiert man diese, so fallen damit auch die Principien. Diesen Schlussfolgerungen stimmt darum der Verstand mit Nothwendigkeit bei, sobald er den nothwendigen Zusammenhang derselben mit den Principien auf dem Wege der Demonstration erkannt hat. Allein, solange er die Nothwendigkeit dieses Zusammenhanges nicht durch Demonstration erkennt, ist seine Beistimmung nicht eine nothwendige. Ebenso gibt es Güter, die mit der Glückseligkeit nothwendig zusammenhängen, jene nämlich, durch welche der Mensch Gott anhängt, in dem allein das wahre Glück des Menschen liegt. Bevor jedoch die Nothwendigkeit dieses Zusammenhanges nicht durch die Gewissheit der Anschauung Gottes erwiesen ist, hängt der Wille selbst Gott nicht mit Nothwendigkeit an, noch viel weniger irgend einem andern Gut, das Gott gehört. Der Wille desjenigen aber, der Gottes Wesenheit schaut, hängt Gott ebenso mit Nothwendigkeit an, wie wir jetzt hier auf Erden nothwendig glücklich sein wollen (1. p. q. 82. a. 2.).

18. Die Naturnothwendigkeit des Willens lässt sich demnach, der Lehre des heil. Thomas vollständig entsprechend, in folgender Weise darstellen: Der Wille strebt mit Nothwendigkeit und naturgemäß nach dem formellen Grunde, nach der Güte. Nichts begehrt

er, außer es ist ein Gut, wie das Auge nichts sieht, außer das Gefärbte als solches. Das Böse als solches kann der Wille nicht begehren, dafür hat er gar keine Potenz. Wornach immer er strebt, und wie beschaffen der Gegenstand sonst auch sein möge, er will nur das Gut als solches, er begehrt alles *sub ratione boni*. Würde er je, was übrigens unmöglich ist, das Böse als solches anstreben, so müsste er dabei sich selber zerstören, weil er gegen seine eigene Natur handeln würde. Das Böse zu wollen ist indessen unmöglich, weil er das Gut mit N o t h w e n d i g k e i t begehrt. Und würde Gott ihn je zum Bösen a l s s o l c h e m bewegen, so wäre das Gewalt. Zwingen aber lässt sich der Wille nie, und von keiner Macht, welcher Art sie immer sei. Was gegen den Willen ist, das stammt eben nicht vom Willen, das ist nicht sein Werk. Die e i n z i g e Nothwendigkeit für ihn ist also ausschließlich die, dass er alles, was er begehrt, als ein Gut erstrebt. Er kann nicht etwas, das n i c h t e i n G u t i s t, verlangen. Gott hat ihn so geschaffen, diese Bestimmung, Beschränkung, wenn man es so nennen will, in seine Natur, in sein Wesen gelegt. Jedermann sieht, dass hier von einer Bewegung im eigentlichen Sinne weder die Rede ist, noch sein kann. Wenn daher in neuerer Zeit die Theorie vertheidigt wird, Gott bewege den Willen natürlich und nothwendig, d. h. unfrei zum Guten und zu der Glückseligkeit im allgemeinen, und diese Bewegung sei, wie alle wissen, allgemeiner Natur, so kann darunter nichts anderes verstanden werden, als die von uns soeben dargelegte o b j e c t i v f o r m e l l e Bestimmung zum Gut. Dieser Theorie gemäß ertheilt Gott der Creatur weiter nichts als die *ratio volendi*, den formellen Grund, unter welchem der Wille alles begehrt, was er anstrebt. Da nun diese *ratio volendi* i n d e r N a t u r, i m W e s e n d e s W i l l e n s selber ihren eigentlichen Grund hat, indem der Wille v o n N a t u r a u s nur ein Gut als solches (*sub ratione boni*) anstreben kann, so ist, wenn man die Gesetze der Logik überhaupt noch zu Worte kommen lässt, von einer B e w e g u n g durch Gott nicht mehr die Rede. Niemand wird im Ernste behaupten, derjenige, der dem Auge die Einrichtung gegeben hat, dass es nur die Farbe sehen kann, sei die b e w e g e n d e Ursache, dass das Auge sieht. Und diese Bewegung, dieses Sehen sei ein natürliches und nothwendiges, d. h. unfreies. Doch davon wird später noch zu sprechen Gelegenheit sein.

Außer dieser *ratio volendi*, außer dieser von Gott selbst dem Willen in seine Natur, in sein Wesen gelegten Bestimmung, dass er immer nur das Gut als solches, nie das Böse, und dieses letztere nur *sub ratione boni* begehren kann, existiert für den Willen keinerlei absolute Nothwendigkeit. Kein geschaffenes Object strebt er o b j e c t i v auf natürliche Weise und mit Nothwendigkeit an; denn keines ist a l l s e i t i g ein Gut, keines bildet somit für den Willen das adäquate *objectum quod*. Alle geschaffenen

Dinge sind eigentlich nur Mittel zu dem Endziele, zu dem allseitig vollkommenen Gut, der Glückseligkeit des Willens. und keines steht damit in einem nothwendigen Zusammenhange. Das Objectum *quod* der Glückseligkeit ist für den Menschen etwas rein Ideales, es hat keine Wirklichkeit.

Doch nein, es hat Wirklichkeit, am meisten Wirklichkeit von allen; denn dieses *objectum quod* ist Gott, der höchst Gute, die Güte, die lautere allseitige Güte selber. So richtig dies an sich ist, so wahr erweist sich die Lehre des heil. Thomas, dass der Wille hier auf Erden selbst Gott nicht auf natürliche Weise und mit Nothwendigkeit begehre. Der Mensch erkennt Gott nicht wie er in sich ist, er weiß hier auf Erden nicht, dass Gottes Wesenheit das *objectum quod* und *quo* seiner Seligkeit ausmacht. Darum ist er frei, absolut frei, Gott oder etwas anderes als *objectum quod* seiner Glückseligkeit zu erwählen, oder auch abzuweisen, diesen so heiß ersehnten Gegenstand anderswo zu suchen. Im andern Leben ja, wenn er Gottes Wesenheit selber schaut, dann wird er mit Nothwendigkeit von diesem Objecte angezogen, er kann es mit keinem andern vertauschen, kein anderes an dessen Stelle setzen, um in ihm sein Glück, seine Ruhe zu genießen. Wir können somit, gestützt auf die Auctorität des heil. Thomas sagen: der Wille des Menschen ist hier auf Erden objectiv, hinsichtlich jedes in der Wirklichkeit existierenden Objectes frei, er begehrt absolut keines mit Nothwendigkeit.

19. Zweite Proposition: Obgleich der Wille das Gut und die Glückseligkeit im allgemeinen objectiv mit Nothwendigkeit begehrt, so dass er nicht deren Gegentheil verlangen kann, so ist er doch absolut frei in Betreff seiner Thätigkeit, des Actes *(quoad exercitium actus)*, womit er, sei es irgend ein Gut, sei es die Glückseligkeit selber, begehrt. Hierin gibt es für ihn überhaupt keine Nothwendigkeit.

Wo immer der englische Lehrer von der objectiven Bewegung des Willens, von der durch das Object erfolgten nothwendigen Bestimmung desselben spricht, setzt er die subjective Bewegung, die Thätigkeit, den Act des Willens voraus. Auf die Frage: ob der Wille von seinem Objecte mit Nothwendigkeit bewegt werde, antwortet der Doctor Angelicus: nein, so oft von der subjectiven Bewegung die Rede ist, denn jemand kann über welches Object immer nicht nachdenken, und infolge dessen kann er auch es thatsächlich *(actu)* nicht wollen. Sobald dem Auge das entsprechende Object, das Gefärbte vorgehalten wird, übt die Farbe einen nothwendigen respective nöthigenden Einfluss auf das Auge aus, vorausgesetzt jedoch, dass jemand das Auge nicht davon abwendet, was zum Sehacte *(ad exercitium actus)* gehört. Das nämliche gilt vom Willen. Wird diesem ein Gegenstand vorgestellt, der allseitig *(universaliter)* und in jeder Beziehung ein Gut ist, so strebt der Wille, wenn er etwas begehrt, mit Nothwendigkeit nach jenem Gut (1. 2. q. 10. a. 2.). Schon aus dieser einen Stelle geht zur Evidenz hervor, dass das Object auf die subjective Bewegung, auf den Willensact keinen wirksam bewegenden Einfluss hat, denn was von einer Bedingung abhängig ist, eine Bedingung voraussetzt, das kann nicht die wirksame Ursache dieser Bedingung sein. Das Object übt auf den Willen Einfluss aus, wenn dieser thätig ist, sobald er einen Act vollzieht. Unmöglich kann daher das Object diese Thätigkeit, diesen Act im Willen hervorbringen. Das muss von jedem Objecte gesagt werden, solange wir hier auf Erden leben. An der soeben citierten Stelle hat ja der englische Meister jenes Object im Auge, welches den Willen objectiv mit Nothwendigkeit bewegt, weil es allseitig und in jeder Hinsicht ein Gut ist. Dieses Gut ist für den Menschen die Glückseligkeit im allgemeinen. Die ist für ihn das vollkommene Gut. Und gerade von diesem Gut sagt der heil. Thomas, dass es den Willen subjectiv nicht bewege, sondern ihn bloß, wenn er es will *(si aliquid velit)*, mit Nothwendigkeit dazu bestimme, es selbst, nicht sein Gegentheil zu wollen.

Dieser Beweis kann noch durch viele andere Texte des Doctor Angelicus gestützt werden. Der heil. Thomas findet den Grund, warum der Wille niemals direct zu einer Sünde verleitet werden kann, darin, dass kein Object ihn zur Thätigkeit, also zur Einwilligung bewegt oder bestimmt. Der Wille kann nur vom Endziele objectiv mit Nothwendigkeit bewegt werden. Darin aber, dass der Wille das Endziel begehrt, kann eine Sünde nicht liegen. Außer dem Endziele aber reicht kein Object hin, um als wirksam bewegende Ursache der Sünde zu gelten, weder ein von außen dem Willen vorgestelltes, noch jemand, der uns zu der Sünde bereden will (1. 2. q. 80. a. 1.). Der Wille kann somit vom Objecte, insofern es ein Gut ist, bewegt werden, aber nicht hinreichend und wirksam. Das Bewegliche kann nur dann hinreichend bewegt werden, wenn die active Kraft des Bewegers entweder gleich oder größer ist als die passive Kraft des Beweglichen. Nun aber erstreckt sich die passive Kraft des Willens auf das Gut im allgemeinen, während jedes geschaffene Gut etwas Particuläres ist. Darum kann Gott, das universelle Gut allein, auch als Object den Willen hinreichend *(sufficienter)* bewegen (1. p. q. 105. a. 4.). Alle andern Güter sind bloß imstande, den Willen einigermaßen *(aliqualiter)* zu neigen, keines bewegt ihn hinreichend (ib. q. 106. a. 2.). Der Engel und der Mensch können durch Zureden den Willen bestimmen. Allein das genügt nicht, um ihn in Thätigkeit zu versetzen (ib. q. 111. a. 2.).

20. Die neuere Theorie behauptet, Gott bewege den Willen auf natürliche Weise und nothwendig, d. h. unfrei zum Guten und

zu der Glückseligkeit im allgemeinen. Dieses sei der einzige Einfluss, den Gott auf den Willen der vernünftigen Geschöpfe ausübt, und dieser einzige Einfluss werde vom heil. Thomas gelehrt und vertheidigt.

Wieviel, oder richtiger wie wenig Wahrheit in dieser Theorie enthalten ist, möge uns der heil. Thomas selbst sagen. Wäre diese **subjective** Bewegung des Willens durch Gott thatsächlich eine natürliche und nothwendige, d. h. unfreie, so müsste sie **immer** bleiben oder mit **Gewalt** zurückgehalten werden. Was einem Dinge natürlich und nothwendig zukommt, das besitzt dasselbe zu jeder Zeit, oder es wird in diesem Besitze gestört, es stellt sich ein Hindernis in den Weg, und das ist Gewalt, weil die Lage des Dinges infolge dessen eine **unnatürliche** wird. Bewegt also Gott den Willen natürlich und nothwendig, d. h. unfrei zum Guten und zu der Glückseligkeit im allgemeinen, so muss er bezüglich dieses Objectes ununterbrochen thätig, immer in *actu* sein, oder er erleidet Gewalt, wie wir es bei der Thätigkeit der Naturdinge sehen. Beides verwirft der englische Lehrer mit ausdrücklichen Worten, so dass ein Zweifel darüber nicht aufkommen kann. „Das erste Gut", lehrt S. Thomas, „wird *per se* gewollt und der Wille strebt *per se* und naturgemäß nach diesem Gut. Allein er will dieses Gut nicht **immer** thatsächlich (*non semper vult in actu*). Es ist durchaus nicht nothwendig, dass alles das, was der Seele auf natürliche Weise conveniert, jederzeit *actu* in der Seele sei. Die ersten Principien werden ja auch naturgemäß, d. h. mit nothwendiger Zustimmung erkannt. Trotzdem werden sie nicht fortwährend actuell einer Betrachtung unterzogen" (de veritate q. 22. a. 5. ad 11). Aus diesen Worten geht hervor, dass der Wille selbst zum **ersten** Gut, das *per se* gewollt wird, zu der Glückseligkeit, **subjectiv nicht mit Nothwendigkeit** bewegt wird, denn er kann die Gedanken von diesem Objecte **ablenken**, was bei einer **nothwendigen** Bewegung einfach unmöglich ist. Der Wille ist mithin **nicht immer** *in actu* hinsichtlich dieses Objectes. Dadurch unterscheidet sich der Wille von den Naturdingen. Das Schwere strebt ohne Aufhören nach unten, außer es wird von einer andern Ursache daran gehindert (de veritate q. 22. a. 6.). In jedem Zustande der Natur, d. h. solange wir hier auf Erden sind, besitzt der Wille **subjectiv** in Betreff **jedes** Objectes volle Freiheit. Er kann begehren und nicht begehren. Anders verhält er sich mit Bezug auf das Object. In dieser Hinsicht ist er nur frei in der Auswahl der Mittel, hinsichtlich des Zieles dagegen ist er in der von uns früher angegebenen Weise bestimmt. Das Dasein unserer Seele ist ein, zwar nicht durch sie selber, wohl aber durch einen andern **bestimmtes**. Ihr Wollen jedoch bestimmt sie sich selber. Während ihr Sein daher ein unveränderliches ist, bleibt ihr Wollen ein unbestimmtes, nicht determiniertes (l. c. ad 1.). So oft demnach von der Bewegung des Willens mit Bezug auf seine Thätigkeit die Rede ist, muss jede Nothwendigkeit geläugnet werden. Und es ist ganz gleichgiltig, ob dem Willen irgend ein particuläres Object oder die Glückseligkeit im allgemeinen vorgestellt wird, denn jemand kann über die Glückseligkeit **nicht nachdenken** wollen. Die Acte des Verstandes und Willens sind ja ebenfalls etwas **Particuläres** (de malo q. 6. a. unic.). „Manche behaupteten", bemerkt S. Thomas, „die Bewegung des Willens daure **immer an**, und zwar deshalb, weil der Wille auf natürliche Weise das Gut begehrt. Versteht man unter dieser Bewegung **einen Act** des Willens *(operatio)*, so ist diese Behauptung **falsch**. Der Wille ist nicht derart auf natürliche Weise zu **einem** bestimmt, dass er infolge dessen **immer** *in actu* **thätig sein müsste**" (2. dist. 39. q. 3. a. 3. expos. text.). In dieser Ansicht einiger Gelehrten, von denen der englische Meister hier spricht, wird genau dasselbe vertheidigt, was die vorhin genannte neuere Theorie consequenterweise annehmen muss: der Wille sei immer *in actu*, weil er natürlich und nothwendig das Gut und die Glückseligkeit begehrt. Es ist demnach sonnenklar, dass diese Theorie mit der Lehre des heil. Thomas in directem Widerspruche steht. Welches Object immer Gott dem Willen vorstellen möge, sei es die Glückseligkeit selbst, hier auf Erden wird er dadurch nicht einmal **wirksam**, umsoweniger **nothwendig** von Gott bewegt.

Diese Bewegung, wie die genannte Theorie sie auffasst, müsste aber eigentlich eine **objective** sein, nämlich dadurch bewirkt, dass Gott dem Willen das Gut und die Glückseligkeit im allgemeinen vorstellt. Die **subjective** kann in dieser Theorie nicht gemeint sein, weil ja gesagt wird, diese Bewegung sei, wie alle wissen, **allgemeiner Natur**. Wir sagen, dass diese Theorie ohne Zweifel die **objective** Bewegung durch Gott im Auge habe, denn wäre wirklich darunter die **subjective** in dem Sinne zu verstehen, dass Gott selber **unmittelbar** den Willen bewegt, nicht durch Vorstellung der Glückseligkeit, so hätten wir nicht allein abermals einen offenen Widerspruch mit der Lehre des heil. Thomas, der entschieden bestreitet, dass diese Bewegung eine **natürliche und nothwendige** sei, sondern eine *contradictio in adjecto*. Der englische Meister sagt, der Act des Verstandes und Willens sei **etwas Particuläres**. Das Particuläre aber kann unmöglich **allgemeiner Natur sein**. Ebenso soll doch dieser Einfluss, diese Bewegung durch Gott eine Bewegung im Willen hervorbringen, der Wille infolge dessen einen Act ausüben. Lässt sich nun eine Bewegung und ein Act **allgemeiner Natur im Menschen** denken? Wir sind nicht imstande, uns davon auch nur annäherungsweise eine Idee zu bilden. Wir glauben daher den Sinn dieser Theorie, soweit sie einen

Sinn hat, dahin deuten zu sollen, ja zu müssen, dass Gott dem Willen die Glückseligkeit vorstellt und ihn dadurch **natürlich und nothwendig,** d. h. unfrei bewegt. In diesem Falle ist die Bewegung specificativ und objectiv allerdings **allgemeiner Natur.** Das Object nämlich ist universell und es schliesst darum alle möglichen particulären Güter in sich (1. p. q. 82. a. 2. ad 1.). In diesem Sinne ist der zweite Theil der genannten Theorie richtig. Allein der vorhergehende Theil der ausgesprochenen Behauptung ist dann unrichtig, nämlich dass diese Bewegung eine **natürliche und nothwendige,** d. h. **unfreie** sei. Gottes Wesenheit selber bewegt zwar den Willen im anderen Leben **wirksam,** jedoch, wie wir nachweisen werden, nicht nothwendig. Die subjective Nothwendigkeit hat im andern Leben ihren Grund in der Natur des Willens und in seiner Abhängigkeit vom Verstande. Hier auf Erden aber, lehrt S. Thomas, wird unser Wille **von keinem Objecte,** wer es auch ihm vorstellen möge, **hinreichend** bewegt. Von jedem, die Glückseligkeit nicht ausgenommen, kann er seine Aufmerksamkeit ablenken, und es infolge dessen nicht wollen.

Diese Wahrheit hat ihren Grund in der vom heil. Thomas so oft betonten Lehre, dass der Verstand den Willen überhaupt **niemals** *quoad exercitium actus* bewege. Umgekehrt werde der Verstand vom Willen in dieser Weise bewegt. Darum erklärt der englische Lehrer fortwährend, es stehe in der Macht des Willens die Glückseligkeit nicht zu begehren, denn er könne den Gedanken an dieselbe ablenken, indem der Wille bestimmend, bewegend auf den Verstand einwirkt. Der Wille selber hingegen werde von keiner andern Potenz, sondern nur von sich selber bewegt (de malo q. 6. a. unic. ad 10.). Wenn also Gott den Willen **objectiv** bewegt, so muss er dem Menschen vermittelst des Verstandes die Glückseligkeit vorstellen. Eine andere Art und Weise ist nicht denkbar. Das unmittelbar Bewegende ist und bleibt darum immer das von unserm Verstande dem Willen vorgezeigte Object. Und dieses bewegt nicht mit Nothwendigkeit, selbst dann nicht, wenn es die Glückseligkeit des Menschen darstellt. Hierüber hat der heil. Thomas mit aller wünschenswerten Klarheit sich ausgesprochen.

21. Das Verhältnis der Gewalt zu der Freiheit wird uns später beschäftigen. Der Wille als Natur bedeutet also, dies ist das Resultat unserer Untersuchung, die transcendentale Hinordnung der Potenz zum Gut und der Glückseligkeit im allgemeinen; wir sagen der Potenz oder des Willens als geistigen Strebe**vermögens.** Vom Willens**acte,** von der Thätigkeit des Willens ist dabei gar nicht die Rede. Da der Wille geistiger Natur ist, eine immaterielle Kraft der Seele bildet, so kann er Gegenstände doppelter Art begehren, entweder ein particuläres oder ein all-

gemeines Gut. Das Wort: "allgemein" bedeutet hier soviel als **allseitig, in jeder Beziehung gut.** Der Wille neigt sich zu dem Gut im allgemeinen, besagt demnach, dass er jenes Gut begehrt, welches **nur gut ist,** gut ohne Beschränkung, ohne in irgendwelcher Beziehung einen Mangel an Güte in sich zu haben. Der Wille strebt nach dem Gut im allgemeinen, kann aber auch soviel heissen als: er begehrt immer nur das **Gut als solches,** niemals das Böse formell genommen. Dasselbe muss gesagt werden in Bezug auf die Glückseligkeit im allgemeinen. Der Wille begehrt die Glückseligkeit im allgemeinen kann den Sinn haben: der Wille erstrebt jeden Gegenstand nur, insofern er durch denselben glücklich zu werden hofft, er will durch kein Object sich unglücklich machen. Es kann aber auch besagen, dass der Wille jenen Gegenstand verlangt, der ihn allgemein, in jeder Beziehung glücklich zu machen imstande ist.

Der Wille wurde seiner Wesenheit nach von Gott zu diesen zwei Arten des ihm eigenthümlichen Gegenstandes auf natürliche und nothwendige, d. h. unfreie Weise **hingeordnet.** Der Wille hat nicht das **Vermögen, die Potenz, das Böse als solches** zu begehren, oder auch das **allseitig** vollendete Gut **nicht** zu verlangen, um nach dem Gegentheil desselben zu streben. Der Mangel dieses Vermögens dieser Potenz liegt in seinem Wesen, in seiner Natur. Der Wille war auf diese Weise in der Idee Gottes vorgebildet und Gott hat ihn so erschaffen. Darum nannten wir vorhin dieses Verhältnis transcendentale, natürliche Hinordnung zum Gut und zu der Glückseligkeit im allgemeinen. Hat die vorhin erwähnte neuere, wieder aufgefrischte Theorie nichts anderes im Auge, als dieses transcendentale Verhältnis, so lässt sich gegen dieselbe gar nichts einwenden. Sie ist vollkommen begründet und wird vom heil. Thomas überall gelehrt und vertheidigt. Allein ganz und gar unrichtig ist es, zu behaupten, dass dieses Verhältnis des Willens zu den oben bezeichneten Objecten **eine Bewegung durch Gott** sei. Dies ist vielmehr ein **bleibender natürlicher Zustand,** nicht eine vorübergehende Bewegung. Es liegt **in der Natur des Willens,** in dieser Weise zum Gut und der Glückseligkeit im allgemeinen hingeordnet zu sein. Dies alles geht den Willen *in actu primo* an.

Betrachten wir nun den Einfluss dieser beiden Objecte auf den Willen. In welchem transcendentalen Verhältnisse stehen diese Objecte zu dem Willen? Wir werden, gestützt auf die Lehre des heil. Thomas, diesbezüglich Folgendes behaupten müssen. Das Gut und die Glückseligkeit im allgemeinen bestimmen und bewegen den Willen **objectiv** derart, dass er **nicht das Gegentheil** derselben begehren kann. Sie sind derart zu dem Willen hingeordnet, dass derselbe nicht die Potenz, das Vermögen für **das Gegentheil** besitzt. Hinsichtlich der **subjectiven Bewegung** *(quoad exercitium actus)* bewegt das allseitig vollendete Gut, der Gegenstand, welcher in jeder Beziehung gut ist ohne Beimischung des Nichtguts, auch als **Object** den Willen in wirksamer Weise *(efficaciter)*. Dies geschieht aber nur dann, wenn das genannte Gut in dieser Vollendung dem Willen durch die Vernunft vorgestellt wird. Wird es ihm nicht unmittelbar, wie es in sich ist, vorgestellt, so bewegt es als **Object** den Willen **subjectiv** nicht auf wirksame Weise. Dasselbe muss vom Gut im allgemeinen entsprechend der andern Bedeutung, und von der Glückseligkeit im allgemeinen gesagt werden. Diesbezüglich kann die Vernunft ihre Aufmerksamkeit davon ablenken, und der Wille hört auf, dieses Gut zu wollen.

Inwiefern ist der Wille zu diesen Gütern auf eine **nothwendige, natürliche, d. h. unfreie** Art hingeordnet? Insofern sie in unserer Vorstellung sind, die *ratio volendi* bilden. In der Wirklichkeit, *a parte rei*, existiert für uns hier auf Erden kein Gut, welches unsern Willen in dieser Weise bestimmte. Ein **allseitig** vollendetes Gut gibt es für uns in diesem Leben nicht. Allerdings existiert Gott, und er ist dieses Gut in aller Wirklichkeit. Allein die Vernunft stellt uns in diesem Leben Gott nicht vor, wie er thatsächlich in sich ist. Ebensowenig existiert *a parte rei* die Glückseligkeit im allgemeinen. Darum ist der Wille zu diesen Gütern wohl **transcendental** in natürlicher und nothwendiger Weise hingeordnet, nicht aber **actuell**. Die actuelle Hinordnung, die Willensthätigkeit ist etwas Particuläres, und aus diesem Grunde nicht auf **natürliche und nothwendige** Weise bestimmt.

22. Dieses ist ohne Zweifel die richtige Auslegung der Doctrin des englischen Meisters, wenn er den Willen der vernünftigen Wesen bisweilen **Natur** nennt und von einer Naturnothwendigkeit des Willens spricht. Er will damit nur das Verhältnis des Willens zu dem **adäquaten, demselben eigenthümlichen** Gegenstande bezeichnen. Jedes Vermögen, jede Potenz unterhält eine transcendentale Beziehung zu der eigenen Thätigkeit, zu dem eigenen Objecte. *Potentia secundum illud quod est potentia ordinatur ad actum, et actus diversificatur secundum diversam rationem objecti* (1. p. q. 77. a. 3.). Für das Begehrungsvermögen aber ist das Ziel oder Gut das entsprechende adäquate Object. Und weil die Strebekraft ein **passives** Vermögen ist, deshalb verhält sich dieses Object zu ihr wie die bestimmende, bewegende Ursache. Der Wille der vernünftigen Wesen ist eine geistige, von jedem leiblichen Organ unabhängige Kraft. Er besitzt folglich die Natur des Allgemeinen, des Unbeschränkten. Das ihm adäquate Object muss demnach ebenfalls die Natur des Allgemeinen, Unbegrenzten haben. Das **Gut als solches,** das Endziel erfreut sich thatsächlich einer solchen allgemeinen Natur. Darum sprechen wir von einer Glückseligkeit im allgemeinen.

Dieses adäquate Object füllt die ganze Potentialität des Willens aus, denn es entspricht genau der Aufnahmsfähigkeit und Beweglichkeit des Willens. Es bestimmt folglich den Willen **objectiv und specificativ** auf natürliche und nothwendige Weise. Daher bemerkt der englische Lehrer, das Bewegende verursache im Beweglichen dann eine nothwendige Bewegung, wenn seine Kraft größer ist als das Bewegliche, so dass dessen ganze Possibilität oder Empfänglichkeit dem Bewegenden untersteht (1. p. q. 82. a. 2. ad 2.). Diese natürliche und nothwendige Bestimmung durch den Gegenstand schließt im Willen das Vermögen, die Potenz oder **Neigung zum Gegentheil des Objectes** aus. Da nun das Gut als solches und die Glückseligkeit im allgemeinen das adäquate Object für den Willen bilden, so wird der Wille nie die Neigung zu einem Nichtgut und zu der Unglückseligkeit in sich haben. Er ist vielmehr diesbezüglich zu **einem**, zu diesem einen adäquaten Objecte auf **natürliche und nothwendige, d. h. unfreie** Weise bestimmt. Dies ist aber auch die **einzige** Nothwendigkeit, mit welcher der Wille überhaupt bestimmt und bewegt wird. **Eine andere kennt er nicht.** Wie indessen jedermann sieht, ist diese Nothwendigkeit ausschließlich eine objective oder specificative.

Das vorhin angezogene adäquate Object des Willens kann aber in doppelter Weise betrachtet werden: entweder **formell** oder **materiell**. Das Object **formell** genommen, wird vom englischen Lehrer stets *ratio ultimi finis* oder *ratio volendi* genannt. Das Object **materiell** genommen, heißt bei ihm: *id in quo ista ratio invenitur*, oder *res in qua ratio boni invenitur* (1. 2. q. 1. a. 7 und 8). Die Nothwendigkeit, von welcher wir vorhin gesprochen, bezieht sich **ausschließlich nur auf das Object im formellen Sinne**, solange wir hier auf Erden leben. Das formelle Object **allein** bestimmt unseren Willen auf **natürliche und nothwendige, d. h. unfreie** Art. Darum kommen alle Willen hinsichtlich der Neigung zu diesem Objecte überein und es gibt für alle nur ein Gut, ein Endziel (l. c.).

Die Neigung des Willens zu dem Objecte in materieller Bedeutung ist keineswegs eine **natürliche und nothwendige**, solange wir uns hier auf Erden befinden. Hinsichtlich dieses Objectes kommen darum die Willen der verschiedenen Menschen nicht überein. Der eine strebt nach diesem, der andere nach jenem Gegenstande, in welchem er das Gut und die Glückseligkeit zu finden hofft. Dies ist der beste Beweis, dass der Wille zu **diesem Objecte frei**, nicht aber nothwendig hingeordnet ist. Den Grund dafür haben wir oben angegeben. Daselbst wurde gesagt, dass für uns **jetzt kein Gegenstand existiert**, in welchem sich das formelle und materielle Object decken. Es gibt für uns in diesem Leben kein Object, in welchem die *ratio boni*, die *ratio* *ultimi finis* und die *res in qua ista ratio invenitur* real identisch sind. Jede *res*, jeder Gegenstand ist ein particuläres, d. h. beschränktes Gut, kein Object ist allseitig, in jeder Beziehung vollkommen, durch und durch ein Gut und nichts als Gut. Keines füllt somit die Potentialität, die Aufnahmsfähigkeit des Willens aus. Folglich bestimmt und bewegt keines den Willen auf eine natürliche und nothwendige, d. h. unfreie Art.

Dasselbe gilt von der Willensthätigkeit, vom Willensacte. Diese Thätigkeit ist ebenfalls ein particuläres, beschränktes Gut. Darum begehrt der Wille seine Thätigkeit frei, keineswegs aber nothwendig.

23. Aus dieser Lehre des heil. Thomas ergießt sich neues Licht über eine andere Theorie desselben Meisters, dass nämlich der Zwang allein, nicht aber die natürliche Nothwendigkeit gegen die Freiheit verstoße. Man hat es sehr missbilligt, dass wir in unsern kritischen Bemerkungen mehrere Stellen dieses Inhaltes aus S. Thomas, der sich dabei jedesmal auf S. Augustin beruft, angeführt haben. Es wurde die Ansicht ausgesprochen, dass diese Theorie nach der kirchlichen Verurtheilung des Jansenismus nicht mehr vertheidigt und gelehrt werden dürfe.

Sollten denn S. Augustin und der heil. Thomas mitverurtheilt worden sein? Ist so etwas glaubwürdig in einer Frage, wo beide als Autoritäten ersten Ranges allgemein anerkannt und gefeiert werden? Der Autor befindet sich offenbar in einem Missverständnisse hinsichtlich der natürlichen Nothwendigkeit und der Freiheit.

Was ist Zwang oder Gewalt? Es ist der Einfluss eines Agens auf ein Passives gegen die innere Neigung des Passiven (1. 2. q. 6. a. 4. ad 2.). Welche innere Neigung besitzt nun der Wille, dieses passive Vermögen der vernünftigen Wesen? Wir haben es früher gesehen. Der Wille hat eine natürliche und nothwendige Neigung zum Gut als solchem und zu der Glückseligkeit im allgemeinen, d. h. zu der *ratio boni* und zu der *ratio ultimi finis*; er hat eine freie Neigung zum Gegenstande, zu der *res, in qua invenitur ista ratio*; er hat endlich eine freie Neigung zu seiner Thätigkeit, zu seinem Acte. Diese Neigung ist eine innere, eine natürliche, transcendentale, die der Wille mit auf die Welt bringt. Die transcendentale Beziehung ist nicht etwas der Wesenheit des Willens Hinzugefügtes, sondern die Wesenheit selber.

Würde nun Gott den Willen jetzt zu dem Gut und zu der Glückseligkeit im allgemeinen objectiv nicht natürlich und nothwendig, sondern frei, zu den Gegenständen aber und zu der Thätigkeit natürlich und nothwendig bewegen, so müsste offenbar Zwang und Gewalt platzgreifen. Die Neigung der ersten Art, von welcher wir bis jetzt gesprochen, hat mit der Freiheit nichts zu thun, kann somit der Freiheit nicht schädlich sein. Sie bildet vielmehr das Fundament für die Freiheit. Die natürliche und nothwendige, d. h. unfreie, transcendentale Neigung verstoßt folglich nicht gegen die Freiheit. Unrichtig wäre nur die Behauptung, dass Gott dem Willen erst dann diese Neigung mittheilt, wenn er ihn zu einer Thätigkeit bewegt, und dass diese Neigung eine freie ist. Die Neigung der zweiten und dritten Art haben allerdings Beziehung zur Freiheit. Allein diesbezüglich wäre jede natürliche und nothwendige, d. h. unfreie Bewegung des Willens durch Gott gleichbedeutend mit Gewalt und Zwang. Gewalt und Zwang ist alles das, was gegen die innere natürliche Neigung des Willens gerichtet ist.

Warum soll nun diese Doctrin der beiden Riesengeister, des heil. Augustin und Thomas von Aquin, seit der Verwerfung der jansenistischen Lehre nicht mehr vertheidigt werden dürfen? Deckt sie sich vielleicht mit der Lehre des Jausenius? Wer könnte so etwas im Ernste behaupten? Allüberall erklärt der englische Meister, Gott bewege jedes Ding der Natur desselben durchaus entsprechend. Ebenso genau bestimmt er, in wieweit eine natürliche und nothwendige, d. h. unfreie Bewegung des Willens, mit andern Worten, in wieweit eine Nothwendigkeit vorhanden ist. Diese Nothwendigkeit aber erstreckt sich nicht auf den Willensact, auch nicht auf das Object, die *res*.

Wir haben viel schwerere Bedenken jener Behauptung gegenüber, dass S. Thomas bloß einen auf natürliche und nothwendige, d. h. unfreie Weise bewegenden Einfluss Gottes auf den Willen der vernünftigen Geschöpfe gelehrt habe. Demgemäß würde folgen, dass der Wille entweder überhaupt keine freie Thätigkeit, oder eine freie ganz und gar unabhängig von Gott besitzt, oder endlich, dass die natürliche und nothwendige, d. h. unfreie Bewegung eine freie verursacht. Das eine ist so unrichtig wie das andere, und steht im diametralen Gegensatz zur wirklichen Lehre des englischen Meisters. Der heil. Thomas anerkennt nur eine Nothwendigkeit, die sich indessen mit der Freiheit sehr wohl verträgt und zugleich dem Einflusse Gottes auf den Willen den weitesten Spielraum lässt.

Damit sind die Zweifel darüber, was der Doctor Angelicus unter dem Willen als Natur, oder unter der Naturnothwendigkeit des Willens etwa verstanden haben möge, wie wir hoffen, gelöst. Diese Naturnothwendigkeit ist nicht eine Bewegung im eigentlichen Sinne, *per modum agentis*, sondern eine solche im übertragenen Sinne, *per modum finis*. Sie ist objectiv, nicht subjectiv, und selbst das erstere nur in beschränkter, soeben dargelegter Weise. Eine weitere Bestätigung der von uns entwickelten Doctrin des englischen Meisters wird sich uns aus dem Nachfolgenden ergeben, in welchem wir seine Lehre über die Wahlfreiheit des Willens einer eingehenden Untersuchung würdigen wollen.

§ 4. Der Wille als Wahlfreiheit oder das liberum arbitrium.

24. Dieser Abschnitt, der wichtigste, schwerste der ganzen Abhandlung, muss naturgemäß unsere ganze Aufmerksamkeit auf sich lenken und infolge dessen zur genauesten Prüfung der diesbezüglichen Lehre des Doctor Angelicus auffordern. Dass die Doctrin unseres Meisters ihre Probe glänzend bestehen wird, das versteht sich von selber. Darüber brauchen wir uns keine Sorge zu machen.

Dem Doctor Angelicus ist das eigentliche Wesen der Freiheit in der Selbstbestimmung des Willens gelegen. Indem der Wille sich selber den Gegenstand, den er begehrt, aussucht, und ebenso sich selber für die Thätigkeit oder Unthätigkeit entscheidet, offenbart er damit das innerste Wesen der Freiheit. Darum wird der Wille diesbezüglich: „Wahlfreiheit oder Willkür" (Wille — Wil-kür [Mittelhochd. Handwb. v. Lexer, pag. 890]) genannt. Fassen wir zunächst die Bestimmung des Gegenstandes ins Auge. Sie kann, wie wir früher gesehen haben, nur durch die Erkenntniskraft geschehen, weil nur diese unmittelbar dem Willen einen begehrenswerten Gegenstand vorstellt. Die Erkenntnis ist doppelter Art. Die eine schlechthin und absolut, wenn die Vernunft alsogleich, ohne weitere Discussion über den aufgefassten Gegenstand entscheidet. Dieser Erkenntnis folgt das Wollen, welches wir das nicht überlegte nennen. Die andere Art der Erkenntnis ist untersuchend, indem die Vernunft zwischen Gut und Böse, zwischen Zuträglichem und Schädlichem abwägend Untersuchungen anstellt. Dieser Erkenntnis folgt der überlegte Wille (2. dist. 24. q. 3. a. 1.). Wir sehen aber, dass manche Wesen ohne eigenes Urtheil handeln, und das thun alle jene, denen die Erkenntnis fehlt. Andere handeln zwar mit einem Urtheile, allein dieses ist nicht ein freies Urtheil, denn es wird nicht durch Berechnung und Vergleichung gebildet, sondern auf Grund des natürlichen Instincts. Der Mensch indessen handelt infolge eines Urtheils. Er bestimmt durch seine Erkenntniskraft, was zu thun und was zu meiden, was anzustreben oder zu fliehen ist. Dieses Urtheil hat nicht den natürlichen Instinct zu seiner wirksamen Ursache, weil es sich mit dem Einzelnen, nicht mit dem Allgemeinen befasst. Es gründet sich daher auf Berechnung und Vergleichung durch die Vernunft. Aus dieser Ursache heisst es ein freies, und beschäftigt es sich mit ganz Verschiedenem. Denn die Vernunft ist bezüglich des Contingenten vollständig indifferent, weder zu diesem Objecte, noch zu dem Gegentheile desselben bestimmt. Alles aber, was durch den Willen begehrt wird, selbst seine eigene Thätigkeit, bildet etwas Particuläres und darum Contingentes. Das Urtheil der Vernunft ist somit nicht zu einem bestimmt, sondern steht vielem indifferent gegenüber. Der Mensch muss folglich schon deshalb frei sein, weil er eine vernünftige Natur hat (1. p. q. 83. a. 1.).

Solange nun der Wille für Verschiedenes indifferent ist, erfolgt keinerlei Thätigkeit, vollzieht sich niemals ein Willensact. Es ist ja kein bestimmtes Object da, welches der Thätigkeit als Ziel dienen könnte. Thätig nennen wir ein Wesen, wenn es der Wirklichkeit, nicht der Möglichkeit nach, einen Act ausübt. Das Indifferente ist bloß in der Möglichkeit *(in potentia)*, nicht in der Wirklichkeit *(in actu)* thätig. Es erfolgt darum, wie der Commentator sagt, nichts, solange es nicht zu einem der beiden Theile bestimmt ist. Diese Bestimmung des Agens zu einer Thätigkeit geschieht durch die Erkenntnis, die der Thätigkeit einen Zweck, ein Ziel vorsetzt. Bei manchen Wesen ist die Erkenntnis, wodurch die Thätigkeit bestimmt und das Ziel vorgezeichnet wird, in ihnen selber, wie z. B. bei dem Menschen, der das Ziel seiner Thätigkeit sich selber vorsteckt. Die Naturwesen besitzen diese Erkenntnis nicht selber, daher werden ihre Thätigkeiten durch den Schöpfer der Natur zu dem bestimmten Ziele hingeordnet. Das Werk der Natur ist ebenfalls das Werk einer Intelligenz. Der Unterschied dieser dreifachen Thätigkeit der Geschöpfe lässt sich demnach mit Leichtigkeit feststellen. Manche Dinge bestimmen sich das Ziel und die diesem Ziele entsprechende Thätigkeit selber, andere dagegen vermögen dies nicht zu thun. Kein Agens kann sich das Ziel selber bestimmen, wenn es nicht das Ziel formell als solches, und die Mittel zum Ziele erkennt. Die geistigen Wesen besitzen diese Erkenntnis. Sie sind imstande, ein Urtheil über ihre eigene Thätigkeit abzugeben. Darum liegt es auch in ihrer Macht, diese oder jene Thätigkeit auszuüben. Daher sagt man von ihnen, dass sie die Herrschaft über ihre Thätigkeiten haben, dass sie eine Wahlfreiheit besitzen (2. dist. 25. q. 1. a. 1.). Die Auswahl, die Selbstbestimmung zu einem Gegenstande sowohl, wie auch zu irgend einer Thätigkeit gehört **wesentlich** zur Freiheit. Indem der Mensch das eine nehmen, das andere verschmähen kann, wird er frei genannt. Zu der Auswahl aber trägt etwas die Denkkraft und etwas das Strebevermögen bei. Der Vernunft gehört der Rath an, wodurch beurtheilt und entschieden wird, was dem andern vorgezogen werden soll. Von seiten des Strebevermögens wird gefordert, dass es dasjenige, was durch den Rath für die Auswahl vorgelegt wird, begierig annehme (1. p. q. 83. a. 3.) Das Wesen der Freiheit besteht folglich darin, dass der Mensch thätig oder nichtthätig sein kann (2. dist. 23. q. 1. a. 1.). Die Freiheit ist ein Vermögen, eine *facultas*. Vermögen aber bedeutet nach dem gewöhnlichen Sprachgebrauche die Macht, durch welche uns etwas zur Verfügung steht. Aus diesem Grunde werden die Besitzthümer Vermögen genannt, denn sie unterstehen der Herrschaft des Besitzers. Die Freiheit wird folglich deshalb ein Vermögen genannt, weil sie ihre eigene Thätigkeit in der Gewalt hat (2. dist. 24. q. 1. a. 1. ad 2.).

Es ist von großer Bedeutung für unsere Frage, dass der englische Lehrer das Wesen der Freiheit beständig in das Thätigsein- oder Unthätigseinkönnen setzt. Offenbar will er damit sagen, dass die objective Bestimmung des Willens zu dem Gut und zu der Glückseligkeit im allgemeinen unserer Freiheit nicht abträglich sei, indem sie die Freiheit gar nicht berührt. Er spricht sich übrigens hierüber mit aller wünschenswerten Deutlichkeit aus. Welches Gut immer, meint S. Thomas, dem Willen vorgestellt werden möge, stets liegt es in seiner Macht, dieses Gut zu wählen oder nicht zu wählen. Kein Gut ist hier auf Erden für den Menschen von der Art, dass es in jeder Hinsicht genügte. Welches Gut, oder welches Böse darum auch durch den Verstand vorgestellt wird, der Wille kann ihm anhängen oder zum Gegentheile sich neigen. Das schlechthin Böse kann ihm als scheinbares Gut, das schlechthin Gute als scheinbares Böse dargestellt werden. Es steht ihm daher frei zu wählen oder nicht zu wählen. Wäre er von einem leiblichen Organe abhängig, dann würde er mit Nothwendigkeit zu seiner Thätigkeit bestimmt (2. dist. 25. q. 1. a. 2.). Allein dies ist nicht der Fall. Verstand und Wille bedürfen bei ihrer ihnen eigenthümlichen Thätigkeit eines leiblichen Organs nicht. Das Princip für jede Thätigkeit ist die Form, durch welche ein Wesen in der Wirklichkeit *(actu)* ist, weil jedes Ding sich als thätig erweist, insofern es in der Wirklichkeit ist. Nach der Art und Weise der Form richtet sich darum auch die Art und Weise der Thätigkeit, welche auf die Form folgt. Stammt nun die Form, durch welche das Agens thätig ist, nicht vom Agens selber, so erfolgt eine Thätigkeit, über die das Agens nicht Herr ist. Kommt dagegen die Form, durch welche das Agens thätig ist, von ihm selber, so besitzt es die Herrschaft über die daraus sich ergebende Thätigkeit.

Die Formen der Naturdinge, aus welchen die natürlichen Bewegungen und Thätigkeiten erfolgen, haben nicht die Naturdinge selber, deren Formen sie sind, zu ihrer Ursache. Sie sind vielmehr ganz und gar *(totaliter)* von einem äußern Agens. Durch die natürliche Form hat jedes Ding das Dasein in der eigenen Natur, nichts aber kann die Ursache seines eigenen Daseins bilden. Was daher auf natürliche Weise bewegt wird, das bewegt niemals sich selber. Das Schwere bewegt nicht sich selbst nach der Tiefe, sondern dies geschieht durch denjenigen, der demselben die Form gegeben hat. Bei den Thieren erscheinen die durch die Phantasie und andern Sinne aufgenommenen resp. empfundenen Formen, die eine Bewegung verursachen, ebenfalls nicht von den Thieren selbst gebildet. Sie werden im Gegentheil von den äußern sinnenfälligen Dingen, die auf die Sinne der Thiere einwirken, in denselben hervorgebracht, und das Urtheil darüber fällt die sogenannte Ästimationskraft. Obgleich sie sich demnach in gewisser Beziehung selber bewegen, indem ein Theil derselben die Bewegung veranlasst und der andere bewegt wird, so ist es doch anderseits gewiss, dass die Bewegung nicht von ihnen selbst, sondern von den äußern Dingen, die auf die Sinne einen Einfluss ausüben, und von der Natur ihren Ausgang nimmt. Die Thätigkeit des Begehrungsvermögens folgt in ihnen mit Nothwendigkeit aus den durch die Sinne aufgenommenen Formen und das Urtheil darüber wird von der natürlichen ästimativen Kraft gefällt. Sie selbst bilden folglich nicht den Grund ihrer Bewegung und sie haben daher auch keinerlei Herrschaft über ihre eigene Thätigkeit. Die erkannte Form endlich, durch welche die geistige, vernünftige Substanz thätig ist, hat den Verstand resp. die Vernunft zu ihrer Ursache. Sie wird vom Verstande gebildet, gewissermaßen ausgedacht, wie wir es z. B. bei dem Künstler sehen. Der Künstler concipiert und componiert sich selbst jene Kunstform, durch welche er dann seine Thätigkeit entfaltet. Die vernünftigen geistigen Substanzen bewegen sich selber zu den Thätigkeiten, sie besitzen darum auch die Herrschaft über dieselben (2. contr. Gent. c. 47.). In dieser Herrschaft über die eigenen Thätigkeiten erblickt der englische Meister den Unterschied des Menschen von allen andern irdischen Geschöpfen. Menschliche Handlungen sind im eigentlichen Sinne nach ihm nur diejenigen zu nennen, über welche der Mensch durch die Vernunft und den Willen Herr ist. Die aus freier Überlegung herstammenden Thätigkeiten sind in der eigentlichsten Bedeutung menschliche Handlungen (1. 2. q. 1. a. 1.).

25. Wie haben wir nun die Freiheit subjectiv genauer aufzufassen? Was ist sie? ein Vermögen, eine Potenz? oder ein Habitus? oder eine Thätigkeit?

An mehreren Stellen spricht der heil. Thomas von der Ansicht einiger Autoren, welche die Freiheit als Qualität oder Habitus annehmen. Diese behaupten nämlich, das Wort: Freiheit bedeute nach dem gewöhnlichen Sprachgebrauche eine Qualität oder einen Habitus, obgleich mit demselben Namen auch ein Vermögen oder eine Thätigkeit bezeichnet werde, wie ja auch das Wort: Verstand manchmal das Vermögen, manchmal den Habitus oder manchmal den Act bezeichne. Indessen ist dieser Habitus, welchen sie unter dem Worte: Freiheit verstehen, nicht eine Qualität, die zu dem Vermögen, zu der Potenz hinzukommt, sondern eine gewisse Tauglichkeit der Potenz für den Act oder eine gewisse Leichtigkeit, Fertigkeit, welche einer Potenz aus der Unterstützung der andern erwächst. Aus diesem Grunde wird nach ihrer Meinung die Freiheit die Fähigkeit des Verstandes und Willens genannt.

Diese Lehre wird vom englischen Meister bekämpft. Es ist

ein Missbrauch, den man mit dem Worte: Habitus treibt, bemerkt
S. Thomas, wenn man die Freiheit einen Habitus nennt, denn der
Habitus bedeutet seinem eigentlichen Namen nach eine Qualität,
durch welche das Vermögen oder die Potenz informiert und vervollkommnet wird, und welche das Princip für den Act bildet.
Nimmt man darum den Habitus im eigentlichen Sinne, so muss
er zu der Potenz, wie die Vervollkommnung zu dem, was vervollkommnet werden soll, hinzukommen. Überdies ist es unmöglich,
dass die Freiheit ein Habitus sei, wenn man die Vernunft und
den Willen an sich betrachtet. Nimmt man jede für sich, so ist
klar, dass beide Vermögen oder Potenzen sind. Wird die Freiheit
nun von der einen oder der andern gebildet, so kann sie in beiden
Fällen nur eine Potenz sein. Oder man betrachtet die eine Potenz mit Bezug auf die andere, und dann kann man abermals
nicht sagen, die eine sei der Habitus der andern. Eine Potenz
bildet niemals den Habitus einer andern Potenz. Endlich kann
man noch die Beziehung selbst, welche die eine zu der andern
hat, ins Auge fassen. Allein auch diese Beziehung darf nicht
Habitus genannt werden. Der Habitus gehört dem Prädicamente
der Qualität an, nicht jenem der Beziehung oder Relation. Es ist
also, schließt der Doctor Angelicus, nicht vernünftig gesprochen,
wenn man die Freiheit einen Habitus nennt.

Andere Autoren verstanden unter dem Worte: Freiheit ein
Vermögen, eine Potenz, aber nicht eine Potenz absolut, sondern
eine solche, die durch einen Habitus vervollkommnet ist. Dieser
Habitus ist nach ihrer Ansicht nicht ein erworbener oder ein eingegossener, sondern ein natürlicher. Durch diesen Habitus geht die
Potenz mit solcher Leichtigkeit in Thätigkeit über, dass man von
ihr sagen kann, sie besitze die Herrschaft über ihre Thätigkeit.

Diese Anschauung ist nach S. Thomas abermals unrichtig.
Der Wille hat die Herrschaft über seine Thätigkeit aus der Natur
der Potenz selbst. Diese Leichtigkeit besitzt er folglich durch sich
selber, nicht durch irgend einen Habitus. Überdies dient der Habitus
nicht dem Zwecke, dass überhaupt eine Thätigkeit erfolge,
sondern dass sie gut vonstatten gehe. Die Freiheit dagegen ist
dasjenige, wodurch ein Act vollzogen wird, unbekümmert darum, ob
dies gut, schlecht oder in einer ganz indifferenten Weise geschieht.
Die Freiheit ist folglich nicht ein Habitus im eigentlichen Sinne,
sondern jenes Vermögen, jene Potenz, deren Act Auswahl genannt
wird (2. dist. 24. q. 1. a. 1.). Und in der That ist der Beweis, dass
die Freiheit nicht ein Habitus sein könne, unschwer zu liefern.
Das Subject eines Habitus kann nur eine Potenz sein. Wir wissen
aber, dass die Freiheit durch die Gnade, die ein Habitus ist, vervollkommnet wird. Sie kann somit unmöglich selber ein Habitus
sein. Wäre sie in der Wirklichkeit ein Habitus, so könnte es nur
ein natürlicher Habitus sein. Dem Menschen kommt ja die Frei-

heit natürlicherweise zu. Allein hinsichtlich dessen, was wir durch unsere Freiheit erreichen, dürfen wir nicht einen **natürlichen** Habitus besitzen. Was wir durch einen **natürlichen** Habitus erwirken, das ist nicht etwas Freies, sondern mit **Nothwendigkeit und naturgemäßer** Neigung Vollbrachtes. Dieses bildet demnach den geraden Gegensatz zu der Freiheit. Dieser natürliche Habitus zerstört darum das Wesen der Freiheit. Unmöglich kann er also die Freiheit selber sein (1. p. q. 83. a. 2.). Der Habitus bestimmt, beschränkt die Potenz, die Freiheit hingegen verlangt nothwendig Unbestimmtheit, Indifferenz dem Verschiedensten gegenüber. Frei geschieht dasjenige, was der Macht der wirkenden Ursache untersteht. In unserer Macht aber haben wir etwas vermöge der Potenz, in Kraft des Willens, nicht auf Grund eines Habitus. Das Wort Freiheit bezeichnet folglich eine Potenz absolut genommen (de veritate q. 24. a. 4.).

Daraus folgt die Antwort auf die früher gestellte Frage: ob die Freiheit der Act oder die Thätigkeit des Willens sei, von selber. Nach der Wortbezeichnung bedeutet Freiheit allerdings einen Act, eine Thätigkeit. Gemäß dem gewöhnlichen Sprachgebrauche jedoch wird damit **das Princip der Thätigkeit** bezeichnet. Wenn wir sagen, der Mensch sei frei, so meinen wir damit nicht, er urtheile thatsächlich oder actuell frei, sondern er besitze die Macht, wodurch er frei urtheilen kann (de veritate. q. 24. a. 4. c. und ad 13.). Wir wollen mithin durch das Wort: Freiheit auf dasjenige hinweisen, wodurch der Mensch frei urtheilt, auf die Potenz. Dieses Verfahren ist nicht ein unrichtiges. Im Gegentheil ist es gewöhnlich, wie der englische Lehrer bezeugt, dass eine Potenz mit dem Namen ihres Actes, ihrer Thätigkeit bezeichnet wird. Auf diese Weise wird durch das freie Urtheil, welches ein Act ist, auch die Potenz frei genannt. Eine Thätigkeit kann das Wort: Freiheit schon aus dem Grunde nicht bedeuten, weil die Freiheit dann dem Menschen nicht immer zukäme. Er ist ja nicht immer nach dieser Richtung hin in Thätigkeit (1. p. q. 83. a. 2. c. und ad 1.). Die Freiheit selber hat ihre Thätigkeit, ihren Act in der Gewalt, sie kann folglich nicht selber dieser Act oder diese Thätigkeit sein. Man kann doch unmöglich sagen, dass etwas sich selber in der Gewalt habe, über sich selber frei verfüge. Wäre die Freiheit wirklich mit der Thätigkeit, dem Acte identisch, so müsste man fragen, ob dieser Act von der Potenz, welche den Act vollzieht, frei oder mit Nothwendigkeit ausgeübt worden? Ist ersteres der Fall, so wird man dadurch gezwungen, eine **freie** Potenz anzunehmen und vorauszusetzen, denn die Potenz ist das Princip des Actes. Wenn der Act ein freier ist, muss es nothwendig auch die Potenz sein. Einer unfreien Potenz entspringt niemals ein freier Act. Und diese Potenz kann nicht durch den Act frei sein, weil sie früher ist als ihr Act. Darum erweist sich auch die zweite Annahme, dass die Potenz mit Nothwendigkeit thätig sei und trotzdem ein freier Act daraus hervorgehe, als unmöglich. Da nun in der Seele nach Aristoteles nur drei Dinge sind: die Potenz, der Habitus und die Leidenschaft, so folgt mit voller Klarheit, dass die Freiheit eine Potenz bezeichnen muss. Die Willensthätigkeit ist, obgleich dem Willen immanent, ein Effect, eine Wirkung der freien Potenz.

26. Die Freiheit muss, ihrer subjectiven Seite nach betrachtet, eine Potenz genannt werden. Welche Potenz ist es nun, die den Namen Freiheit führt? Ist es eine eigene, von den andern unterschiedene, oder kommt der Begriff: Freiheit mehreren Potenzen zu?

Aus der bisher vorgetragenen Lehre des Doctor Angelicus ist zu entnehmen, dass die Freiheit einen Vorzug, ein Privileg des Menschen bildet. Der Mensch unterscheidet sich aber von den übrigen Wesen durch den geistigen Theil, die Seele. Die Freiheit muss darum subjectiv im höheren, geistigen Theile des Menschen sein. Sie kommt also dem Menschen formell als einer vernünftigen, geistigen Substanz zu. Indessen wird auch der niedere Theil im Menschen, wie wir früher von S. Thomas gehört haben, vernünftig durch Antheilnahme genannt. Auch der niedere Theil des Menschen participiert somit einigermaßen an der Freiheit. In welcher Weise dies geschieht, wurde früher dargelegt. Der sinnliche Theil im Menschen ist vernünftig durch Antheilnahme, insofern er der Vernunft und dem Willen gehorcht, von diesen beiden Potenzen zu seiner Thätigkeit bestimmt und bewegt wird. Diese Thätigkeit heißt *actus imperatus*, weil das unmittelbare Princip derselben zwar eine der sinnlichen Potenzen, das entfernte, eigentlich bewegende, die Thätigkeit veranlassende aber der Verstand und der Wille sind. Die Thätigkeit der sensitiven Potenzen setzen daher die Freiheit schon voraus und sie haben Antheil an derselben, weil sie von ihr geleitet werden können. Wo keine Unterordnung und Lenkbarkeit durch den höhern Theil im Menschen statthat, wie der vegetative keine aufweist, da ist auch von einer Freiheit weder im formellen Sinne, noch gemäß einer Antheilnahme die Rede. Bei unserer Frage handelt es sich um das u n mittelbare Princip der freien Thätigkeit, insofern ein Act formell frei genannt werden muss. Dass dieses Princip nicht im sensitiven Theile gesucht werden dürfe, steht nach dem bisher Dargelegten außer allem Zweifel. Der höhere geistige Theil des Menschen bildet das unmittelbare Princip des freien Actes.

Dieser Theil hat zwei Potenzen: die Vernunft und den Willen. Welcher dieser beiden besitzt nun formell die Freiheit? Der englische Meister zählt diesbezüglich mehrere Ansichten auf. Die erste behauptet, die Freiheit sei nicht eine bestimmte geistige Potenz, sondern die Summe aller Seelenkräfte, gleichsam das aus seinen Theilen zusammengesetzte universelle Ganze. Allein das ist nicht richtig, erwidert S. Thomas, denn die Freiheit wäre dann ihrem Sein nach vervielfacht, weil es mehrere Potenzen gibt. Zudem müsste das Wesen der Freiheit in den einzelnen Potenzen enthalten sein. Indessen entwickelt nicht jede Potenz im Menschen eine freie Thätigkeit, sondern nur eine ganz bestimmte.

Eine zweite Ansicht behauptet, die Freiheit umfasse mehrere Potenzen, wie das integrierende Ganze seine Theile. Allein das ist unmöglich, bemerkt der englische Lehrer. Die Potenzen sind nicht integrierende Theile eines Ganzen, wenn dieses Ganze schlechthin eins ist. Die Freiheit aber ist schlechthin eins, denn es kommt ihr ein ganz bestimmter Act zu: die Auswahl. Ein specieller Act kann nicht unmittelbar von zwei Potenzen ausgeübt werden, sondern von der einen mittelbar, von der andern hingegen unmittelbar, insofern das, was der einen Potenz angehört, auch in der andern enthalten ist. Ein Ding kann nämlich auf zweifache Weise mehrere andere enthalten. Zunächst wesentlich, wie das Ganze seine Theile umfasst; in zweiter Art virtuell, wenn eines an der Kraft mehrerer Antheil hat. Die Freiheit begreift nicht **wesentlich**, wohl aber **virtuell** mehrere Potenzen in sich. An und für sich ist sie eine bestimmte Potenz. Alle Potenzen der Seele nehmen ihren Ursprung von der Wesenheit der Seele, denn sie sind Eigenschaften, die aus den Wesensprincipien hervorgehen, sogenannte *accidentia propria*. Indessen ist in dem Ursprunge eine gewisse Reihenfolge zu beobachten, indem die eine die andere voraussetzt, und auf diese Weise, sozusagen mittelst der andern von der Wesenheit der Seele sich herleitar. Dieser Process ist an den Thätigkeiten oder Acten erkennbar. Die Thätigkeit des Strebevermögens z. B. setzt jene der Erkenntniskraft voraus. Gleichwie daher die Kraft der Seele in ihren Potenzen zurückbleibt, so enthält auch die spätere Potenz die Kraft der frühern, vorausgehenden. Infolge dessen kann eine Potenz die Kräfte mehrerer anderer an sich haben. Mit der Freiheit verhält es sich thatsächlich so. Die Auswahl, der eigentliche Act der Freiheit, bedeutet ein Zweifaches: ein Urtheil, eine Entscheidung, und die Neigung zu dem, was durch die Entscheidung als gut dargestellt wird. Auswählen heißt eines mehr wünschen als das andere. Dazu gehört aber die Kraft des Verstandes und Willens. Die Freiheit umfasst daher die Kraft des Verstandes und Willens (2. dist. 24. q. 1. a. 2. — de veritate q. 24. a. 5.). Die Freiheit ist somit **wesentlich** eine einzige Potenz, **virtuell** dagegen zweifach, denn zu der Auswahl, dem eigentlichen Acte der Freiheit, trägt etwas der Verstand und etwas der Wille bei. Von seiten der Vernunft haben wir den Rath, wodurch beurtheilt und entschieden wird, was den andern vorzuziehen sei; das Strebevermögen, der Wille neigt sich zu dem, was durch die Vernunft entschieden worden ist (1. p. q. 83. a. 3.). Da indessen der Wille es ist, der eine Auswahl trifft, so wird die Freiheit **hauptsächlich** dem Willen zugeschrieben, nicht absolut, sondern insofern die Kraft des Verstandes und der Rath ertheilenden Vernunft mit ihm verbunden ist. Etwas ganz Gleiches ist in der Speculation nachweisbar. Der Verstand befasst sich mit den ersten Principien, die Vernunft mit den Schlussfolgerungen. Die eigentliche Thätigkeit der Vernunft besteht demzufolge darin, aus den Principien Schlüsse abzuleiten. Schlüsse ziehen aber kommt der Vernunft nicht absolut zu, sondern insofern sie die Kraft des Verstandes enthält (2. dist. 24. q. 1. a. 3.).

Die Freiheit ist daher **formell** aufgefasst, nichts anderes, als das geistige Strebevermögen selber, denn jenes Vermögen, jene Potenz, welcher eine freie Thätigkeit, der Freiheitsact zukommt, wird auch von diesem Acte also benannt. Man darf sie jedoch nicht ohneweiters und absolut Willen nennen, weil ihr die freie Thätigkeit nicht absolut zukommt, sondern in Beziehung zu der Vernunft. Sie führt darum einen eigenen Namen, der von der Vernunft und dem Willen sich unterscheidet. Das Wort: Wissen ist ja auch dem Namen nach sowohl vom Verstande als von der Vernunft verschieden (ib. ad 1.). **Dem Grunde** nach oder *radicaliter* gehört die Freiheit der Vernunft an, wie sich aus der nachfolgenden Untersuchung ergeben wird.

27. Die Freiheit als Potenz ist identisch mit dem Willen, diesen letztern nicht absolut genommen, sondern in seiner Abhängigkeit vom Verstande. Daraus geht unwiderleglich hervor, dass die Vernunft mit der Wahlfreiheit in einem nähern Zusammenhange steht, dass die Vernunft dabei hervorragend betheiligt erscheint. In welcher Weise? Ist die Vernunft **formell** die Freiheit, mit ihr **formell** identisch? Es scheint so, denn der heil. Thomas lehrt, die geistigen Potenzen seien frei, der Mensch sei formell deshalb frei, weil er eine vernünftige, geistige Natur besitzt. Der Verstand oder die Vernunft aber sind Vermögen der geistigen Natur. Es hat somit den Anschein, dass nicht nur der Wille, sondern auch die Vernunft **formell** frei ist. Ja der Vernunft muss die Freiheit **formell** weit mehr zukommen als dem Willen. Denn ist der **formelle** Grund unserer Freiheit die Geistigkeit, so muss jenes Vermögen, das an Geistigkeit die andern übertrifft, auch **formell** freier sein. Die Vernunft überragt aber alle andern Vermögen, selbst den Willen, durch ihre geistige Natur.

Trotz dieses Gegengrundes müssen wir behaupten, dass die Freiheit nicht **formell** in der Vernunft liegt. Die Thätigkeit unserer Freiheit besteht **formell** in der Auswahl. Wir werden aus dem Grunde frei genannt, weil wir das eine nehmen, das andere zurückweisen können, was nichts anderes ist, als auswählen. Die Natur, das Wesen der Freiheit muss darum von seiten der Auswahl ins Auge gefasst werden. Die Vernunft trägt durch ihren Rath zu der freien Thätigkeit bei, der Wille durch die Annahme dessen, was die Vernunft entgiltig entscheidend als zu wählen darstellt. Dieser zu wählende Gegenstand ist das Mittel zum Zwecke und bildet, weil es ein Gut ist, welches wir das Nützliche nennen, das eigentliche Object für die Freiheit. Ein Gut als solches ist aber nie Gegenstand oder Object der Vernunft, sondern des Strebevermögens. Die Freiheit gehört folglich nicht der Vernunft, sie gehört hauptsächlich und formell dem Willen an. Die Annahme oder Nichtannahme eines Gutes ist formell ein Act des Willens und dadurch wird der Rath der Vernunft zum Abschlusse gebracht (1. p. q. 83. a. 3.). Dieser Rath, dieses Urtheil heißt darum das Urtheil über die Auswahl. Die Natur des Willens bringt es mit sich, dass diese Auswahl eine freie ist (2. dist. 24. q. 1. a. 3 ad 5.), denn dasjenige, was Princip einer Thätigkeit nur in gewisser Hinsicht ist, muss nicht Princip jener Thätigkeit schlechthin genannt werden, sondern es ist nur einigermaßen Princip jener Thätigkeit. Grammatik heißt die Kenntnis oder Wissenschaft, um richtig zu sprechen. Man darf indessen nicht sagen, sie sei das Princip zu sprechen überhaupt oder schlechthin. Wir können auch ohne grammatikalische Kenntnisse sprechen. Sie bildet folglich nur das Princip, um richtig zu sprechen. Ähnlich verhält es sich in unserer Frage. Die Potenz, durch welche wir frei urtheilen, ist nicht identisch mit jener, wodurch wir schlechthin urtheilen. Dies letztere geschieht allerdings durch die Vernunft. Unter der formell freien Potenz haben wir vielmehr diejenige zu verstehen, welche bewirkt, dass das Urtheil ein freies sei. Und dies ist Sache des Willens. Daraus folgt aber dann, dass die Freiheit formell im Willen besteht, der Wille selber ist. Nur benennt sie den Willen nicht absolut, sondern mit Bezug auf einen seiner Acte: die Auswahl (de veritate q. 24. a. 6.). Das Urtheil selbst kommt formell der Vernunft zu, aber die Freiheit des Urtheils stammt unmittelbar vom Willen her. Die Vernunft bildet daher die Grundlage, den Ursprung der Freiheit, der Wille dagegen das unmittelbare Princip des freien Actes, der Auswahl (ib. ad 3 und 4.).

Der Beweis, dass nicht die Vernunft, sondern der Wille formell die Freiheit ausmache, lässt sich noch in einer andern Weise führen. Jene Potenz ist formell frei, welche, sobald alle Bedingungen für die Thätigkeit vorhanden sind, ganz nach Belieben in die Thätigkeit übergehen oder nicht übergehen kann, die, mit andern Worten, nicht zu einem Acte genöthigt wird, sondern die volle Herrschaft über ihre Acte besitzt. Dies trifft nun gerade bei dem Willen, nicht aber bei der Vernunft zu. In den demonstrativen Beweisen verhält sich die Schlussfolgerung zu den Principien in der Weise, dass mit der Leugnung der ersteren auch die Principien umgestoßen werden. Wegen dieser nothwendigen Beziehung der Schlussfolgerung zu den Principien wird der Verstand selbst **durch die Principien genöthigt**, den Schlussfolgerungen seine Zustimmung zu geben. Kein Gegenstand oder Object der Freiheit aber steht mit dem Endziele in einer so nothwendigen Verbindung, dass das Endziel ohne dieses Mittel, das eigentliche Object der Freiheit, nicht erreicht werden könnte. Zu dem Endziele kann man in der Wahrheit oder wenigstens scheinbar auf verschiedenen Wegen gelangen. Die Freiheit weiß darum **von keiner Nothwendigkeit**, wie die Vernunft eine solche kennt (de veritate q. 22. a. 6. ad 4.). Die Vernunft kann sogar **gezwungen** werden, etwas einzusehen, der Wille dagegen niemals etwas zu begehren. Ebenso stimmt das Denkvermögen nicht allein den ersten Principien mit **Nothwendigkeit** bei, sondern auch den Schlussfolgerungen in der demonstrativen Beweisführung. Der Wille hingegen ist **nie** in nothwendiger Weise thätig, selbst dann nicht, wenn er das Gut und die Glückseligkeit im allgemeinen begehrt.

Es darf auch nicht zugegeben werden, dass die Vernunft **in jeder Beziehung** vollkommener sei als der Wille. Gerade mit Rücksicht auf die Freiheit ist das Gegentheil der Fall. Die Vernunft bewegt den Willen bloß **objectiv**, indem sie ein Gut, das Endziel oder das Mittel zum Ziele dem Willen vorstellt. Die Bewegung durch die Vernunft erfolgt, wie der englische Lehrer sagt, *per modum finis*. Der Wille aber bewegt alle ihm unterstehenden Kräfte, selbst das Denkvermögen, als wirksame Ursache, oder *per modum agentis* (de veritate q. 22. a. 12. — 1. p. q. 82. a. 4.). Die Herrschaft des Willens über die Thätigkeiten, Acte der verschiedenen Vermögen, ist daher viel größer als jene der Vernunft. In dieser Herrschaft über die Thätigkeiten aber besteht **wesentlich und formell** die Freiheit. Überdies bestimmt und bewegt der Wille sich selber, ein Beweis, dass die Freiheit **formell** in ihm ist, denn sich selber bewegen *per modum agentis* zeugt von dem innersten Wesen der Freiheit.

28. Die Freiheit ist **formell** im geistigen **Strebevermögen**. Ist der Wille dann auch zugleich **das Princip, der Grund und die Wurzel der Freiheit**? Einige Autoren behaupten es. Und wenngleich das Urtheil der Vernunft nothwendig vorausgehen muss, damit der Wille eine freie Thätigkeit entfalten kann, so ist doch dieses Urtheil nach ihrer Ansicht bloß **Gelegenheit** oder **Bedingung** *sine qua non*, keineswegs aber Ursache oder Princip der Freiheit. Die Freiheit des Willens, meinen diese Gelehrten, hängt durchaus nicht von der Indifferenz des Urtheils als dem Principe ab, sondern von sich selber.

Diese Lehre muss, als eine unrichtige, fallen gelassen werden. Die Grundlage und Wurzel der Freiheit des Willens liegt gerade in der Indifferenz des Urtheils der Vernunft. An mehr als einer

Stelle unterscheidet der englische Lehrer die freien Wesen von
den unfreien dadurch, dass erstere ein freies, letztere nicht ein
freies Urtheil haben. Berechnung, Vergleichung sind nur da möglich, wo das Urtheil an sich vielen indifferent gegenübersteht.
Die Freiheit aber stützt sich auf die Vergleichung und Berechnung
durch die Vernunft. „*Homo agit judicio, quia per vim cognoscitivam
judicat aliquid esse fugiendum vel prosequendum. Sed quia judicium istud non est ex naturali instinctu, in particulari operabili,
sed ex collatione quadam rationis, ideo agit libero judicio, potens
in diversa ferri. Ratio enim circa contingentia habet viam ad opposita, ut patet in dialecticis syllogismis et rhetoricis persuasionibus.
Particularia autem operabilia sunt quaedam contingentia. Et ideo circa
ea judicium rationis ad diversa se habet et non est determinatum
ad unum. Et pro tanto necesse est, quod homo sit liberi arbitrii ex
hoc ipso quod rationalis est*" (1. p. q. 83. a. 1.). Der Wille bildet
darum als **Subject** die Wurzel der Freiheit, die Vernunft dagegen als **Grund und Ursache**. Der Wille kann deshalb
frei nach vielerlei streben, weil die Vernunft verschiedene Auffassungen des Guts ihm vorstellt. Die alten Philosophen definieren
daher die Freiheit als freies Urtheil der Vernunft, so dass die
Vernunft **Ursache** der Freiheit ist (1. 2. q. 17. a. 1. ad 2.).

Die tiefere Begründung dieser Wahrheit wird wiederum im
Abhängigkeitsverhältnisse des Willens vom Verstande gesucht
werden müssen. Wir haben früher schon von S. Thomas die Lehre
vernommen über den Ursprung der Seelenkräfte aus dem Wesen
der Seele selber. Es besteht eine gewisse Ordnung, sagt der englische Meister, so dass das eine Vermögen das andere voraussetzt, und sozusagen vermittelst des andern aus der Wesenheit
der Seele hervorgeht. Aus diesem Grunde setzen die sinnliche und
geistige Strebekraft das sinnliche und geistige Auffassungs- oder
Erkenntnisvermögen voraus. Nach der Ordnung der Vermögen
oder Potenzen richtet sich die Ordnung der Thätigkeiten. Darum
setzt der Willensact nothwendig den Act der Vernunft voraus.
Der Satz: *Ignoti nulla cupido* findet darin seine Bestätigung
(2. dist. 24. q. 1. a. 2.). Die Thätigkeit der Vernunft ist somit
nicht bloß Gelegenheit oder nothwendige Vorbedingung für die
freie Thätigkeit des Willens, sondern eine wirkliche Causalität.
Sie bewirkt nicht den Willensact schlechthin, dies kommt dem
Willen selber zu, sie bewirkt jedoch, dass dieser Willensact frei
oder unfrei, zu einem Objecte nothwendig bestimmt oder nicht
bestimmt durch den Willen ausgeübt werde. Die Vernunft nimmt
nicht Einfluss auf die Substanz der Willensthätigkeit, wohl aber
auf die Art und Weise oder den *modus* dieser Thätigkeit. Denn
jede Thätigkeit richtet sich nach dem formellen Princip oder der
Form, durch welche ein Wesen thätig ist. Das formelle Princip
aber, wodurch das Strebevermögen thätig ist, wird vom erkannten

Gut gebildet. Wie sich daher der Wille zu diesem von der Vernunft erkannten und vorgestellten Gut verhält, so wird auch die Willensthätigkeit, der Act sich verhalten. Das Princip im Menschen sind eigentlich Verstand und Wille. Und dieses Princip kommt einerseits mit dem activen Principe der Naturdinge überein, während es andererseits sich wieder davon unterscheidet. Beide kommen darin überein, dass sie eine Form, die Princip der Thätigkeit ist, und eine Neigung, die auf diese Form folgt, besitzen. Bei den Naturdingen heißt diese Neigung, natürliches Strebevermögen, *appetitus naturalis*, und dieses bildet das Subject, aus welchem die Thätigkeit hervorgeht. Im Menschen haben wir die erkannte Form und die Neigung des Willens zu dieser erfassten Form, worauf dann die äussere Thätigkeit folgt. Der Unterschied aber besteht darin, dass die Form der Naturdinge durch die Materie zu einer individuellen bestimmt und damit auch die folgende Neigung auf eines beschränkt wird, während die von der Vernunft aufgefasste Form a l l g e m e i n e r Natur ist, unter welcher v i e l e s miteinbegriffen erscheint. Da nun die Thätigkeiten etwas S i n g u l ä r e s sind, wird durch keine derselben die Potenz, das Vermögen für das Allgemeine erschöpft. Die Neigung des Willens bleibt folglich dabei unbeschränkt und sie verliert dadurch nicht ihre Indifferenz für vieles. Diese Wahrheit lässt sich ohne Mühe durch ein Beispiel klar machen. Der Künstler entwirft im allgemeinen die Idee, den Plan eines Hauses. Diese allgemeine Idee eines Hauses lässt noch die verschiedensten Formen, Figuren für dasselbe offen, die Idee selbst ist zu keiner bestimmt. Der Wille kann daher zu dieser oder jener sich neigen, für diese oder jene sich bestimmen.

  Das active Princip in den Thieren steht in der Mitte zwischen dem der Naturdinge und jenem der vernünftigen Geschöpfe. Die mittelst der Sinne aufgenommene Form ist individuell gleich der Form in den Naturdingen. Dieser Form folgt darum die Neigung zu e i n e m Acte wie bei den Naturdingen. Weil indessen diese Sinne nicht stets die nämliche Form aufnehmen, sondern bald diese, bald eine andere, was bei den Naturdingen nicht zutrifft, deshalb erfolgen bei dem Thiere verschiedene Thätigkeiten. Das einemal flieht es, das anderemal strebt es nach dem vorgestellten Gut. Hierin kommen folglich die Thiere mit dem activen Principe der vernünftigen Wesen überein (de malo q. 6. a. unic.). Aber auch insofern sind sie den vernünftigen Wesen ähnlich, als sie in Wahrheit ein Urtheil besitzen. Freilich ist dies Urtheil in ihnen ein natürliches, ein vom Schöpfer der Natur eingegebenes. Dadurch unterscheiden sie sich von allen andern, und dies ist auch der Grund, warum sie resp. dieses ihr Urtheil nicht die Ursache der Freiheit in ihnen sein kann, warum sie überhaupt nicht frei sind. Der Mensch hingegen urtheilt über das, was zu thun ist, er urtheilt über seine Freiheit selber, denn er erkennt das Wesen des Zieles und Mittels, er begreift die Beziehung und Hinordnung des einen zum andern. Er ist darum nicht allein die Ursache seiner selbst hinsichtlich der Bewegung, sondern auch in Betreff des Urtheils. Aus diesem Grunde besitzt er die Freiheit, und es ist dies soviel, als wollte man sagen, er habe ein freies Urtheil darüber, was zu thun oder nicht zu thun ist (de veritate q. 24. a. 1.). Das Object, welches vom Verstande dem Willen vorgestellt wird, hat demnach die Bedeutung einer wahren Causalität, es bewegt und specificiert objectiv die Thätigkeit des Willens. Folglich ist es mehr als eine *conditio sine qua non*, oder eine Gelegenheit, die Veranlassung gibt, dass der Wille in Thätigkeit tritt. Es ist vielmehr das *Principium radicale* oder *causale* der Freiheit.

Kurz, aber klar hat der englische Meister diese Wahrheit in einem Artikel seiner theologischen Summa zusammengefasst. Er sagt daselbst: „*In motu cujuslibet potentiae a suo objecto consideranda est ratio, per quam objectum movet potentiam. Visibile enim movet visum sub ratione coloris actu visibilis. Unde si color proportionatur visui, ex necessitate movet ipsum, nisi quis visum avertat, quod pertinet ad exercitium actus. Si autem proponeretur aliquid visui, quod non omnibus modis esset color in actu, sed secundum aliquid esset tale, secundum aliquid autem non tale, non ex necessitate visus tale objectum videret. Posset enim intendere in ipsum ex ea parte, qua non est coloratum in actu, et sic ipsum non videret. Sicut autem coloratum in actu est objectum visus, ita bonum est objectum voluntatis. Unde si proponatur aliquod objectum voluntati, quod sit universaliter bonum, et secundum omnem considerationem, ex necessitate voluntas in illud tendit, si aliquid velit. Non enim poterit velle oppositum. Si autem proponatur sibi aliquod objectum, quod non secundum quamlibet considerationem sit bonum, non ex necessitate voluntas fertur in illud. Et quia defectus cujuscumque boni habet rationem non boni, ideo illud solum bonum, quod est perfectum et cui nihil deficit est tale bonum, quod voluntas non potest non velle, quod est beatitudo. Alia autem quaelibet particularia bona, in quantum deficiunt ab aliquo bono, possunt accipi ut non bona. Et secundum hanc considerationem possunt repudiari, vel approbari a voluntate, quae potest in idem ferri secundum diversas considerationes*" (1. 2. p. 10. a. 2.).

Diese Stelle des Doctor Angelicus gewährt uns einen vollkommenen Einblick in die Bedeutung des vom Verstande erkannten Objectes für die Freiheit. Der Wille folgt der Erkenntnis oder dem erkannten Gut als seiner Form, seinem formellen Principe der Thätigkeit. Jede Thätigkeit aber folgt den Bedingungen seines formellen Principes oder der Form, wodurch das Wesen thätig ist. Je nachdem die Erkenntnis oder das Urtheil der Vernunft zu einem bestimmt oder indifferent zu vielen ist, wird daher die Thätigkeit des Willens bestimmt oder indifferent ausfallen. Das Urtheil der Vernunft lautet mit Bezug auf jedes Gut, solange wir hier auf Erden sind, indifferent, d. h. die Vernunft erklärt, jedes Gut könne begehrt oder nicht begehrt werden, jedes habe einen Theil der Güte, keines sei allseitig und in jeder Beziehung ein Gut. Der Wille wird folglich nach jedem derselben in der Weise streben, dass er auch nicht darnach streben oder auch das Gegentheil davon begehren kann. Dies aber heisst ein Gut mit Indifferenz und Freiheit anstreben. Das Nähere hierüber wird die Untersuchung über den Gegenstand, das Object der Freiheit bringen.

Wie überall, so zeigt auch hier der englische Meister uns den Mittelweg, auf welchem allein die Wahrheit sich finden lässt. Der Wille in den vernünftigen Wesen ist in der Wirklichkeit frei. Dies zu beweisen ist ganz und gar nicht nothwendig, weil derjenige, der es bestreitet, dadurch allein schon beweist, dass er frei ist. Die tägliche Erfahrung an sich selbst und an andern Menschen belehrt jeden, dass er frei ist. Überall in den vernünftigen Geschöpfen sehen wir Überlegung, Berathung, Vorschriften, Ermahnungen, Tadel, Aussicht auf Lohn und Strafe, alles Beweise dafür, dass der Mensch mit Freiheit begabt, mit Wahlfreiheit ausgezeichnet ist. Der englische Meister hat sich indessen mit dem Beweise für die Wahlfreiheit, der aus der Erfahrung hergeleitet wird, durchaus nicht begnügt, sondern die Frage über die Freiheit in ihrem innersten Grunde klargelegt.

Der Mensch ist frei, erklärt S. Thomas, denn sein höheres Erkenntnis- und Begehrungsvermögen sind nicht auf eines der Art und dem Individuum nach beschränkt. Eine Begrenzung, wenn man sie so nennen will, findet nur insofern statt, als sie zu einem der Gattung nach, zu dem universellen Gut bestimmt sind. In welcher Weise diese Beschränkung eintritt, wurde früher gezeigt. Ebenso wurde nachgewiesen, dass eine Beschränkung dieser Art der Freiheit durchaus nicht im Wege steht, derselben vielmehr als Grundlage dient. Da nun kein existierendes oder auch nur eingebildetes Gut in jeder Beziehung vollkommen, allseitig ein Gut ist, so wird die Vernunft niemals hier auf Erden in die Lage kommen, dem Willen einen Gegenstand als universelles Gut, welches zugleich *Objectum quod* ist, vorzustellen. Infolge dessen bleibt der Wille diesbezüglich unbeschränkt, somit unter allen Umständen in seiner Auswahl frei.

Diese Wahlfreiheit ist nichts anderes als der Wille selber. Wir verstehen darunter nicht einen Habitus oder eine zu dem Willen hinzugekommene Vollkommenheit. Wir meinen mit dem Worte Freiheit auch nicht die Willensthätigkeit, den Willensact. Es ist auch nicht ein drittes Vermögen unserer Seele, unterschieden von der Vernunft und dem Willen. Der Wille selber ist es, der, auf das indifferente Urtheil der Vernunft sich stützend, ein vorgestelltes Gut entweder begehrt oder abweist. Im Willen als Potenz, als geistigem Vermögen der Seele liegt formell die Freiheit der vernünftigen Wesen.

Indessen ist der Wille eine blinde Macht, unfähig nach etwas zu streben, wenn es ihm nicht als ein Gut dargestellt wird. Um dieses Gut **frei** zu begehren, um es anstreben oder auch nicht anstreben zu können, ist absolut erforderlich, dass es ihm nur als particielles, als beschränktes, nicht als allseitig und in jeder Hinsicht vollkommenes Gut vorgestellt werde. Dies geschieht thatsächlich in Betreff **jedes** Gegenstandes. Dies ist selbst dann noch der Fall, wenn ihm das Gut und die Glückseligkeit im allgemeinen vorgezeigt wird. Wenngleich diesbezüglich **das Object**, die *ratio boni*, von ihm mit Nothwendigkeit begehrt wird, so bleibt doch seine **Thätigkeit, der Act,** wodurch er nach diesem Objecte strebt, ein particuläres, beschränktes Gut, und der Wille infolge dessen **formell vollkommen frei**.

§ 5. Das tiefste innerste Wesen der Wahlfreiheit.

29. Nachdem erwiesen, dass die Freiheit **formell** im Willen, **radical aber, oder ihrem Grunde nach in der Vernunft** resp. in der Indifferenz des Erkenntnisvermögens besteht, wirft sich uns von selber die Frage auf, in welchem Zustande diese beiden Vermögen oder Potenzen sich befinden müssen, damit man sie im eigentlichen Sinne frei nennen kann? Welche Indifferenz gehört im strengsten Sinne dazu, dass das geistige Wesen ein freies, ein mit der Wahlfreiheit ausgestattetes ist? Wird zu diesem Zwecke die **active** Indifferenz, oder die passive, privative verlangt? Muss das geistige Wesen, um frei zu sein, sich in jenem Zustande befinden, in welchem es weder zu irgend einem **Objecte** bestimmt ist, folglich jedem Objecte indifferent gegenübersteht, noch auch irgend ein Object **thatsächlich, actuell** will, also rein **unthätig** sich verhält?

Es ist allgemein bekannt, dass die Form als constitutives Element einer Wesenheit, Differenz, *differentia specifica* genannt wird. Sie verdient diesen Namen mit Recht, denn durch sie wird das andere constitutive Element, der Stoff, oder was sich wie Stoff verhält, zu einer bestimmten Art, zu einem bestimmten Seinsgrad determiniert. Durch diese Bestimmung verliert das Stoffliche seine Indifferenz und tritt aus jenem Zustande heraus, in welchem es absolut **zu allem** indifferent ist. Der erste Stoff, die *materia prima*, bietet uns hiefür ein Beispiel. An und für sich betrachtet besitzt dieser Stoff die größte Indifferenz, denn er kann **alle stofflichen Formen** aufnehmen, hat aber in sich selber **gar keine**. Darum ist er in diesem Zustande rein passiv, sein Verhältnis ein rein privatives. Nimmt er eine Form auf, so büßt er diese seine absolute Indifferenz ein, denn er wird mit der Form ein bestimmtes Wesen. Allein er bleibt nichtsdestoweniger indifferent für andere Formen. Er kann noch vieles andere werden, obgleich er jetzt unter einer bestimmten Form sich befindet.

Verliert die erste Materie durch die Form ihre Vollkommenheit? Sie wird ja dem Zustande der absoluten passiven Indifferenz durch die Form entrückt? Ihre Vollkommenheit wird durch die Form nicht allein nicht geschädigt, sondern erst hervorgebracht.

Ganz dasselbe muss vom Willen behauptet werden. Wie die stofflichen Dinge *in ordine entitativo* aus Stoff und Form, die geistigen und überhaupt alle geschaffenen Wesen aus Wesenheit und Existenz zusammengesetzt sind, so ist es auch der Wille *in ordine operativo*. Darum kann er sowohl **active** als auch **passive** **Potenz** genannt werden. An und für sich ist er **rein passiv**, denn er ist indifferent mit Bezug auf die Objecte und hinsichtlich der Thätigkeit. Er gleicht hierin vollständig dem Stoffe, wenn man letztern ohne irgend eine bestimmte Form betrachtet. Daher muss er **passiv** genannt werden. Kurz, aber meisterhaft wie immer erklärt der englische Lehrer diesen Zustand des Willens. In seiner theologischen Summa hatte er nachgewiesen, dass der Wille manches mit **Nothwendigkeit** begehrt, nach **einem** Objecte, welches er daselbst nennt, auf natürliche Weise strebt. Gegen den Inhalt dieses Artikels wendet er sich nun mit folgender Schwierigkeit: „Der Wille begehrt nichts auf natürliche Weise *(naturaliter)*, denn was einem Dinge auf natürliche Weise zukommt, das ist jederzeit *(semper)* in diesem Dinge. Dem Feuer kommt das Warmsein immer zu. Die Bewegung oder Thätigkeit des Willens aber, ist nicht ununterbrochen vorhanden. Folglich kann man nicht sagen, dass irgend eine Bewegung oder Thätigkeit dem Willen auf natürliche Weise zukomme."

Das Argument beweist, dass der Wille nicht **immer** active Potenz, oder wie der heil. Thomas an anderen Stellen sagt, Agens *in actu* ist. Da es aber nur zwei Arten von Potenzen gibt: active und passive, so folgt daraus zur Evidenz, dass der Wille zur Zeit, wo er nicht thätig ist, **passiv** genannt werden muss. Es unterliegt demnach keinem Zweifel, dass der Wille manchmal passiv ist. Dies wird in der Antwort des englischen Lehrers auf diese Schwierigkeit auch gar nicht bestritten, vielmehr mit Bezug auf den Willen der Geschöpfe ausdrücklich behauptet und zugegeben. Von diesem passiven Zustande des Willens schließt nun der Argumentant auf die Unmöglichkeit, dass der Wille etwas auf natürliche Weise begehre. Wie kommt er zu dieser Schlussfolgerung? Er verwechselt natürlich *(naturaliter)* mit wesentlich und sagt, wenn die Thätigkeit **zum Wesen** des Willens gehört, wenn der Wille **wesentlich** eine **active** Potenz ist, so kann ihm die Thätigkeit niemals fehlen. Da dieses thatsächlich nicht der Fall ist, vielmehr oft das Gegentheil zutrifft, der Wille nämlich **unthätig** ist, so ist klar erwiesen, dass er nicht **wesentlich activ, sondern passiv** genannt werden muss.

Die Antwort des Doctor Angelicus auf diesen Einwand ist interessant. Er sagt: „Was den Naturdingen in der Weise naturgemäß ist, dass es ausschließlich der Form folgt, das besitzen dieselben **stets**, ohne Unterbrechung in der Wirklichkeit, *in actu*. Dagegen haben sie jenes Naturgemäße, das dem Stoffe folgt, nicht jederzeit wirklich, *in actu*, sondern manchmal bloß der Möglichkeit nach *(secundum potentiam tantum)*. Die Form verleiht Wirklichkeit, ist Act, der Stoff aber Möglichkeit, Potenz, und die Bewegung ist der Act desjenigen, was in der Potenz existiert. Was immer daher bei den Naturdingen zu der Bewegung gehört, oder aus der Bewegung folgt, das ist nicht **immer** im bewegten Subjecte. Das Feuer z. B. strebt nicht immer in die Höhe, sondern nur dann, wenn es freien Spielraum hat." „Ebenso", schließt S. Thomas, „muss **der Wille, der von der Potenz in den Act übergeführt wird,** wenn er etwas will, es nicht **immer** *actu* wollen, sondern bloß dann, wenn er sich dazu in einer bestimmten Disposition befindet. **Dagegen** ist der Wille Gottes reiner Act, **lauteres Sein, und aus diesem Grunde immer actuell** thätig" (1. 2. q. 10. a. 1. ad 2).

30. Diese Lehre des englischen Meisters ist von größter Wichtigkeit. Der Wille Gottes ist nicht zusammengesetzt aus Möglichkeit und Wirklichkeit, aus Potenz und Act. Darum ist er ununterbrochen thätig, *in actu*. Der Wille der Creaturen ist **nicht jederzeit** thätig, *in actu*. Und warum dies? Weil er **nicht reiner Act, lauteres Sein** ist. Der Wille der Geschöpfe ist also zusammengesetzt aus Potenz und Act. Solange er den Act nicht hat, ist er **reine Potenz**, also **passiv** und infolge dessen empfänglich für den Act, fähig, den Act aufzunehmen. Wie sehr man demnach im Rechte ist zu sagen, die Freiheit sei ein **actives** Vermögen, weil es dem geistigen Theile, der Form angehört, die das Princip aller Thätigkeit bildet, ebenso wahr spricht man, wenn man behauptet, sie sei ein **passives Vermögen**, weil sie nicht **reiner Act, sondern als actives Princip** zusammengesetzt ist aus Potenz und Act. Hat sie diesen Act nicht, dann ist sie **reine Potenz, also rein passiv**, oder wie man es mit andern Worten nennt: sie ist **indifferent** für die Thätigkeit und Nichtthätigkeit.

Um den Unterschied zwischen activer und passiver Potenz klar auseinander zu halten, wollen wir eine Stelle des englischen Lehrers hieher setzen. „Die Potenz hat ihren Namen vom Acte. Der Act aber ist zweifach: der erste, der Form heißt, und der zweite, der Thätigkeit genannt wird. Es scheint nach allgemeiner Übereinstimmung, dass der Name ‚Act' zuerst der Thätigkeit beigelegt wurde. Das verstehen alle unter dem Worte: „Act". Dann aber wurde dieser Name auch auf die Form übertragen, insofern nämlich die Form das Princip und Endziel der Thätigkeit ist. Dieser zweifachen Auffassung des Actes zufolge muss auch eine doppelte Potenz unterschieden werden. Die eine ist die active, welcher der Act oder die Thätigkeit entspricht, und diese wurde ursprünglich Potenz genannt. Die andere ist die passive, welcher der erste Act oder die Form entspricht. Auf diese wurde der Name: „Potenz" in zweiter Linie übertragen. Gleichwie nun nichts verändert wird *(patitur)*, außer auf Grund der passiven Potenz, ebenso ist nichts thätig außer in Kraft des ersten Actes, der Form. Auf die Form wurde zuerst der Name: „Act", von der Thätigkeit hergeleitet, übertragen. Active Potenz wird demnach ein Vermögen genannt, insofern es Princip der Thätigkeit ist" (de potentia q. 1. a. 1.). — Aus diesen wenigen Sätzen des Doctor Angelicus ist der Begriff der passiven und activen Potenz klar entwickelt. Wenden wir das soeben Gehörte auf unsere Freiheit an, und es muss sich Folgendes ergeben: Der Wille ist passive Potenz, wenn er *in ordine operativo* keine Form hat, denn der passiven Potenz correspondiert der erste Act, die Form. Der Wille ist active Potenz, wenn er thätig ist, einen Act vollzieht, denn der activen Potenz entspricht die Thätigkeit, die *operatio*. Von daher hat sie ihren Namen, wie die passive den ihrigen von der Form herleitet. Der heil. Thomas lehrt aber, wie wir vorhin gesehen haben, der Wille sei nicht immer *in actu*, nicht fortwährend thätig. Somit ist er nicht ununterbrochen active, sondern manchmal passive Potenz, er ist nicht selten indifferent.

Diese Indifferenz ist zweifach, activ und passiv. Der Wille der geschaffenen Wesen hat eine doppelte Beziehung: zu seiner Thätigkeit und zu dem Gegenstande oder Objecte. Die Thätigkeit selbst muss abermals in doppelter Weise betrachtet werden: Die Thätigkeit ist zunächst ein **Effect, eine Wirkung der Potenz**. Da aber eine Wirkung nur von einer **activen**, niemals von einer **passiven** Potenz herstammen kann, so liegt es klar vor Augen, dass der **Wille bezüglich seiner Thätigkeit** actives, nicht aber passives Princip genannt werden muss. Diese active Potenz ist insoferne indifferent, als sie gemäß ihrer Form, durch welche sie thätig ist, weder subjectiv noch objectiv von einem Stoffe abhängt, noch auch zu einem einzigen Acte bestimmt wird. Subjectiv nicht, weil die Bewegung durch Gott in ihr als **geistiger Potenz**, daher von jedem leiblichen Organ unabhängig, aufgenommen wird; aber auch objectiv nicht, weil der formelle Grund, der erkannte Gegenstand abstracter Natur ist. Weder die Bewegung durch Gott, die nach Art einer Form, aber *per modum transeuntis* oder *passionis* den Willen in Thätigkeit setzt, hat mit dem Stoffe etwas zu thun; da sie im Willen selber aufgenommen wird; noch die objective Form, das *bonum sub ratione boni*, oder das Mittel, insofern es Mittel ist. Der Wille wird aber auch nicht zu einem **einzigen** Acte bestimmt, denn Gott bewegt ihn seiner Natur entsprechend, und die Freiheit verlangt, weil dies in ihrem Wesen liegt, nicht zu einem einzigen Acte bestimmt zu werden; denn der Act ist etwas **Particuläres**. Ebenso stellt die Vernunft ihm nicht ein einziges, sondern bald dieses, bald jenes begehrenswerte Gut vor. Somit ist auch die objective Form eine vielfache. Sie wird ihm sogar nicht selten das Unthätigsein als ein Gut vorstellen. Weil der Wille demnach viele Acte vollziehen kann, deshalb bleibt er Herr seiner Thätigkeiten. Es steht in seiner Macht, diesen oder jenen, selbst gar keinen Act auszuüben. Und wenn er einen vollzieht, kann er davon ablassen und einen andern ausüben. Obgleich **active** Potenz, muss er dennoch zufolge dem soeben Dargelegten, indifferent genannt werden. Dies ist die **active Indifferenz des Willens.** Der **Stoff ohne Form ist passiv, mit einer Form activ indifferent.**

31. Die Thätigkeit des Willens muss aber noch von einer andern Seite aus, nämlich als Vervollkommnung des Willens betrachtet werden. Die Thätigkeit des Willens, der Willensact, ist als Effect etwas Immanentes, ein der Potenz inhärierendes Accidens. Jedes Accidens bildet, als ein positive Seiendes, wie es die Thätigkeit ist, eine Vervollkommnung der Potenz, welcher es inhäriert. Es verhält sich, wie die Form zum Stoffe, zu der Materie und die Form ist dasjenige, wodurch etwas vervollkommnet wird. Vergleichen wir also die **active** Potenz mit ihrer Thätigkeit, die ein Effect, eine Wirkung von ihr ist, so müssen wir gestehen, dass diese **active** Potenz, von einer andern Seite betrachtet, zugleich **passive** ist. Das aufnehmende Subject, dasjenige, dem ein anderes inhäriert, verhält sich ja empfangend, somit passiv demjenigen gegenüber, welches aufgenommen wird und dem es inhäriert. Die Willensthätigkeit inhäriert nun thatsächlich der activen Potenz, weil sie etwas Immanentes ist. Jede Thätigkeit des Willens der Creaturen bildet folglich für denselben eine Vervollkommnung.

Zu demselben Resultate gelangen wir, wenn wir einen andern Grundsatz des englischen Lehrers prüfen. Stets betont S. Thomas, namentlich wo er vom Habitus oder der Tugend spricht, der Act sei das Endziel für die Potenz. Das Endziel eines Dinges aber muss für dasselbe nothwendig eine Vervollkommnung bilden. Ebenso sicher ist andererseits, dass die Potenz hinsichtlich des Endzieles sich aufnehmend, passiv verhält. Wir sehen also, dass selbst die **active Potenz nicht reiner Act, lauteres Sein,** dass sie vielmehr verbunden ist mit einem Acte, der ihr inhäriert, zu welchem sie folglich im Verhältnis der passiven Potenz steht. Insofern nun der Wille durch verschiedene und viele Acte vervollkommnet werden kann und nicht auf einen einzigen Act beschränkt ist, sagt man von ihm, er sei indifferent. Diese Indifferenz heißt passive nach Art des ersten Stoffes, der *materia prima*, die insofern indifferent genannt werden muss, als sie durch verschiedene Formen vervollkommnet werden kann. Eine active Indifferenz muss auch in Gott angenommen werden hinsichtlich der Geschöpfe, die er hervorbringt und hervorbringen kann. Seine Macht und schöpferische Thätigkeit ist auf vielerlei Arten, wie die verschiedenen Creaturen und Wirkungen in den Geschöpfen nachweisen, in Anwendung gekommen. Gott entwickelt mit Bezug auf die Creaturen nicht bloß eine einzige Thätigkeit und in der Weise, dass sie nur auf eine Art zum Ausdruck käme, obgleich sie in sich nur eine und mit seiner Wesenheit identisch ist. Die passive Potenz dagegen muss von Gott absolut ferngehalten werden. Gott wird durch seine Thätigkeit nicht vervollkommnet, er unterscheidet sich nicht real von seiner Thätigkeit, sie ist in ihm nicht Accidens und darum ist er auch nicht in der Potenz, weder in der passiven noch in der activen zu dem Acte, der Thätigkeit selber. Eine Vervollkommnung ist nur da möglich, wo Wesenheit und Existenz sich real unterscheiden. Dies ist die Ansicht des englischen Meisters, welche sich, wie ein rother Faden durch alle seine Werke hindurchzieht. Die reale Identität bewirkt, dass auch Wesenheit und Potenz, Potenz und Act, dass mit einem Worte alles in einem Wesen real identisch ist. Damit ist jede Vervollkommnungsfähigkeit ausgeschlossen.

32. Der Wille hat nicht allein zu der Thätigkeit, dem Acte Beziehung, sondern auch zu dem Objecte. Das Object der Freiheit ist, wie wir alsbald sehen werden, das particuläre Gut, und aus diesem Grunde bleibt der Wille objectiv indifferent. Der particulären Güter gibt es viele und der verschiedensten Art. Jedes derselben kann vom Willen begehrt werden, denn jedes hat Antheil an der Güte, ist somit eigentliches Object des Willens. Keines aber muss begehrt werden, weil es nur theilweise, nicht allseitig gut, nicht die Güte selbst ist. Welches particuläre Gut immer dem Willen vorgestellt wird, er strebt nach keinem mit Nothwendigkeit, so dass er es nicht nicht begehren könnte. Darum verhält er sich jedem gegenüber vollkommen indifferent. Das Object des Willens kann nämlich in zweifacher Weise genommen werden. Als den Willen bewegend, weil das Object nach S. Thomas den Willen *per modum finis* bewegt. In dieser Bedeutung gefasst, verhält sich der Wille dem Objecte gegenüber passiv oder beweglich. Das *finis in intentione* ist das Bewegende, der Wille das Bewegte. Weil indessen der Wille von sehr vielen particulären Gütern bewegt werden kann, nicht auf eines derselben beschränkt ist, deshalb sagt man von ihm, er sei in der passiven Indifferenz. Das Object kann aber auch *terminus* sein, der Wille kann durch seine Thätigkeit ein particuläres Gut erst hervor-

bringen nach dem Grundsatze des englischen Lehrers: *finis est primum in intentione et ultimum in executione.* In diesem Sinne verhält sich der Wille zu dem Objecte nicht **passiv**, sondern **activ**. Das hervorgebrachte Gut ist in diesem Falle Effect, Wirkung des Willens, wie wir früher vom Acte, von der Thätigkeit gesagt haben. Da nun der Wille viele particuläre Güter hervorbringen kann, z. B. durch den *actus imperatus,* indem er alle Potenzen des Menschen, mit Ausnahme der vegetativen, zu ihren Thätigkeiten bewegt, so muss man den Willen diesbezüglich **activ indifferent** nennen. S. Thomas bedient sich häufig des Beispiels vom Baumeister und Architekten.

Hier muss noch einer anderen Indifferenz Erwähnung geschehen. Die eine ist die Indifferenz der Thätigkeit und zugleich die des specificirten Gegenstandes *(quoad exercitium actus et specificationem simul);* die andere bezieht sich bloß auf das specificierte Object. Vor allem muss an dem Begriffe: „Indifferenz" festgehalten werden, denn alle andern Misverständnisse in der Frage über die Freiheit haben den unrichtigen Begriff der Indifferenz zur Voraussetzung. Die Indifferenz bildet den Gegensatz zu der Nothwendigkeit. Nothwendig heißt dasjenige, was zu **einem** bestimmt, auf ein **einziges** eingeschränkt ist. Die Nothwendigkeit mit Bezug auf die Thätigkeit und den Gegenstand zugleich, die auch absolute Nothwendigkeit genannt wird, ist dann vorhanden, wenn der Wille **dieses** Object begehren **muss**, so dass er kein anderes, oder nicht das Gegentheil von **diesem** anstreben kann, und wenn er überdies **dieses** Object immer **actuell** wollen muss, so dass er von der Thätigkeit nicht ablassen, dieselbe nicht unterbrechen kann. In Gott haben wir diese zweifache Nothwendigkeit hinsichtlich seiner selbst. Als **reiner Act**, lauteres Sein, **muss** er immer einen Verstandes- und Willensact ausüben. Er kann niemals aufhören, diese Acte unterbrechen. Er **muss** ferner **sich selber** erkennen und lieben, das Gegentheil davon wäre für ihn unmöglich. Liebt er nebenbei noch etwas anderes, so geschieht es um seiner selbst willen. Dasselbe gilt vom Engel in Betreff seiner eigenen Wesenheit. Diese **muss** er lieben, ohne jemals aussetzen zu können. Diese Thätigkeit bildet für ihn das Leben, ist für ihn Lebensact. Ebenso kann er nicht seine Wesenheit nicht lieben. Die Nothwendigkeit bezüglich des specifischen Objectes allein genommen, besagt, dass der Wille, **wenn er actuell thätig ist,** dieses ihm vorgestellte Object wollen muss. Hinsichtlich des Actes, der Thätigkeit dagegen ist keine Nothwendigkeit vorhanden. Unsere frühere Darlegung des Willens **als Natur** gibt hinreichend darüber Aufschluss. Da nun, wie schon bemerkt, die Indifferenz den Gegensatz zu der Nothwendigkeit bildet, so ist klar, was wir unter der zweifachen und einfachen Indifferenz zu verstehen haben.

33. Welche Indifferenz ist nun für die Freiheit wesentlich? Durch welche wird dieselbe formell constituiert?

Erste Proposition: Die objective und zwar active Indifferenz ist für die Freiheit der geistigen Wesen überhaupt unbedingt nothwendig.

Der Beweis für diese Proposition wurde früher erbracht, als wir über die Abhängigkeit des Willens von der Vernunft resp. vom Objecte, welches dem Willen durch die Vernunft vorgestellt wird, ausführlich gesprochen haben. Der Wille ist eine blinde Macht, das vom Verstande ihm dargestellte Gut sein eigentliches Object. Es erweist sich demnach geradezu als unmöglich, dass er die Fähigkeit besitze, nach Verschiedenen, Entgegengesetzten zu streben, wenn diese nicht von der Vernunft als indifferente Güter erkannt und in der Weise ihm vorgestellt werden. Thatsächlich, wie wir gesehen haben, geschieht es auch, indem kein Object dem Willen hier auf Erden als ein Gut in jeder Beziehung vorgezeigt wird. Die objective Indifferenz bildet darum die Grundlage und Voraussetzung für die formelle Freiheit des Willens der geistigen Wesen. Ob dieses Gut ein zu erreichendes oder ein zu bewirkendes ist, das ändert an der Sache nichts.

34. **Zweite Proposition**: Zur Freiheit an und für sich genommen gehört nicht, dass der Wille objectiv oder subjectiv passiv oder privativ indifferent sei. Die rein active und positive Indifferenz reicht dafür vollkommen aus.

Die Freiheit ist nicht ein Privileg der Geschöpfe, kommt nicht ausschließlich den vernünftigen Creaturen zu. Vor allem ist Gott im höchsten Grade frei. Gott will zwar seine eigene Güte mit Nothwendigkeit, allein alles andere will er mit größter Freiheit (1. p. q. 19. a. 10.). Nichts steht mit seiner Güte, seiner Glückseligkeit, die er nothwendig begehrt, derart im Zusammenhange, dass er ohne dieselbe nicht gut, nicht vollkommen glücklich sein könnte. Er gebraucht die Geschöpfe zur Offenbarung seines Glückes, seiner Güte. Dies könnte indessen durch andere Creaturen und auf eine andere Weise ebensowohl geschehen. Er besitzt infolge dessen ein ganz und gar freies, indifferentes Urtheil über dieses und jenes Gut, gleichwie die Geschöpfe ein solches haben. Allein die Freiheit ist anders in uns, im Engel und in Gott. Das Freiheitsvermögen setzt zwei Dinge voraus: eine Natur und eine Erkenntniskraft. Die Natur Gottes unterscheidet sich durchaus von jener der Creaturen. In Gott ist sie ungeschaffen, real identisch mit seiner Existenz und seiner Güte. In ihm gibt es folglich keinen Mangel, keine Potentialität, weder mit Bezug auf das Sein, noch in Betreff der Güte. Die Natur der Engel und Menschen ist geschaffen, stammt aus dem Nichts, und besitzt darum Potentialität und, an sich genommen, Mängel und Unvollkommenheiten. Ebenso ist die Erkenntnis in Gott einfach. Ohne

Discurs und Untersuchung schaut Gott alle Wahrheit. Er weiß darum weder etwas von einem Zweifel, noch von einer Schwierigkeit im Unterscheiden und Urtheilen. Die Auswahl ist somit in Gott eine durch und durch vollkommene (de veritate q. 24. a. 3.).

Der Wille Gottes, obgleich frei, hat dennoch keine Potentialität hinsichtlich der verschiedenen Dinge oder Objecte, welche er will; denn keines dieser Objecte steht zu seinem Willen im Verhältnisse eines Bewegers. Darum ist die Freiheit objectiv genommen in ihm nicht passiv. Jeder Wille hat nämlich ein doppeltes Object: ein Hauptobject, und ein secundäres. Nach dem ersteren strebt der Wille gemäß seiner Natur, denn der Wille selbst ist eine Natur, und er hat auch eine natürliche Hinordnung zu etwas. Dieses begehrt der Wille auf natürliche Weise, wie z. B. der menschliche Wille die Glückseligkeit. Secundäre Objecte bilden alle jene Dinge, die zu dem Hauptobjecte, als dem Ziele, Beziehung haben. Zu diesem zweifachen Gegenstande verhält sich der Wille gerade so, wie der Verstand zu den Principien, die er naturgemäß erkennt, und zu den Schlussfolgerungen, die er aus ihnen ableitet. Das Hauptobject, welches Gott auf natürliche Weise begehrt, und welches gleichsam das Endziel für seinen Willen bildet, ist seine eigene Güte. Um ihretwillen begehrt er, was immer er außer ihr will. Die Geschöpfe will er nur wegen seiner eigenen Güte, wie Augustinus bemerkt, damit sie nämlich, da sie ihrer Wesenheit nach nicht vervielfältigt werden kann, wenigstens durch die Antheilnahme an ihrer Ähnlichkeit auf viele Dinge sich erstrecke. Was Gott demnach mit Bezug auf die Geschöpfe will, das ist secundäres Object seines Willens. Alles begehrt er seiner Güte wegen, so dass diese den formellen Grund bildet, warum er alles andere will, gleichwie seine Wesenheit der formelle Grund ist, dass er alles erkennt.

Hinsichtlich des Hauptobjectes, seiner Güte, ist Gott nicht frei, diese will er mit Nothwendigkeit, zwar nicht mit Zwang, sondern mit natürlicher Neigung, welche indessen der Freiheit nicht widerspricht, wie S. Augustin bezeugt. Gott kann nicht nicht wollen, dass er gut, weise, mächtig oder sonst irgend etwas von alldem sei, in welchem das Wesen seiner Güte enthalten ist. In Betreff jedes secundären Objectes dagegen besitzt Gott volle Freiheit. Der formelle Grund, warum das Mittel gewollt wird, ist das Endziel. Wie sich daher das Mittel zum Endziele verhält, so wird es vom Willen begehrt. Schließt es das Endziel vollständig in sich und kann ohne dieses Mittel das Endziel nicht erreicht werden, so wird es mit derselben Nothwendigkeit begehrt, wie das Endziel selber. Da nun keine Wirkung, keine Creatur der göttlichen Macht, der Ursache der Geschöpfe gleichkommt, so kann auch keine, wie sehr sie auch zu Gott als ihrem Endziele hingeordnet sein möge, dem Endziele gleichkommen. Kein Geschöpf ist Gott vollkommen gleich. Dies ist nur bei dem ungeschaffenen Worte der Fall. Wenn daher eine der Creaturen auf eine ausgezeichnete Weise zu Gott hingeordnet ist, und dadurch mit ihm einige Ähnlichkeit hat, so entsteht damit für Gott keine Nothwendigkeit. Es kann eine andere in gleich vorzüglicher Art zu ihm hingeordnet sein und seine Güte darstellen. Aus der nothwendigen Liebe, die Gott zu seiner eigenen Güte hat, folgt demnach keineswegs eine ebenso nothwendige diese oder jene Creatur zu wollen. Er kennt aber auch keine Nothwendigkeit bezüglich sämmtlicher Geschöpfe des ganzen Universums. Seine Güte ist allseitig vollkommen selbst dann, wenn gar keine Creatur existiert. Er bedarf, wie es im Psalm 15. 2 heißt, unserer Güter nicht. Die Güte Gottes ist nicht ein Ziel, das erst durch die Mittel bewirkt und hervorgebracht wird. Darum bemerkt Avicenna, Gottes Thätigkeit allein sei wahrhaft und rein liberal oder freigebig, denn er habe von alldem, was er in Rücksicht auf die Geschöpfe will und thut, keinerlei Vortheil oder Nutzen (de veritate q. 23. a. 4.). Dieselbe Lehre trägt S. Thomas vor: 1. p. q. 19. a. 3. Wenn also Gott aus den Geschöpfen, dem secundär gewollten Object, keine Vollkommenheit erwächst, so ist offenbar, dass er hinsichtlich dieses Objectes nicht in der **passiven** oder **privativen** Indifferenz, folglich auch niemals diesbezüglich in der **passiven** Potenz sein kann. Das secundäre Object verhält sich daher dem Willen Gottes gegenüber **nicht bewegend** wie bei den Geschöpfen. Nichtsdestoweniger muss zugegeben werden, dass Gott absolut frei sei. Der passive Zustand des Willens mit Bezug auf das Object gehört somit nicht **an und für sich** zu der Freiheit.

Gottes Wille ist aber auch nicht **passiv indifferent** in Betreff des Actes, der Thätigkeit. Der Wille ist in Gott nicht als Potenz oder als Habitus, sondern als Act, weil er in Wirklichkeit dasselbe ist mit seiner Wesenheit (4. contr. Gent. c. 19.). Als reiner Act ist sein Wille daher immer in Thätigkeit und er geht nicht aus dem Zustande der Unthätigkeit in jenen der Thätigkeit über (1. 2. q. 10. a. 1. ad 2.). Der Gründe für die Wahrheit, dass in Gott keine **passive** Potenz angenommen werden dürfe, gibt es viele. Zunächst ist kein Ding **actives** Princip, solange es sich nicht als in der Wirklichkeit *(in actu operativo)* existierend und überdies als vollkommen erweist. **Passiv** hingegen verhält sich ein Ding, solange es mangelhaft und unvollkommen ist. Nun liegt es auf der Hand, dass Gott, das reine Sein, der schlechthin und allseitig Vollkommene, in sich keinen Mangel, keine Unvollkommenheit haben kann. Er ist darum im höchsten Grade **actives**, niemals **passives** Princip. Da aber der Begriff eines **activen** Principes der **activen** Potenz zukommt, — die active Potenz bildet ja das Princip auf ein anderes zu wirken, die passive von einem andern zu empfangen, wie der Philosoph bezeugt, —

so steht es außer allem Zweifel fest, dass Gott im vollkommensten Grade die **active** Potenz besitzt (1. p. q. 25. a. 1.). Ein fernerer Grund ist der, dass der Act, die Thätigkeit, wo immer sie sich real von der Potenz unterscheidet, stets **vollkommener** ist, als die Potenz. Würde sich demnach die Thätigkeit Gottes von seiner **activen** Potenz unterscheiden, so müsste in ihm eine größere Vollkommenheit angenommen werden, als die active Potenz selber ist. Damit wäre aber dann Gottes Wesenheit und active Potenz vervollkommnungsfähig durch den Act, die Thätigkeit, was entschieden in Abrede gestellt werden muss. Die Thätigkeit Gottes unterscheidet sich weder von seiner Wesenheit, noch von seiner activen Potenz **real**. Sie kann somit nicht vollkommener sein, als die Potenz (ib. ad 2.). Die Potenz ist darum in Gott zwar Princip des Effectes, der Wirkung, aber unter keiner Bedingung real unterschiedenes Princip der Thätigkeit selber, weil sie mit der Wesenheit und der Thätigkeit selbst real identisch sich zeigt. In den Creaturen aber ist sie beides, sowohl Princip der Thätigkeit als auch des Effectes (ib. ad 3.).

Die Thätigkeit des Willens der Geschöpfe muss ein accidentelles Seiende *(ens accidentale)* genannt werden. Als **immanentes** Seiende inhäriert sie der **activen** Potenz und bildet folglich eine accidentelle Vollkommenheit eben dieser **activen** Potenz. Daher bemerkt der englische Lehrer, in den Wesen, in denen die Potenz real von dem Acte, der Thätigkeit sich unterscheidet, sei der Act **stets** vollkommener als die Potenz. Dieser Ausspruch kann nicht den Sinn haben, dass die Thätigkeit als **Wirkung**, als **Effect** vollkommener sei, denn die active Potenz. In diesem Falle hätten wir ja etwas in der Wirkung, was nicht in der Ursache war. Keine Ursache kann etwas Vollkommeneres hervorbringen, als sie selber ist. S. Thomas will somit nur sagen, die Thätigkeit inhäriere als Accidenz der activen Potenz und bilde darum für dieselbe eine Vollkommenheit. Die active Potenz verhalte sich demnach diesem Accidens gegenüber **passiv**, weil sie Subject ist, **welchem** dieses Accidens inhäriert. Da nun der Act, in welcher Weise immer genommen, **vollkommener** ist, als die **passive** Potenz, und die Thätigkeit, der Act der Potenz als ein Accidenz derselben inhäriert, die active Potenz sich diesbezüglich **passiv** verhält, so muss nothwendig die Thätigkeit des Willens **vollkommener** sein als die active Potenz oder der Wille *in actu*. In Gott sind Wesenheit, Potenz und Act in der Wirklichkeit ein und dasselbe. Der Act kann folglich nicht **vollkommener** sein als die Potenz. Ebenso muss man sagen: in Gott kann die Thätigkeit in der Wirklichkeit nicht vollkommener sein als die Potenz, denn in diesem Falle würde die Potenz sich real vom Acte unterscheiden. Aus dieser Lehre folgt mit strengster Nothwendigkeit, dass in den Geschöpfen, zum Unterschiede von

Gott, die active Potenz und der Act oder die Thätigkeit sich real unterscheiden. Keine Creatur ist in irgend einer Hinsicht Gott gleich.

In scharfsinniger Weise legt der heil. Thomas aus der Begriffsbestimmung der Potenz dar, dass in Gott keine passive Potenz sein könne. Er sagt: „Der Name ‚Potenz' wurde zuerst gebraucht, um damit die Macht *(potestatem)* eines Menschen zu bezeichnen. Demgemäß nennen wir manche Menschen mächtig *(potentes)*, wie Avicenna bemerkt. Später wurde dieser Name auch auf die Naturdinge übertragen. Mächtig nennen wir jenen Menschen, der ohne Hindernis thun kann, was er will. So viel er Hindernisse findet, um so viel wird seine Macht, die Potenz vermindert. Das Hindernis einer Potenz, sei sie den Naturdingen oder den freien Geschöpfen angehörend, besteht darin, dass sie von einem andern etwas aufnehmen, also leiden *(pati)* kann. In der ersten Bedeutung besagt demnach die Potenz soviel als: „nicht leiden können" *(non posse pati)*. Daraus lässt sich nun die vollkommene Macht oder Potenz Gottes ohne Mühe ableiten. Zunächst bewirkt er alles, und dies kommt ihm zu, weil er reiner, vollkommener Act ist, denn nichts wirkt, wenn es nicht ein *actu* Seiendes ist. Er nimmt aber auch nichts auf *(non patitur)*, und zwar deshalb, weil er reiner Act **ohne Beimischung eines Stofflichen**, einer Potentialität ist. Jedes Ding leidet, ist aufnehmend auf Grund eines materiellen, passiven Principes (1. dist. 42. q. 1. a. 1.). Was der englische Meister hier Materie nennt, bedeutet den Stoff allein, da hätte der Beweis desselben sehr wenig Sinn. In diesem Falle wäre auch der Wille des Menschen reiner Act *(actus purus)* daher immer *in actu*, was S. Thomas jedoch bestreitet, indem er Gott den Creaturen gegenüberstellt. Materie, materiell ist folglich hier soviel als passiv, empfangend, aufnehmend. Gott als reiner Act ist also weder mit Bezug auf die active Potenz aufnehmend, seine Thätigkeit bildet nicht ein der activen Potenz inhärierendes Accidens, noch ist er im Zustande der passiven Potenz verglichen mit der activen, weil er als reiner Act nicht etwas aufnehmen kann, wodurch er vom passiven Zustande in den activen übergeführt würde. Er hat überhaupt kein aufnehmendes Subject in sich. Bei den Creaturen muss folglich, weil sie den Gegensatz zu Gott bilden, das Umgekehrte zutreffen.

Einen anderen Beweis dafür, um mit diesem zu schließen, dass in Gott keine passive Potenz sein kann, führt der englische Lehrer noch an, nämlich: weil in Gott keine Bewegung möglich ist. Gott ist nicht durch Bewegung thätig. Nach Avicenna ist das **geschaffene Agens** durch eine Bewegung thätig. Jede Bewegung aber ist eine Thätigkeit desjenigen, was **in der Potenz** sich befindet (ib. ad 3.). Dazu vergleiche man: 1. contr. Gent. c. 16. — 2. contr. Gent. c. 7. — ib. c. 25. n. 1. — de veritate q. 22. a. 6. ad 3. — de potentia q. 1. a. 1. c. ad 4. 6. 7. — ib. q. 7. a. 1.

Es unterliegt demnach gar keinem Zweifel, dass der Wille Gottes weder eine **passive** Potenz besitzt gegenüber der activen, dass er folglich nicht manchmal *agens in potentia*, manchmal *agens in actu* sein kann; noch auch verhält sich seine active Potenz **passiv** mit Bezug auf seine Thätigkeit. Denn obgleich sein Willensact immanent ist, so bildet er doch nicht ein Accidens, welches der Potenz inhäriert, sondern er ist in der Wirklichkeit, real die Potenz selber. Damit ist der passive Zustand der Potenz hinsichtlich ihres Actes ausgeschlossen.

Nichtsdestoweniger muss behauptet werden, dass Gott vollkommen frei ist. Daraus folgt zur Evidenz, dass das Wesen der Freiheit **an und für sich genommen** nicht in der **passiven** Potenz begründet sein kann.

35. **Dritte Proposition**: Die eigentliche und formelle Indifferenz, durch welche die Freiheit constituiert wird, ist die **active**; in **den Geschöpfen** ist jedoch diese active Indifferenz mit einer Potentialität oder **passiven** Indifferenz verbunden.

Das freie Vermögen besagt in seiner ersten Bedeutung, dass ein Wesen die Macht hat thätig zu sein, einen Act zu vollziehen, oder zu unterlassen. Wir haben vorher gehört, wie S. Thomas den Namen: ‚Potenz‘ bestimmt. Potenz bedeutet Macht; mächtig ist derjenige, der thun kann, was er will, ohne auf ein Hindernis zu stoßen. Hier wird ausdrücklich **die Thätigkeit** oder Unthätigkeit als für die Potenz charakteristisch hervorgehoben. Durchwegs ist dem englischen Lehrer die **active** Potenz dasjenige, wodurch ein Effect, eine Wirkung hervorgebracht wird. Dies bedeutet aber thätig sein. Die passive Potenz dagegen nimmt die Einwirkung, den Effect oder die Thätigkeit eines andern Agens in sich auf. Sie ist darum nicht **thätig**, sondern **leidend**. Sie kann nicht **thun**, was sie will, denn sie hat ein Hindernis in sich, eben diesen **passiven** Zustand. Nicht beeinflusst werden, nicht leiden können, bildet das beste Zeugnis für die Macht und folglich für die Freiheit eines Wesens, wie wir es in Gott sehen. Diese Vollkommenheit aber ist an und für sich der activen Potenz eigen. Diese gibt, theilt, indem sie wirkt, ihre Ähnlichkeit andern Dingen mit, ohne zu empfangen, von andern etwas aufzunehmen. Sie ist darum im höchsten Grade frei.

Zu demselben Resultate gelangen wir bei der Prüfung des Wortes: Herrschaft *(dominium)*. Der englische Meister behauptet fortwährend, der Wille der vernünftigen Geschöpfe sei frei, insofern er Herr seiner Thätigkeit, seiner Acte ist (1. 2. q. 1. a. 1. ad 2.). Die Freiheit wird nach ihm eine Macht *(facultas)* genannt, wodurch einem etwas zur Verfügung steht, wodurch etwas sich unter der Herrschaft des Besitzers befindet. Darum heißen die Besitzthümer ebenfalls *facultates*, weil der Besitzer nach seinem Belieben darüber verfügt. Unter der Herrschaft der Freiheit kann aber nur die Herrschaft über den Act, die Thätigkeit verstanden werden (2. dist. 24. q. 1. a. 1. ad 2.). Weil wir dieses und jenes auswählen, verschiedene Wahlacte vollziehen können, deshalb sind wir Herr unserer Thätigkeiten (1. p. q. 82. a. 1. ad 3.). Die Eigenschaft, Herrin der eigenen Acte zu sein, kann unmöglich der **passiven** Potenz, dem *agens in potentia* zukommen. Die passive Potenz ist ja empfangend, aufnehmend, nicht gebend, mittheilend. Sie kann nicht über dasjenige verfügen, was sie gar nicht besitzt, was sie sich zu verschaffen außerstande ist.

Die **passive** Potenz vermag in der That einen Act nicht hervorzubringen, weil sie **unvollkommen** ist. Ein jedes Wesen aber übt eine Thätigkeit aus, wenn es vollkommen. Diese Vollkommenheit besteht nach dem Doctor Angelicus darin, dass etwas *in actu*, *agens in actu* ist. Den Beweis für diesen Satz haben wir in unsern kritischen Bemerkungen zu der Broschüre Sr. Eminenz Cardinal Peccis, Seite 28, erbracht. Alle Augenblicke stößt man in den Werken des englischen Meisters auf die Worte: ein Ding sei thätig, insofern es sich *in actu* befindet. Die Bezeichnung: *in actu*, in der Wirklichkeit darf nicht in dem Sinne von existent genommen werden. Dass ein Wesen, welches nicht existiert, auch nicht thätig sein könne, braucht kaum erst bewiesen oder besonders betont zu werden. Das *agens in actu*, d. h. *in actu operativo* ist somit die **active** Potenz; denn diese besitzt jene Vollkommenheit, die nothwendig ist, damit der Effect, die Thätigkeit hervorgebracht werde. Solange daher der Wille der vernünftigen Geschöpfe nicht in der Wirklichkeit, sondern bloß der Möglichkeit nach thätig ist, kann man von ihm nicht sagen, er sei Herr seiner Acte, ihm stehe es formell frei, thätig oder nichtthätig zu sein. Die **passive** Potenz als solche ist vielmehr zur Unthätigkeit bestimmt. Sie besitzt bloß eine **mögliche** Thätigkeit. Dies kommt ihr wesentlich und formell zu. Hierin unterscheidet sich aber der Wille weder von den Naturdingen noch von dem Strebevermögen der Thiere. Alle Geschöpfe ohne irgendwelche Ausnahme besitzen neben dem Wesen noch Vermögen oder Potenzen, die von sich selber nicht in Thätigkeit übergehen, sondern, wie sich später herausstellen wird, von Gott in Bewegung, in Thätigkeit gesetzt werden müssen. In diesem allen Creaturen gemeinsamen **passiven** Zustande kann demnach die Freiheit des Willens ihren formellen Grund haben. Der Unterschied zwischen frei und nichtfrei liegt vielmehr in einer besondern Beschaffenheit der **activen** Potenz, des Willens *in actu*, der seine Thätigkeit aus selbsteigener Bestimmung ausübt oder unterlässt, das Thätigsein dem Unthätigsein vorzieht oder umgekehrt.

36. Der zweite Theil der Proposition ist aus dem klar, was oben gesagt wurde über das Verhältnis der Thätigkeit, des Actes zu der activen Potenz in den Creaturen. Die active Potenz unter-

scheidet sich der Wirklichkeit nach (real) von ihrer Thätigkeit in allen geschaffenen Dingen. In Gott allein ist dieser Unterschied nicht ein wirklicher. Diese Thätigkeit des Willens ist jedoch nicht etwas von der Potenz Getrenntes, sondern derselben immanent. Die Potenz verhält sich demnach zu ihrer Thätigkeit wie das Subject und ist folglich in dieser Beziehung aufnehmend oder passiv. Die Thätigkeit selbst bildet für die active Potenz eine accidentelle Vollkommenheit. Daher bemerkt der englische Meister: „Der activen Potenz entspricht die Thätigkeit oder Action, und durch diese Thätigkeit wird die active Potenz vervollständigt. Ebenso wird das, was gleichsam als Vervollkommnung und Complement der passiven Potenz entspricht, Act genannt. Aus diesem Grunde heißt jede Form Act, auch die von jeder Materie getrennten Formen, und Gott, das Princip der Vollkommenheit eines jeden Dinges, wird erster und reiner Act genannt. Ihm kommt jene Potenz am meisten zu. *(Sicut potentiae activae respondet operatio vel actio, in qua completur potentia activa, ita etiam illud, quod respondet potentiae possivae, quasi perfectio et complementum, actus dicitur. Et propter hoc omnis forma actus dicitur, etiam ipsae formae separatae, et illud, quod est principium perfectionis totius, quod est Deus, vocatur actus primus, et purus, cui maxime illa potentia convenit.* 1. dist. 42. q. 1. a. 1. ad. 1.). Wenn also gemäß der Lehre des heil. Thomas die Thätigkeit ein Complement der activen Potenz ist, so kann diese Potenz offenbar nicht in der Wirklichkeit oder real dasselbe sein, wie die Thätigkeit. Die Potenz kann unmöglich durch sich selber complet werden. Weiters folgt daraus, dass die active Potenz mit Bezug auf ihre Thätigkeit im passiven oder aufnehmenden Zustande sich befindet. Sie ist in der Potenz zu ihrem Complement, was nur zutrifft, wenn sie sich passiv verhält, und durch die Thätigkeit, dieses accidentelle Seiende vervollkommnet, complet wird.

Der Beweis für diese Wahrheit lässt sich indessen noch in eine andere Form kleiden. Der Wille wird dadurch, dass er in Thätigkeit übergeht, verändert. Manchmal ist er ja unthätig, wie jedermann weiß, und er hört auf, thätig zu sein, selbst wenn er es früher gewesen ist. Eine Veränderung lässt sich aber schlechterdings nicht denken außer auf Grund einer Potentialität, eines passiven Zustandes.

In Gott, haben wir früher gesehen, verhält sich die Sache anders. Seine Thätigkeit ist nicht ein Complement der activen Potenz, sondern diese selber. Sie verhält sich darum nicht wie ein Accidens, das einem Subjecte inhäriert. Kurz und schön hat S. Thomas sich an einer Stelle darüber ausgesprochen: „*Ad utrumlibet enim esse alicui virtuti potest convenire dupliciter: uno modo ex parte sui; alio modo ex parte ejus ad quod dicitur. Ex parte quidem sui, quando nondum consecuta est suam perfectionem, per quam ad unum determinetur*. Unde hoc in imperfectionem virtutis redundat, et attenditur esse *potentialitas in ipsa*, sicut patet in intellectu dubitantis, qui nondum assecutus est principia, ex quibus ad alterum determinetur. *Ex parte autem ejus, ad quod dicitur, invenitur aliqua virtus ad utrumlibet esse, quando perfecta operatio virtutis a neutro dependet, sed tamen utroque uti potest, sicut aliquis, qui diversis instrumentis uti potest aequaliter ad idem opus perficiendum. Hoc autem ad imperfectionem virtutis non pertinet, sed magis ad ejus eminentiam, in quantum utrumlibet oppositorum excedit, et ob hoc determinatur ad neutrum, sed ad utrumlibet se habet.*

Sic autem est in divina voluntate respectu aliorum a se. Nam finis ejus a nullo aliorum dependet, cum tamen ipsa suo fini sit perfectissime unita. Non igitur oportet potentialitatem aliquam in divina voluntate ponere.

Similiter autem nec mutabilitatem. Si enim in divina voluntate nulla est potentialitas, non sic absque necessitate alterum oppositorum praeaccipit circa sua causata, quasi consideretur in potentia ad utrumque, ut primo sit volens potentia utrumque, et postmodum volens actu, sed semper est volens actu quidquid vult, non solum circa se, sed etiam circa causata. Sed quia volitum non habet necessarium ordinem ad divinam bonitatem, quae est proprium objectum divinae voluntatis, per modum, quo non necessaria, sed possibilia enuntiabilia dicimus, cum non est necessarius ordo praedicati ad subjectum (1. contr. Gent. c. 82.). Es zeigt sich also wiederum, dass der englische Lehrer in Gott allein jede Potentialität oder Passivität bestreitet. Jedes Geschöpf muss folglich seine Vermögen, Potenzen mit einer Passivität, Potentialität vermischt haben; denn darin besteht der contradictorische Gegensatz zu Gott, den S. Thomas offenbar in allen seinen Werken betonen will.

37. Vierte Proposition: Die active Indifferenz, welche *per se* und wesentlich constitutives Princip der Freiheit ist, bezieht sich eigentlich nur auf die Thätigkeit, den Act *(indifferentia contradictionis vel exercitii)*, nicht auf den Gegenstand *(indifferentia contrarietatis seu specificationis)*. Letztere gehört nur *per accidens* zum Wesen der Freiheit, indem sie nämlich erstere einschliesst, für erstere die Grundlage bildet.

Das Hauptgewicht legt S. Thomas, die Freiheit erörternd, immer darauf, dass der Wille die Herrschaft über seine Thätigkeit, seinen Act besitze. Den Gegenstand, das Object, auf welches dieser Act gerichtet ist, lässt er dabei häufig ganz unberührt. Schon daraus muss folgerichtig geschlossen werden, der englische Lehrer betrachtet die Indifferenz thätig oder unthätig zu sein als innern formell constitutiven Grund der Freiheit. Er spricht sich übrigens ganz unzweideutig darüber aus. So erklärt er unter andern: „Keiner Creatur wurde die Gabe verliehen, noch auch war diese Gabe irgend einer Creatur mittheilbar, vermöge der

Eigenschaften ihrer Natur nicht fehlen zu können. Der Grund dafür ist folgender: Jedes geschaffene Wesen hängt in seinem Sein von Gott als seiner Ursache ab. Wird es sich selber überlassen, so muss es zugrunde gehen. Solange es den Einfluss der Ursache in sich aufnimmt, hat es Bestand. Diese Abhängigkeit *(applicatio)* des Verursachten von der Ursache kann nun zweifacher Art sein. Es liegt entweder in der Macht des Verursachten einigermassen *(quantum ad aliquid)* von seiner Ursache abzuweichen oder nicht abzuweichen, oder es steht überhaupt nicht in der Macht des Verursachten, davon abzugehen. Ersteres gehört zur Freiheit, denn der Freiheit kommt es **wesentlich** zu, dass sie **etwas thun oder nicht thun könne**. Wenn nun die Creatur ihrer Ursache nicht anhängt, so muss sie fehlen. Darum war es unmöglich, dass einem Geschöpfe unter Beibehaltung der Freiheit die Gabe zutheil würde, **ihrer Natur nach** nicht fehlen zu können. Dies wäre ein Widerspruch, weil es der Creatur **gemäß ihrer Freiheit** eigen ist, ihrer Ursache **anhängen oder nicht anhängen zu können**. Wenn sie aber nicht fehlen, nicht sündigen kann, so kann sie ihrer Ursache nicht nicht anhängen. Und darin liegt der Widerspruch zwischen frei sein und nicht fehlen können (2. dist. 23. q. 1. a. 1.). Diese Stelle beweist klar, dass der englische Lehrer das Wesen der Freiheit in die Macht thätig oder nichtthätig zu sein setzt. Das Merkmal, dass eine Substanz die Herrschaft über ihre Thätigkeiten besitzt, ist daraus erkennbar, dass sie thätig oder nicht thätig sein kann, und dieses Merkmal hat der Wille in sich (2. contr. Gent. c. 49.). Dadurch unterscheidet er sich von den Naturdingen und den Thieren (de veritate q. 22. a. 6.). Das Princip, wodurch die Freiheit formell constituiert wird, muss darum in der Indifferenz für die Thätigkeit oder Unthätigkeit des Willens gesucht werden *(quoad exercitium actus* oder *contradictionis)*.

Die andere Indifferenz, *quoad specificationem,* hinsichtlich dieses oder jenes Objectes bewirkt nicht, dass der Wille **mehr** Herr seiner Acte sei. Im Gegentheil, diese findet sich auch in gewisser Beziehung im Thiere. Die sinnliche Erkenntniskraft stellt auch Thieren **viele** und **verschiedene** Gegenstände vor, die begehrenswert sind, wenngleich in geringerer Anzahl als jene ist, die von der Vernunft vorgestellt wird. Immerhin liegt bei den Thieren die Möglichkeit vor, diesen oder jenen Gegenstand zu wählen. Allein ganz und gar unmöglich ist es dem Thiere, den vorgestellten Gegenstand zu **begehren oder nicht zu begehren**, eine Thätigkeit zu vollziehen oder nicht zu vollziehen. Darum bemerkt S. Thomas mehr als einmal, das Schaf **müsse** fliehen, sobald es den Wolf erblickt. Den Grund haben wir schon früher gehört. Einerseits ist es die Veränderung des Organs infolge der Einwirkung des äußeren Objectes, worauf die nothwendige Neigung des Begehrungsvermögens folgt. Andererseits ist es der Schöpfer, der die Thiere zur Thätigkeit bewegt, **ohne dass die Thiere sich selber dazu bestimmen. Aus diesem Grunde handeln sie eben nicht frei, sondern nothwendig.** Hingegen liegt es in ihrer Macht, nach **mehreren Gegenständen zu streben. Hierin sind sie nicht zu einem einzigen bestimmt. Daraus folgt zur Evidenz, dass die Freiheit formell und wesentlich in der Indifferenz thätig oder nicht thätig zu sein besteht.**

Die Herrschaft des Willens wird durch die Indifferenz für verschiedene **Objecte** nicht erweitert, wird nicht größer, als sie es durch die Indifferenz für verschiedene **Thätigkeiten** ist. Die Freiheit *quoad exercitium actus* ist viel uneingeschränkter als jene, hinsichtlich der Gegenstände oder *quoad specificationem*. Erstere besitzt der Wille nach der Lehre des englischen Meisters in **jedem Zustande der Natur und mit Bezug auf jedes Object** (de veritate q. 22. a. 6.), letztere dagegen nicht. Das Hauptobject, das Gut und die Glückseligkeit im allgemeinen, muss der Wille **objectiv** begehren. Daher ist er in dieser Beziehung nicht frei. Dafür ist er vollkommen frei nach diesem Gut **actuell**, in der Wirklichkeit zu streben oder nicht zu streben, eine Thätigkeit zu entwickeln oder zu unterlassen. Diese Freiheit hat er in jedem Zustande und in Betreff eines jeden Gegenstandes, solange wir hier auf Erden leben. Eine **Spontaneität**, eine **nothwendige Neigung** des Willens zu seiner eigenen Thätigkeit existiert für ihn nicht. Dies wäre direct **gegen** seine natürliche Neigung, und darum, wie wir oben in der Abhandlung über den Willen als Natur nachgewiesen haben, Gewalt und Zwang. Darum lehrt S. Thomas, der Wille strebe nach den soeben genannten Objecten mit **Nothwendigkeit, wenn** er die Gegenstände begehrt, **vorausgesetzt, dass er sie thatsächlich will** (1. 2. q. 10. a. 2. — de malo q. 6.).

Daraus ist unschwer zu ersehen, dass die Freiheit thätig oder unthätig zu sein eine weit größere Ausdehnung hat, somit größer und unbeschränkter ist, als jene bezüglich der Objecte. Besteht nun die Freiheit, in der Herrschaft nach Belieben zu handeln oder nicht zu handeln, so liegt sie *per se*, formell und wesentlich in der activen Indifferenz *quoad exercitium actus*, in der Auswahl seiner Thätigkeit oder Unthätigkeit.

38. Fünfte Proposition: Diese active Indifferenz in Betreff der Thätigkeit oder Unthätigkeit schließt *per accidens* jene hinsichtlich der Objecte in sich und hängt *per accidens* von derselben ab.

Die objective Indifferenz erfolgt daraus, dass die Vernunft als Erkenntnisvermögen einen Gegenstand indifferent, d. h. als partielles Gut auffasst und dem Willen vorstellt. Das Urtheil der

Vernunft ist indifferent, indem es lautet, dieses Object könne begehrt oder auch nicht begehrt werden. Der Wille könne dasselbe begehren, weil es **theilweise gut ist**, etwas vom Gut in sich hat, er könne aber auch nicht darnach streben, weil es **theilweise** nicht ein Gut bildet. Dieses Urtheil kommt der Vernunft, nicht dem Willen zu. Für den Willen ist es daher *per accidens*, nicht *per se*, dass der Gegenstand als ein **indifferenter** erscheint. Man darf nicht vergessen, dass es sich bei der Willensthätigkeit, wodurch ein Gegenstand in der Wirklichkeit begehrt wird, eigentlich um **zwei Objecte** handelt. Nicht nur der äußere Gegenstand, wenn wir ihn so nennen wollen, sondern der **eigene Act** des Willens selber ist Object. Nehmen wir einmal an, die Vernunft stelle dem Willen das Gut und die Glückseligkeit im allgemeinen vor. Dieses Gut nennen wir das äußere Object. Sie wird ihm aber auch vorstellen, es sei gut, nach diesem Objecte **in der Wirklichkeit, actuell** zu streben. Dieses Object ist das innere. Das innere verhält sich zum äußern wie **das Mittel zum Ziel**. Das eine ist allgemeiner, das andere particulärer Natur. Daher strebt der Wille nach dem einen **objectiv, mit Nothwendigkeit**, nach dem andern dagegen mit vollkommener **Freiheit**. Subjectiv, *quoad exercitium actus*, strebt er nach **beiden**, insofern sie wirklich existierende Objecte sind, ganz und gar frei. Und warum dies?

Die Vernunft sagt ihm allerdings, es sei gut dieses oder jenes zu thun, so oder anders zu handeln, um glücklich zu sein, um die Glückseligkeit im allgemeinen zu erreichen. Allein sie kann dem Willen ebenso sagen, es sei besser, dieses oder jenes **nicht** zu thun, es sei besser, gar nicht zu handeln, sondern unthätig zu bleiben. Die Glückseligkeit im allgemeinen existiert für uns in diesem Leben nicht in irgend einem **bestimmten** Objecte, und die Thätigkeit, der Willensact ist nicht das **einzige** Mittel, um glücklich zu sein. Der Wille kann, durch irgend eine Neigung von seiten der Leidenschaften u. s. w. beeinflusst, den Verstand bewegen, nicht nachzudenken, die Gedanken davon ab- und anderswo hinzulenken. Der Wille kann die Vernunft bewegen, ihm durch ihr letztes praktisches Urtheil, die Sentenz, die Unthätigkeit als **höheres Gut** denn die Thätigkeit darzustellen. Dass dem Willen dieses **freisteht**, unterliegt keinem Zweifel, denn die Thätigkeit wie die Unthätigkeit sind **particuläre Güter**, und keines derselben bildet den **einzigen** Weg, das einzige Mittel zum Glücke. Das einemal wird es die Thätigkeit, das anderemal die Unthätigkeit sein, worin der Wille sein Glück sucht und findet.

Aus all dem ist ersichtlich, dass die eine Indifferenz eigentlich die andere einschließt und die subjective *per accidens* von der objectiven abhängt. Der Wille ist subjectiv, *quoad exercitium actus* frei, weil ihm die Vernunft seine eigene Thätigkeit als ein indifferentes Gut darstellt. Darum kann er zwischen seiner Thätigkeit und Unthätigkeit wählen. Dadurch ist die Freiheit wesentlich und formell gewahrt.

Wo immer der englische Lehrer von der Freiheit Gottes spricht, da führt er dieselbe zurück auf die Indifferenz mit Bezug auf die Thätigkeit. Gott ist frei, indem er wollen kann, dass dieses oder jenes sei oder nicht sei, gleichwie wir sitzen wollen oder nicht wollen können (1. p. q. 19. a. 10. ad 2.). Gott bestimmt sich seine Thätigkeit selber, sie wird nicht von einem andern bestimmt. Er ist darum im wahren Sinne *(verissime)* Herr seiner Werke (2. dist. 25. q. 1. a. 1. ad 1.). Zur Freiheit gehört, dass sie einen Act ausüben oder nicht ausüben könne, und dies ist bei Gott der Fall. Das Gut, welches er wirkt, kann er auch nicht wirken (l. c. ad 2.). Er ist somit indifferent für vieles. Allerdings ist es nicht in der Weise zu verstehen, dass er jetzt etwas will und später nicht will, weil das seiner Unveränderlichkeit widerspricht, sondern es muss in dem Sinne verstanden werden, dass er dieses wollen oder nicht wollen kann (de veritate q. 24. a. 3. ad 3.).

Wir glauben hiemit zur Genüge dargethan zu haben, dass die Wahlfreiheit *per se*, wesentlich und formell in der Indifferenz bezüglich der Thätigkeit oder Unthätigkeit *(indifferentia contradictionis)* besteht. Die Indifferenz mit Bezug auf die verschiedenen Gegenstände *(indifferentia contrarietatis oder specificationis)* bildet zwar die erste und entfernte Grundlage, die *radix libertatis*, aber formell und wesentlich die Freiheit ist sie nicht. Nichtsdestoweniger ist diese Indifferenz für die Freiheit nothwendig.

39. Wie verhält es sich nun mit der Behauptung, dass die Doctrin der Thomisten die Freiheit in ihrem Bestande verletze? Die Antwort darauf ist leicht zu geben.

Es wurde bereits dargethan, dass der Wille, wenngleich er *in actu* oder *agens in actu* ist, sich doch noch seiner eigenen Thätigkeit gegenüber passiv verhält, weil diese Thätigkeit ein *accidens* ist, welches dem Willen als seinem Subjecte inhäriert. Insofern diese Thätigkeit Wirkung oder Effect des Willens ist, befindet sich letzterer nicht in der Potenz zu ihr, verhält er sich ihr gegenüber nicht passiv, sondern activ. Er bildet vielmehr die wirksame Ursache dieses Effectes. Passiv ist der Wille nur insofern die Thätigkeit ein *accidens* ist und dem Willen immanent inhäriert. Allein der Wille muss noch in einer andern Beziehung passiv genannt werden. Er hat nämlich von Natur aus gar keine Thätigkeit. Aus und durch sich selber ist er nicht actives Princip, active Potenz oder *agens in actu*. Er besitzt bloß das Vermögen thätig zu sein. Diese Eigenschaft ist ihm übrigens mit allen andern Geschöpfen gemeinsam, kommt nicht ihm allein zu. Von den Naturkräften unterscheidet sich indessen der Wille dadurch, dass jene nach dem ersten Anstoße von seiten Gottes, ununterbrochen thätig sind, unausgesetzt wirken, solange sie kein Hindernis finden, während dieser nur zeitweilig thätig ist. Er ist, wie S. Thomas bemerkt, *quandoque agens in potentia, quandoque agens in actu.* Wenn es nun die allen Geschöpfen gemeinsame Eigenschaft ist, aus und durch sich selber ohne Thätigkeit zu sein, so kann in dieser Unthätigkeit die Freiheit des Willens nicht liegen. Das Gemeinsame bildet niemals zugleich den Unterschied von andern. Das bloße Vermögen, die reine Potenz eine Thätigkeit auszuüben, ist somit nicht die Differenz, wodurch sich die freien Creaturen von den unfreien unterscheiden. Zur Freiheit gehört, dass der Wille eine Thätigkeit vollziehen oder nicht vollziehen könne. Solange der Wille passiv, bloßes Thätigkeitsvermögen ist, steht es nicht in seiner Macht, eine Thätigkeit nicht zu setzen. Er muss vielmehr in der Unthätigkeit bleiben, weil dies der ursprüngliche, natürliche Zustand des Geschöpfes ist.

Der englische Meister findet den Vorzug der vernünftigen Wesen, nämlich die Freiheit darin, dass sie sich selber bestimmen. Er spricht nicht vom bestimmen können, obgleich das Können, die Fähigkeit vorausgehen muss. Noch deutlicher sagt uns dies die Herrschaft über die eigene Thätigkeit. Herr über etwas ist jemand erst dann, wenn er es in der Wirklichkeit besitzt, so dass er darüber frei verfügt. Der Wille als Vermögen, als Potenz hat aber keine wirkliche Thätigkeit, sondern bloß die Fähigkeit dazu. Von einer Herrschaft kann somit nicht die Rede sein. Der Wille als *agens in potentia* kann folglich über die Thätigkeit oder Unthätigkeit nicht frei und nach Gutdünken verfügen, sich selber dazu bestimmen.

Anders verhält sich die Sache, sobald der Wille *in actu*, *agens in actu* ist. In diesem Falle ist er wirkliche Ursache, *actu causans*. Die Ursache enthält in dem Momente, wo sie etwas verursacht, den Effect in sich, denn der Effect geht aus ihr hervor. Die Thätigkeit ist nun ein Effect des Willens, wie S. Thomas beständig lehrt, und sie geht aus dem Willen als ihrer Ursache hervor. Sie muss folgerichtig im Willen enthalten sein. Dies aber ist erst dann der Fall, wenn der Wille active Potenz, actives Princip oder *agens in actu* ist. Der Wille besitzt demnach die Herrschaft über seine Thätigkeit, und bestimmt sich selber zu dieser Thätigkeit, sobald er *principium activum* ist. Diesem Princip entspricht der Effect, die Thätigkeit.

40. Zur freien Thätigkeit des Willens gehören demnach zwei Dinge, von denen das eine die Potenz oder den *actus primus*, das andere die actuelle Ausübung der Thätigkeit angeht. Von seiten der Potenz wird gefordert und genügt die Fähigkeit oder das Können, d. h. die Macht *(potestas)* zu den beiden entgegen-

gesetzten Extremen: z. B. die Fähigkeit zu wollen, nicht zu wollen, zu lieben, nicht zu lieben. Diese Fähigkeit, dieses Können bildet die Grundlage für die Freiheit. Eine Thätigkeit ohne das Vermögen, ohne die Potenz, von welcher diese Thätigkeit ausgeht, lässt sich absolut nicht denken. Von seiten der wirklichen Entfaltung einer Thätigkeit wird verlangt, dass die soeben genannte Potenz sich actuell zu einem der beiden Extreme applicire, während es zu dem andern nicht geschieht. Beiden zugleich kann die Potenz nicht applicirt werden, denn eine und dieselbe Potenz vermag nicht zwei Thätigkeiten zugleich auszuüben, noch auch zugleich thätig und unthätig zu sein. Bei dieser actuellen Applicierung muss jedoch die Potenz für das Gegentheil intact bleiben, sie darf dadurch nicht aufgehoben werden.

Untersuchen wir nun diese Bedingungen der Wahlfreiheit etwas näher. Es wurde früher gesagt, die objective Indifferenz sei nothwendig für die Freiheit, obgleich sie die Freiheit *per se*, wesentlich und formell nicht constituiert. So oft demnach der Wille frei handelt, muss ein zweifaches, formell oder virtuell unterschiedenes Urtheil von seiten der Vernunft vorausgehen. Das eine legt indifferent die beiden Extreme vor, zwischen welchen eine Wahl stattfinden, die freie Thätigkeit vollzogen werden soll. Das eine wie das andere dieser Extreme muss soviel an Güte besitzen, dass es begehrt werden kann, begehrenswert erscheint, zugleich aber auch soviel Mangel an Güte haben, dass es zurückgewiesen, nicht angestrebt werden kann. Das zweite Urtheil schreibt ganz bestimmt und wirksam vor, welcher von diesen beiden Theilen *hic et nunc* zu wählen ist. Durch das erste Urtheil ist der Wille *in actu primo* frei, und er besitzt die Fähigkeit für beide Theile. Durch das zweite wird er actuell, in der Wirklichkeit auswählend. Durch dieses Urtheil geschieht die Applicierung des Willens zu einem dieser Theile, auf welchen die Wahl fällt.

In derselben Weise muss die subjectiv freie Thätigkeit des Willens vor sich gehen. Damit der Wille *in actu primo* frei sei, genügt die Fähigkeit, den einen wie den andern Theil begehren zu können. Indessen geht er dadurch nicht schon zu einer wirklichen Thätigkeit über. Er bleibt *agens in potentia*. Ist er, wie wir nachweisen werden, durch die *praemotio physica agens in actu*, active Potenz, actives Princip geworden, so wird unfehlbar eine Thätigkeit erfolgen, die auf den einen und nicht auf den andern Theil, auf das Unthätigsein gerichtet ist. So wenig der Wille auf das letzte praktische Urtheil der Vernunft, die Sentenz hin, für beide Theile gleich actuell indifferent bleibt, ebensowenig ist er als active Potenz, als *agens in actu* für die Thätigkeit und Unthätigkeit actuell gleich indifferent. Zwei actuelle Indifferenzen zu gleicher Zeit vertragen sich nicht. Darauf beruht die Unterscheidung des *sensus compositus* und *sensus divisus*, die sich im heil. Thomas ausdrücklich findet, wenngleich sie von manchen Autoren nicht verstanden wird (cfr. S. Th. 1. p. q. 14. a. 13. ad 3. — q. 19. a. 8. ad 1. — 1. 2. q. 10. a. 4. ad 3.). An der zuletzt genannten Stelle bemerkt der Doctor Angelicus treffend: wenn Gott den Willen zu etwas bewegt, also aus einem *agens in potentia* ein *agens in actu* macht, so ist es unmöglich, dass derselbe zugleich zu diesem etwas nicht bewegt werde. Allein schlechthin ist und bleibt es nicht unmöglich. S. Thomas hat hier nichts anderes im Auge, als den *sensus compositus* und den *sensus divisus*.

Dass die Freiheit darunter keinen Schaden erleidet, ergibt sich ebenso klar daraus, wenn wir den Willen ganz und gar unabhängig sein lassen. Setzt der Wille durch sich selber eine Thätigkeit, so ist er nicht zu gleicher Zeit unthätig, und umgekehrt. Niemand wird indessen behaupten, der Wille habe in diesem Falle seine Freiheit eingebüßt. Das Vermögen, die Potenz für das Gegentheil besitzt er dabei ungeschmälert, somit auch die Freiheit. Wählt er thatsächlich eines der beiden Objecte, so verliert er dadurch nicht die Möglichkeit, die Potenz das andere zu wählen. Zwei Gegenstände zugleich, die ihm unter der Indifferenz vorgestellt worden, kann er ebensowenig wählen, wie er nicht zu gleicher Zeit thätig und unthätig zu sein vermag. Begehrt er thatsächlich eines der beiden vorgestellten Objecte, so wird dadurch bloß die objectiv passive, nicht active Indifferenz aufgehoben. Und übt er in der Wirklichkeit einen Act aus, so kann damit die subjectiv passive Indifferenz nicht bestehen. Allein diese Indifferenz, die Unthätigkeit, gehört nicht zum Wesen der Freiheit. Weder nach dem einen, noch nach dem andern Gegenstande streben, gehört ebenfalls nicht zum Wesen der Freiheit. Der Wille ist folgerichtig dann frei, wenn er nach diesem Objecte strebt, während er doch nach dem andern streben könnte, und umgekehrt. Und er ist dann frei, wenn er thatsächlich einen Gegenstand begehrt, während er ihn auch nicht begehren könnte, oder umgekehrt.

41. Der passive Zustand ist demnach der Freiheit an und für sich nicht eigenthümlich, wie wir es ja in Gott sehen, der immer *agens in actu*, stets active Potenz, und nichts destoweniger im höchsten, vollkommensten Grade frei ist. Er kommt aber auch nicht an und für sich der geschöpflichen Freiheit zu. Warum er sich trotzdem bei der Freiheit der Geschöpfe vorfindet, werden wir sogleich vom englischen Lehrer hören.

Den Grund hiefür erblickt nämlich der heil. Thomas darin, dass nichts in der Wirklichkeit Existierendes bei den Geschöpfen einfach, sondern alles zusammengesetzt ist. Der Wille als Vermögen, als Potenz ist darum seiner Natur nach aus und durch sich selber ganz und gar passiv. In *ordine operativo* gleicht er dem ersten Stoffe, der *materia prima*. Er kann alle möglichen Objecte wollen, zu einem bestimmten ist er nicht hingeordnet. Ebenso kann er viele Acte ausüben oder nicht ausüben, aber zu keiner bestimmten Vollziehung oder Nichtvollziehung seiner Thätigkeit ist er hingeordnet. Dass dieser Zustand ein sehr unvollkommener ist, wird jeder begreifen. Er ist so wenig vollkommen wie der Zustand des ersten Stoffes ohne die entsprechende Form und Existenz. Dieser Zustand kann folglich nicht die Freiheit bilden. Frei ist der Wille dann, wenn er nicht bloß *in ordine entitativo*, sondern auch *in ordine operativo* existiert, d. h. wenn er actives Princip, active Potenz oder *agens in actu* ist. Dem Willen als **Vermögen** fehlt aber *in ordine operativo* die **Existenz**. Diese muss erst zu dem Vermögen hinzukommen, dasselbe actuierend und aus ihm ein *agens in actu* constituieren. Daraus folgt aber dann, dass die active Potenz etwas Zusammengesetztes ist aus dem Potentialen oder der Potenz und demjenigen, wodurch das Potentiale *in ordine operativo* formell *in actu* ist oder existiert. Wir haben hier ganz dieselbe Zusammensetzung wie bei der Wesenheit *in ordine entitativo*. Die Wesenheit ist das Potentiale, das durch die Existenz formell *in actu* gesetzt wird. Weil also der Wille als Vermögen reine Potenz ist, deshalb wird er als active Potenz, als *agens in actu*, nicht reiner Act, *actus purus*, sondern aus Potenz und Act zusammengesetzt. Darum sagten wir oben, der passive oder potentiale Zustand des Willens der Geschöpfe sei auch noch in der Wahlfreiheit vorhanden. Wie die Wesenheit der Creaturen durch die Existenz nicht *actus purus* wird, ebenso wird es auch der Wille durch die *praemotio physica* nicht.

Geht dadurch nicht der Vorzug, das Privilegium, dessen sich die vernünftigen Wesen auf Grund der freien Wahl erfreuen, verloren? Keineswegs. Denn gleich wie der erste Stoff, im Besitze einer bestimmten Form dadurch seine Unbestimmtheit allen anderen Formen gegenüber nicht verliert, sondern die Fähigkeit, die Potenz zu allen andern Formen beibehält, ebenso ist dies der Fall bei der Wahlfreiheit, wenn der Wille active Potenz, *agens in actu* ist. Strebt der Wille als *agens in actu* nach einem bestimmten Objecte, so verliert er dadurch die Fähigkeit, die Potenz alle anderen zu begehren, nicht. Und vollzieht er eine bestimmte Thätigkeit, so büßt er dabei die Fähigkeit zu einer andern Thätigkeit oder auch zu der Unthätigkeit nicht ein. Der Wille ist darum niemals determiniert zu einem wie der *appetitus naturalis* der unbelebten Dinge, oder bloß auf die sinnenfälligen Güter beschränkt, wie das Strebevermögen der Thiere. Überdies wissen wir aus S. Thomas, dass das Begehrungsvermögen der Thiere nicht unthätig bleiben kann, wenn ihm ein Gut vorgestellt wird. Anders verhält es sich mit dem Willen der vernünftigen Wesen. Diese bestimmen sich den Gegenstand selber und auch das Mittel, die Thätigkeit oder Unthätigkeit, wodurch sie diesen Gegenstand ihrer Neigung und Liebe erreichen. Das einemal sind sie in ihrer Thätigkeit, das anderemal in ihrer Unthätigkeit glücklich. Dass die Thätigkeit oder Unthätigkeit niemals letztes Ziel, sondern immer nur Mittel zum Ziele sein kann, beweist der englische Meister an mehreren Stellen (cfr. 1. 2. q. 1. a. 1. ad 2. — ib. q. 2, a. 7.).

Die genaue Kenntnis des innersten Wesens der Wahlfreiheit ist von solcher Wichtigkeit, dass man ohne sie aus den Schwierigkeiten nicht herauskommt. Diese Schwierigkeiten sind allerdings ganz gleich groß, ob die *praemotio physica* angenommen oder verworfen wird. Es ist darum keineswegs angezeigt, selbe immer nur den Thomisten vorzuhalten. Mit denselben Gründen werden sie von den Thomisten gelöst, mit welchen von anderer Seite eine Austragung bewerkstelligt wird. Wer das eigentliche Wesen der Freiheit gründlich erfasst hat, für den wird die Orientierung eine ziemlich leichte sein.

§ 6. Der Gegenstand oder das Object der Wahlfreiheit.

42. Die Wahlfreiheit bildet den Gegensatz zu der Nothwendigkeit. Nothwendig wird etwas dann genannt, wenn es **unveränderlich zu einem bestimmt ist**. Der Wille der vernünftigen Wesen ist zu vielerlei nicht bestimmt. Daher weiß er von einer Nothwendigkeit einzig und allein nur in Bezug auf dasjenige, wozu er vermöge seiner natürlichen Neigung bestimmt erscheint: Weil indessen jedes Bewegliche auf ein Unbewegliches, jedes Unbestimmte auf ein Bestimmtes als auf sein Princip zurückgeführt wird, deshalb muss dasjenige, wozu der Wille bestimmt ist, das Princip bilden für das Streben nach demjenigen, wozu er nicht bestimmt ist. Bestimmt verhält sich der Wille bloß dem Endziele gegenüber. Nicht bestimmt dagegen ist er hinsichtlich dreier Dinge: nämlich in Betreff des Objectes, des Actes und der Hinordnung zum Ziele.

a) Was das Object anbelangt, so ist zu bemerken, dass darunter die Mittel, nicht das Endziel selber verstanden werden müssen. Der Grund, warum der Wille in den Mitteln frei ist, liegt darin, dass man auf verschiedenen Wegen zum Ziele gelangen kann, und dass den Verschiedenen auch verschiedene Wege offen stehen, dahin zu kommen. Der Wille durfte aus diesem Grunde unmöglich bezüglich der Mittel bestimmt werden, wie es bei den Naturdingen der Fall ist, die für ein gewisses und bestimmtes Ziel auch einen gewissen und bestimmten Weg haben. Die Naturdinge streben darum mit **der gleichen Nothwendigkeit** nach dem Ziele und den Mitteln. Sie können infolge dessen nicht etwas begehren oder nicht begehren. Der Wille hingegen strebt zwar mit **Nothwendigkeit nach dem Endziele**, indem er dasselbe nicht nicht begehren kann; allein das Mittel verlangt er keineswegs mit Nothwendigkeit. In Betreff der Mittel steht es demnach vollkommen in seiner Macht, dieses oder jenes anzustreben.

b) Der Wille ist ferner nicht bestimmt hinsichtlich des Actes. Er kann selbst dann, wenn ihm ein **bestimmtes Object** vorgestellt wird, nach Belieben in Thätigkeit übergehen oder unthätig bleiben. Er kann **jedes** Object *(respectu cujuslibet)* actuell begehren oder auch keinen Act ausüben. Bei den Naturdingen trifft dieses nicht zu. Das Schwere strebt stets in der Wirklichkeit *(actu)* nach dem Centrum, ausgenommen es werde darin durch irgend etwas aufgehalten. Die unbeseelten Wesen werden eben nicht durch sich selber, sondern durch ein anderes bewegt. Die lebenden Wesen hingegen bewegen sich selber. Darum kann der Wille begehren oder nicht begehren.

c) Drittens ist der Wille nicht bestimmt bezüglich der Hinordnung zum Endziele, indem er nach dem streben kann, was in Wahrheit, oder was nur scheinbar dem eigentlichen Ziele dienlich ist. Diese Nichtbestimmung hängt von zwei Umständen ab. Erstens davon, dass der Wille nicht bestimmt ist, in Betreff der Mittel. Zweitens davon, dass die Vernunft nicht bestimmt ist mit Bezug auf die Erkenntnis, die folglich eine richtige oder irrige sein kann. Unter Voraussetzung eines richtigen Principes ergibt sich niemals eine unrichtige Schlussfolgerung, außer dadurch, dass die Vernunft einen Fehler begeht, etwas unrichtig unterstellt, oder die Schluss-folgerung unrichtig auf das Princip bezieht. Gerade so verhält es sich mit dem Willen. Denn ist das Streben nach dem Endziele ein geordnetes, so könnte niemand etwas in verkehrter Weise begehen, würde nicht die Vernunft etwas auf das Ziel beziehen, was sich auf dasselbe einfach nicht beziehen lässt. Wer z. B. in geordneter Weise nach der Glückseligkeit strebt, der kann niemals verleitet werden, einen Diebstahl zu begehen. Geschieht es dennoch, so erachtet er ihn als ein Gut. Der Diebstahl ist für ihn ein angenehmes Gut, und er kann als ein schwaches Abbild der Glückseligkeit, auf dieselbe bezogen werden. Daraus folgt die Nichtbestimmung des Willens, zufolge welcher er das wirkliche Gut, oder das nur scheinbare, das Böse, begehren kann.

Der Wille wird frei genannt, insofern er keine Nothwendigkeit kennt. Die Freiheit des Willens besteht demnach in drei Dingen. Erstens in der Freiheit des Actes, indem er wollen und nicht wollen kann. Zweitens in der Freiheit des Objectes, indem er dieses oder jenes, oder das Gegentheil desselben wollen kann. Drittens in der Freiheit der Beziehung zum Endziele, indem er das Gute oder das Böse begehren kann. Die Freiheit der ersten Art besitzt der Wille **in jedem** Zustande der Natur, also in diesem Leben, und mit Bezug auf **jedes** Object. Die der zweiten hat er nur in Betreff einiger, der Mittel nämlich, nicht des Endzieles selber, und dies ebenfalls in jedem Zustande der Natur. Die dritte Art bezieht sich auf einige Objecte, auf die Mittel, sie findet sich aber nicht in jedem Zustande der Natur, sondern bloß in jenem, in welchem die Natur fehlen kann. Denn wo die Erkenntnis und Vergleichung ohne Fehler ist, wie in den Seligen des Himmels, da kann der Wille nicht das Böse begehren und anstreben (de veritate q. 22. a. 6.).

Wir müssen diese drei Objecte, betreffs welcher der Wille der vernünftigen Geschöpfe frei ist, selbst auf die Gefahr hin zu wiederholen, genauer examinieren, weil die Doctrin des Calvin und Jansenius der Lehre des heil. Thomas diametral entgegengesetzt ist.

43. Der Gegenstand des Willens kommt in zweifacher Weise in Betracht: formell und materiell. Die formelle Seite eines Objectes bildet den Grund, durch welchen es auf ein Vermögen, auf eine Potenz einwirkt. Nach der Lehre des heil. Thomas sind die Vermögen, Verstand und Wille der Geschöpfe hinsichtlich ihrer Objecte passiv. Der Gegenstand bildet darum für die Potenz das Princip der Bewegung, Bestimmung, die Potenzen sind das Bewegte, Bestimmte (1. p. q. 80. a. 2.). Wenngleich nun der Gegenstand das bewegende Princip, *principium quod*, bildet, so ist er doch nicht jedesmal auch zugleich das Princip *quo* oder wodurch dieser Einfluss auf die Potenz ausgeübt wird. Der sichtbare Gegenstand wirkt als *principium quod* auf das Sehorgan, hingegen ist die beleuchtete Farbe das *principium quo*, oder dasjenige, wodurch diese Einwirkung erfolgt. Der Wille wird vom Gegenstande, **welcher gut ist**, bewegt. Diese Bewegung aber wird ausgeführt **durch die Güte**, welche das Object in sich hat. Der Gegenstand, welcher bewegend auf den Willen Einfluss nimmt, heißt auch materielles, und dasjenige, wodurch diese Einflussnahme vonstatten geht, formelles Object, oder formeller Grund. Der englische Lehrer nennt letzteres immer die *ratio volendi*, ersteres: *id in quo ratio ista invenitur* (1:2. q. 1. a. 7.).

In der vorhin citierten Stelle bemerkt nun S. Thomas, die Freiheit des Willens erstrecke sich auf alle Objecte mit Ausnahme des Endzieles, der Glückseligkeit im allgemeinen, nach welcher der Wille nicht frei, sondern mit Nothwendigkeit strebe. Um zu sehen, inwiefern der Wille die Glückseligkeit im allgemeinen mit Nothwendigkeit begehrt, muss sie in der oben angegebenen zweifachen Weise unterschieden werden. Das Endziel ist dem englischen Lehrer dasjenige Gut, welches vermöge seiner Vollkommenheit das Verlangen des Willens ganz und gar stillt. Weil jedes Wesen seine eigene Vollkommenheit begehrt, deshalb strebt es nach jenem Gut als dem Endziele, welches, in sich vollkommen, auch das strebende Subject zu vollenden instande ist.

Das Endziel muss darum derart das Verlangen des Willens befriedigen, dass demselben nichts mehr übrig bleibt, was er noch wünschen könnte (1. 2. q. 1. a. 5.). Wird ihm dieses allseitige Gut in der Wirklichkeit von der Vernunft vorgestellt, so kann er nicht es nicht begehren, d. h. er kann nicht das Gegentheil von diesem Gut anstreben. Und insofern begehrt der Wille das Endziel, die Glückseligkeit im allgemeinen mit Nothwendigkeit. Hierüber wurde früher, bei der Behandlung des Willens als Natur, das Nähere nachgewiesen (cfr. 1. 2. q. 10. a. 1.).

Gibt es nun für die geschaffene vernünftige Strebekraft einen Gegenstand, ein Object, *objectum quod*, welches als ein allseitig und in jeder Beziehung vollkommenes Gut von der Vernunft ihr vorgestellt wird? Nein, es existiert kein solches. Der Gegenstand, das *objectum quod*, ist für den geschaffenen Willen, solange er nicht die Anschauung Gottes genießt, niemals ein vollkommenes Gut. In diesem Leben ist selbst Gott, das vollkommenste Gut, von uns nicht in einem solchen Grade erkannt, dass wir ihn nothwendig begehren, nicht das Gegentheil von ihm anstreben könnten (1. p. q. 82. a. 1.). Ganz dasselbe muss von der Glückseligkeit im allgemeinen gesagt werden. Die Ansicht des englischen Meisters lässt einen Zweifel hierüber nicht aufkommen. Derselbe schreibt: „Wenn wir die Bewegung des Willens von seiten des Objectes, welches den Act des Willens dieses oder jenes zu wollen specificirt, ins Auge fassen, so muss vor allem beachtet werden, dass das erkannte, dem Willen zusagende *(conveniens)* Object den Willen bewegt. Würde darum dem Willen ein Gut vorgestellt, welches bloß als ein Gut, nicht auch als convenient erkannt ist, es wäre nicht geeignet, den Willen zu bewegen. Der Rath und die Auswahl beziehen sich nun auf etwas Particuläres, mit welchem sich die Thätigkeit des Willens befasst. Das was als gut und zuträglich erkannt wird, muss folglich als ein Gut und etwas Zuträgliches im einzelnen, nicht bloß im allgemeinen aufgefasst werden. Erscheint ein Gegenstand als ein convenientes Gut mit Bezug auf alles Particuläre, was dabei in Betracht kommen kann, so wird er den Willen mit Nothwendigkeit bewegen. Aus diesem Grunde begehrt der Wille mit Nothwendigkeit die Glückseligkeit, denn diese bildet nach Boëthius einen Zustand, der durch die Fülle aller Güter vollkommen ist. Diese Nothwendigkeit bezieht sich indessen nur auf die Bestimmung des Actes, insofern der Wille nicht das Gegentheil von diesem vollendeten Gute begehren kann (de malo q. 6. a. unic.). Wo existiert aber dieses allseitig vollkommene Gut für den Menschen in diesem Leben? Nirgends als in seiner Vorstellung. Und wenn er selbst alle Güter des Himmels und der Erde zusammenfasst, wie er sie jetzt erkennt, wie sie seinem Geiste vorschweben, sie bilden trotzdem nicht in der Wirklichkeit jenen Gegenstand, der ihn wahrhaft und für immer glücklich macht. Das *Objectum quod* oder dasjenige, worin die Glückseligkeit **objectiv** liegt, ist Gott, in seiner Wesenheit geschaut, und eben diese Wesenheit erkennen wir hier auf Erden nicht, wie sie in sich ist. Wir wissen es nicht, obgleich wir es glauben, dass Gottes Wesenheit das **allseitige**, allein glücklich machende Gut für uns Menschen bildet. Wir erkennen und wissen zwar, dass Gott das höchste und vollkommenste Gut ist. Allein das reicht, wie S. Thomas bemerkt, nicht hin, um den Willen zu bewegen. Soll ein Object den Willen bewegen, die Thätigkeit desselben bestimmen, specificieren, so muss es nicht bloß als ein Gut überhaupt, sondern als ein **Gut für den Willen**, als etwas Convenientes erkannt werden. Ob Gottes Wesenheit **für uns** ein zuträgliches Gut ist, das **wissen** wir nicht in jenem Grade, dass wir **dieses Gut müssten** begehren mit natürlicher Nothwendigkeit. Der Glaube bietet nicht eine solche Gewissheit, dass der Wille infolge dessen mit **Nothwendigkeit** Gottes Wesenheit begehrt. Diese Sicherheit gewährt aber die Anschauung Gottes im andern Leben. Jetzt, hier auf Erden, ist demnach Gottes Wesenheit nicht der Gegenstand, der unsern Willen **mit Nothwendigkeit** bestimmt, der Mensch kann das Gegentheil wollen. Die verworfenen Engel haben es thatsächlich gethan, ein Beweis, dass sie **frei waren**.

Alles Geschaffene ist nach dem englischen Meister theilweise ein Gut, theilweise nicht ein Gut. Es ist beschränkt und darum nicht allseitig vollkommen, sondern zugleich mit einer Unvollkommenheit behaftet. Aus diesem Grunde begehrt der Wille nichts von all dem, was existiert, mit **Nothwendigkeit**. Die Vernunft kann jedes geschaffene Gut dem Willen von jener Seite aus darstellen, von welcher aus es ein Gut ist. Sie kann es aber auch von jener Seite aus thun, welche Unvollkommenheiten aufweist. Dem Willen steht es infolge dessen frei, dieses Gut zu begehren oder abzuweisen. Nothwendig strebt er nur nach jenem Gut, welches gar keine Unvollkommenheit in sich schließt, von welcher Seite aus es immer betrachtet werden möge (1. 2. q. 10. a. 2.).

Fragen wir demnach, ob irgend ein Gegenstand *(res)*, welcher Wirklichkeit hat, ein Object, welches existiert, den Willen, wenn er thätig ist, objectiv mit **Nothwendigkeit** bestimme und bewege, so müssen wir diese Frage verneinen. Allerdings können wir dies nur mit dem Beifügen thun, solange wir nicht Gottes Wesenheit **in sich** schauen. Die Glückseligkeit im allgemeinen, von welcher S. Thomas lehrt, sie bewege und bestimme den Willen mit Nothwendigkeit, ist nicht etwas in der Wirklichkeit, sie existiert nicht als *objectum quod*, sondern mehr als *objectum quo* und als objective *ratio volendi*. Für dieses Leben existiert sie als Gegenstand nur in unserem Denken, wie S. Thomas bemerkt. *Finis ultimus est in intentione*, und insofern bewegt sie den Willen mit Nothwendigkeit. Der Wille strebt bei all seiner Thätigkeit nach dem Glücke, er kann niemals unglücklich zu sein begehren. Dies thut indessen seiner Freiheit keinen Eintrag. Gott selbst kann nicht unglücklich sein wollen, strebt mit Nothwendigkeit nach dem Glücke. Er strebt aber auch nothwendig nach dem Gut als solchem. Er kann sowenig wie der Mensch das Böse als solches wollen. Nichtsdestoweniger bleibt er im Vollbesitze der Freiheit. Der Unterschied, welcher diesbezüglich zwischen Gott und uns hier auf Erden gemacht werden muss, besteht darin, dass Gottes Wesenheit für ihn das *objectum quo* und *quod* zugleich bildet, während wir kein bestimmtes, existierendes *objectum quod* unserer Glückseligkeit haben. Darum sucht es auch der eine da, der andere dort. Darum entscheidet sich der eine direct für Gott, weil ihm die aus dem Glauben geschöpfte Erkenntnis genügt, der andere aber folgt der Neigung seiner Leidenschaften und wendet sich ein für allemal von Gott, dem einzigen Gegenstande seines wahren Glückes, ab. Wir sind folglich in diesem Leben auch hinsichtlich des *objectum quod* frei. Anders verhält sich die Sache im Jenseits, wo wir, gleichwie Gott selbst, die Wesenheit Gottes mit Nothwendigkeit begehren werden. Vom Hauptobjecte sind wir dann bestimmt, dieses können wir nicht nicht wollen, nach dem Gegentheile desselben können wir nicht streben.

Es ergibt sich somit, dass die Freiheit der Geschöpfe mit Bezug auf die Objecte sehr unbeschränkt, ja dass sie als Freiheit überhaupt objectiv nicht begrenzt ist. Unglücklich sein wollen ist keine Vollkommenheit, das Böse als solches begehren ebensowenig. Denn in beiden Fällen hätte die Creatur keine Ähnlichkeit mit Gott, und was Gott nicht ähnlich, das ist unvollkommen. Wenn es also nach der Lehre des heil. Thomas jedem Wesen eigen ist, seine Vollkommenheit als Endziel zu begehren, und wenn das, was den Willen unglücklich macht, das, was für ihn etwas Böses ist, unmöglich eine Vollkommenheit für ihn sein kann, so liegt es klar zu Tage, dass in der Bestimmung, Beschränkung des Willens auf das Gut und die Glückseligkeit im allgemeinen eine Beeinträchtigung der Freiheit nicht gefunden werden kann. Im Gegentheil muss dies vielmehr als Fundament und Grundlage der Freiheit betrachtet werden, weil jedes Bewegliche auf ein Unbewegliches, jedes Unbestimmte, nicht Determinierte auf ein Bestimmtes, als sein Princip zurückzuführen ist (1. p. q. 82. a. 1. — de veritate q. 22. a. 5.).

Übrigens haben wir früher gehört, dass die Bestimmung des Willens durch das Object nicht formell zum Wesen der Freiheit gehört. Gäbe es selbst nur ein einziges Object, welches den

Willen mit Nothwendigkeit bestimmt, er wäre in Betreff
seiner Thätigkeit, dieses Object zu begehren oder zu verschmähen, dennoch frei, und man müsste von ihm einfachhin sagen,
dass er frei ist. Denn solange die Freiheit formell besteht,
die Freiheit thätig oder unthätig zu sein vorhanden ist, muss
absolut anerkannt werden, dass der Wille frei ist. Wir tragen
darum gar kein Bedenken, die Ansicht auszusprechen, der Mensch,
überhaupt das vernünftige Geschöpf, sei auch mit Bezug auf das
Gut und die Glückseligkeit im allgemeinen formell frei zu nennen.
Obgleich der Wille nach diesem Gut, wenn er dasselbe begehrt,
mit Nothwendigkeit strebt, so kann man doch nicht schlechthin
behaupten, er sei diesbezüglich unfrei. Er bleibt frei hinsichtlich
seiner Thätigkeit, in Betreff des Actes, welchen er vollziehen oder
auch nicht vollziehen kann.

44. Damit kommen wir zu der zweiten, vom englischen Lehrer
angeführten Art der Freiheit: nämlich mit Rücksicht auf die Thätigkeit oder Unthätigkeit des Willens.

S. Thomas bemerkt an obiger Stelle, der Wille sei nicht bestimmt, sondern frei in seiner Thätigkeit in Betreff jedes Objectes.
Selbst wenn ihm ein bestimmtes Object vorgestellt wird, könne
er in Thätigkeit übergehen, oder in der Unthätigkeit verharren.
Dabei macht der englische Meister einen Unterschied zwischen
der objectiven Freiheit, die wir soeben näher besprochen haben,
und der subjectiven, die in der Indifferenz thätig oder nicht thätig
zu sein besteht. Die erstere Freiheit ist enger, indem der Wille
das Gut und die Glückseligkeit im allgemeinen nicht frei, sondern mit Nothwendigkeit begehrt. Sie erstreckt sich demnach nicht auf alles. Von der Freiheit im letztern Sinne, der
subjectiven dagegen sagt der Doctor Angelicus, sie sei vorhanden
mit Bezug auf jedes Object.

Die Hauptschwierigkeit ist nun die: ob der Wille hinsichtlich
des Guten und der Glückseligkeit im allgemeinen nach der Lehre
des heil. Thomas subjectiv frei sei, oder ob er diese zwei Objecte
mit Nothwendigkeit begehre? Wir glauben diese schwierige Frage
im Sinne des heil. Thomas dadurch zu lösen, dass wir die betreffenden Stellen genauer examinieren und zum Schlusse das
Resultat herausbringen: Der Wille begehrt an und für
sich das Gut und die Glückseligkeit im allgemeinen
subjectiv nicht mit Nothwendigkeit, d. h. er kann
hinsichtlich dieser Objecte in Thätigkeit übergehen
oder unthätig bleiben.

Nothwendig nennt der englische Meister dasjenige, was
unveränderlich zu einem bestimmt ist. Wäre der Wille
nun an und für sich mit Bezug auf die genannten Objecte subjectiv unfrei, so müsste er dieselben unveränderlich begehren. Er müsste hinsichtlich dieser Objecte beständig in

Thätigkeit sein, sie ununterbrochen actuell wollen. Die Nothwendigkeit in Betreff des Actes *(quoad exercitium actus)* besteht ja gemäß der Begriffsbestimmung des: „Nothwendigen" darin, dass der Wille unveränderlich zu einem bestimmt ist. Die Nothwendigkeit schließt folglich das andere, das Gegentheil aus. Das Gegentheil von Thätigkeit ist Unthätigkeit oder Nichtthätigsein. Begehrt nun der Wille das Gut und die Glückseligkeit im allgemeinen subjectiv nothwendig, d. h. unfrei, so ist er unveränderlich zu dieser Thätigkeit bestimmt. Dieses aber bestreitet der heil. Thomas an mehr als einer Stelle. Schon die Worte an der oben angeführten Stelle, der Wille sei subjectiv *(quoad exercitium)* frei mit Bezug auf jedes Object, deuten darauf hin, dass die Willensthätigkeit unter allen Umständen eine freie ist. Der vom heil. Thomas ausgesprochene Grundsatz lautet allgemein: *respectu cujuslibet objecti.* Überdies müsste der Unterschied zwischen der ersten und zweiten Art, der subjectiven und objectiven Freiheit wegfallen. In Betreff der objectiven nimmt S. Thomas einen Gegenstand, die Glückseligkeit im allgemeinen aus, indem er lehrt, der Wille begehre diese nothwendig. Bezieht sich diese Nothwendigkeit nicht bloß auf das genannte Object, sondern auch auf die Thätigkeit, auf den Willensact, dann ist es ganz und gar unrichtig zu sagen, die Willensthätigkeit sei mit Bezug auf jedes Object eine freie. Der Widerspruch im heil. Thomas liegt dann auf der Hand. Hinsichtlich der subjectiven Freiheit lehrt er, sie erstrecke sich auf alle Objecte; bezüglich der objectiven macht er eine Ausnahme, und doch soll diese Ausnahme auch für die subjective Geltung haben. Wir haben somit die Wahl zwischen einem offenen Widerspruche des englischen Meisters mit sich selbst, oder seiner Lehre, der Wille begehre subjectiv das Gut und die Glückseligkeit im allgemeinen nicht auf natürliche und nothwendige, d. h. unfreie Weise, sondern er behalte auch diesbezüglich seine Freiheit bei.

Wir haben früher die Worte: „an und für sich" gebraucht, um damit auszudrücken, was dem Willen seiner Natur nach zukommt, solange er sich nicht in der Anschauung Gottes befindet. Diese letztere besitzt er aus Gnade, nicht durch seine Natur.

Den zweiten Beweis gegen die Nothwendigkeit des Willensactes mit Bezug auf die Glückseligkeit im allgemeinen entnehmen wir, wie schon gesagt, der Begriffsbestimmung des „Nothwendigen", das als solches unveränderlich zu einem bestimmt ist, und eben dadurch sein Gegentheil ausschließt. Diesem Principe entsprechend müsste der Wille, wenn er das genannte Object nothwendig begehrt, dasselbe immer actuell anstreben, hinsichtlich desselben immer oder unveränderlich in Thätigkeit sein. Dem widersprechen mehrere Äußerungen des englischen Meisters. So macht er sich z. B. an einer Stelle folgenden Einwurf: „Was einem Dinge *per se* innewohnt, das ist **nothwendig in diesem Dinge**. Etwas wollen kommt dem Willen *per se* zu: folglich begehrt er etwas mit **Nothwendigkeit**. Der Beweis dafür ist leicht zu führen. Das höchste Gut ist ein *per se* gewolltes Gut. Wann immer daher der Wille dasselbe actuell begehrt, will er es *per se*. Nun will er es immer, denn er begehrt es auf natürliche Weise: folglich strebt er immer *per se* nach dem höchsten Gute." Die Antwort darauf lautet: „Das erste Gut ist etwas *per se* Gewolltes, und der Wille strebt *per se* und auf natürliche Weise nach demselben. Allein es ist nicht richtig, dass er dieses Gut immer in der Wirklichkeit, actuell begehrt. So manches kommt der Seele auf naturgemäße Art zu. Daraus folgt aber nicht, dass alles das, was ihr auf diese Weise zukommt, **immer actuell** in der Seele sei. Die ersten Principien werden naturgemäß erkannt, und trotzdem beschäftigt sich der Verstand nicht immer **actuell** mit denselben (de veritate q. 22. a. 5 ad 11.). In dieser Stelle wird die **objective Nothwendigkeit** des Willens offenbar von der **subjectiven Freiheit** desselben unterschieden, und ausdrücklich betont, dass aus der Nothwendigkeit der einen **nicht die Nothwendigkeit** der andern folge. Der Wille bleibt subjectiv auch dann frei, wenn er objectiv etwas mit Nothwendigkeit begehrt.

45. Sollte vielleicht der heil. Thomas irgendwo anders die Lehre vortragen, dass der Wille von Gott subjectiv auf natürliche und nothwendige, d. h. unfreie Art bewegt werde? Wir haben keine Stelle dieses Inhaltes gefunden. In einem seiner Werke hat der englische Lehrer ausführlich unsere Frage behandelt. Es heißt daselbst: „Um zu beweisen, dass der Wille nicht mit Nothwendigkeit bewegt werde, muss die Bewegung des Willens in Bezug auf den Willensact und im Hinblicke auf die Bestimmung dieses Actes durch das Object ins Auge gefasst werden. In ersterer Hinsicht ist zunächst klar, dass der Wille durch sich selber bewegt wird. Wie er die andern Potenzen bewegt, so bewegt er auch sich selber. Daraus folgt indessen nicht, dass er dann Beweger und Bewegtes zugleich und unter dem nämlichen Gesichtspunkte sei, dass er damit zugleich in der Potenz und im Acte sich befinde. Gleich wie der Verstand in Betreff der Erkenntnis sich selber bewegt, indem er von einem in der Wirklichkeit erkannten Gegenstande zu einem unbekannten fortschreitet, der nur der Möglichkeit nach oder in der Potenz erkannt war, ebenso bewegt sich der Mensch dadurch, dass er etwas actuell will, dazu auch etwas anderes in der Wirklichkeit zu wollen. Jemand will z. B. die Gesundheit. Dadurch bestimmt er sich dann Medicin zu nehmen. Indem er die Gesundheit begehrt, fängt er an darüber nachzudenken, was alles zur Gesundheit beiträgt. Infolge dieser Berathung mit sich selber will er endlich Medicin

anwenden. Es ergibt sich hiemit eine bestimmte Reihenfolge. Dem Willensacte Medicin zu nehmen, geht der Rath voraus, und dieser Rath erfolgt auf Grund des Willensactes, womit er einen Rath begehrt. Der Wille bewegt sich somit durch den Rath, der Rath aber schließt eine Untersuchung in sich über verschiedene und entgegengesetzte Mittel. Er sagt nicht apodiktisch oder demonstrativ, dieses sei zu wählen. Darum bewegt sich der Wille auch nicht mit Nothwendigkeit. Weil jedoch der Wille nicht immer einen Rath begehrt, deshalb muss er von irgend einem andern dazu bestimmt werden, dass er einen Rath wünsche. Würde diese Bestimmung von ihm selber ausgehen, so müsste dem Gesagten zufolge dieser Bewegung des Willens ein Rath vorangehen, und diesem Rathe ein Act des Willens, wodurch wir ins Unendliche kämen. Um das zu vermeiden, muss angenommen werden, dass der Wille mit Bezug auf seine erste Bewegung, wenn er etwas nicht immer actuell will, von einem äußern Principe bewegt werde, auf dessen Anstoß hin der Wille zu wollen beginnt. Diesen Anstoß von außen schreiben nun manche einem Himmelskörper zu. Diese Anschauung ist jedoch falsch. Es bleibt daher nichts anderes übrig, als zu sagen, wie es auch Aristoteles in der That behauptet, jenes Princip, welches den Willen und Verstand zuerst bewegt, sei etwas über dem Verstande und Willen, nämlich Gott. Gott aber bewegt alles entsprechend der Natur des Beweglichen, das Leichte nach oben, das Schwere nach unten. Er bewegt folglich auch den Willen nach dessen Verhältnissen, so zwar, dass derselbe nicht mit Nothwendigkeit bewegt wird, sondern dabei vielen gegenüber sich indifferent verhält. Aus dieser Darlegung folgt, dass die Bewegung des Willens bezüglich des Actes, der Willensthätigkeit eine durchaus freie, keineswegs aber eine nothwendige ist" (de malo q. 6. a. 1.).

Wie wir sehen, lautet auch hier der Grundsatz des englischen Meisters allgemein: die Willensthätigkeit, der Willensact erfolgt frei, nicht nothwendig, obgleich die erste, oberste Ursache davon Gott ist. Die Natur und Beschaffenheit des Willens erfordern, dass er zu seinen Thätigkeiten frei bewegt werde. Daher schließt S. Thomas den soeben citierten Artikel mit den Worten: „Mit Bezug auf manches wird der Wille von seiten des Objectes mit Nothwendigkeit bewegt, jedoch nicht mit Bezug auf alles. Von seiten der Vollziehung des Actes dagegen wird er nicht mit Nothwendigkeit bewegt." Der Doctor Angelicus weiß also diesbezüglich von einer Ausnahme nichts. Die Freiheit des Willens hinsichtlich seiner Thätigkeit erstreckt sich auch auf die Glückseligkeit im allgemeinen.

In diesem Artikel führt S. Thomas auch den tiefern Grund an für die von ihm vorgetragene und vertheidigte Lehre. Er findet diesen Grund darin, dass die Thätigkeiten des Verstandes und

Willens etwas Particuläres sind. Hinsichtlich des Particulären aber ist und bleibt der Wille frei. Denn das Particuläre bildet nicht ein allseitig vollkommenes Gut, es ist vielmehr gerade wegen seiner particulären Beschaffenheit theilweise ein Gut, theilweise nicht ein Gut. Der Wille kann demnach dieses Gut begehren oder nicht begehren. Nicht allein die äußern Gegenstände, sondern auch die Willensthätigkeit selber gehört zu dem Objecte des Willens. Weil er über sich selbst zu reflectieren vermag, deshalb kann er sich seine eigene Thätigkeit als Object oder Ziel seines Strebens vorstellen (1. 2. q. 1. a. 1. ad 2.). Diese Thätigkeit aber ist etwas Particuläres. Eine Bewegung, einen Willensact **allgemeiner Natur** gibt es weder, noch kann es einen solchen geben, obgleich in neuester Zeit das Gegentheil behauptet, und zum Überflusse noch beigefügt wird, jedermann wisse, dass die Bewegung des Willens zum Guten und zu der Glückseligkeit im allgemeinen **allgemeiner Natur** sei. Zu diesem „jedermann" darf S. Thomas jedenfalls nicht gerechnet werden; denn er weiß thatsächlich nichts von einer subjectiven Bewegung des Willens, die **allgemeiner Natur** sein soll. Wie man sich eine Willensthätigkeit **allgemeiner Natur** etwa zu denken habe, ist recht schwer zu begreifen. Nach S. Thomas sind die Acte des Verstandes und Willens etwas Particuläres, darum keineswegs **allgemeiner Natur**. Aus diesem Grunde bewahrt der Wille ihnen gegenüber seine Freiheit. Wenngleich Gott den Willen zu einer Thätigkeit bewegt, so kann er doch nicht bewirken, dass diese Thätigkeit **allgemeiner Natur** sei, weil dieses der Beschaffenheit des Willens und der Thätigkeit desselben widerspricht. Wie die **Thätigkeit** des Willens ein particuläres Gut, so ist auch die Unthätigkeit desselben ein solches. Der Verstand vermag nicht bloß ein wahres, sondern auch ein scheinbares Gut zu erfassen. Vielfach ist die Unthätigkeit des Willens ein wahres Gut. Der Wille kann somit zwischen der Thätigkeit oder dem Nichtthätigsein wählen und ist infolge dessen frei. Die Freiheit besteht *per se* und formell in der Thätigkeit oder Unthätigkeit des Willens. Wo immer daher der englische Lehrer von der Nothwendigkeit spricht, da meint er stets die objective. Darum setzt er jedesmal die Bedingung bei: **wenn der Wille etwas begehrt**. Man vergleiche z. B.: 1. 2. q. 10. a. 2.

Die Acte des Verstandes und Willens bleiben auch im andern Leben etwas Particuläres, und insofern bleibt der Wille frei. Allein er strebt aus einem andern Grunde mit einer gewissen Nothwendigkeit nach der Wesenheit Gottes. Zunächst wird die Wesenheit Gottes als gut und convenient nicht nur im allgemeinen, sondern im **particulären** erkannt. Gott ist etwas ganz und gar Singuläres. Die Glückseligkeit, nach welcher wir jetzt hier auf Erden verlangen, ist etwas Allgemeines. Ferner steht die Willensthätigkeit im andern Leben in einem **nothwendigen**

Zusammenhange mit der Glückseligkeit, und zwar derart, dass die Unthätigkeit nicht mehr als ein Gut erscheint. Der Verstand kann diese Unthätigkeit auch nicht als ein scheinbares Gut darstellen, sondern nur als nicht ein Gut in jeder Beziehung. Da nun das Object des Willens das Gut ist, so kann er unmöglich nach etwas streben, was nicht ein Gut ist. Hier auf Erden weist die **Willensthätigkeit** keinen **nothwendigen** Zusammenhang auf mit der Glückseligkeit im allgemeinen. Manche suchen ja ihr Glück in der Unthätigkeit. Die modernen Selbstmörder vermeinen dadurch ihr Glück zu erreichen, dass sie angeblich in das Nichts zurücksinken, wo sie weder etwas zu denken, noch zu wollen brauchen. Es ist also klar, dass auch die **Unthätigkeit** des Willens mit der Glückseligkeit im allgemeinen, scheinbar wenigstens, einen Zusammenhang hat. Aus diesem Grunde kann der Wille sie wählen. Er muss sie aber so wenig wählen, wie er die Thätigkeit wählt. Mit Bezug auf beide ist er frei.

Darum bemerkt der heil. Thomas, der Mensch könne an ein jedes Object nicht denken (1. 2. q. 10. a, 2.), und es liege in seiner Macht, in dem Augenblicke, wo die Glückseligkeit ihm vorgestellt wird, darüber nicht nachdenken zu wollen *(potest aliquis non velle tunc cogitare de beatitudine)* (de malo q. 6. a. unic.). Bezüglich der Thätigkeit, eines Actes ist der Wille hier auf Erden absoluter Freiherr, er kann auch das Gegentheil wählen. Wenn er von Gott bewegt, zu einer Thätigkeit bestimmt wird, so kann dies nur geschehen in Übereinstimmung mit der Natur und Beschaffenheit des Willens. Was gegen die Natur desselben verstößt, das ist Zwang, Gewalt. Gewalt oder Zwang, von Gott ausgeübt, widerspricht sich selber, ist eine *contradictio in adjecto*. Denn vermöge der *potentia obedientialis* neigt jedes Geschöpf zu dem, was Gott mit ihm thun will. Was aber der Neigung des Geschöpfes entsprechend geschieht, das vollzieht sich eben gemäß der Natur und Beschaffenheit der Creatur. Und diese Beschaffenheit des Willens verlangt, dass derselbe mit Bezug auf seine Thätigkeit, seinen Act **frei** bewegt werde, nämlich unter Beibehaltung der Potenz für das Gegentheil von diesem Acte, wenngleich manchmal die Potenz für das Gegentheil vom Objecte, welches er begehrt, dabei verloren geht. Dies trifft einzig und allein nur dann zu, wenn das Gut und die Glückseligkeit im allgemeinen das **Object** bilden. In Betreff **dieses Objectes** besitzt der Wille keine Potenz zum Gegentheile. Da indessen das Object, das *principium radicale*, nur Ursache, nicht **formell** constitutives Princip der Freiheit ist, so muss der Wille schlechthin und formell frei genannt werden, solange er die Macht thätig oder unthätig zu sein besitzt, was hier auf Erden nach dem Gesagten unbedingt der Fall ist.

Der Freiheit des Willens schadet folglich nur der Zwang, die Gewalt, weil diese beiden auf die Thätigkeit oder Unthätigkeit des Willens einwirken. Die Creatur kennt jedoch Gott gegenüber weder Zwang noch Gewalt. Wozu er sie bewegt, dazu neigt sie sich im vollsten Gehorsam, mit bereitwilligster Zustimmung, die eine mit natürlicher und nothwendiger, die andere mit freier Zuneigung, wie es ihrem Wesen, ihrer Natur entspricht. Die natürliche und nothwendige geht nie in eine freie, die freie nie in eine nothwendige und natürliche d. h. unfreie Neigung über. Dies verbietet die Natur der einen wie der andern. Aber auch Gott bewegt jedes Wesen der Natur desselben entsprechend.

46. Die dritte Art der Freiheit, die S. Thomas früher aufgezählt hat, die Freiheit Gutes oder Böses zu wählen, führt uns zu der Frage: ob die Fähigkeit oder Macht, Böses zu begehren, in Wirklichkeit zu der Freiheit des Willens gehöre? Die objective Indifferenz gehört causaliter, die subjective formaliter zur Freiheit. Bildet die Indifferenz für das Gut oder Böse ebenfalls einen Theil der Freiheit? Der englische Meister verneint diese Frage. Die Freiheit verhält sich mit Bezug auf die Auswahl der Mittel, wie der Verstand zu den Schlussfolgerungen. Zum Wesen der Verstandeskraft aber gehört, dass sie, gemäß den gegebenen Principien, verschiedene Schlussfolgerungen ziehe. Wenn sie nun einen Schluss zieht und dabei die Ordnung der Principien nicht berücksichtigt, so beweist sie dadurch ihre Fehlerhaftigkeit, nicht aber ihre Macht und Vollkommenheit. Ganz dasselbe gilt auch vom Willen. Es zeigt von der Vollkommenheit des Willens, wenn er mit Einhaltung der Ordnung zum Endziele verschiedene Mittel auswählen kann. Wählt er indessen etwas, indem er von der Ordnung zum Ziele abweicht, mit andern Worten, sündigt er, so erklärt er damit, dass seine Freiheit fehlerhaft ist (1. p. q. 62. a. 8 ad 3.). Nicht sündigen können mindert demnach die Freiheit des Willens nicht (2. 2. q. 88. a. 4. ad 1.), denn wie Anselm und Boëtius bemerken, gehört dieses nicht zur Freiheit des Willens, es ist mehr eine Beigabe und Eigenschaft des fehlerhaften Willens insofern er aus dem Nichts stammt (1. dist. 42. q. 2. a. 1. ad 3. — 2. dist. 7. q. 1. a. 1. ad 3.). Der Grund, warum das Böse wollen nicht zum Wesen der Freiheit gehört, ist sehr klar. Das Böse ist nicht Gegenstand, bildet nicht ein Object für den Willen. Der Wille ist *per se* und seiner Natur nach für das Gut bestimmt, wie jede andere Potenz zu ihrem Objecte. Darum strebt der Wille nach dem Bösen nur infolge eines Fehlers, indem die Vernunft das Böse als ein Gut auffasst und dem Willen vorhält. Es kann somit in einem Wesen die vollkommenste Freiheit sein, obgleich es die genannte Fehlerhaftigkeit nicht in sich hat, und deshalb nicht das Böse begehren kann (2. dist. 25. q. 1. a. 1. ad 2.). Das Wesen der Freiheit besteht, wie wir gesehen, darin, dass der Wille dem Contradictorischen gegenüber sich indifferent verhält (ib. dist. 44. q. 1. a. 1. ad 1.). Es kann daher der Wille von Natur aus,

wie in Gott, oder durch die Gnade und Glorie, wie in den Seligen des Himmels, einen solchen Grad der Vollkommenheit besitzen, dass er nur mehr auf das Gut gerichtet ist, zu dem er auf natürliche Weise hingeordnet wurde. Allerdings ist der Wille der Geschöpfe indifferent für das Gut und Böse, allein er ist nicht um des Bösen willen, sondern des Guts wegen den Creaturen gegeben worden (3. dist. 18. q. 1. a. 2. ad 5.).

Daraus folgt mit Nothwendigkeit, dass Böses wollen zwar ein Zeichen der Freiheit, nicht aber die Freiheit selbst oder ein Theil derselben ist (de veritate q. 22. a. 6.). Die Fähigkeit, Böses zu begehren, folgt der Freiheit des geschöpflichen Willens, solange derselbe nicht die Anschauung Gottes besitzt (ib. q. 24. a. 3. ad 2.). Als Grund, warum der geschöpfliche Wille fehlen, das Böse begehren kann, obgleich dies nicht zur Freiheit selbst gehört, gibt der englische Meister folgenden an: „Jede Thätigkeit geht aus dem Agens, als etwas demselben Ähnliches hervor, wie z. B. das Warme erwärmt. Soll nun die Thätigkeit eines Agens, welches vermöge seiner Thätigkeit zu einem particulären Gut hingeordnet ist, auf natürliche Weise, nicht auf Grund der Gnade oder Glorie, fehlerfrei erfolgen, so müsste das Wesen jenes Guts dem Agens natürlich und unveränderlich innewohnen. Die vernünftige Natur ist zum Gut absolut hingeordnet, und zwar nicht durch eine einzelne Thätigkeit, sondern durch viele und verschiedene. Wenn also diese Thätigkeiten auf natürliche Weise fehlerlos sich vollziehen, so müssen die Vernunft und der Wille natürlich und unveränderlich im Besitze des Wesens, des universellen und vollkommenen Guts sein. Dies aber ist nur bei der göttlichen Natur der Fall. Gott allein ist reine Wirklichkeit, ohne Beimischung einer Möglichkeit oder Potenz. Dadurch ist er die reine absolute Güte. Jedes Geschöpf ohne Ausnahme bildet ein particuläres Gut, weil es in seiner Natur mit einer Potenz vermischt oder zusammengesetzt ist. Die Ursache dafür liegt darin, dass es aus dem Nichts kommt. Von allen vernünftigen Wesen besitzt folglich Gott allein eine Freiheit, die von Natur aus fehlerfrei und im Guten gefestigt ist. In den Creaturen ist dies unmöglich, denn sie sind aus dem Nichts, demgemäß particuläre Güter und darin hat das Böse seinen Grund" (de veritate q. 24. a. 7.).

Diese natürliche Fehlbarkeit der vernünftigen Geschöpfe hindert indessen nicht, dass die Freiheit des Willens, durch die Gnade eine Befestigung im Guten erhalte, auf Grund welcher sie nicht mehr fehlen kann. Es wurde früher nachgewiesen, dass die Indifferenz für das Gut und Böse nicht zur Freiheit gehört. Sie ist nicht *per se*, sondern nur *per accidens* der Freiheit eigen, insofern nämlich diese einer Natur zukommt, die fehlen kann. Der Wille ist an und für sich zum Guten als seinem Objecte hingeordnet. Strebt er nach dem Bösen, so hat ihn die Vernunft irregeführt, indem sie das Böse als ein Gut dargestellt. Dieser Fehler gehört der Vernunft an, welche die Grundlage für die Freiheit bildet. Niemals aber gehört es zum Wesen einer Potenz, eines Vermögens, in seiner Thätigkeit fehlerhaft zu sein, wie es z. B. nicht zum Wesen der Sehkraft gehört, dass jemand den Gegenstand undeutlich wahrnehme. Es kann somit gar wohl eine Freiheit geben, die, sei sie in Kraft der Natur, wie bei Gott, oder auf Grund der Gnade, wie bei den Bewohnern des Himmels, nur mehr nach dem Guten strebt und in keiner Weise das Böse begehren kann (de malo q. 16. a. 5.). Durch die Gnade wird ja die Freiheit der geschöpflichen Wesen mit Gott, dem vollkommenen und absoluten Gut, vereinigt. Ist diese Einigung eine vollendete, so dass Gott selbst den ganzen Grund der Thätigkeit des Willens ausmacht, so kann dieser sich nicht mehr zum Bösen neigen. Die Heiligen bieten dafür ein Beispiel. Sie erkennen, indem sie Gottes Wesenheit schauen, dass Gott das Endziel ist, welches am meisten geliebt zu werden verdient. Sie erkennen überdies alles, was mit Gott vereint, oder von ihm trennt, nicht bloß **im allgemeinen**, sondern **im einzelnen**; sie schauen Gott nicht allein in sich, sondern auch als den Grund von allem, und dadurch wird ihre Vernunft derart gestärkt, dass die niedern Kräfte nur nach der Direction derselben thätig sind. Gleichwie wir hier auf Erden das Gut **im allgemeinen auf unveränderliche Weise** begehren, ebenso **unveränderlich** streben sie das Gut **im particulären** an. Neben dieser natürlichen Neigung des Willens besitzen sie noch eine vollkommene Liebe, wodurch sie ganz und gar mit Gott verbunden sind. Aus diesem Grunde können sie nicht mehr sündigen.

47. Der Fehler in der Vernunft, die den Willen irreleitet, hat nämlich eine doppelte Ursache. Er kommt entweder von der Vernunft, oder von einem Äußern. Von der Vernunft, denn diese erkennt von Natur aus bloß das Gut **im allgemeinen**, sei es nun Endziel oder Mittel, **auf eine unveränderliche, irrthumslose** Weise. Mit Bezug auf das Particuläre kann sie sich täuschen, indem sie dafür hält, etwas sei Endziel, was nicht ein solches ist, oder etwas sei zweckdienlich, was jedoch in Wahrheit nicht der Fall. Auf Grund dieses Irrthums begehrt dann auch der Wille **im particulären** dieses oder jenes verkehrt. Die äußere Ursache wird von den Leidenschaften gebildet, die bei heftigem Ansturm die Thätigkeit der Vernunft stören, so dass ihre Entscheidung über ein Gut nicht klar und kräftig genug dem Willen vorgehalten wird. Diese beiden Ursachen der Fehlerhaftigkeit, von welchen die geschöpfliche Freiheit von Natur aus begleitet wird, können durch die Gnade und Glorie des Himmels vollständig beseitigt werden (de veritate q. 24. a. 8.).

Die Indifferenz für das Gut und Böse macht somit weder die Freiheit selbst, noch einen Theil von ihr aus. Sie gehört überhaupt nicht zur Freiheit, obgleich sie zeigt, dass ein Geschöpf frei ist.

48. Schließlich haben wir noch zu untersuchen, ob zum Wesen der Freiheit erforderlich sei, dass ein Wesen die erste, d. h. von jedem andern unabhängige Ursache seiner Thätigkeit bilde.

Der englische Meister bestreitet diese Nothwendigkeit und erklärt, dass sie nicht zum Wesen der Freiheit gehöre. Seine Worte sind: „Die Freiheit ist der Grund ihrer eigenen Bewegung, ihrer Thätigkeit, denn durch die Freiheit bewegt der Mensch sich selber zur Thätigkeit. Um frei zu sein wird indessen nicht nothwendig erfordert, dass derjenige, der frei ist, die erste Ursache bilde. Es kann ein Ding die Ursache eines andern sein, ohne dass es nothwendig die erste Ursache desselben ist. Gott bewegt, als erste Ursache, die natürlichen und freien Ursachen. Und wie er den natürlichen Ursachen, dieselben bewegend, nicht benimmt, dass ihre Thätigkeiten natürliche sind, ebenso benimmt er den freien Ursachen, indem er sie bewegt, in keiner Weise, dass ihre Thätigkeiten freie bleiben. Im Gegentheil, dies bewirkt er gerade in ihnen, denn er ist in jedem Dinge thätig, entsprechend den Eigenthümlichkeiten desselben" (1. p. q. 83. a. 1. ad 3.). Daraus dass Gott als erste Ursache in den Herzen der Menschen thätig ist, folgt demnach in keiner Weise die Zerstörung der Freiheit. Der Wille bleibt dabei selber Ursache seiner Thätigkeiten (de veritate q. 24. a. 1. ad. 3.). Indem etwas sich selber bewegt, bildet das nämliche Subject zugleich den Beweger und das Bewegte. Wird etwas von einem andern bewegt, so sind Beweger und Bewegtes verschieden. Wenn nun ein Wesen ein anderes bewegt, so folgt daraus, dass es Beweger ist, nicht ohneweiters die Eigenschaft eines ersten Bewegers. Es kann darum ganz gut selber von einem andern bewegt werden und ebenso von diesem andern die Fähigkeit erhalten haben, zu bewegen. Ganz dasselbe gilt, wenn ein Ding sich selber bewegt. Es wird von einem andern bewegt und besitzt zugleich von diesem andern die Macht, sich selber zu bewegen. Obgleich also Gott die Ursache des freien Willensactes ist, so beeinträchtigt er doch dadurch die Freiheit nicht (de malo q. 3. a. 2. ad. 4.). Die Freiheit verlangt bloß, dass das Princip der Thätigkeit ein inneres sei, dass diese Thätigkeit unmittelbar einem Principe entstamme, welches im thätigen Subjecte selber ist. Dieses innere Princip kann indessen sehr wohl von einem äußern Principe verursacht sein und in Bewegung oder in Thätigkeit gesetzt werden. Erstes Princip bilden gehört folgerichtig nicht zum Wesen der Freiheit, wie es überhaupt nicht zum Wesen einer Ursache gehört, erste Ursache zu sein (1. 2. q. 6. a. 1. ad 1.). Der geschöpfliche Wille könnte gar nicht in Thätigkeit übergehen, Princip seiner Thätigkeit sein, wenn er erstes Princip, d. h. unabhängige Ursache seiner Neigung wäre. So wenig die Wesenheit sich selber das Dasein, die Existenz zu geben vermag, ebensowenig ist der Wille imstande, sich selber in Thätigkeit zu versetzen. Der nachfolgende Paragraph wird es erweisen.

Wir müssen auf diese Lehre des englischen Meisters ganz besonders aufmerksam machen und die geehrten Leser ergebenst bitten, dieselbe unentwegt im Auge behalten zu wollen. In einem philosophischen Lehrbuche der neueren Zeit hat ein Autor sechzehn Stellen aus den verschiedenen Werken des Doctor Angelicus zusammengetragen, um den Beweis zu erbringen, dass S. Thomas die Vorherbewegung des Willens durch Gott nicht gelehrt habe. Diese Stellen werden uns noch später beschäftigen. Hier sei vorläufig nur auf eine etwas sonderbare Methode aufmerksam gemacht. Es werden alle möglichen Stellen zusammengesucht, in denen der englische Meister die Lehre vorträgt, der Wille bilde das Princip seiner eigenen Thätigkeit, er selber bestimme sich die Thätigkeit und das Ziel, er werde nicht von einem andern bestimmt etc., und dann der Schluss darauf gebaut, die *praemotio physica* müsse unter allen Umständen fallen. Dass der heil. Thomas dabei überall Gott, die erste Ursache nicht allein nicht ausschließt, sondern ausdrücklich voraussetzt, wie die von uns citierten Stellen zeigen, das wird natürlich nicht gesagt. Hätte der englische Meister die zukünftigen Schwierigkeiten geahnt, er wäre höchstwahrscheinlich auf die Idee gekommen, jeder diesbezüglich verführerischen Stelle die Worte, den Refrain beizufügen: *non omne, quod est principium, est principium primum. Cum aliquid movet seipsum, non excluditur, quin ab alio moveatur, a quo habet hoc ipsum, quod seipsum movet* (de malo q. 3. a. 2. ad 4.).

49. Hiemit haben wir das ausgedehnte Gebiet der Freiheit durchwandert. Es ist ein weitumgrenztes Gebiet und lässt darum der Willensfreiheit einen großen Spielraum. Der Wille vermag alles zu begehren, was gut, was scheinbar oder in der Wahrheit gut ist. Hierin kommen alle vernünftigen Geschöpfe überein. Und nicht allein die Geschöpfe, sondern Gott selbst will, was immer er will, nur insofern es ein Gut ist. Was nicht ein Gut, oder was Böse ist, kann als solches niemals Gegenstand, Object des geistigen Strebevermögens sein. Das Strebevermögen der Dinge ist überhaupt zu einem Gut hingeordnet. Es bleibt darum unbeschränkt, obgleich es keineswegs ein Nichtgut, oder etwas Böses als solches begehren kann. Eine Beschränkung der Potenz erfolgt durch das Object. Wenn nun das Nichtgut und das Böse formell genommen gar nicht unter den Gegenstand des Willensvermögens gerechnet werden dürfen, so kann von einer Beschränkung des geistigen Strebevermögens durch diese Objecte in keiner Weise die Rede sein. Cfr. 1. p. q. 19. a. 9. — ib. q. 103. a. 8.—

1. 2. q. 8. a. 1. — ib. q. 23. a. 2. — ib. q. 27. a. 1. ad 1. — de malo q. 16. a. 2.

Der Gegenstand des Willens muss in doppelter Bedeutung aufgefasst werden, entweder formell oder stofflich. Object im formellen Sinne wird dasjenige genannt, **wodurch** ein Gegenstand auf die Potenz einwirkt, indem er dieselbe determiniert und specificiert. Die von der Sonne beleuchtete Farbe an dem Gegenstande ist für das Sehvermögen formelles Object. Durch diese Farbe wirkt der Gegenstand auf das Auge ein, und letzteres erblickt alle Objecte unter diesem formellen Gesichtspunkte. Stoffliches, materielles Object nennen wir dasjenige, **was**, den Gegenstand, **welcher** auf die Potenz einen Einfluss ausübt. Der gefärbte Gegenstand ist stoffliches Object für das Auge. Der Wille der geistigen Wesen begehrt alles was **gut** ist. Das Gut als solches ist für ihn formelles Object, das materielle wird von den Gegenständen, welche gut sind, gebildet.

Daraus ist klar, dass der formelle Gegenstand jederzeit eins (*unum*) ist, während der stoffliche vielfach sein kann. Jedes Vermögen, jede Potenz erscheint darum in irgend einer Weise zu **einem** (*ad unum*) bestimmt. Der Natur entspricht stets **eines**, welches zu ihr im Verhältnisse steht, ihr proportioniert ist. Der Natur in der Gattung entspricht **eines** in der Gattung, der Natur in der Art, **eines** in der Art, der Natur in der individuellen Bestimmtheit, **eines**, welches individuell ist. Die Vernunft und der Wille der geistigen Wesen sind nicht stoffliche, sondern geistige, immaterielle Kräfte. Daher entspricht ihnen **naturgemäß eines** von allgemeiner Beschaffenheit, nämlich **das Gut** resp. das Wahre, das Seiende (1. 2. q. 10. a. 1. ad. 3.). In dieser Beziehung steht es demnach außer allem Zweifel, dass auch der Wille, auf Grund seiner eigenen Natur, zu **einem** determiniert ist. Und weil diese Bestimmung **zu einem** in seiner Natur liegt, weil sein Wesen transcendental zu diesem **einem** hingeordnet ist, deshalb will er es auf natürliche und nothwendige d. h. unfreie Weise. In dieser Hinsicht gibt es keine Wahlfreiheit.

Die Bestimmung des Willens **zu einem** geht indessen nur vom **formellen Objecte** aus, denn nur dieses ist für den Willen **eines**. In den Naturdingen treffen beide Objecte, das formelle und stoffliche, in dieser Einheit zusammen. Darum ist auch die ihnen entsprechende Potenz doppelt **zu einem** bestimmt. Richtiger vielleicht sagen wir, die Potenz der Naturdinge sei **ausschließlich zu dem stofflichen Objecte** bestimmt, weil das formelle eine Erkenntnis voraussetzt. Das Strebevermögen der Naturdinge ist auf den Gegenstand selbst gerichtet, welcher begehrenswert ist, ohne Erkenntnis des Grundes, der *ratio appetibilitatis*, warum er von der Potenz angestrebt wird. Denn das natürliche Strebevermögen, der *appetitus naturalis*, ist nichts anderes als die Neigung und Hinordnung eines Dinges zu einem singulären convenienten

Objecte. Gleichwie aber das Naturding in seinem natürlichen Sein bestimmt ist, ebenso ist auch die Neigung zu einem **bestimmten Gegenstande eine.** Infolge dessen bedarf das Naturding keiner Erkenntnis, wodurch es ein begehrenswertes Object von einem nichtbegehrenswerten unterscheiden könnte. Diese Kenntnis muss jedoch der Schöpfer der Natur besitzen, weil er jedem Dinge die demselben entsprechende Neigung gegeben hat (de veritate q. 25. a. 1.). Für die Naturdinge selbst existiert somit kein **formelles** Object, sondern sie sind zu einem einzigen materiellen bestimmt.

Das sinnliche Begehrungsvermögen strebt nach dem begehrenswerten Objecte, insofern in diesem der formelle Grund, die *ratio appetibilitatis* vorhanden ist. Es strebt nicht nach dem formellen Grunde selbst *(in ipsam rationem appetibilitatis)*, denn das niedere Strebevermögen begehrt nicht die Güte oder Nützlichkeit und Ergötzlichkeit, sondern diesen nützlichen oder ergötzlichen Gegenstand. Weil es indessen nicht **diesen** oder **jenen** ausschließlich, sondern jeden begehrt, der ihm nützlich oder ergötzlich ist, deshalb steht dieses Strebevermögen höher, als das der Naturdinge. Es braucht darum eine Erkenntnis, wodurch das Ergötzliche vom Nichtergötzlichen unterschieden wird (l. c. de veritate).

Wir ersehen hieraus, dass bei dem sinnlichen Strebevermögen die formelle Bestimmung, die durch das formelle Object bewirkt wird, noch **eine** ist, die vom materiellen hingegen eine vielfache wird. Hierin ist das sinnliche Begehrungsvermögen nicht **zu einem** bestimmt. Dies muss noch mehr vom Willen der geistigen Wesen behauptet werden. Den Grund dafür gibt der englische Meister an genannter Stelle an. Das höhere Strebevermögen, der Wille, begehrt direct und absolut den Gegenstand als **formelles** Object *(tendit directe in rationem appetibilitatis absolute)*. Der Wille strebt nach der Güte, Nützlichkeit etc. in erster Linie und hauptsächlich. Das materielle Object, dieses oder jenes Gut, will er nur in zweiter Linie, insofern das formelle mit dem materiellen Objecte eins ist, indem das materielle an dem formellen Antheil hat. Der Wille ist von so unbeschränkter Fähigkeit, dass die Neigung zu einem **bestimmten** Gegenstande dafür nicht ausreicht. Darum geht seine Neigung auf etwas allgemeines, auf das, was in vielen sich findet. Weil die Vernunft dieses Allgemeine erkennt, deshalb strebt der Wille durch die Erkenntnis dieses Allgemeinen nach jenem begehrenswerten Objecte, in welchem er das genannte Allgemeine findet.

Nach der Beschränkung oder Nichtbeschränkung des Gegenstandes richtet sich dem früher ausgesprochenen Grundsatze des heil. Thomas zufolge auch die **objective** Beschränkung oder Nichtbeschränkung resp. **Nothwendigkeit** des Strebevermögens. Das Begehrungsvermögen der Naturdinge strebt **mit Nothwendigkeit nach der Sache, dem Gegenstande selber,** welcher begehrt wird. Das Schwere z. B. strebt mit Nothwendigkeit nach dem Centrum. Das sensitive Begehrungsvermögen begehrt an und für sich nichts mit Nothwendigkeit. Wird jedoch irgend ein Gegenstand als nützlich oder ergötzlich erkannt *(sub ratione delectabilis vel utilis)*, dann strebt es mit Nothwendigkeit nach diesem nützlichen oder ergötzlichen Objecte. Das Thier muss daher den vorgestellten Gegenstand begehren. Der Wille endlich kennt nur eine Nothwendigkeit, nämlich die in Bezug auf die Güte und Nützlichkeit selber. Das Gut begehrt der Mensch nothwendig. Indessen existiert kein Object, gibt es keinen Gegenstand im materiellen Sinne, wie sehr er auch als gut und nützlich erkannt wird, der ihn mit Nothwendigkeit bestimmte. Und warum dies? Weil jede Potenz nur hinsichtlich ihres eigenen, des ihr eigenthümlichen Objectes mit einer gewissen Nothwendigkeit bestimmt ist. Der Gegenstand des natürlichen Strebevermögens ist dieses Ding, insofern es dieses ist. Das Object des sinnlichen Begehrungsvermögens ist dieses Ding, insofern es convenient oder ergötzlich, z. B. das Wasser, insofern es dem Geschmacke zusagt, nicht aber insofern es Wasser ist. Das Object des Willens endlich ist das Gut selbst absolut genommen.

Wir haben dieser meisterhaft klaren Darstellung der nothwendigen Bestimmung des Willens durch den englischen Lehrer nichts beizufügen. Sie sagt uns zur Genüge, inwieweit von einer natürlichen und nothwendigen, d. h. unfreien Bestimmung, resp. objectiven Bewegung des Willens, gesprochen werden kann. Zum formellen Object ist der Wille determiniert, dieses, aber auch nur dieses, begehrt er mit Nothwendigkeit. Bezüglich des materiellen Gegenstandes, der *res, in qua est ista ratio volendi*, weiß er hier auf Erden von keinerlei Nothwendigkeit, zu keinem Gegenstande ist er bestimmt.

Anders verhält sich die Sache im Jenseits. Für den Willen der Bewohner des Himmels ist das formelle Object zugleich materielles, d. h. das materielle deckt sich vollkommen mit dem formellen. Gottes Wesenheit ist die Güte selber absolut. Sie hat nicht Antheil an diesem formellen Grunde, an der Güte, sondern sie ist selbst dieser formelle Grund. Das formelle und materielle Object sind sachlich identisch. Darum schließt die Nothwendigkeit mit Bezug auf das eine, die Nothwendigkeit in Betreff des andern in sich. Der Wille strebt mit einer und derselben Nothwendigkeit nach beiden. Im gegenwärtigen Leben aber mangelt uns die Erkenntnis dieser realen Identität des materiellen Objectes mit dem formellen in Gott, weil es uns versagt ist, Gottes Wesenheit, wie sie in sich ist, zu schauen. Infolge dessen strebt der Wille nach Gott nicht auf natürliche und nothwendige, d. h. unfreie Weise, sondern seine Beziehung zu diesem Objecte ist eine durchaus freie. Umsomehr ist sie eine freie hinsichtlich aller übrigen geschaffenen Güter, denn jedes hat bloß Antheil an dem formellen Objecte, an der Güte absolut.

50. Gegen unsere Darlegung der **unbedingten subjectiven** Willensfreiheit *(quoad exercitium actus)* mit Bezug auf **jedes Object**, auch das formelle, spricht eine andere Ansicht, die erklärt, der Wille könne nicht alle seine Acte nicht vollziehen. Und man beruft sich dabei auch auf die sogenannten *motus primo primi*, um zu beweisen, dass der Wille manchmal thätig sein müsse, also **nothwendig** handle.

Wir werden vor allem eine zweifache Willensthätigkeit zu unterscheiden haben. Geht diese Thätigkeit unmittelbar vom Willen aus und bleibt sie in ihm als ihrem Subjecte, so nennen wir sie *actus elicitus*. Geht sie auf eine andere Potenz über, indem sie diese Potenz in Bewegung setzt, so ist es ein *actus imperatus*. Die Thätigkeit der vom Willen bewegten Potenz ist ein *actus elicitus* jener Potenz und zugleich ein *actus imperatus* des Willens. Selbstverständlich kann der Wille eine andere Potenz nur durch seine eigene Thätigkeit, durch seinen *actus elicitus* in Bewegung setzen.

Hinsichtlich der *actus imperati*, jener nämlich, welche von andern Potenzen vollzogen werden, unterliegt es keinem Zweifel, dass sie bisweilen nicht freie Acte sind. Allein mit diesen Acten hat die Freiheit nichts zu thun. Die Freiheit besteht nicht in der **Selbstbestimmung zu diesen Acten** (de veritate q. 24. a. 1. ad 1. — de malo q. 6. ad 1.). Thätigkeiten dieser Art können von einem andern Agens erzwungen werden (l. c. de malo ad 15 u. 22). Es handelt sich demnach in unserer Frage bloß um den *actus elicitus*, um das **Wollen selbst**.

Kann der Wille diesen Act nicht nicht ausüben, so sind zwei Fälle möglich. Er wird entweder gezwungen, oder er besitzt eine natürliche und nothwendige, d. h. unfreie Neigung zu seiner Thätigkeit. Beides wird vom englischen Lehrer bekämpft.

a) Der Wille kann nicht gezwungen werden. — Nachdem S. Thomas die vorhin aufgezählten zwei Arten von Willensacten unterschieden und die Frage, ob man dem Willen Gewalt anthun könne, bezüglich der *actus imperati* bejaht hat, kommt er auf das Wollen selbst zu sprechen. Von diesem nun behauptet er, dass es niemals mit Gewalt erwirkt werden könne. Die Willensthätigkeit ist nichts anderes als eine gewisse Neigung, die von einem **innern** Princip, dem Willen selbst ausgeht. Hierin unterscheidet sich die Willensthätigkeit nicht vom wirklichen Streben der Naturdinge. Der *appetitus naturalis* der Naturdinge ist ebenfalls eine Neigung, welche einem **innern** Principe entspringt. Nur fehlt den Naturdingen die Erkenntnis, die das mit einer Willenskraft ausgestattete Wesen besitzt. Der Zwang und die Gewalt hingegen stammen von einem **äußern** Princip. Darum widerspricht es direct dem innersten Wesen des Willens, dass er zu einer Thätigkeit gezwungen werde oder Gewalt erleide. Wenn der Stein in die Höhe geworfen wird, so verstößt dies gegen seine natürliche Neigung. Daher geschieht es in gewaltsamer Weise. Dass aber diese gewaltsame Bewegung zugleich aus der natürlichen Neigung des Steines erfolge, das ist einfach ein Ding der Unmöglichkeit. Auf dieselbe Weise kann auch der Mensch gewaltsam irgendwohin gezerrt werden. Allein, dass dieses aus natürlicher Neigung des Willens geschehe, das widerstreitet dem Wesen der Gewalt (1. 2. q. 6. a. 4.) Gäbe es demnach in uns Willensacte, die wir nicht verhindern können, so wären sie einerseits aus der innern Neigung des Willens hervorgegangen, denn darin besteht wesentlich der Willensact, und andererseits zugleich gegen diese innere Neigung, denn darin liegt das Wesen der Gewalt. Der Widerspruch ist offenkundig. Willensneigung und Gewalt mit Bezug auf den Willen stehen im contradictorischen Gegensatz zu einander (1. p. q. 82. a. 1. — 4. dist. 29. q. 1. a. 1. — de veritate q. 22. a. 5.).

Und woher sollte dieser Zwang, diese Gewalt auch kommen? Von irgendeinem äußern Agens? Keine geschaffene Ursache besitzt Kraft genug, um der Willensneigung selbst entgegenzuarbeiten. Keine Creatur vermag auf den Willen unmittelbar subjectiv einzuwirken. Das steht Gott allein zu. Die Geschöpfe wirken bloß objectiv auf den Willen ein. Wie sehr indessen ein geschaffenes Gut auch den Willen bewegen mag, es kann ihn nicht zwingen, es vermag nicht einmal ihn in wirksamer Weise zu einer Thätigkeit zu bestimmen. Es könnte folglich nur durch Gott geschehen, der allein auf den Willen unmittelbar und subjectiv bewegend einwirkt. Gewalt oder Zwang ist jedoch von dieser Bewegung durch Gott absolut ausgeschlossen; denn kein Geschöpf besitzt eine Neigung gegen das, was Gott in ihr thut. In Kraft der *potentia obedientialis* neigt sich jedes geschaffene Wesen naturgemäß zu all dem, was der Urheber dieses Wesens in demselben wirkt. Von einer gegentheiligen Neigung kann man in dieser Beziehung gar nicht sprechen. Diese ist allerdings manchmal vorhanden, bevor der Wille von Gott bewegt wird (de veritate q. 22. a. 6.).

b) Wenn der Wille nicht alle seine Acte nicht vollziehen kann, so müsste der Grund darin gesucht werden, dass er auf natürliche und nothwendige, d. h. unfreie Weise von irgend einem Agens subjectiv bewegt und bestimmt wird. Diesbezüglich wollen wir abermals eine Unterscheidung machen. Entweder ist der Wille von Natur aus dergestalt zu einem Gegenstande, einem Objecte hingeordnet, dass er dieses Object, sobald es ihm durch die Vernunft vorgestellt wird, auf genannte Weise begehrt; oder er wird von Gott subjectiv auf natürliche und nothwendige Weise bewegt. Das eine wie das andere wird vom englischen Meister bestritten.

Ersteren Fall müssten wir offenbar dahin erklären, dass irgend ein Object nicht bloß objectiv oder specificierend, sondern auch **subjectiv** in wirksamer Weise bewegend auf den Willen einwirkt. Wird ihm daher dieser Gegenstand vorgestellt, so muss er in Thätigkeit übergehen, er kann nicht das Gegentheil, kann nicht unthätig bleiben. Was lehrt nun der heil. Thomas in dieser Frage?

Der Wille kann von jedem Gegenstande, der ein Gut ist bewegt werden. Allein diese Bewegung reicht nicht hin, ist nicht eine **wirksame**, außer sie erfolgt durch Gott *(non autem sufficienter et efficaciter nisi a Deo)*. Ein Bewegliches kann vom Bewegenden nur dann in genügender Weise bewegt werden, wenn die active Kraft des Bewegenden größer, oder wenigstens gleich ist der passiven, aufnehmenden Kraft des Beweglichen. Die passive Kraft des Willens erstreckt sich auf das Gut im allgemeinen, denn das universelle Gut ist Object für den Willen. Jedes **geschaffene** Gut aber ist etwas **Particuläres**, ein **particuläres** Gut, Gott allein hingegen das universelle. Darum füllt er **allein** den Willen aus, und bewegt **auch als Object** denselben hinreichend (1. p. q. 105. a. 4.). Die andern Objecte vermögen zwar den Willen **einigermassen** *(aliqualiter)* zu bewegen, keines jedoch, außer Gott, das universelle Gut, in hinreichender Weise (ib. q. 106. a. 2. — q. 111. a. 2.). So lautet die Ansicht des heil. Thomas.

Diese Stellen lassen einen Zweifel über die Lehre des heil. Thomas nicht aufkommen. **Kein** Object bewegt **subjectiv** den Willen auf eine natürliche und nothwendige, d. h. unfreie Weise, zu keinem ist er auf die genannte Art hingeordnet. Seine **subjective natürliche Neigung** ist somit eine freie.

Aber Gott, Gottes Wesenheit **als Object**, bewegt doch den Willen auf natürliche und nothwendige, d. h. unfreie Art? Im gegenwärtigen Leben geschieht auch dieses nicht.

Manche Dinge stehen mit der Glückseligkeit in einem nothwendigen Zusammenhange, alle jene nämlich, wodurch man Gott, in dem allein die wahre Glückseligkeit besteht, anhängt. Allein solange uns dieser nothwendige Zusammenhang nicht **durch die Gewissheit der göttlichen Anschauung** klar gemacht wird, hängt der Wille **Gott nicht mit Nothwendigkeit** an. Folglich auch nicht irgend einem andern, was mit Gott im Zusammenhange steht (1. p. q. 82. a. 2.). Am meisten und nothwendigsten hängt mit der Glückseligkeit doch gewiss der Verstandes- und Willensact zusammen. Durch diese Thätigkeit ist ja der Mensch **formell** glücklich. Sie bilden die *beatitudo formalis*. Und doch gibt S. Thomas nicht zu, dass wir hier auf Erden diese Thätigkeiten mit **Nothwendigkeit** vollziehen. Stets setzt der englische Lehrer die Bedingung bei: **wenn er will.** Wenn der Wille die Glückseligkeit **thatsächlich** begehrt, dann kann er nicht das Gegentheil der Glückseligkeit wollen. Allein gerade diese Bedingung schließt in sich, dass der Wille das Gegentheil seiner Thätigkeit, die Unthätigkeit, begehren kann.

In der theologischen Summa fragt der englische Lehrer mehrmals, ob der Wille mit Nothwendigkeit etwas begehre. Man vergleiche z. B. 1. p. q. 82. a. 1. — 1. 2. q. 10. a. 1. Untersucht man den Artikel näher, so ergibt sich, dass hier immer nur von der objectiven Bewegung die Rede ist. Das Object specificiert manchmal den Willensact, wenn ein solcher vorhanden ist, mit Nothwendigkeit. Der Wille kann in diesem Falle nicht das Gegentheil des Objectes wählen. Nirgends jedoch spricht S. Thomas davon, dass ein Object den Willen subjectiv, *quoad exercitium actus* mit Nothwendigkeit bewege. Das vorhin ebenfalls aus der theologischen Summa Angeführte dient zur Bestätigung dieser unserer Behauptung. Wenngleich daher S. Thomas lehrt, der Wille werde zu manchem auf natürliche Weise bewegt, so darf dies doch nicht von der subjectiven Bewegung verstanden werden. Dies beweist schon, wie Conrad (in 1. 2. q. 10. a. 1.) mit Recht bemerkt, der Ausdruck: zu etwas, *ad aliquid*. Der englische Meister stellt die Frage nicht absolut, nämlich ob der Wille auf natürliche Weise bewegt werde, sondern ob er auf genannte Weise zu etwas bewegt werde. Somit ist offenbar die Specificierung, die objective Bewegung darunter gemeint. Von der subjectiven geschieht hier keine Erwähnung.

Dafür spricht sich der Doctor Angelicus, wie wir früher nachgewiesen, an andern Stellen um so entschiedener über die subjective Freiheit des Willens aus. Der Wille ist mit Bezug auf seine Thätigkeit in jedem Zustande der Natur frei (de veritate q. 22. a. 6.). Darum besitzt er die Selbstbestimmung. Dadurch unterscheidet er sich vom Thiere. Die Willensfreiheit hinsichtlich der Acte folgt ohneweiters schon daraus, dass überhaupt nichts, außer Gott, auf den Willen einen subjectiven Einfluss auszuüben imstande ist.

51. Damit kommen wir zu dem zweiten oben angegebenen Fall. Kann der Wille nicht alle seine Acte nicht vollziehen, so haben wir als Grund dafür anzugeben, dass Gott ihn manchmal wenigstens zum Gut und zu der Glückseligkeit im allgemeinen subjectiv auf natürliche und nothwendige, d. h. unfreie Weise bewegt.

Diese Ansicht findet in neuerer Zeit wieder ihre Vertreter. Sie ist indessen nicht neu. Der Cistercienser Petrus vom heil. Josef, geboren 1592, gest. 1662 (cfr. Hurter Nomenclator liter. I. B. Seite 760), schrieb 1633 eine Vertheidigung des heil. Thomas gegen die Thomisten. In diesem Buche trägt der genannte Autor alles Mögliche und Unmögliche aus verschiedenen Autoren zusammen, um zu beweisen, dass die Thomisten den englischen

Meister ganz mit Unrecht die *praemotio physica* bezüglich der freien Acte lehren lassen. Der Hauptbeweis des Autors versucht darzuthun, dass S. Thomas weiter nichts vertheidigt habe, als jenen Einfluss Gottes auf den Willen, wodurch derselbe auf natürliche und nothwendige, d. h. unfreie Weise zum Guten und zu der Glückseligkeit im allgemeinen bewege. Neues hat unser Autor in seiner Vertheidigung des heil. Thomas **gegen die Thomisten** nicht vorgebracht. Es wurde alles schon von andern vor und neben ihm gelehrt und die Thomisten brauchen sich vor dieser Vertheidigung ihres Meisters nicht zu fürchten.

Der heil. Thomas hat **nirgends** gelehrt, dass Gott den Willen **subjectiv** auf natürliche und nothwendige, d. h. unfreie Weise bewege. Der Beweis dafür ist nicht schwer zu erbringen.

Schlagen wir zunächst die theologische Summa des Meisters auf. In: 1. 2. q. 10. a. 4. frägt S. Thomas, **ob Gott den Willen mit Nothwendigkeit bewege**. Die Antwort auf diese Frage lautet: „Der Vorsehung Gottes kommt es zu, die Natur der Dinge zu erhalten, nicht aber dieselbe zu zerstören. Er bewegt folglich alles entsprechend den Bedingungen derselben. Darum gehen aus den **nothwendigen** Ursachen durch die göttliche Bewegung **nothwendige** Wirkungen, aus den **contingenten** Ursachen dagegen **contingente** Effecte hervor. Da nun der Wille **als actives Princip** nicht **zu einem** bestimmt ist, sondern vielen gegenüber sich indifferent verhält, so bewegt ihn Gott in der Weise, dass er infolge dieser Bewegung **nicht mit Nothwendigkeit zu einem** bestimmt wird, sondern diese Bewegung eine contingente bleibt und keine nothwendige wird."

Der englische Lehrer spricht hier von einer Bewegung des Willens durch Gott, die der **natürlichen Neigung** des Willens conform, genau angepasst ist. Wir haben vorhin diese natürliche Neigung des Willens kennen gelernt. Mit Bezug auf den Act, die Thätigkeit, ist diese Neigung eine von Natur aus freie, contingente. Entspricht nun die Bewegung durch Gott vollkommen dieser **natürlichen** Neigung des Willens, so kann sie unmöglich eine nothwendige, unfreie sein. Ferner erklärt der Doctor Angelicus an dieser Stelle, der Wille sei **als actives Princip** nicht zu einem bestimmt. Wenn aber dies, dann ist er frei. Denn jenes Thätigkeitsvermögen, welches nicht zu einem bestimmt ist, welches noch die Potenz zum Gegentheil in sich hat, nennen wir frei. Wenn also der Wille als **actives Princip**, als *agens in actu* nicht zu einem bestimmt ist, so muss er frei genannt werden. Als **actives** Princip aber steht er schon unter der Bewegung Gottes. Den Nachweis dafür werden wir später liefern. In der Antwort auf den ersten Einwurf bemerkt der Doctor Angelicus, es würde der göttlichen Bewegung mehr widerstreiten, falls der Wille mit Nothwendigkeit bewegt würde, als wenn er frei bewegt wird. Ersteres verstoßt gegen seine Natur, letzteres entspricht derselben. Da es nun dem göttlichen Willen eigen ist, nicht bloß durch das Geschöpf, welches er bewegt, etwas hervorzubringen, sondern dasselbe auch auf die Art und Weise zu wirken, welche der Natur des Geschöpfes zukommt, so muss folgerichtig diese Bewegung eine freie, sie kann nicht eine nothwendige sein. Dem Einwurfe, das der Wille unter der Bewegung durch Gott dasjenige, wozu er bewegt wird, wollen müsse, indem sonst Gottes Thätigkeit sich als unwirksam erweise, begegnet der englische Lehrer mit den Worten, diese Nothwendigkeit sei bloß eine bedingungsweise, nicht eine absolute. Diese Nothwendigkeit hat ihren Grund darin, dass contradictorisch entgegengesetzte Dinge nicht zu gleicher Zeit einem und demselben Subjecte zukommen können. Wenn Gott den Willen bewegt, so kann er ihn nicht zugleich nicht bewegen. Eine Nothwendigkeit dieser Art existiert. somit auch in Gott, der unbedingt und in jeder Beziehung frei ist. Das contradictorisch Entgegengesetzte kann auch in Gott nicht verbunden sein, weil der eine Theil innerlich und naturgemäß den'andern ausschließt. So oft demnach der Wille von Gott bewegt wird, kann er nicht zugleich nicht bewegt werden. Diese Nothwendigkeit tritt der Freiheit nirgends hindernd in den Weg, denn sie findet sich überall. Durch die Bestimmung zu einem, so dass die Potenz für das Gegentheil aufgehoben wird, erleidet die Freiheit Schaden. Die Determinierung zu einem steht nicht der Bestimmung zu vielen, sondern jener zum Gegentheil gegenüber. Würde daher der Wille von Gott mit Nothwendigkeit bewegt, so hätte er keine Potenz für das Nichtbewegtwerden. Er müsste folglich immer in Thätigkeit sein, weil er keine Möglichkeit, keine Potenz besäße unthätig zu sein. Da in Wirklichkeit die Sache sich anders verhält, so ist klar, dass Gott den Willen frei bewegt, keineswegs, wie behauptet wird, auf natürliche und nothwendige, d. h. unfreie Weise.

Macht aber hier der heil. Thomas nicht eigens eine Ausnahme? Sagte er nicht ausdrücklich, die Bewegung des Willens sei eine contingente, ausgenommen *(nisi)* mit Bezug auf das, was er naturgemäß *(naturaliter)* begehrt? Es scheint also doch, dass nach der Lehre des hl. Thomas der Willen subjectiv von Gott auf natürliche und nothwendige, d. h. unfreie Weise zum Guten oder zu der Glückseligkeit im allgemeinen bewegt wird.

Dieser Ansicht können wir unsere Zustimmung nicht ertheilen. Legen wir den heil. Thomas in dieser Art aus, so müssen wir behaupten, dass er mit sich selber im hellsten Widerspruche steht. In der ersten Quästio der Prima Secundae erklärt der englische Meister im ersten Artikel, welche Handlungen oder Thätigkeiten im eigentlichen Sinne menschliche genannt werden. Es sind jene, über welche der Verstand und der Wille die Herrschaft besitzt.

Diesen stellt er andere gegenüber, jene nämlich, welche vom sensitiven und vegetativen Theile des Menschen ausgeführt werden (l. c. ad. 3.). Die Thätigkeiten des Verstandes und Willens theilt er nicht ab in solche, die frei, und solche, die auf natürliche und nothwendige Weise vollzogen werden. Dies ist doch sicher ein Zeichen, dass er Thätigkeiten der letztern Art nicht kennt. Anderswo (1. 2. q. 10. a. 2) bemerkt S. Thomas, der Mensch könne über jedes Object nicht nachdenken und infolge dessen jedes in der Wirklichkeit nicht wollen. Wird dem Willen ein universelles Gut vorgestellt, so strebt der Wille mit Nothwendigkeit nach diesem allseitig vollkommenen Gut, wenn er etwas will, d. h. er kann nicht das Gegentheil dieses Guts begehren. Das Gut und die Glückseligkeit im allgemeinen bilden ohne Zweifel für den Willen das universelle Gut. Dennoch muss der Wille nicht dieses Gut thatsächlich begehren, sondern nur wenn er will. Bewegt nun Gott den Willen zu diesem Gut auf natürliche und nothwendige, d. h. unfreie Weise, dann haben die Worte des englischen Meisters: „wenn er etwas will", einfach keinen Sinn. Wird der Wille subjectiv mit Nothwendigkeit bewegt, dann kann man nicht mehr beifügen: „wenn er will".

Noch deutlicher spricht sich der Doctor Angelicus an einer andern Stelle aus (de malo 6. a. un.). Daselbst heißt es: „Dasjenige, was den Verstand und Willen zuerst *(primo)* bewegt, ist etwas über dem Verstand und Willen, nämlich Gott. Dieser aber bewegt alles nach den Eigenschaften des Beweglichen, das Leichte nach oben, das Schwere nach unten. Gott bewegt auch den Willen entsprechend den Bedingungen desselben. Und er bewegt ihn so, dass er nicht mit Nothwendigkeit, sondern mit Indifferenz vielen gegenüber diese Bewegung ausführt. Daraus folgt, dass die subjective Bewegung des Willens nicht mit Nothwendigkeit vor sich geht. *Patet ergo, quod si consideretur motus voluntatis ex parte exercitii actus, non movetur ex necessitate*... Wird dem Willen ein Gut vorgestellt, welches in jeder Beziehung zusagt, so wird er objectiv mit Nothwendigkeit bewegt. Ich sage objectiv oder bezüglich der Determinierung des Actes, weil er nicht das Gegentheil dieses Guts begehren kann. Subjectiv wird er nicht mit Nothwendigkeit bewegt, denn es kann jemand zu der Zeit, *tunc*, über die Glückseligkeit nicht nachdenken wollen."

Klar und deutlich lehrt also hier der heil. Thomas dass der Wille subjectiv, *quoad exercitium actus*, jederzeit frei ist. Bewegt Gott den Willen auf natürliche und nothwendige, d. h. unfreie Weise zu dieser Glückseligkeit, so muss der Mensch über die Glückseligkeit nachdenken wollen. Er kann nicht das Gegentheil thun, weil er subjectiv mit Nothwendigkeit, d. h. unfrei, zu einem bestimmt, zum Nachdenkenwollen determiniert ist. ‹Der englische Meister kann somit nicht ohne Widerspruch mit sich selber die Behauptung aufstellen, Gott bewege den Willen **subjectiv**, **nothwendig** und auf natürliche Weise zu dem Gut und der Glückseligkeit im allgemeinen.

Derselbe Widerspruch ergibt sich aus einer andern Doctrin des heil. Thomas. Als Grund, warum der Wille subjectiv frei ist führt S. Thomas an, weil der Verstandes- und Willensact, etwas **Particuläres** sind. Hören sie vielleicht auf, etwas Particuläres zu sein, wenn der Mensch durch sie nach dem Gut und der Glückseligkeit im allgemeinen strebt? Gewiß nicht, denn sie richten sich nach dem thätigen Subjecte *(actiones sunt suppositorum)*, welches ohne Zweifel etwas Singuläres ist. Vertheidigt nun der englische Lehrer die Ansicht, der Wille sei mit Bezug auf **alles Particuläre objectiv und subjectiv** frei, so kann er nicht ohne Widerspruch mit sich, zugleich behaupten, die Willensthätigkeit, womit der Mensch das Gut und die Glückseligkeit im allgemeinen begehrt, sei eine natürliche und nothwendige, d. h. unfreie. Wir werden darum die Schlussworte des vierten Artikels in: 1. 2. q. 10. a. 4. dahin erklären müssen, dass S. Thomas damit die **objective** Nothwendigkeit gemeint hat. Es gibt für den Willen überhaupt nur **eine** Nothwendigkeit, die objective Determinirung zum Gut und zu der Glückseligkeit im allgemeinen. Hinsichtlich seiner Thätigkeit ist der Wille vollkommen frei. Damit stimmt auch Conrad überein (in: 1. 2. q. 10. a. 4.). Man vergleiche den genannten Commentator, den wir unsererseits dem Cajetan unbedingt vorziehen, zu dem ersten Artikel der genannten Quästio.

Man hat sich in neuerer Zeit noch auf andere Stellen des heil. Thomas berufen, so z. B. in: 1. 2. q. 9. a. 6. ad 3. und 1. p. q. 105. a. 4., um den Beweis zu erbringen, dass Gott auf natürliche und nothwendige, d. h. unfreie Weise den Willen zum Gut und der Glückseligkeit im allgemeinen bewege.

Wenden wir diesen unsere Aufmerksamkeit zu. In: 1. 2. q. 9. a. 6. beweist der heil. Thomas, das von allen äußern bewegenden Principien Gott **allein** den Willen **innerlich** bewege, weil er allein die Ursache, der Urheber des Willens ist. Gegen diesen Beweis macht sich nun S. Thomas folgende Schwierigkeit: „Gott verursacht nur Gutes. Wird nun der Wille des Menschen von Gott **allein** bewegt, so kann diese Bewegung niemals auf das Böse gerichtet sein, was unrichtig ist." Der englische Meister erwidert darauf: „Gott bewegt als universeller Beweger den Willen der Menschen zum universellen Objecte des Willens, nämlich zum Gut. Ohne diese universelle Bewegung kann der Mensch nicht irgendetwas wollen. Der Mensch aber bestimmt sich selber durch seine Vernunft, dieses oder jenes, ein wahres oder ein Scheingut zu begehren. Bisweilen bewegt Gott einige ganz speciell, etwas bestimmtes zu wollen, ein bestimmtes Gut zu begehren. Dies trifft bei allen jenen zu, die er durch die Gnade bewegt."

Die Frage, um welche es sich hier handelt, ist die: woher es komme, dass der Wille manchmal nach dem Bösen strebt, wenn er von Gott allein bewegt wird. Gott bewegt ja nur zum Guten. Von welcher Bewegung ist hier die Rede? Offenbar von der objectiven. Warum der Wille manchmal das Böse begehre, um das fragt es sich. Gott bewegt den Willen ausschließlich zum Guten, niemals zum Bösen. Begehrt der Wille thatsächlich Böses, ein Scheingut, so ist der Grund dafür nicht in Gott, resp. in der Bewegung des Willens durch Gott, sondern im verkehrten Urtheile der Vernunft zu suchen. Und dies mit Recht, denn Gott bewegt den Verstand und Willen für gewöhnlich ganz entsprechend der Beschaffenheit, der Disposition derselben. Befinden sich diese zwei Vermögen infolge der Leidenschaft oder einer Gewohnheit, eines Habitus in einer schlechten Disposition, so werden sie anstatt das Gut, das Böse begehren. Die Bewegung Gottes wird in der Potenz der Geschöpfe aufgenommen und infolge dessen nach der Beschaffenheit dieser Potenz modificiert. Daher ist nicht Gott die Ursache, dass der Wille Böses anstrebt, sondern die verkehrte Disposition der Vernunft und des Willens. Näheres darüber später.

Spricht der englische Lehrer hier von einer subjectiv nothwendigen Bewegung des Willens durch Gott? Wir finden in dieser Hinsicht nicht den mindesten Anhaltspunkt. Es ist von der Bewegung zum Guten die Rede. Und ohne diese Hinordnung zum Guten kann der Wille nichts begehren. Selbst das Böse wird von ihm als ein Scheingut angestrebt. Die Nothwendigkeit, welche S. Thomas hier im Auge hat, bezieht sich somit auf die Specificierung des Actes, auf die objective Bestimmung zu einem, nämlich zum Gut. Ohne diese Determinierung zum eigenen Objecte könnte der Wille überhaupt nichts begehren. Zu diesem seinem Objecte ist er darum ebenso nothwendig bestimmt, wie jede andere Potenz zu dem ihr eigenthümlichen Objecte. Da es aber ein zweifaches Gut gibt, ein wahres und ein scheinbares, und der Grund, warum es als ein scheinbares Gut aufgefasst und vorgestellt wird, in einem Fehler der Vernunft liegt, so bewegt Gott den Willen nur zum Guten. Die Entscheidung des Willens für das scheinbare und nicht für das wahre Gut wird mit Recht dem Willen der Creatur zugeschrieben. Der Wille hat sich dabei von der Vernunft täuschen, irreführen lassen. Man vergleiche zu dieser Stelle den Conrad.

In der zweiten Stelle, auf die man sich beruft, um die subjectiv nothwendige Bewegung des Willens durch Gott darzuthun: 1. p. q. 105. a. 4. sagt der heil. Thomas, Gott bewege den Willen nicht bloß objectiv, sondern auch subjectiv hinreichend und wirksam. Wann dieses objectiv geschieht, haben wir früher gesehen. Dann nämlich bewegt Gott als Object den Willen hinreichend und wirksam zur Thätigkeit, *ad exercitium actus*, wenn seine Wesenheit unmittelbar unserm Verstande gegenwärtig ist, d. h. im andern Leben. Hier auf Erden wird der Wille von Gott als Object weder hinreichend noch wirksam zu einem Acte bewegt. Umsoweniger kann dann von einer Nothwendigkeit gesprochen werden. Subjectiv bewegt Gott den Willen hinreichend und wirksam, während dies kein Geschöpf vermag, weil er dem Willen die Kraft zu wollen verleiht. Dem ersten Beweger kommt es zu, den Willen zum universellen Gut zu bewegen. Auch hier ist, wie jedermann sieht, von einer nothwendigen Bewegung nicht die Rede. Die Ausdrücke: „*sufficienter et efficaciter*" können doch unmöglich dasselbe bedeuten, was die Ausdrücke: „nothwendig und natürlich, d. h. unfrei"•besagen.

Zudem wird von den Gegnern das Wort: allgemein oder universell fortwährend ganz und gar unrichtig aufgefasst. Das universelle Gut ist nicht etwas Abstractes, ist nicht allgemeiner Natur, denn in diesem allgemeinen Zustande würde es gar nicht auf den Willen einwirken, denselben in keiner Weise bewegen. Was als gut und zuträglich aufgefasst wird, muss als gut und convenient im particulären, nicht im allgemeinen erkannt werden. Das universelle Gut muss darum so beschaffen sein, dass es alles Particuläre in sich schließt. *Si ergo apprehendatur aliquid ut bonum conveniens secundum omnia particularia quae considerari possunt, ex necessitate movebit voluntatem* (de malo q. 6. a. un.). Wenn man demnach sagt, das Object des Willens sei das Gut im allgemeinen, so ist darunter nicht etwas Abstractes, oder ein Gegenstand allgemeiner Natur zu verstehen, sondern es wird damit die Beschränkung des Willens auf ein bestimmtes, nicht allseitig vollkommenes Gut ausgeschlossen. Das Object des Willens im andern Leben ist ein sehr bestimmtes, d. h. singuläres Gut, die Wesenheit Gottes. Diese ist weder etwas Abstractes, noch allgemeiner Natur. Dennoch muss sie universelles Gut genannt werden, weil sie alles Particuläre in sich begreift. Noch weit unrichtiger ist es, wenn man die subjective Bewegung des Willens durch Gott allgemeiner Natur sein lässt.

Die dritte Stelle aus dem englischen Lehrer, auf die man sich stützt, um die natürliche und nothwendige, d. h. unfreie, subjective Bewegung des Willens zum Gut und zu der Glückseligkeit im allgemeinen zu erweisen, findet sich: 1. p. q. 82. a. 1. Dass S. Thomas daselbst von der objectiven, nicht von der subjectiven Nothwendigkeit spricht, kann jeder erkennen, der die Stelle liest. Wäre dem nicht so, dann müsste der Wille mit Bezug auf das Gut und die Glückseligkeit im allgemeinen immer in Thätigkeit, *in actu* sein, was der englische Meister ausdrücklich bestreitet. Indem der Doctor Angelicus erklärt, der Wille begehre zwar virtuell und *implicite*, nicht aber actuell in allen seinen Handlungen das Endziel, die Glückseligkeit im allgemeinen, hat er am deutlichsten dargethan, von welcher Bewegung des Willens er spricht. Man vergleiche z. B. 1. 2. q. 1. a. 6. besonders ad 3. Hier wird ausdrücklich gesagt, dass der Mensch nicht immer an das Endziel denke, wenn er etwas thut. Auf Grund dieser Lehre argumentieren wir in folgender Weise: Gott bewegt den Willen zum universellen Gut und ohne die allgemeine Bewegung kann der Mensch nichts wollen. Versteht nun S. Thomas unter dieser allgemeinen Bewegung die subjective Bewegung des Willens, *quoad exercitium actus*, so muss der Mensch jedesmal, so oft er etwas will, zuerst das Gut und die Glückseligkeit im allgemeinen wollen. Dazu genügt aber das virtuelle Wollen nicht. Es ist ja eine wirkliche, eine actuelle Bewegung, die Gott dem Willen mittheilt. Allein der englische Lehrer bestreitet an der vorhin angegebenen Stelle, dass der Mensch immer an das Endziel, an das Gut und die Glückseligkeit im allgemeinen denken müsse, wenn er irgend etwas will. Es ist somit ganz und gar unrichtig, die Stelle: 1. 2. q. 9. a. 6. ad. 3. in der Bedeutung der subjectiven Bewegung des Willens aufzufassen. Umsoweniger genügt dann diese Bewegung durch Gott, und umsoweniger entspricht es der Wahrheit, dass S. Thomas nur diesen und keinen anderen Einfluss Gottes auf die vernünftigen Geschöpfe gelehrt habe.

Was der englische Meister in Wirklichkeit lehrt, ist, dass Gott den Willen weder zum Gut und zu der Glückseligkeit im allgemeinen, noch zu irgend einem particulären Gut subjectiv auf eine natürliche und nothwendige, d. h. unfreie Weise bewegt. In beiden Fällen würde eine derartige Bewegung der innern natürlichen Neigung des Willens widersprechen. Sie wäre folglich eine gewaltsame, sie wäre gleichbedeutend mit Zwang.

52. Wie verhält es sich nun mit den *actus* oder *motus primi primi*? Inwiefern unterstehen diese Thätigkeiten dem freien Willen, der Wahlfreiheit?

Es muss zunächst eine zweifache Art von Thätigkeit im Menschen unterschieden werden. Manche Thätigkeiten sind menschliche, andere Thätigkeiten des Menschen *(actiones humanae et actiones hominis)*. Erstere kommen dem Menschen formell als solchem zu, letztere insofern das Agens, das Suppositum ein Mensch ist. Die menschlichen Handlungen sind alle frei, die Thätigkeiten des Menschen nicht immer (1. 2. q. 1. a. 1. und ad 3.).

Die sogenannten *motus primo primi* haben ein doppeltes Subject und Princip. Die einen entstehen im sinnlichen Theile, in der niedern Natur des Menschen, die andern im höhern, in der Vernunft und dem Willen. Betrachten wir vorerst jene *motus*, die ihren Ursprung im sinnlichen Theile haben. Inwieweit kommt die Willensfreiheit mit ihnen in Beziehung?

Der Wille vermag alle Potenzen des Menschen, mit Ausnahme

der vegetativen, in Thätigkeit zu versetzen, und deren Thätigkeiten zu hemmen, wieder einzustellen. Die Unterwerfung des niedern Theiles im Menschen unter den höhern ist nicht eine sclavische *(modo despotico)*, sondern eine politische *(modo politico)*, so dass der niedere Theil gegen den höhern sich auflehnen, die Bewegung des niedern dem höhern zuvorkommen kann. Die Thätigkeiten oder Bewegungen dieses Theiles sind demnach insofern **freiwillige** zu nennen, als sie vom Willen hervorgerufen werden, folglich *actus imperati* des Willens bilden, oder auch insofern der Wille dieselben nicht zurückdrängt, ihnen keinen Widerstand entgegensetzt, obgleich er es könnte. Hinsichtlich der *actus imperati* hat es keine Schwierigkeit, denn werden sie vom Willen selber durch Bewegung der betreffenden Potenzen veranlasst, so besteht über ihre Abhängigkeit vom Willen kein Zweifel. Sie haben den **freien** Willen zu ihrer Ursache. Sie werden dadurch zu **menschlichen** Handlungen. Indessen geschieht es auch sehr oft, dass diese Bewegungen des sinnlichen Theiles dem Urtheile der Vernunft und der Auswahl des Willens **zuvorkommen**, also nicht *actus imperati* sind. Nichtsdestoweniger bemerkt der englische Lehrer von diesen Thätigkeiten des sinnlichen Theiles, dass es lässliche Sünden seien (de malo q. 7. a. 6.). Dies ist aber nur möglich, wenn sie in irgend einer Weise dem freien Willen unterworfen sind. Wie kann dieser *motus*, welcher der Vernunft und dem Willen **zuvorkommt**, ein freiwilliger sein? S. Thomas antwortet im genannten Artikel ad 2., er sei deshalb ein freiwilliger, weil der Wille ihn verhindern könne. Die Vernunft, lehrt der Doctor Angelicus daselbst (ad 6.), verhält sich dieser Bewegung des sinnlichen Theiles gegenüber auf eine dreifache Art. Das einemal widersteht sie, das anderemal ruft sie diese Bewegung hervor *(imperat)*, ein drittesmal erfolgt von ihrer Seite weder ein Verbot, noch eine Anregung dazu, sondern sie stimmt einfach zu. Die Bewegung des sinnlichen Strebevermögens geht nämlich in doppelter Weise vor sich. Sie wird entweder durch die Disposition des Leibes veranlasst, oder infolge einer Erkenntnis. Die erstere untersteht nicht der Vernunft, wohl aber die letztere. Die letztere deshalb, weil die Vernunft, besonders in Abwesenheit eines Gegenstandes für den Tastsinn, die Thätigkeit jeder Erkenntniskraft verhindern kann. Die erstere Bewegung der Sinnlichkeit, jene nämlich, welche eine leibliche Disposition zu ihrer Ursache hat, gehorcht nicht der Vernunft, ist somit nicht eine **freiwillige**. Diese Bewegung wird von manchen *motus primo primus* genannt. Die Bewegung hingegen, welcher einer Erkenntnis entspringt, ist eine **freie** (l. c. ad 8.). Die unfreiwillige Bewegung des niedern Theiles nennt S. Thomas an einer andern Stelle natürliches Streben; *appetitus naturalis*, z. B. das Begehren nach Speise. Dieses Verlangen wird nicht von der Phantasie angeregt, sondern von der

Disposition der natürlichen Qualitäten. Bewegungen dieser Art unterstehen und gehorchen nicht der Vernunft. Darum sind es auch nicht menschliche Thätigkeiten, sondern solche des Menschen. Diese gehören folglich nicht zu unserer Frage (2. dist. 24. q. 3. a. 1.).

Wir haben es darum mit jener Bewegung des sinnlichen Theiles zu thun, welche auf eine Erkenntnis folgt. Der englische Lehrer nennt sie *motus secundo primi* zum Unterschiede von der früher angegebenen, der natürlichen. An dieser Bewegung betheiligt sich die Freiheit, denn der Doctor Angelicus behauptet von ihr, dass sie sündhaft sei, was ohne Freiheit nicht möglich ist. Allerdings besitzt der Wille über diese Bewegung nicht eine vollkommene Herrschaft *(dominium completum)*, wohl aber eine unvollkommene *(incompletum)*, er kann sie hindern oder nicht hindern. Über die *actus imperati* hat er volle Herrschaft. Ob nun diese Bewegungen des sinnlichen Theiles auf Antrieb der Vernunft und des Willens erfolgen, oder ob sie ohne einen solchen entstehen, aber von der Vernunft und dem Willen gehindert oder nicht gehindert werden, in beiden Fällen müssen sie freie Bewegungen genannt werden (l. c. a. 2.). Cfr. de veritate q. 25. a. 4 und 5. Wegen der unvollkommenen Unterwerfung dieser Bewegungen unter die Vernunft und den Willen, d. h. wegen der unvollkommenen Herrschaft des Willens über diese Bewegungen bilden sie niemals schwere, sondern nur lässliche Sünden. Anders verhält sich die Sache, wenn sie *actus imperati* der Vernunft und des Willens sind. Dann ist die Herrschaft über sie eine vollkommene und die Sünde, wenn diese Bewegungen nicht gehindert werden, eine schwere. Dies gilt selbstverständlich von jenen Bewegungen, die infolge einer Erkenntnis entstehen, denn, wie schon bemerkt, sind nur diese freie Bewegungen (2. dist. 21. q. 1. a. 2. ad 5. — 1. 2. q. 17. a. 7. — 2. dist. 40. q. 1. a. 4. ad 3.).

Hier müssen wir indessen auf eine Schwierigkeit aufmerksam machen. Der heil. Thomas erklärt, alle Bewegungen, die auf Grund einer Erkenntnis entstehen, seien in der Macht des Willens gelegen, und darum lässliche Sünden, wenn sie nicht gehindert werden. Diese Ansicht scheint etwas zu strenge, denn wie oft haben wir plötzlich ein Phantasiebild vor uns, eine Vorstellung, die den sinnlichen Theil anregt. Die Bewegung folgt auf die Vorstellung mit derselben Schnelligkeit, mit welcher das Phantasiebild entstanden ist. Liegt dieser Vorgang wirklich, wenn auch nur unvollkommen, in unserer Macht? Begehen wir wirklich eine lässliche Sünde, falls diese Bewegung nicht ebenso schnell bekämpft wird?

Eine Unterscheidung dürfte sich hier als nothwendig herausstellen. Der englische Lehrer sagt in einer früher von uns angeführten Stelle (de malo q. 7. a. 6. ad 8.), die Vernunft könne die Thätigkeit jeder Erkenntniskraft hindern, besonders dann, wenn kein sinnenfälliges Object für den Tastsinn gegenwärtig ist. Damit scheint angedeutet, dass in Gegenwart eines solchen Objectes die Vernunft ein Phantasiebild, eine sinnliche Vorstellung nicht zu hindern die Macht habe. Infolge dessen ist auch die Bewegung des sinnlichen Theiles, welche auf diese Vorstellung plötzlich folgt, nicht eine freie, und somit auch nicht eine lässliche Sünde. In diesem Sinne erklärt Conrad eine Stelle des heil. Thomas in: 1. 2. q. 74. a. 3. ad 2. allerdings mit dem Zusatze: „*salvo judicio meliori*". Auf dieselbe Art begegnet dieser Schwierigkeit Capreolus (in 2. dist. 4. ad 2um Durandi contr. 1^{am} conclus.).

Der genannte Autor unterscheidet zwei Arten von Thätigkeiten, solche die infolge eines Phantasiebildes allein im niedern Theile sich entfalten. Bei manchen ist die Phantasie mehr begleitend, als im eigentlichen Sinne dieselben verursachend. Diese haben ihren Ursprung entweder in den natürlichen Qualitäten des Leibes, oder, falls sie ein Phantasiebild zu ihrer Ursache haben, ist dieses von der Art, dass es vom Willen nicht entfernt werden, die daraus entstehende Bewegung des sinnlichen Theiles folglich nicht gehindert werden kann. Dies trifft zumal dann zu, wenn ein Object selbst gegenwärtig ist, oder die Phantasie plötzlich spielt, oder wenn von dergleichen Gegenständen gesprochen wird: Thätigkeiten dieser Art unterstehen nicht dem Gesetze der Moral, sie sind in sich diesbezüglich indifferent. Andere hingegen werden nicht bloß von einem Phantasiebilde begleitet, sondern von diesem selbst verursacht. Dies geschieht dann, wenn die Phantasie nicht so überraschend und naturgemäß wirkt, so dass das Phantasiebild und die daraus entstehende Bewegung unterdrückt werden können. Diese Thätigkeiten fallen unter das Gesetz der Moral.

Daraus folgt demnach, dass alle jene Thätigkeiten des niedern Strebevermögens, die von einem augenblicklich entstandenen Phantasiebilde angeregt werden, nicht in der Macht und Wahl unseres Willens liegen, und infolge dessen, wenn sie im Menschen sind, auch nicht eine lässliche Sünde bilden können. Der Wille ist weder direct noch indirect daran betheiligt, weder direct noch interpretativ, imputativ daran schuld. Werden aber die genannten Bewegungen von der Phantasie verursacht, und zwar in der Weise, dass die Phantasie nicht unvermuthet und sozusagen natürlich diese Bilder entwirft, dann können sie von der Vernunft und dem Willen verscheucht, die daraus entstehenden Bewegungen des sinnlichen Theiles aufgehalten werden. Sie fallen daher in das Gebiet der Moral, denn es sind freie Bewegungen. Welche Bewegungen des sinnlichen Theiles somit freie genannt werden müssen, ergibt sich aus dieser Darstellung mit voller Klarheit. Es sind, wie S. Thomas bemerkt, die *actus secundo primi* jene, welche auf Grund einer Erkenntnis, die von der Vernunft beherrscht werden kann, im sinnlichen Begehrungsvermögen entstehen. Weil die Vernunft und der Wille über die Thätigkeiten dieser Art eine, wenngleich unvollkommene, Herrschaft besitzen, deshalb müssen diese Thätigkeiten menschliche genannt werden. Die andern, vorhin erwähnten, sind Handlungen des Menschen, nicht aber menschliche. Durch diese wird indessen die Wahlfreiheit in keiner Weise eingeschränkt oder beeinträchtigt, weil sie dem Menschen nicht formell als solchem zukommen, besonders dann nicht, wenn sie aus der leiblichen Disposition entstehen.

53. Die sogenannten *motus primo primi*, bei S. Thomas *motus secundo primi*, nehmen ihren Ausgang nicht bloss von der sinnenfälligen Erkenntnis, der Phantasie und von dem sinnlichen Begehrungsvermögen, sondern es gibt auch solche, welche direct von der Vernunft und dem Willen hervorgerufen werden. Darum frägt der englische Lehrer an einer Stelle (1. 2. q. 74., a. 10.): ob in der höhern Vernunft selbst eine lässliche Sünde sein könne, indem sie sich den göttlichen Wahrheiten gegenüber moralisch schlecht verhält. Zweifelt z. B. die Vernunft an einem Glaubensartikel oder an einer Wahrheit, die in der heil. Schrift enthalten ist, begeht sie dann jedesmal eine schwere Sünde, oder ist diesbezüglich auch eine lässliche möglich?

S. Thomas erklärt diesbezüglich zunächst, dass die höhere Vernunft sich anders verhalte zu ihrem eigenen Objecte und anders zu dem Gegenstande der niederen Kräfte, welche unter ihrer Direction stehen. Das Verhältnis der Vernunft zu dem Objecte der niederen Kräfte ist stets ein mit Überlegung eingegangenes. Sind demnach die Thätigkeiten dieser Kräfte an und für sich *ex suo genere*, schwere Sünden, so ist es auch die überlegte Beistimmung der Vernunft. Sind die genannten Acte *ex suo genere* lässliche, so muss dasselbe von der Sünde der Vernunft gesagt werden. Die Ausnahme *ex contemptu* beschäftigt uns hier nicht, wir haben es mit dem allgemeinen Principe zu thun. Die Vernunft stimmt also diesen Objecten niemals zu, ohne die ewigen Gründe zu befragen und zu Rathe zu ziehen. Aus diesem Grunde geschieht es mit Freiheit (1. 2. q. 13.) Diese Zustimmung kann eine positive oder privative sein. Unterlässt sie es auch die ewigen Gründe zu befragen, ihre Zustimmung ist dennoch eine interpretativ und imputativ freie. Sie stimmt niemals den Objecten dieser Art **plötzlich** bei. Hat sie zum Überlegen keine Zeit, so stimmt sie eben nicht zu. Darum wurde früher gesagt, dass nicht die *motus primo primi*, sondern die *motus secundo primi* lässliche Sünden bilden.

Mit Bezug auf das eigene Object der höheren Vernunft dagegen, muss eine **zweifache** Thätigkeit unterschieden werden: die einfache Erfassung, *simplex intuitus*, und die Überlegung. Demzufolge ist auch eine **plötzliche** Bewegung und eine überlegte Zustimmung vorhanden. Die eine kann man *prima*, die andere *secunda operatio intellectus* nennen. Obgleich nun diese Bewegungen an und für sich auf einen Gegenstand gerichtet sein können, der *ex suo genere* eine schwere Sünde ist, z. B. die Bewegung gegen einen Artikel des heil. Glaubens, so kann diese Bewegung andererseits doch eine lässliche Sünde sein, wegen ihres plötzlichen Auftretens. Weil indessen die Vernunft auch hinsichtlich ihres eigenen Objectes überlegen kann, deshalb wäre eine überlegte Bewegung gegen einen Gegenstand hin, der *ex suo genere mortale* ist, ebenfalls schwer sündhaft. Die Bewegung, welche auf eine plötzliche Auffassung folgt, oder eine solche begleitet, muss in diesem Falle lässlich sündhaft *per accidens*, nicht *ex suo genere*, genannt werden. *Per accidens* eben, weil er auf Grund des unvermutheten Einfalles nicht wahrnimmt, dass sie verboten, gegen das Gesetz Gottes verstoße. Es muss aber hier beigefügt werden, dass die Vernunft dies nicht wahrnimmt oder auch nicht wahrnehmen kann. Kann und soll sie acht geben, ob es verboten ist oder nicht, und sie unterlässt dieses zu thun, so begeht sie ein schweres Unrecht. Diese Nichachtung oder Ignoranz ist eine vollkommen freiwillige.

Was ist nun aber bei diesem Vorgange sündhaft? der unvermuthete Einfall, z. B. dass die Auferstehung der Todten der Natur nach unmöglich sei? Nein, nicht die vorschnelle Auffassung darf plötzliche Bewegung genannt werden. Nicht in dieser liegt die lässliche Sünde. Es ist vielmehr ein gewisses Widerstreben der Vernunft, ein gewisses Ungläubigsein derselben mit Bezug auf das, was Gottes Gebot verlangt. Die Auffassung, die *Apprehensio* selbst, bildet in keiner Weise eine Sünde, z. B. dass die Auferstehung auf natürliche Weise unmöglich sei; wohl aber der Zweifel und das Schwanken, welche auf dieses Erfassen folgen, bevor die Vernunft auf das achtet, was der Glaube in Betreff der Auferstehung lehrt.

Der heil. Thomas gibt uns in dieser Angelegenheit klaren Aufschluss. Wenn eine Bewegung nur eine lässliche Sünde ist, so hat das einen doppelten Grund. Entweder ist der Act an sich *ex suo genere* gering, so dass es nur ein leichter Fehler ist, z. B. ein überflüssiges Wort; oder jene Bewegung geht der Überlegung des Handelnden voraus. Der ganze Vorgang lässt sich auf diese Weise erklären. Wenn irgend eine Potenz zu etwas Höherem, als sie selbst zu leisten vermag, erhoben wird, so hat sie oft eine plötzliche Bewegung zu dem, was ihr an und für sich zukommt. Die zweite Bewegung hingegen besitzt sie, insofern sie zu etwas Höherem bestimmt wurde. Wir können dem sinnlichen Strebevermögen ein Beispiel entnehmen. Dieses Begehrungsvermögen besitzt eine ganz unverhoffte Bewegung nach dem, was die Sinne ihm vergegenwärtigen. Wird diese Bewegung aber von der Vernunft geleitet, und durch die Tugend vervollkommnet; so erfolgt sie mit Überlegung und dem entsprechend, was der Vernunft convenirt. Indessen wird das sinnliche Strebevermögen durch die Herrschaft der Vernunft zu dem emporgehoben, was über ihm ist. Auf ganz dieselbe Weise wird die höhere Vernunft durch das Licht des heil. Glaubens über das erhoben, was sie durch die natürlichen Erkenntnisse erreicht. Die unvermuthete Bewegung des Erfassens durch die höhere Vernunft geschieht nach ihrer natürlichen Erkenntnis. Verstoßt sie irgendwie gegen den heil. Glauben, so ist es ein vorschneller Act des Unglaubens *(erit motus infidelitatis ex surreptione)*. Wegen Mangel an Überlegung bildet er darum eine lässliche Sünde. Um zu entscheiden, ob in der höhern Vernunft eine lässliche Sünde sein könne, muss demnach nothwendig eine Unterscheidung gemacht werden. Betrifft die Bewegung der höhern Vernunft dasjenige, was *ex genere suo* schwere Sünde ist, so kann diese in einer zweifachen Weise sich ereignen. Entweder ist es das der Vernunft eigenthümliche Object, auf welches das Streben gerichtet ist, oder es ist das Object der niederen Kräfte. In erstem Falle haben wir zwei Bewegungen: eine plötzliche, die der Überlegung zuvorkommt, und diese ist eine lässliche Sünde; die zweite ist eine mit Überlegung ausgeführte und deshalb schwer sündhaft. In letzterem Falle handelt die Vernunft stets frei und darum ist die Bewegung zu dem Objecte, welches *ex genere suo* schwere Sünde ist, ebenfalls schwer sündhaft (2. dist. 24. q. 3. a. 5.). Die ganze Quästio 74 der Prima secunda ist in dieser Beziehung von größter Wichtigkeit.

Da unsere Aufgabe nur darin besteht, nachzuweisen, dass der Wille mit Bezug auf seine Thätigkeit, *quoad exercitium actus*, frei genannt werden müsse, so genügt zu diesem Zwecke die soeben erfolgte Darlegung. Damit eine Thätigkeit sündhaft sei, dazu ist erforderlich, dass sie in irgend einer Weise mit der Freiheit zusammenhänge. Sie muss darum entweder *actus elicitus*, oder *actus imperatus* des Willen sein. Ebenso muss sie von der Richtschnur, von der geordneten Vernunft und dem göttlichem Gesetze abweichen (1. 2. q. 71. a. 6.). Nun lehrt der heil. Thomas, dass alle Thätigkeiten des Strebevermögens, des niedern wie des höhern, auch jene, die der Aufmerksamkeit der Vernunft zuvorkommen, *(ante advertentiam et deliberationem)* sündhaft seien. Daraus folgt doch mit Evidenz, dass sie irgendwie unter der Herrschaft des Willens stehen, somit freie Thätigkeiten sind. Die *motus primo primi* beweisen folglich gar nichts gegen die Lehre des heil. Thomas, dass der Wille subjectiv mit Bezug auf seine Thätigkeiten hier auf Erden absolut frei sei. Kommen auch einerseits manche derselben der Aufmerksamkeit der Vernunft zuvor, so kann doch andererseits die Vernunft darauf aufmerksam werden und dadurch über dieselben frei disponieren. Thut sie es nicht, vernachlässigt sie diese ihre Pflicht, so ist sie dafür verantwortlich.

Diese Unterlassung ist eine interpretativ und imputativ **frei-willige**. Die Lehre des heil. Thomas über die **subjective** Freiheit des Willens beruht mithin auf Wahrheit und hat ihre tiefen Gründe. Mit Recht setzt der englische Meister das Wesen der Freiheit in die Herrschaft über die Thätigkeiten. Die vernünftigen Wesen besitzen deshalb Wahlfreiheit, weil sie Herr ihrer Thätigkeiten sind. Und sie sind darum Herr ihrer Acte, weil diese **particuläre** Güter bilden. Die vernünftigen Geschöpfe sind **vor** der seligen Anschauung Gottes im Himmel aus dem Grunde subjectiv, *quoad exercitium actus*, frei, weil keine ihrer Thätigkeiten das **einzige** Mittel ist, um die Glückseligkeit zu erreichen und zu besitzen, die von ihnen mit **Nothwendigkeit** gewollt wird.

54. Es ist schwer zu begreifen, wie man dazu kommen konnte, gegen die Thomisten den Vorwurf zu erheben, dass sie mit ihrer Lehre die Freiheit des Willens zerstörten. Dieser Vorwurf ist in Wahrheit nicht recht verständlich. Die Thomisten lehren **mit ihrem Meister**, die Willensthätigkeit der vernünftigen Wesen sei eine **durchaus freie**. Gott hat den **geschaffenen** Willen so eingerichtet, dass derselbe zu seiner Thätigkeit **frei** hingeordnet ist. Diese **freie** transcendentale Hinordnung liegt **im Wesen** des Willens, hängt darum nicht einmal von Gottes Thätigkeit, von Gottes Einflusse ab. **Das Wesen** eines Dinges vermag selbst Gott nicht nach Belieben einzurichten und ebenso nach Belieben zu ändern. Er kann ein **vernünftiges** Geschöpf nicht als ein **unvernünftiges** ins Dasein rufen. Ist es aber thatsächlich ein **vernünftiges**, dann muss es mit eben derselben Nothwendigkeit auch ein **freies** sein. Darum sagt der heil. Thomas mit seiner ihm eigenen Energie: *et pro tanto homo est liberi arbitrii, quia est rationalis naturae* (1. p. q. 83. a. 1.). Liegt nun diese **freie** Beziehung des Willens zu seiner Thätigkeit **im Wesen** der Wahlfreiheit selber, geht die **innere natürliche** Neigung des Willens dahin, stets eine **freie** Thätigkeit zu entfalten, so kann Gott den Willen auch nicht anders als frei bewegen. Die **innere Natur** eines Dinges vermag er nicht umzuändern, und gegen diese **innere, natürliche** Neigung des Willens handeln kann er auch nicht. Das wäre Gewalt, Zwang. Zwingen aber lässt sich der Wille der Geschöpfe nicht. Zutreffend bemerkt daher der englische Lehrer, Gott bewege jedes Ding der Neigung und den Bedingungen desselben genau **entsprechend**. Der Wille muss demnach **frei** bewegt werden, denn so fordert es seine **innere natürliche** Neigung.

Eine innere, natürliche, aber **nothwendige** Neigung besitzt der Wille bloß zum **universellen**, zum **allseitig vollkommenen** Gut. Die Thätigkeit aber ist kein **universelles** Gut, kein Gut **in jeder Beziehung**, sondern etwas **Particuläres**, ein beschränktes, und darum mit **Unvollkommenheit** gemischtes

Gut. Würde Gott den Willen zu der Thätigkeit mit Nothwendigkeit bewegen, so müsste er vorerst die innere natürliche Neigung desselben zu dieser Thätigkeit ändern, was er nicht kann; oder er müsste den Willen gegen die ihm entsprechende innere Neigung bewegen, was gleichbedeutend ist mit Zwang; oder er müsste endlich dem Willen die Thätigkeit als ein universelles Gut darstellen, d. h. er müsste den Willen betrügen, einfach täuschen.

Der Wille hat ebenso eine innere natürliche, aber nothwendige Neigung zu dem Mittel, durch welches das Endziel, sein eigentliches und Hauptobject, erreicht wird, wenn dieses Mittel das einzige ist, das zum Ziele führt. Nun begehrt zwar der Wille das Gut und die Glückseligkeit im allgemeinen mit Nothwendigkeit. Allein die Thätigkeit des Willens ist für ihn hier auf Erden keineswegs das einzige Mittel, um glücklich zu sein. Er begehrt sehr oft gerade die Unthätigkeit, um sein Glück zu erreichen oder auch, um in seinem Glücke nicht gestört zu werden. Bewegt nun Gott den Willen mit Nothwendigkeit, so muss er ihm die Thätigkeit als einziges Mittel darstellen, er muss ihn abermals täuschen und ihm die Möglichkeit benehmen, irgendeinen Gegenstand als Scheingut anzustreben. Wir sagen, hier auf Erden müsste die Thätigkeit dem Willen als einziges Mittel zu seinem Glücke vorgestellt werden, was aber thatsächlich nicht der Fall ist. Im andern Leben wird dieses eintreffen. Da erkennt die Vernunft, dass die Thätigkeit des Verstandes und Willens das einzige Mittel sind, um den Gegenstand, wodurch der Mensch für immer glücklich ist, dauernd zu besitzen, im Vollgenusse der Seligkeit zu bleiben. Darum ist die Thätigkeit des Willens in der andern Welt eine natürliche und nothwendige, d. h. einigermaßen unfreie. Sie ist dieses nicht etwa deshalb, weil sie ein universelles Gut wird, sondern sie ist es aus dem Grunde, weil die Vernunft dem Willen die Unthätigkeit, das Ablassen von der Thätigkeit nicht als ein höheres, besseres Gut darstellen kann denn die Thätigkeit ist, welche in der Anschauung Gottes besteht.

Wie ist es auch nur denkbar, dass eine Doctrin, wie wir sie aus S. Thomas dargelegt und wie sie von den Thomisten Wort für Wort vertheidigt wird, die Freiheit des Willens schädige? Noch ausdrücklicher kann die Willensfreiheit nicht mehr betont werden als es hier geschieht. Von der Lehre Calvins oder des Jansenius ist die Doctrin des heil. Thomas sternenweit entfernt.

Viel eher zerstören jene Autoren die Freiheit des Willens, welche behaupten, dass der Wille nicht alle seine Acte nicht vollziehen könne, sowie ferner: dass Gott den Willen auf natürliche und nothwendige, d. h. unfreie Weise zum Gut und zu der Glückseligkeit im allgemeinen bewege.

II. Kapitel.

Die Thätigkeit des Willens der vernünftigen Wesen.

§ 7. Die Willensthätigkeit oder der Willensact.

55. Wir haben bisher den Willen als Vermögen einer genauen Betrachtung unterzogen, und eingehend nachgewiesen, zu welchen Dingen und in welcher Weise er zu diesen Dingen transcendental hingeordnet ist. Das Resultat dieser Untersuchung wird für die Leser dieser philosophischen Arbeit, so hoffen wir, nicht zweifelhaft sein. Namentlich ist es die Lehre des englischen Meisters über die Wahlfreiheit des Willens, die unsere volle Aufmerksamkeit verdient.

Der Name Vermögen oder Potenz kommt in verschiedener Bedeutung vor. Manchmal versteht man darunter alle Eigenschaften oder Proprietäten, die naturgemäß auf die Wesenheit der Seele folgen, ohne Rücksicht darauf, ob sie einer Thätigkeit dienen oder nicht (1. dist. 3. q. 4. a. 1.). Gewöhnlich jedoch nennen die Philosophen jene Eigenschaften, welche zu einer Thätigkeit Beziehung haben, Potenzen (l. c. ad 3.). Die Potenz bedeutet demnach soviel als Thätigkeitsprincip. Sie ist nicht das Princip *quod* oder welches thätig ist, das kommt dem Agens zu, sondern das Princip *quo*, wodurch das Agens eine Thätigkeit ausübt (1. p. q. 41. a. 5. ad 1.). Das Wesen der Potenz besteht somit nicht in einer Beziehung oder Relation des Principes zu der Thätigkeit, obgleich sie, wie wir früher gesehen haben, nach dieser Beziehung benannt wird, entsprechend dem Grundsatze: *potentia dicitur ad actum*. Darum erklärt der Doctor Angelicus, diese Beziehung der Potenz zur Thätigkeit, zum Acte sei eine *relatio secundum dici*, nicht *secundum esse*. Ihrem Sein nach ist die Potenz wirkliches Princip (1. dist. 7. q. 1. a. 2.). Daher gehört sie in die Kategorie der Qualität, nicht in jene der Relation (de potentia q. 2. a. 2.).

Die Potenz ist also im eigentlichen Sinne Princip einer Thätigkeit. Dies bedeutet sie in erster Linie, obgleich man auch von dem, was aufnehmendes Princip ist, sagt, es habe eine Potenz die Thätigkeit des Agens aufzunehmen (1. dist. 42. q. 1. a. 1. ad 1. et 2.). Dieses letztere ist im übertragenen Sinne zu verstehen und bedeutet die Potenz in zweiter Linie (de potentia q: 1. a. 1.). Da indessen das Thätigkeitsprincip zweifach ist, ein nächstes und ein entferntes, so frägt es sich, welches Princip mit dem Namen Potenz bezeichnet werde. Der englische Lehrer behauptet, unter Potenz sei das nächste oder unmittelbare Princip einer Thätigkeit zu verstehen (1. dist. 45. q. 1. a. 3. ad 2.).

Widerstreitet diese Lehre des heil. Thomas nicht der von uns früher aufgestellten Behauptung, dass der Wille an und für sich eine passive Potenz sei? Keineswegs; denn auch der englische Meister lehrt ganz dasselbe. Wird der Begriff passiv richtig aufgefasst, so kann von einem Widerspruche in der Lehre des heil. Thomas nicht die Rede sein. Passiv nennen wir dasjenige, was sich wie der Stoff verhält. Die Eigenschaft des Stoffes liegt wesentlich darin, träg, unthätig zu sein. Dagegen heißt activ dasjenige, was im Verhältnisse der Form steht. Die Form bildet das Princip für die Thätigkeit. Nun ist aber dem heil. Thomas der Gegenstand, nämlich das Gut und das Endziel, die Form für den Willen, gleichwie das Intelligible die Form für den Verstand bildet (de virt. q. 2. a. 3.). Dasjenige, was nichts thut, muss ohne Zweifel passiv genannt werden. Der Wille aber thut nichts, wenn er nicht durch sein Object, das begehrenswerte Gut und Endziel in Bewegung, in Thätigkeit versetzt wird (de veritate q. 14. a. 2.).

Und nicht bloß vom Objecte muss der Wille bewegt werden, damit er thätig wird, sondern er bedarf überdies noch einer Bewegung, die von einem äußern Princip herkommt. Dieses äußere Princip muss den Menschen und Engel instigieren, damit sie berathen, was zu thun sei. Der Philosoph nennt dieses äußere Princip Gott (Quodl. 1. a. 7.). Daraus folgt offenbar, dass der Wille, um nur von diesem zu reden, an und für sich, oder seinem Wesen nach passiv ist. Das Nichtdeterminierte verhält sich stets passiv. Der Wille aber ist in zweifacher Weise nicht bestimmt, hinsichtlich des Gegenstandes und mit Bezug auf seine Thätigkeit (1. 2. q. 9. a. 1.). Er muss somit erst durch ein anderes Thätigkeitsprincip werden. Wodurch dieses geschieht, werden wir ohne besonders große Mühe dann ersehen, wenn wir die Thätigkeit überhaupt einer Untersuchung werden unterworfen haben.

56. Wie in der deutschen Sprache die Ausdrücke: wirken, verursachen, thun, handeln u. s. w. eine Thätigkeit in sich begreifen, so bedient sich auch die lateinische Sprache verschiedener *termini*, um die Thätigkeit eines Dinges damit zu bestimmen. Wir nennen hier nur die gebräuchlichsten aus dem heil. Thomas.

Der Name: „Thätigkeit" bezeichnet an sich etwas Abstractes, etwas nach Art der Substanz für sich Bestehendes. Wird er dagegen concret genommen, so bedeutet er ein Thätigsein und bezeichnet ein Subject, das Agens, welchem die Thätigkeit angehört, in welchem sie ist und von welchem sie ausgeht. Im heil. Thomas finden sich verschiedene Ausdrücke, womit die Thätigkeit eines Dinges bezeichnet wird. Bald nennt der englische Lehrer sie Act, *actus*, bald *actio* oder auch *operatio*.

Das Wort: „Act" bedeutet zunächst eine Form, durch welche einem andern irgend ein Sein verliehen wird. So ist z. B. die Farbe dasjenige, wodurch einem Gegenstande das Gefärbtsein, das Licht dasjenige, wodurch einem Dinge das Hellsein, oder das Beleuchtetsein zutheil wird u. s. w. Dieser Act gibt indessen ein Sein nicht als wirkende *(causa efficiens)*, sondern als formelle Ursache *(causa formalis)*. Aus diesem Grunde bezeichnet er, wie schon bemerkt, eine Form. In diesem Sinne müssen wir also die Thätigkeit definieren als dasjenige, was **formell**, oder nach Art der Form bewirkt, dass ein Ding thätig ist und so genannt wird. Die Form aber ist dem Subjecte innerlich und constituiert dasselbe innerlich in einem substantiellen oder accidentellen Sein. Die Thätigkeit eines Dinges ist somit dasjenige, wodurch ein Subject, das Agens, innerlich und formell als thätig, in seinem Thätigsein constituiert wird, wie z. B. die Existenz dasjenige genannt wird, wodurch eine Wesenheit innerlich und formell in ihrem Dasein constituiert wird. In allen diesen Fällen bildet der Act das formelle Princip *quo* oder **wodurch** ein Ding ein Sein hat ohne Rücksicht auf die **wirkende Ursache**, welche diesen Effect, dieses Sein hervorbringt. Die Form benennt ihr Subject, insofern sie demselben **inhäriert**. In unserer Frage verstehen wir demnach unter Willensthätigkeit dasjenige Seiende *(ens)*, wodurch der Wille **innerlich und formell** thätig ist und so genannt wird.

Das Wort: „Act", *actus* kann aber auch in einer andern Bedeutung genommen werden, insofern damit nicht die **formelle**, sondern die wirksame Ursache *(causa efficiens)* bezeichnet wird. In diesem Sinne gebraucht der Doctor Angelicus den Ausdruck: „*actio*". Darunter verstehen wir dasjenige, wodurch das Agens als wirkende Ursache thätig ist. Fragen wir wodurch ein Wesen auf ein anderes wirke, so wird uns die Antwort zutheil: durch seine Thätigkeit. Dasjenige, wodurch das Agens wirkt, ist, wie sich alsbald zeigen wird, ebenfalls eine Form. Allein in dieser zweiten Bedeutung wird diese Form oder der Act nicht als etwas einem Subjecte **Inhärierendes** aufgefasst, sondern als etwas, aus dem Agens Heraustretendes. Darum sagt der englische Lehrer, die Thätigkeit, die *actio* sei etwas vom Agens mittelst einer Bewegung Ausfließendes *(actio secundum quod est praedicamentum, dicit aliquid fluens ab agente cum motu)* (1. dist. 8. q. 4. a. 3. ad 3.). Die Thätigkeit ist also dem heil. Thomas in erster Linie nichts anderes, als der Ausgang oder der Ursprung einer Bewegung. Durch die Bewegung wird ein Ding aus seiner früheren Disposition gebracht, was ohne einen zureichenden Grund selbstverständlich nicht geschehen kann. Die Bewegung heißt auch Leiden, insofern sie nämlich von einer Ursache ausgeht, dem Beweglichen mitgetheilt und von diesem aufgenommen wird. Den Ausgang oder Ursprung dieser Bewegung nennt man mit Bezug auf den Anstoß, welchen die Bewegung erhält, und mit Rücksicht auf das Bewegliche, in welchem sie abschließt oder terminiert, *actio*, Thätigkeit (1. p. q. 41. a. 1. ad 2.). In diesem Sinne verstehen wir also unter Thätigkeit dasjenige, was vom Agens ausgeht und wodurch dasselbe einem andern seine Ähnlichkeit mittheilt, indem es ein anderes aus dem Zustande der Möglichkeit, der Potenz, in jenen der Wirklichkeit, in den Act, überführt. Das Agens ist durch seine Thätigkeit in *actu*, in der Wirklichkeit. Wenn es nun bewirkt, dass ein anderes ebenfalls wirklich wird, in *actu* ist, so macht es damit dieses andere sich ähnlich, theilt es dem andern seine Ähnlichkeit mit. Darin aber besteht eigentlich und wesentlich das Thätigsein eines Dinges (1. p. q. 11 5. a. 1.).

Daraus ergibt sich, dass die Thätigkeit als *actio*, obgleich dem Subjecte inhärierend, doch nicht als formell inhärierend aufgefasst wird, wie der Act, sondern als etwas, was aus dem Agens hervorgeht, und in einem andern seinen Abschluss findet. Dasjenige, wodurch das Agens auf ein anderes wirkt, ist wiederum eine Form, denn durch die Form ist es selber in *actu*, und die Ähnlichkeit der Form ist es, die nach Möglichkeit dem andern mitgetheilt wird. Der Stoff als solcher, oder was sich wie Stoff verhält, die Potenz als solche, ist niemals thätig, ihre Ähnlichkeit kann sie keinem andern mittheilen. Den tiefern Grund dafür werden wir noch kennen lernen.

57. Die Thätigkeit der Geschöpfe heißt noch aus einem andern Grunde „Act". Obgleich sie nämlich ein Effect, eine Wirkung der wirksamen operativen Potenz ist, so bleibt sie doch als Act des activen Principes in diesem Principe, in ihrer Ursache. Wir sagen ausdrücklich die Thätigkeit der Geschöpfe, denn in den Creaturen ist die Thätigkeit ein Accidens, somit sachlich, real von der Substanz und der activen Potenz unterschieden. Jedes positive Accidens aber verhält sich zu dem Subjecte, in welchem es ist, wie die Form oder der Act, und das Subject steht im Verhältnisse der aufnehmenden Potenz; daraus folgt, dass die Thätigkeit der Geschöpfe, obwohl ein Effect der operativen Potenz, dennoch Form oder Act dieser Potenz genannt werden muss.

Dass die Thätigkeit der Geschöpfe eine Wirkung, ein Effect sei, lässt sich aus folgender Stelle des heil. Thomas beweisen. Wo immer es mehrere untergeordnete Thätige gibt, da wird das niedere Agens vom höhern bewegt, wie z. B. im Menschen der Leib von der Seele und die niedern Kräfte von der Vernunft. Daher sind die Thätigkeiten und die Bewegung des untergeordueten Principes nicht so sehr Thätigkeiten, als vielmehr Wirkungen *(operata)*. Mit Bezug auf des erste Princip dagegen ist es Thätigkeit im eigentlichen Sinne (3. p. q. 19. a. 1.). Es kann aber auch gar nicht anders sein. Die Thätigkeit ist ein Seiendes, ein *ens*. Jedes Seiende muss eine wirkende Ursache haben. Gott allein hat keine wirkende Ursache. Das Agens muss demnach für seine Thätigkeit die wirksame Ursache bilden. Dies umsomehr, als die Thätigkeit nicht ein *accidens proprium* ist, welches aus den constitutiven Principien der Wesenheit *per modum naturalis resultantiae* hervorgeht, sondern ein *accidens per accidens*.

Der zweite von uns vorhin ausgesprochene Satz war, dass die Thätigkeit der Geschöpfe im Agens als ihrem Subjecte sei, und subjectiv im Agens bleibe. Vor allem müssen zwei Arten von Thätigkeiten unterschieden werden: solche, die im Agens bleiben *(actio immanens)*, und solche, die auf einen Effect, der außerhalb des Agens existiert, übergehen resp. einen solchen Effect hervorbringen *(actio transiens)*. Der Gegenstand oder das Object, welches wir als den *terminus* der Thätigkeit bezeichnen, ist bei der *actio immanens* im thätigen Subjecte selbst, nicht außerhalb desselben. Darum nennen wir diese Thätigkeit eine immanente. Der englische Lehrer zählt drei Arten dieser immanenten Thätigkeit auf: Erkennen, Wollen und Empfinden, letzteres nur mit einer gewissen Einschränkung. Bei der übergehenden Thätigkeit steht das Object, der *terminus*, auf welchen die Thätigkeit des Agens gerichtet ist, außerhalb des Agens. Wir können unmöglich alle diesbezüglichen Stellen des heil. Thomas hier anführen und begnügen uns daher mit der einen und der andern. So bemerkt er z. B. einmal: „Obgleich bei den Thätigkeiten, die auf eine äußere Wirkung übergehen, das Object dieser Thätigkeit, das als *terminus* bezeichnet wird, etwas außerhalb des Agens Existierendes ist, so ist doch bei den Thätigkeiten, die im Agens bleiben, das Object oder der *terminus* im Agens selbst. Das Agens dieser Art ist in der Wirklichkeit thätig *(operatio in actu)* insofern das Object in ihm ist (1. p. q. 14. a. 2.). Es gibt somit zwei Thätigkeiten, wie der Philosoph im 9. Buche seiner Metaphysik lehrt: die eine geht auf eine äußere Materie über, z. B. erwärmen, schneiden; die andere bleibt im Agens, z. B. erkennen, wollen, empfinden. Sie unterscheiden sich dadurch voneinander, dass erstere nicht eine Vollkommenheit für das Agens bildet, welches bewegt, sondern für dasjenige, was bewegt wird; letztere dagegen ist eine Vollkommenheit für das Agens selbst. Weil nun aber die Bewegung ein Act des Beweglichen ist, deshalb heisst die zweite Thätigkeit die immanente, insofern sie ein Act des Agens, nur ähnlichsweise Bewegung. Gleichwie nämlich die Bewegung ein Act des Beweglichen, ebenso ist die immanente Thätigkeit ein Act des Agens. Während aber die Bewegung auf die Thätigkeit eines Unvollkommenen hinweist, dessen nämlich, was in der Möglichkeit, in der Potenz existiert, bildet die immanente Thätigkeit den Act eines bereits Vollkommenen dessen, was in der Wirklichkeit, *in actu* ist" (1. p. q. 18. a. 3. ad 1.). Man vergleiche noch dazu: 1. p. q. 23. a. 2. ad 1. — ib. q. 27. a. 1. a. 2. a. 3. a. 5. — ib. q. 28. a. 4. u. s. w.

In allen diesen Stellen des englischen Meisters findet unsere Behauptung, die Thätigkeit der Geschöpfe sei ein Effect, eine Wirkung, die als *accidens* dem Agens inhäriert, ihre volle Bestätigung. Mit Bezug auf die immanente Thätigkeit unterliegt diese Sentenz gar keinem Zweifel, weil S. Thomas ausdrücklich betont, dass die Thätigkeit dieser Art im Agens bleibe. Allerdings spricht er, wie die Stellen deutlich beweisen, unmittelbar nur den Grundsatz aus, das Object oder der *terminus*, mit welchem sich die Thätigkeit befasst, sei etwas dem Agens Innerliches. Allein er lehrt andererseits auch, dass diese Thätigkeit für das Agens eine Vollkommenheit bilde. Dies ist aber nur möglich, wenn das *accidens* im Subjecte selber ist, das Subject i n f o r m i e r t. Formell wird jedes Ding dadurch vervollkommnet, dass es die betreffende Vollkommenheit besitzt, in s i c h hat. Die immanente Thätigkeit der Geschöpfe ist mithin subjectiv im Agens selber, weil sie ein *accidens*, nicht eine Substanz bildet.

58. Eine größere Schwierigkeit erhebt sich bezüglich der Thätigkeit, die auf ein anderes übergeht *(actio transiens)*. Dass auch die Thätigkeit dieser Art ein Accidens ist, steht außer Frage. Welchem Subjecte inhäriert nun dieses Accidens? Für sich bestehen kann es nicht, weil es Accidens, nicht Substanz ist. Wir werden einen Unterschied machen müssen, um der Lehre des heil. Thomas nahe zu kommen. Die übergehende Thätigkeit inhäriert i h r e m W e s e n n a c h dem Subjecte, von welchem sie aufgenommen wird. Indessen geschieht dieses nicht f o r m e l l, insofern sie Thätigkeit des activen Principes ist. In diesem Sinne ist sie i m A g e n s, weil sie vom Agens ausgeht. Sie befindet sich im Agens als dem eigentlichen Principe, der eigenen Ursache. Das Agens ist sozusagen das Fundament der Thätigkeit. S. Thomas äußert sich hierüber wie folgt: „Nachdem der Philosoph gezeigt, dass die Bewegung ein Act des Bewegers und Beweglichen ist, wirft er dagegen eine Schwierigkeit auf. Der Act kann nämlich dem activen und dem passiven Principe angehören, denn der Beweger wie das Bewegte übt eine Thätigkeit aus. Der Act des activen Principes wird Thätigkeit *(actio)*, jener des passiven Leiden *(passio)* genannt. Beide aber, die Thätigkeit und das Leiden, bilden eine Bewegung, sind mit derselben identisch. Entweder sind nun die Thätigkeit und das Leiden eine und dieselbe Bewegung, oder aber verschiedene. Sind es verschiedene,

so muss jede derselben in einem Subjecte sein, folglich entweder beide im leidenden und bewegten, oder die eine, nämlich die Thätigkeit, im Agens, und die andere, das Leiden, im Leidenden. Wenn jemand sagt, die Sache verhalte sich umgekehrt, das Leiden sei im Agens, und die Thätigkeit im leidenden Subjecte, so bedient er sich offenbar eines Sophismas, indem er das Leiden Thätigkeit und diese letztere Leiden nennt. Behauptet hingegen jemand, die Thätigkeit sei im Agens und das Leiden im Leidenden, so folgt, dass die Bewegung im Beweger ist, denn die Thätigkeit ist eine Bewegung. Dann wird aber der Beweger selbst ebenfalls bewegt, weil dasselbe vom Beweger ausgesagt werden muss, wie vom Bewegten, nämlich, dass dasjenige, in dem die Bewegung ist, bewegt wird. Oder vom Leiden gilt dasselbe, wie vom Agens, und dann folgt der Widerspruch: dass entweder jeder Beweger selber auch bewegt wird, oder dass etwas eine Bewegung hat ohne bewegt zu werden. Die Thätigkeit ist aber der Act des Agens. Ist sie nun im Leidenden, nicht im Agens, so folgt, dass der eigene Act nicht in demjenigen sich befindet, dessen Act er ist." — Wie lassen sich nun diese Widersprüche ausgleichen?

„Die Thätigkeit und das Leiden sind eine und dieselbe Bewegung, nicht deren zwei. Insofern diese Bewegung vom Agens ausgeht *(est ab agente)*, heißt sie Thätigkeit, und insofern sie im Leidenden aufgenommen ist, wird sie Leiden genannt. Die Thätigkeit des Agens ist also gewissermassen im Leidenden, der Act des einen im andern. Dies ist nun aber ganz gut möglich. So ist z. B. das Lehren, die Thätigkeit des Lehrens im Magister. Sie geht von ihm aus und nimmt beständig, ohne Unterbrechung die Richtung zu einem andern hin. Diese Thätigkeit gehört folglich dem Agens als demjenigen an, von welchem sie ausgeht, im Leidenden aber, z. B. im Schüler, ist sie als etwas Aufgenommenes. Ein Widerspruch wäre nur dann vorhanden, wenn die Thätigkeit des einen auf die nämliche Weise, auf welche sie Thätigkeit in dem einen ist, es auch im andern wäre" (physic. lib. 3. lect. 5. ed. nov.).

Aus diesen Worten des englischen Meisters folgt die Bestätigung unserer früher aufgestellten These. Jede Bewegung ist im Beweglichen und jede Thätigkeit der Geschöpfe bildet ihrem Wesen nach eine Bewegung. Daher ist die Thätigkeit ihrem Wesen nach im Leidenden als ihrem Subjecte. Darum bemerkt der heil. Thomas anderswo, die Thätigkeit, welche auf einen äußern Gegenstand übergeht, sei sachlich, in Wirklichkeit *(realiter)* ein Mittelding zwischen dem Agens und dem Subjecte, in welchem die Thätigkeit aufgenommen wird. Die Thätigkeit dagegen, welche im Agens bleibt, bilde nicht real ein Mittelding zwischen dem Agens und dem Objecte, sondern bloß gemäss der Bezeichnung *(secundum modum significandi)*. Der Doctor Angelicus unterscheidet somit ganz deutlich das Subject, von welchem die Thätigkeit aufgenommen wird vom Agens, welches das andere Extrem ausmacht. Zwischen diesem Subjecte und dem Agens steht der Wirklichkeit nach *(realiter)* die Thätigkeit selber in der Mitte (1. p. q. 54. a. 1. ad 3.).

Weiter bemerkt S. Thomas, es ergebe sich kein Widerspruch, wenn der Act des einen in dem andern ist. Ein Widerspruch wäre nur dann nachweisbar, wenn der Act des einen auf dieselbe Art in dem einen und dem andern sich fände. Wir wissen aber, dass diese Thätigkeit, dieser Act, Act des activen Principes insofern ist, als er vom Agens ausgeht. Unter dieser Formalität befindet er sich aber nicht im Leidenden. Vom Leidenden, Passiven geht keine Thätigkeit aus, dieses kann vielmehr nur eine Thätigkeit empfangen und in sich aufnehmen. Als vom Leidenden aufgenommene Thätigkeit ist sie Act des Passiven. Somit ist die Thätigkeit des Agens dieser Art, weil vom Passiven aufgenommen, subjectiv im Leidenden. Sie ist es jedoch nicht formell, als Thätigkeit, die vom Agens ausgeht, denn sonst müsste man das Leidende, das Passive, Agens nennen. Jede Form, die einem Subjecte formell oder als Form mitgetheilt wird, benennt das entsprechende Subject formell. Vom Leidenden, Passiven kann aber nicht formell ausgesagt werden, es sei ein Agens. Folglich ist die Thätigkeit des Agens, insofern sie formell von demselben ausgeht, nicht im Passiven, im Leidenden. Ein und dasselbe kann unmöglich zu gleicher Zeit und unter demselben Gesichtspunkte Agens und Patiens sein. Darum ist die Thätigkeit formell als solche, und insofern sie vom Agens ausgeht, subjectiv nicht im Leidenden. In diesem ist sie als aufgenommene Form, die ein mehr oder minder bleibendes, oder vorübergehendes Sein hat, solange eben die Bewegung andauert.

59. Wo ist aber dann die Thätigkeit als solche oder unter dieser Formalität subjectiv? Im Passiven, haben wir gesehen, kann sie nicht sein. Im Agens scheint sie ebenfalls nicht subjectiv zu sein, denn sie ist etwas vom Agens Ausfließendes *(est aliquid fluens ab agente cum motu)*. Die Thätigkeit als solche nämlich unter dieser Formalität ist in gar keinem Subjecte. Allein da sie keine Substanz, sondern ein Accidens ist, hat sie ihr subjectives Sein im Agens, im thätigen Vermögen, in der operativen Potenz. Diese Lehre trägt der englische Meister zweifellos an verschiedenen Stellen vor. Wir wollen einige derselben examiniren.

Vor allem kann nach dem heil. Thomas etwas auf dreifache Weise in einem andern sein: wesentlich, vorausgehend *(antecedenter)* und begleitend *(concomitanter)* oder nachfolgend. Nimmt man die übergehende Thätigkeit consecutiv, d. h. als dasjenige, was auf Grund der Thätigkeit im Leidenden, Passiven, zurückbleibt, als Bewegung und ausfließende Form, so ist klar, dass die Thätigkeit subjectiv im Leidenden sich befindet. Die Erhitzung des Wassers z. B.; oder die im Wasser durch das Feuer vermittelst der Erhitzung hervorgebrachte Wärme ist subjectiv im Leidenden, im Wasser. Aus diesem Grunde bildet die Thätigkeit für das Passive oder Leidende eine Vollkommenheit. Wenn man also sagt, die Thätigkeit sei eine Vollkommenheit für das Leidende, so ist das eine Aussage *per concomitantiam,* nämlich in dem Sinne, dass durch die übergehende Thätigkeit dem Leidenden eine Vollkommenheit zutheil wird. Ähnlich verhält es sich, wenn man sagt, die Abstractionskraft, der *intellectus agens,* sei seine eigene Thätigkeit. Diese Aussage geschieht ebenfalls *per concomitantiam* oder *per causam,* indem nämlich der Abstractionskraft die Thätigkeit folgt. Keineswegs aber wollen wir damit ausdrücken, dass d i e s e K r a f t mit ihrer T h ä t i g k e i t sachlich identisch sei *(praedicatio essentialis).* Fassen wir dagegen die Thätigkeit als vorausgehend, nämlich als Form des Agens, die das nächste, unmittelbare Princip der Thätigkeit bildet, so ist die Thätigkeit s u b j e c t i v im Agens. Die Erhitzung, genommen als Wärme, die das unmittelbare Princip der Erhitzung des Wassers bildet, ist offenbar s u b j e c t i v im Feuer. Wird endlich die Thätigkeit w e s e n t l i c h *(essentialiter)* ausgesagt, nämlich das Verhältnis des Agens zum Leidenden dadurch bezeichnet, dann bedeutet sie das Herausfließen, den Ausgang der Thätigkeit, wodurch die Form im Leidenden hervorgebracht wird. So kann man z. B. die active Mittheilung der Wärme des Agens, des Feuers und durch das Feuer, die dem Wasser zutheil wird, als eine Thätigkeit auffassen. Diese Thätigkeit muss aber dann in zweifacher Weise in Betracht gezogen werden. Erstens mit Bezug auf die Art der Bezeichnung. In diesem Sinne ist die Thätigkeit s u b j e c t i v nicht im Agens, d. h. wir wollen mit dem Worte „Thätigkeit" nicht andeuten, dass dieselbe im Agens als ihrem Subjecte sei, obgleich sie t h a t s ä c h l i c h im Agens sich befindet. Zweitens wird mit dem Worte „Thätigkeit" auf die damit bezeichnete Sache hingewiesen. In dieser Bedeutung verstanden, ist die übergehende Thätigkeit im Agens selber, denn etwas kann sehr wohl einem andern inhärieren, was jedoch nicht als inhärierend bezeichnet wird. Die Thätigkeit, haben wir früher gesehen, besagt an und für sich nicht, dass etwas inhäriere, denn wir wollen damit nicht von derselben aussagen, dass sie in dem Agens sei, sondern dass sie vom Agens ausgehe. Nichtsdestoweniger ist die Thätigkeit im Agens. Man vergleiche: 1. p. q. 54. a. 1. ad 1. — 1. 2. q. 3. a. 3. — ib. q. 6. a. 8. — ib. q. 19. a. 6. — ib. q. 76. a. 3. a. 4. — de veritate q. 25. a. 1. ad 1. bezüglich der dreifachen Art, auf welche etwas in einem andern ist. — Darüber, dass die Thätigkeit im Agens selber ist cfr. de potentia q. 7. a. 9. ad 7. — ib. a. 10. ad 1. — 1. dist. 32. q. 1. a. 1. — ib. dist. 40. q. 1. a. 1. ad 1.

Aus dieser Darlegung des Doctor Angelicus ergibt sich mit aller Bestimmtheit, dass die Thätigkeit im Agens als ihrer Ursache ist, obgleich sie nicht als inhärierend benannt wird. Jedes Accidens, und ein solches ist die Thätigkeit, muss in der Substanz sein, dessen Accidens es bildet. Darum bemerkt der englische Meister an einer Stelle Folgendes: „Die Art der Benennung richtet sich nach der verschiedenen Natur des Agens. Manche Gattungen bezeichnen ihrem Wesen nach ein Ding als inhärierend, z. B. die Quantität und die Qualität. In diesen Dingen stützt sich die Benennung jederzeit auf eine inhärierende Form, die Princip für ein substantielles oder accidentelles Sein ist. Andere bezeichnen ihrem Wesen nach etwas von einem andern Seiendes, nicht etwas Inhärierendes. Besonders gilt dies bezüglich der Thätigkeit *(actio)*. Die Thätigkeit als solche bedeutet etwas von einem andern Sciendes. Wenn sie nichtsdestoweniger in einem Agens sich befindet, so ist das für sie zufällig, nicht wesentlich. Sie muss in einem Agens sein, wenn sie Accidens, nicht Substanz ist. Wäre sie z. B. nicht Accidens, so würde sie nicht inhärieren, und trotzdem das Agens benennen, wie es in Gott der Fall ist. Wir sagen von Gott die Thätigkeit aus, obgleich sie ihm nicht inhäriert, weil sie in ihm nicht Accidens ist. Gott nennen wir aus dem Grunde thätig, weil die Thätigkeit von ihm ausgeht" (1. dist. 32. q. 1. a. 1.). Noch deutlicher spricht er sich anderswo darüber aus: „Weil die Thätigkeit im Agens und das Leiden im Leidenden ist, deshalb kann nicht das numerisch eine Accidens, z. B. die Thätigkeit als Accidens, und das Leiden als Accidens sachlich ein und dasselbe sein. Ein Accidens findet sich nie in verschiedenen Subjecten. Darum bemerkt Avicenna, dass in zwei Dingen, die specifisch gleich sind, nicht numerisch eine Gleichheit sein könne" (2. dist. 40. q. 1. a. 4. ad. 1.).

Es ist somit klar, dass auch die übergehende Thätigkeit, die *actio transiens* im Agens selber sich befindet. Sie ist und bleibt ein Accidens, welches der thätigen Potenz inhäriert. Der Unterschied zwischen der immanenten und transeunten Thätigkeit besteht darin, dass dasjenige, was durch die immanente verursacht und hervorgebracht wird, im Agens selber bleibt, während bei der übergehenden das, was sie verursacht, von einem äußern Subjecte aufgenommen wird. Die transeunte Thätigkeit selbst geht nicht über ihrer Wesenheit nach, sie bleibt als Accidens im Agens. In diesem Sinne bildet nicht allein die immanente, sondern auch die transeunte Thätigkeit für das Agens eine Vollkommenheit.

60. Endlich haben wir noch eine andere Bezeichnung der Thätigkeit kurz zu betrachten: die Operatio. Der englische Lehrer bemerkt, die übergehende Thätigkeit werde eigentlich *actio*, die immanente eigentlich *operatio* genannt. Seine Worte sind: „Die Thätigkeit *(actio)* ist zweifach: die eine geht vom Agens aus und

auf eine äußere Materie über. Diese verhält sich wie das Erleuchten, Hellmachen *(illuminare)*. Die andere geht nicht auf eine Materie über, sondern bleibt als Vollkommenheit im Agens selbst. Diese verhält sich wie das Hellsein *(lucere)*. Erstere heißt eigentlich *actio*, letztere *operatio*. Beide kommen darin überein, dass sie nur von einem Subjecte ausgehen, welches wirklich *(in actu)* und insofern es wirklich ist. Ein Körper ist nicht hell, außer er besitzt in der Wirklichkeit Licht. Ebenso kann er nicht Licht ausstrahlen, andere Gegenstände beleuchten und erhellen, wenn er selbst in der Wirklichkeit kein Licht hat" (de veritate q. 8. a. 6.).

Die Thätigkeit der Geschöpfe ist demnach nichts anderes als eine accidentelle Form, welche vom Agens, der thätigen wirkenden Potenz, mittelst der Bewegung ausgeht oder ausfließt, und in einem Subjecte aufgenommen wird. Wir sagen die Thätigkeit der Geschöpfe, denn die Thätigkeit Gottes ist sachlich ein und dasselbe mit seiner Wesenheit, der substantiellen Form. Darum, erklärt S. Thomas, könne man von Gott nicht sagen, er wirke **mittelst** der Thätigkeit, wenn man unter dieser Thätigkeit das versteht, was im Prädicamente, in der Kategorie: „Thätigkeit" einbegriffen ist. Diese Aussage müsse bloß als eine analoge aufgefasst werden (1. dist. 8. q. 4. a. 3. ad 3.). Gott ist nicht durch eine Bewegung thätig (2. dist. 17. q. 1. a. 2. ad 4. — ib. dist. 18. q. 2. a. 2.). Jede geschöpfliche Thätigkeit hingegen gehört der Kategorie: „Thätigkeit" an, weil sie durch eine Bewegung sich vollzieht und überdies sachlich nicht ein und dasselbe ist mit der Wesenheit, weder mit der Wesenheit der Substanz noch mit jener des Vermögens oder der Potenz. Sie bildet hinsichtlich beider etwas Hinzugefügtes, ein Accidens. Dies führt uns zu der Untersuchung über den sachlichen realen Unterschied der Thätigkeit von ihrem nächsten und entfernten Principe.

§ 8. Das Verhältnis der Thätigkeit zu ihrem Principe: zu der Wesenheit, zu der Potenz im passiven und activen Zustande.

61. An verschiedenen Stellen erörtert der englische Lehrer die Frage, ob die Thätigkeit eines Geschöpfes mit der Wesenheit desselben sachlich identisch sei. Der Heilige verneint diese Frage mit dem Bemerken, dass die sachliche Identität der Wesenheit mit dem Thätigsein ausschließlich Gott zukomme. In den Creaturen dagegen sei ohne Ausnahme ein realer Unterschied anzuerkennen.

Betrachten wir zunächst das vollkommenste der Geschöpfe, den Engel. Die Verstandesthätigkeit des Engels ist sachlich nicht ein und dasselbe mit seiner Wesenheit, denn die Thätigkeit eines Dinges steht weiter von der Wesenheit desselben ab, als die Existenz dieser Wesenheit. In einem Geschöpfe aber sind die

Substanz und das Dasein **sachlich** nicht ein und dasselbe. Dies ist Gott allein eigen. Weder im Engel, noch in sonst irgend einer Creatur ist folglich die Thätigkeit real identisch mit der Substanz oder Wesenheit. Der tiefere, innere Grund für diese Wahrheit muss darin gesucht werden, dass die Thätigkeit die Actualität oder Verwirklichung der Kraft ist, gleichwie das Dasein, die Existenz, die Actualität der Substanz oder Wesenheit bildet. Nun erweist es sich aber als geradezu unmöglich, dass ein Ding, welches nicht reine Wirklichkeit, *actus purus*, sondern mit einer Potentialität vermischt ist, seine eigene Actualität ausmache. Die Actualität widerstreitet der Potentialität. Da nun kein Geschöpf reine Wirklichkeit ist — denn Gott allein ist *actus purus* —, so folgt mit zwingender Nothwendigkeit, dass die Wesenheit und Thätigkeit in den Creaturen nicht sachlich ein und dasselbe sein können.

Dazu kommt noch ein weiterer Grund. Wäre nämlich die Verstandesthätigkeit des Engels mit der Substanz desselben real identisch, so müsste diese Thätigkeit etwas Subsistentes sein. Allein die subsistente Verstandesthätigkeit kann nur **als einzige** existieren, wie irgend ein subsistierendes Abstractes. Daraus würde aber dann folgen, dass die Substanz des einen Engels sich weder von der Substanz Gottes, welche subsistente Verstandesthätigkeit ist, noch von der Substanz des andern Engels unterscheiden könnte.

In diesem Falle könnte es auch keine Abstufungen geben, indem der eine vollkommener versteht, als der andere. Die Abstufungen dieser Art sind nur möglich durch die Antheilnahme an der Verstandesthätigkeit (1. p. q. 54. a. 1.). Die Verstandesthätigkeit des Engels kann somit nicht real identisch sein mit der Substanz oder Wesenheit desselben (4. contr. Gent. c. 11.). Darum haben sie auch nur **das Bild** des dreieinigen Gottes in sich. Das Wort und die Liebe bilden in ihnen aus dem Grunde nicht subsistente Personen, weil ihr Verstehen und Wollen sich real von der Wesenheit unterscheidet (de potentia q. 10. a. 1. ad 5.). Es unterliegt demnach gar keinem Zweifel, dass die Thätigkeit des Engels, so gut wie die der übrigen Geschöpfe sich sachlich von der Wesenheit unterscheidet. Die Thätigkeit bildet in ihnen die Actualität **der operativen Potenz oder Kraft**, gleichwie die Existenz Actualität der Wesenheit ist. Durch diese Actualität haben beide Wirklichkeit: die Wesenheit mit Bezug auf das Dasein, das Vermögen oder die Potenz im Hinblick auf die Thätigkeit. Niemand kann darum behaupten, wenn er überhaupt bei Sinnen ist *(nisi insanus)*, die Thätigkeit der geschaffenen Substanz sei mit der Wesenheit real identisch. Mit Recht unterscheidet darum Dionysius in den höhern Substanzen die Wesenheit von der Kraft und von der Thätigkeit (de spiritual. creat. a. 11.).

Endlich ergibt sich die Unmöglichkeit der sachlichen Identität von Wesenheit und Thätigkeit in den Geschöpfen auch daraus, dass jede Creatur **mehrere** und ganz verschiedene Thätigkeiten ausübt, während die Wesenheit derselben nur eine einzige ist. Diese Mehrheit und Verschiedenheit kann nur erklärt werden, wenn das **nächste**, **unmittelbare** Princip der Thätigkeit gleichfalls als ein Mehrfaches, Verschiedenes angenommen wird. Daher bemerkt der englische Meister, dass in Gott nur eine **einzige** Potenz sei, nämlich das mit der Wesenheit sachlich identische Princip der Thätigkeit. Ebenso ist in ihm real nur eine **einzige** Thätigkeit, nämlich die Wesenheit selber. Dagegen sind mehrere Wirkungen dieser einen Thätigkeit (1. dist. 42. q. 1. a. 2.). Die verschiedenen Thätigkeiten der Geschöpfe aber können nicht von einem **unmittelbar** wirkenden Principe ausgehen.

Aus dieser Argumentation des Doctor Angelicus folgt abermals die große Bedeutung des **sachlichen** Unterschiedes zwischen Wesenheit und Existenz in den Creaturen. Der englische Lehrer knüpft an diesen Unterschied, wie wir sehen, die weitgehendsten Schlussfolgerungen. Viele andere Wahrheiten stützen sich geradezu auf diese **eine**. Namentlich ist es der große absolute Abstand der Geschöpfe von Gott, der damit ausgesprochen und vertheidigt wird.

62. Aber vielleicht ist die Thätigkeit der Geschöpfe sachlich ein und dasselbe mit der Existenz, so dass die Creaturen, weil sie existieren, *eo ipso* auch thätig sind?

Der englische Lehrer vermag dieser Ansicht nicht beizupflichten. Nachdem er die Frage aufgeworfen, ob die Verstandesthätigkeit des Engels sachlich identisch sei mit der **Wesenheit** desselben, frägt er weiter, ob diese Thätigkeit identisch sei mit dem Dasein. Wie die erste, so wird auch die zweite Frage von ihm verneint.

Die Thätigkeit des Engels bildet eine Bewegung, die Existenz dagegen etwas Stabiles, nicht aber eine Bewegung. Folglich können diese beiden unmöglich real ein und dasselbe sein. Diese Wahrheit hat indes ihre Geltung nicht bloß in Bezug auf den Engel, sondern auch hinsichtlich der Geschöpfe überhaupt. Die Thätigkeiten sind entweder transeunte oder immanente. Die erstern können mit der Existenz aus dem Grunde nicht sachlich identisch sein, weil die Existenz etwas Innerliches ist, während sie selbst einen Ausfluss vom Agens und Übergang auf das Leidende bezeichnen. Die immanenten Thätigkeiten besitzen eine gewisse Unendlichkeit, denn das Wahre als Object des Verstandes, und das Gut als Object des Willens sind so allgemeiner Natur, wie das Seiende, das *Ens*. Daher kann der Verstand an und für sich alles erfassen und der Wille alles begehren. Und beide Vermögen werden vom Objecte specificiert. Das Dasein, die Existenz hingegen ist auf eine bestimmte Gattung und Art **eingeschränkt**.

Darum ist ausschießlich nur die Existenz Gottes mit seiner Thätigkeit sachlich identisch. Der Engel kann manches durch seine Wesenheit verstehen, aber bei weitem nicht alles (1. p. q. 54. a. 2.).

Dazu kommt noch, das dasjenige, was der Verstand des Engels von der erkannten Sache in sich bildet, das sogenannte *verbum*, oder die *species expressa* nicht real identisch ist mit seiner Substanz. Die Existenz dieser *species expressa* ist im Engel und im Menschen im Verstande selber, die Existenz des Verstandes dagegen nicht. Dies ist nur in Gott der Fall (4. contr. Gent. c. 11.). Wie sich daher die Wesenheit zur Existenz verhält, so verhält sich das Können zum Thätigsein. Und wie sich das Dasein zur Thätigkeit verhält, so verhält sich die Potenz, das Vermögen zur Wesenheit. Existenz und Thätigkeit sind in Gott a l l e i n real ein und dasselbe (de anima a. 12. arg. pro).

Zu demselben Resultate gelangen wir auf einem andern Wege. Das Sein, die Existenz ist Act, denn sie bildet die letzte Actualität der Wesenheit. Wäre nun die geistige Substanz, die Seele oder der Engel resp. die Existenz derselben u n m i t t e l b a r Princip der Thätigkeiten, so müssten sie ununterbrochen geistig thätig sein. Die Existenz kennt keine fernere Hinordnung zu einem Acte, indem sie selber der letzte Act ist. Mit Bezug auf die menschliche Seele weist aber die Erfahrung nach, dass sie nicht b e s t ä n d i g geistig thätig ist. Der Engel erkennt und liebt zwar ohne Unterbrechung sich selber. Allein hinsichtlich der andern Objecte trifft dieses nicht zu. Auch er ist demnach gleich der menschlichen Seele, manchmal in der Potenz zu dieser oder jener Thätigkeit (1. p. q. 77. a. 1).

Die Thätigkeit der Geschöpfe gehört somit weder zu der Wesenheit, noch zum Dasein derselben. Sie bildet auch nicht ein *accidens proprium* derselben, weil sie nicht aus den constitutiven Principien der Wesenheit hervorgeht und die Wesenheit nicht immer im Besitze der Thätigkeit sich befindet. Die Thätigkeit bildet ein Accidens *per accidens*, während die Wesenheit direct, die Existenz reductive zur Kategorie Substanz gehören.

Aus alledem folgt zur Evidenz, dass die Wesenheit der Creaturen nicht nächstes, unmittelbares Princip ihrer Thätigkeiten sein kann. Sie übt vielmehr vermittelst accidenteller Principien ihre Thätigkeiten aus. Während sie selbst als erstes radicales Princip e i n e s ist, besitzt sie verschiedene Vermögen oder Potenzen, durch welche die Thätigkeiten unmittelbar vollzogen werden. Die Potenz und der Act müssen in Correlation stehen (de anima a. 12.). Diese Potenzen wirken nicht selbständig und unabhängig, sondern in der Kraft des ersten Principes, der Seele (l. c. ad 10.). Die Vermögen der Geschöpfe stehen daher in der Mitte zwischen der Substanz und der Thätigkeit, und sie bilden die Instrumentalursache für die Wesenheit (de spirit. creat. a. 11. arg. pro). Dass die Potenzen oder Vermögen der Creaturen sich sachlich von der Wesenheit derselben unterscheiden, ist dem englischen Lehrer nicht zweifelhaft. Der Unterschied ist in derselben Weise real wie jener zwischen Wesenheit und Thätigkeit. Wir sehen indessen von der Prüfung dieser Doctrin des heil. Thomas ab, weil wir nur das Verhältnis der Thätigkeit zu dem Wesen, der Substanz der Geschöpfe darlegen wollen.

Bilden nun die Potenzen das nächste, unmittelbare Princip für die Thätigkeiten eines geschaffenen Wesens, so drängt sich uns die weitere Frage auf, in welchem Verhältnis sich die Thätigkeit der Potenz gegenüber befindet.

63. Fassen wir zunächst das Verhältnis der Thätigkeit zu der Potenz in ihrem **rein passiven** Zustande ins Auge. Muss zwischen der **passiven** Potenz, dem *agens in potentia*, und der Thätigkeit eine sachliche Identität angenommen werden? Offenbar nicht; denn *agens in potentia* wird ein Ding gerade darum genannt, weil es unthätig ist, keine Thätigkeit ausübt. Es verhält sich somit anders, wenn es unthätig, und anders, sobald es eine Thätigkeit vollzieht. Diese Änderung geht nicht bloß unserer Auffassung nach vor sich, sondern sie ist eine wirkliche, reale. S. Thomas lehrt, die Thätigkeit sei eine Bewegung, sei ein Ausfließen aus dem Agens. Dies aber lässt sich ohne reale Veränderung des Agens nicht denken. Die passive Potenz bewegt sich nicht, aus ihr fließt nichts aus, weil sie nichts besitzt, was aus ihr hervorgehen könnte. Das *agens in potentia* ist zwar der **Möglichkeit nach**, aber nicht in der Wirklichkeit thätig. Wir haben früher gehört, dass der englische Lehrer behauptet, zwischen der Potenz und dem Acte müsse eine Correlation sein. Infolge dessen entspricht dem *agens in potentia* eine Thätigkeit *in potentia*. Die passive Potenz besitzt nur eine **mögliche** Thätigkeit, keineswegs eine wirkliche. Allein wir fragen, wie sich die **wirkliche** Thätigkeit zu dem *agens in potentia* verhält. Dieses letztere kann demnach in keiner Weise mit der Thätigkeit selbst **sachlich** identisch sein.

Diese Wahrheit folgt mit zwingender Nothwendigkeit in Bezug auf den Willen. Der Beweis des heil. Thomas, dass die Wesenheit der Seele sachlich nicht ein- und dasselbe sein könne mit ihren Vermögen oder Potenzen, lässt sich genau auf unsern Gegenstand anwenden. Wäre die Seele unmittelbar Princip der Thätigkeit, bemerkt der englische Lehrer, so müsste der Mensch, so lange er lebt, immer geistig thätig sein, gleichwie er immer in Wirklichkeit *(actu)* existiert. Allein der Mensch ist nicht immer geistig thätig. Ganz dasselbe muss vom Willen als Potenz gesagt werden. Ist die passive Potenz, das *agens in potentia*, mit der Thätigkeit real identisch, so muss sie immer thätig sein. Der Wille existiert immer, ist immer vorhanden. Und dennoch ist er nicht immer thätig. Der englische Meister sagt mit Grund von ihm, er sei *quandoque agens in potentia, quandoque agens in actu*. Er fängt jetzt zu wollen an, während er früher nicht wollte (1. 2. q. 9. a. 4.). Somit kann er unmöglich mit der Thätigkeit selber sachlich identisch sein.

Es ist ständige Lehre des heil. Thomas, dass ein Ding erst dann eine Thätigkeit ausübt, wenn es *in actu*, in der Wirklichkeit, nicht aber solange es in der Möglichkeit sich befindet. Stellen für diese Lehre sind in den Werken des Doctor Angelicus ungezählte. Und warum ist es erst dann thätig, wenn es in der Wirklichkeit sich befindet? Der englische Lehrer antwortet, weil es erst dann vollkommen ist. Actives Princip ist ein Ding erst dann, wenn es vollkommen (1. p. q. 25. a. 1.). Die passive Potenz, das *agens in potentia*, besitzt offenbar nicht die verlangte Vollkommenheit, sonst wäre sie ja thätig. Dieses *agens in potentia* unterscheidet sich real von jener Vollkommenheit, wodurch es *agens in actu* wird. Durch sich selber kann es nicht zugleich unvollkommen und vollkommen sein. Darum unterscheidet sich die passive Potenz real von der activen, oder wie S. Thomas sagt: *potentia passiva dividitur contra actum* (l. c. ad 1.). Er zählt stets zwei Kategorien von Potenzen auf: active und passive. Die active Potenz ist Thätigkeitsprincip, die passive niemals. Diese ist Princip für das Leiden. Sie kann folglich mit der Thätigkeit nicht real identisch sein.

Dies ergibt sich aus der Doctrin des englischen Meisters über das Wesen der Thätigkeit. Dieser Doctrin zufolge ist die Thätigkeit eine Wirkung, ein Effect der activen Potenz. Die active Potenz bildet das Princip der Thätigkeit. Nun unterliegt es doch gar keinem Zweifel, dass zwischen der Ursache und der Wirkung ein sachlicher, realer Unterschied besteht. Wollten wir demnach auch zugeben, dass die passive Potenz eine Thätigkeit hervorzubringen imstande sei, sie könnte trotzdem nicht mit dieser ihrer Thätigkeit real ein und dasselbe sein. Die Ursache kann unmöglich sich selber hervorbringen, Ursache und Wirkung zugleich bilden. Damit ist aber dann der reale Unterschied des Willens im passiven Zustande, des *agens in potentia*, von der Thätigkeit, dem Acte desselben außer Frage gestellt. Das *agens in potentia dividitur contra actum*. In diesem unvollkommenen Zustande hat es keine Correlation mit der Thätigkeit.

Nehmen wir dazu noch die Thatsache, dass die Thätigkeit ein Zufälliges, ein Accidens der Potenz ist, so bedarf der reale Unterschied zwischen ihr und diesem Accidens keines längern Beweises mehr. Die Lehre des heil. Thomas lautet klar und bestimmt.

64. In welchem Verhältnisse steht nun die Thätigkeit zu der activen Potenz, zu dem *agens in actu*? Muss auch in dieser Beziehung ein realer, sachlicher Unterschied angenommen werden? Wir behaupten dies, gestützt auf die Lehre des englischen Meisters.

Was versteht S. Thomas unter der Thätigkeit? Die Thätigkeit ist ihm nichts anderes, als die Mittheilung dessen, wodurch das *agens in actu* in der Wirklichkeit ist (de potentia q. 2. a. 1.). Aus diesem Grunde ist jedes Wesen erst dann thätig, wenn es Wirklichkeit hat, *in actu* ist. Der Philosoph nennt darum dasjenige vollkommen, welches einem andern mittheilen kann, was es selber ist (l. c. arg. pro). Jede Thätigkeit geht aus einer Potenz hervor *(procedit)*. Der activen Potenz entspricht der Act oder die Thätigkeit. Active Potenz heißt sie deshalb, weil sie Princip der Thätigkeit ist *(secundum quod est principium actionis)*; denn jede Thätigkeit setzt ein Princip voraus (de potentia q. 1. a. 1.). Die Thätigkeit der Geschöpfe fließt aus diesem Principe, aus der activen Potenz heraus und letztere steht in der Mitte zwischen dem Agens und der Thätigkeit. Sie unterscheidet sich von beiden real (1. dist. 8. q. 4. a. 3. ad 3.). Man kann sie folglich in zweifacher Weise betrachten. Entweder insofern sie vom Thätigen ausgeht, oder insofern sie im Gewirkten terminiert (l. c. dist. 37. q. 3. a. 2. ad 3. — 2. dist. 13. q. 1. ad 5.). Dass also die Thätigkeit nicht sachlich ein und dasselbe sein kann mit der activen Potenz oder dem *agens in actu* ergibt sich aus der Doctrin des heil. Thomas mit Sicherheit.

Um den Unterschied Gottes von den Geschöpfen hervorzuheben, erklärt der englische Meister, dass in Gott die active Potenz nicht eigentlich **Princip** der Thätigkeit genannt werden dürfe. Gott besitzt in keiner Weise eine passive, sondern nur eine active Potenz. Er ist im höchsten Grade actives Princip. Der activen Potenz aber kommt es **wesentlich** zu, actives Princip zu sein; denn sie ist das Princip, auf ein anderes zu wirken. Die Thätigkeit Gottes ist indessen nicht: „ein anderes" als seine Potenz; beide sind real identisch mit der Wesenheit, gleichwie das Dasein, die Existenz sachlich dasselbe ist mit der Wesenheit. Die Potenz der Geschöpfe ist nicht bloß Princip der Thätigkeit, sondern auch der Wirkung, des Effectes. In Gott ist sie Princip des Effectes, nicht aber Princip der Thätigkeit. Thätigkeitsprincip ist die Wesenheit selber; der Unterschied zwischen dem Princip und der Thätigkeit in ihm besteht nur **in unserer Auffassung** *(secundum modum intelligendi)*. Der Unterschied ist daher in Gott bloß ein **virtueller** (1. p. q. 25. a. 1.).

Wenn der Unterschied der activen Potenz von der Thätigkeit in Gott ein virtueller ist, so muss er in den Geschöpfen ein **realer** sein, damit der Abstand Gottes von der Creatur gewahrt bleibe. Der englische Meister stützt seine Beweisführung auf den Unterschied zwischen Dasein und Wesenheit. Dieser Unterschied ist ihm in Gott ein virtueller, in den Creaturen aber ein realer. Das nämliche muss folgerichtig auch vom Unterschiede zwischen der activen Potenz und der Thätigkeit behauptet werden.

Der heil. Thomas bemerkt sehr oft, ein Ding sei thätig insoferne es Wirklichkeit hat, *in actu* ist. Was haben wir darunter zu verstehen? Etwa, dass es existieren müsse, um thätig zu sein? Das ist so selbstverständlich, dass es uns nicht zweimal gesagt zu werden braucht. Oder bedeuten diese Worte, dass ein Ding thätig, insofern es thätig ist? Auch dieser Satz kann nicht besonders geistreich genannt werden. Das Wort „insofern" deutet folglich auf den realen Unterschied hin, der zwischen der activen Potenz, dem *agens in actu* und der daraus folgenden Thätigkeit besteht. Sobald ein Ding *in actu* ist, *in ordine operativo* existiert, entwickelt es eine Thätigkeit, theilt es diese seine Existenz einem andern, der eigenen Thätigkeit mit.

Daher nennt S. Thomas die Thätigkeit der Geschöpfe etwas Gewirktes, *quid operatum* (3. p. q. 19. a. 1.). Dieser Wirkung, diesem Effecte steht die active Potenz, das *agens in actu* als Ursache gegenüber. Der Unterschied zwischen Ursache und Wirkung muss aber stets ein realer sein. Die Ursache ist, wenigstens der Natur und Causalität nach, zumeist auch zeitlich früher als der Effect. Unmöglich kann darum die Thätigkeit constitutives Princip sein, dass das *agens in actu* ist. Dies müsste aber geschehen, wenn sie real mit der activen Potenz identisch ist. Mit Recht nennt also der englische Lehrer die Thätigkeit „ein anderes", *aliud*, als die active Potenz, das *agens in actu*. Und dieses andere, die Thätigkeit, inhäriert als Accidens der activen Potenz. Weil sie sich real von der activen Potenz unterscheidet, ein Accidens derselben bildet, deshalb ist sie nach dem heil. Thomas etwas Besseres, etwas Vorzüglicheres als die Potenz selber (1. p. q. 25. a. 1. ad 2.). Insofern sie Wirkung, Effect der activen Potenz ist, kann man nicht sagen, sie sei etwas Besseres als ihre Ursache, aber als Accidens, welches der Potenz inhäriert, muss sie etwas Vorzüglicheres genannt werden.

65. Aus dieser Lehre des englischen Meisters ergibt sich abermals die tiefgreifende Bedeutung des sachlichen Unterschiedes zwischen der Wesenheit und Existenz in den geschaffenen Dingen. Dieser eine Unterschied bildet die Grundlage für den Unterschied in allen andern Beziehungen, er zieht sich durch alles Geschaffene hindurch. Die Thätigkeit ist dem Doctor Angelicus nichts anderes als die letzte Verwirklichung, Actualität der Kraft oder der activen Potenz und zwar in derselben Weise, wie die Existenz die letzte Actualität für die Wesenheit bildet. Keine geschaffene Substanz aber ist ihre eigene letzte Actualität: folglich auch keine real identisch mit ihrer Thätigkeit. Die Thätigkeit heißt *actus secundus* der Potenz, des Thätigkeitsvermögens, und die Existenz wird *actus secundus* der Wesenheit genannt. Die Existenz ist dasjenige, wodurch die Wesenheit Wirklichkeit besitzt, thatsächlich da ist, und die Existenz dasjenige, wodurch die Potenz wirklich eine

Thätigkeit ausübt, *in ordine operativo* Wirklichkeit hat. Wäre nun das eine oder das andere seine eigene letzte Qualität, so hätten wir den reinen Act *(actus purus)*, die lautere Wirklichkeit vor uns, ohne Beimischung einer Möglichkeit oder Potentialität, und die Creatur wäre Gott selbst. Weil indessen kein Geschöpf Gott gleichkommt, sondern gemischt, daher nicht reine Potenz und auch nicht reiner Act, lauteres Sein ist, deshalb ist es auf Grund dieser Potentialität noch in der Möglichkeit, in der Potenz, einen fernern Act, eine weitere Verwirklichung und Vollkommenheit in sich aufzunehmen. Das Geschöpf ist in der Potenz zu der Thätigkeit als ihrer letzten Actualität. Um der Thätigkeit willen ist es da, diese bildet sein Endziel, so dass sie entweder selbst das Endziel ausmacht, oder wenigstens durch sie das Endziel erreicht wird (1. 2. q. 1. a. 1. ad. 2. — 3. contr. Gent. c. 2. — de potentia q. 5. a. 5. ad 14. — 1. p. q. 65. a. 2. — ib. q. 105. a. 5.

Jetzt verstehen wir auch was S. Thomas will, wenn er den Grundsatz ausspricht: *„operari sequitur esse"*; und: *„modus operandi sequitur modum essendi"* (1. p. q. 89. a. 1.). Jene Substanz, deren Dasein sachlich mit ihr selber identisch ist, wirkt unmittelbar durch sich selber. Sie ist auch mit ihrer Thätigkeit sachlich identisch. Sie bildet eine reine unvermischte Wirklichkeit, lauteres Sein in jeder Beziehung, denn ihre Thätigkeit richtet sich nach dem Wesen, welches selber der formelle innere Grund der Wirklichkeit, die Wirklichkeit selber ist. Weil diese Substanz den Act, die Wirklichkeit ohne Beimischung einer Potentialität besitzt, deshalb hat sie in diesem Acte ihre letzte, endgiltige Vollkommenheit. Darum ist sie nicht mehr in der Potenz zur Thätigkeit. Auf den letzten Act folgt kein weiterer mehr. Sie ist somit die Thätigkeit selber, ihr eigenes Object und Endziel. Eine Substanz dieser Art, die einzige welche existiert, ist Gott, der *actus purus*.

Keine Creatur besitzt das Sein, die Wirklichkeit, rein und unvermischt, so dass sie an Vollkommenheit Gott gleich wäre. Sie enthält vielmehr Unvollkommenheiten in sich. Diese Unvollkommenheiten bilden den Gegensatz zu dem Acte. Gott ist deshalb vollkommen, weil er Act, nur Act ist. Der Gegensatz von Act heißt Potenz. In Act und Potenz theilt sich alles ab. Die Creaturen haben mithin Potenz und Act, weil sie von Gottes Vollkommenheit abstehen. Die Wesenheit ist die Potenz, das Dasein der Act. Nach diesem Verhältnisse richtet sich auch die Thätigkeit der Geschöpfe: *operari sequitur esse;* und: *modus operandi sequitur modum essendi*. Daher ist das Thätigkeitsprincip ebenfals ein zusammengesetztes. Es besteht aus Potenz und Act. In keiner Creatur kann es reine Wirklichkeit, *actus purus* sein. Die Potenz wird gebildet durch die verschiedenen Thätigkeitsvermögen, Kräfte oder Potenzen, die aus den constitutiven Principien *per modum naturalis resultantiae* hervorgehen. Dieses natürliche Herausfließen ist nicht so zu verstehen, als ob die Wesenheit **durch eine Thätigkeit, somit als wirkende Ursache,** ihre verschiedenen Vermögen, Potenzen hervorbrächte. Die Potenzen folgen oder ergeben sich vielmehr auf natürliche Weise aus den genannten Principien. Es kann keine Wesenheit ohne ihre *accidentia propria* sein. Die Thätigkeit des wirkenden Agens, welche einem andern Form und Wirklichkeit verleiht, gibt demselben auch alles übrige, was auf die Form folgt. Die Thätigkeitsvermögen, die Potenzen folgen auf die Form, denn es sind specifische, nicht individuelle Eigenthümlichkeiten. In der Art *(in specie)* aber ist jedes Ding durch seine Form (1. p. q. 77. a. 6. und 7. — 1. dist. 3. q. 3. a. 2.). Von der Wesenheit stammen also die verschiedenen **Vermögen nur als Potenzen.** Da nun das Princip der Thätigkeit aus **Potenz und Act** zusammengesetzt sein muss, so frägt es sich, woher der Act, die Wirklichkeit dieser Potenz komme. Diese Frage führt uns zur: *praemotio physica*.

III. Kapitel.

Der Einfluss Gottes auf den Willen der Geschöpfe.

§ 9. Gott die Ursache der activen Potenz, des Willens in actu.

66. Sind die Creaturen dadurch, dass sie vom Schöpfer eine Wesenheit empfangen haben und mit verschiedenen Fähigkeiten, Vermögen oder Potenzen ausgerüstet worden, schon *eo ipso* in Thätigkeit? Wird zur Entfaltung einer Thätigkeit weiter nichts verlangt, als die Substanz und eine Potenz? Diese Frage muss dahin beantwortet werden, dass die Wesenheit und Potenz allein nicht genügen, um sagen zu können, ein Geschöpf sei in Thätigkeit.

Die Thätigkeit ist, wie wir nachgewiesen, weder mit der Wesenheit, noch mit der Potenz sachlich identisch. Die Creatur wäre andernfalls immer und ohne Unterbrechung, solange sie existiert, in Thätigkeit begriffen. Ja noch mehr! Sie wäre auf Grund ihrer ·Wesenheit und ihrer Kraft in der Thätigkeit. Denn ist die Thätigkeit mit den vorgenannten *eo ipso* gegeben, mit denselben sachlich ein und dasselbe, so kann man sich zwar die Wesenheit und die verschiedenen Vermögen derselben ohne Thätigkeit denken, indem man von letzterer abstrahiert, allein man kann sich absolut nicht denken, dass diese beiden ohne Thätigkeit da seien oder existieren. Das nämliche Princip müsste hier seine Geltung haben, wie es bezüglich des Accidens *proprium* platzgreift. Das Accidens *proprium* kann zwar unterschieden von der Substanz, nicht aber von ihr getrennt gedacht werden, gleichwie man die Wesenheit oder Substanz zwar ohne das Accidens *proprium* auffassen, nicht aber sie als ohne dasselbe existierend zu denken vermag (de spirit. creat. a. 11. ad 7. — de anima a. 12. ad 7.). Es unterliegt jedoch gar keinem Zweifel, dass wir uns ein Wesen, dass wir uns jedes Geschöpf existierend, aber in Unthätigkeit gesetzt denken können. Und nicht bloß zu denken vermögen wir uns diesen Fall, sondern er trifft auch in der Wirklichkeit zu. In einer vorhin von uns citierten Stelle sagt der englische Meister, das geistige Geschöpf übe thatsächlich nicht immer einen Lebensact aus *(invenitur autem habens animam, non semper esse in actu operum vitae.* 1. p. q. 77. a. 1.). Es hat somit eine vollständige Wesenheit nebst dem Dasein, es besitzt auch verschiedene Kräfte und ist trotzdem unthätig. Von der menschlichen Seele behauptet S. Thomas wiederholt, dass sie manchmal nur der Möglichkeit nach *(in potentia)* thätig, also in der Wirklichkeit *(in actu)* unthätig ist (1. 2. q. 2. a. 7. — ib. q. 9. und q. 10.). Die ganze Theorie des englischen Meisters von der Bewegung und Beweglichkeit eines Dinges beruht eigentlich auf der Unthätigkeit. Denn beweglich ist ein Ding nur darum, weil es die letzte Actualität, die letzte Vollkommenheit nicht besitzt, oder wie S. Thomas erklärt, weil es in der Potenz ist. Ebenso kommt die Bewegung einem Dinge zu, insofern dasselbe in der Möglichkeit, in der Potenz sich befindet. Man vergleiche den Commentar des heil. Thomas zu der Physik des Aristoteles.

Sobald dagegen ein Ding eine Thätigkeit ausübt, ist es nicht beweglich, sondern bewegend, einem andern Bewegung mittheilend und darum nicht mehr in der Potenz, sondern *in actu*. Darum lehrt der Doctor Angelicus an unzähligen Stellen, ein Ding sei dann thätig, wenn es *in actu*, in der Wirklichkeit ist, zum Unterschiede vom Zustande der Potenz. Dies setzt offenbar eine Veränderung voraus und zwar eine Veränderung zum Bessern. Dies besagt somit, dass zu der Wesenheit und dem Vermögen der Creatur eine neue Vollkommenheit hinzugetreten ist, wodurch das Vermögen aus dem Zustande der Potenz, der bloß möglichen Thätigkeit in jenen der wirklichen versetzt worden ist. Zwischen dem aber, wodurch ein Ding verändert resp. verbessert, und dem, was dadurch verändert und verbessert wird, muss ohne Zweifel ein sachlicher, realer Unterschied angenommen werden.

Wodurch gelangt nun die Creatur zu jenem Zustande, von dem wir sagen, er bewirke formell, dass die Creatur thätig ist? Vielleicht durch die Thätigkeit selber? Allein die Thätigkeit ist ja ein Effect, eine Wirkung des thätigen Dinges, des Agens. Die Thätigkeit wird vom heil. Thomas als etwas vom Agens Ausfließendes bezeichnet. Dieses Ausfließen folgt demnach auf das Agens als Agens, als wirkende Ursache und bildet selber den Effect dieser wirkenden Ursache. Der Effect aber kann unmöglich eine wirkende Ursache formell constituieren. Er wäre in diesem Falle früher als die ihn hervorbringende Ursache und darum nicht Wirkung, sondern Formalursache derjenigen Ursache, welche ihn selber bewirkt. Es genügt nicht, dass die Ursache überhaupt früher sei oder existiere, sie muss als thätige, wirkende Ursache wenigstens der Natur und Vollkommenheit nach früher sein. Die Thätigkeit der Geschöpfe wird vom englischen Meister etwas Gewirktes, Verursachtes genannt (3. p. q. 19. a. 1.). Sie kann demnach nicht den formellen Grund abgeben, dass das Thätigkeitsvermögen der Creaturen in der

Wirklichkeit *(in actu)* sei, anstatt in der Möglichkeit, in der Potenz zu bleiben. Und doch müssen diese verschiedenen Vermögen etwas in sich haben, wodurch sie formell in der Wirklichkeit sind, weil sie factisch Thätigkeiten ausüben. Also woher dieses Etwas, welches f o r m e l l bewirkt, dass die Geschöpfe U r s a c h e n, *agentia in actu*, sind?

Vielleicht aus und von sich selber? Dies ist gerade so wenig möglich, als es geschehen kann, dass eine Wesenheit sich selber hervorbringe, sich selber das Dasein, die Existenz verleihe. Formieren wir nun unser Argument, welches die Vorherbewegung durch Gott stringent beweist:

67. J e d e C r e a t u r m u s s v o n G o t t z u d e r T h ä t i g k e i t b e w e g t w e r d e n, w e i l s i e a u s u n d d u r c h s i c h n u r i n d e r M ö g l i c h k e i t, n i c h t a b e r i n d e r W i r k l i c h k e i t t h ä t i g i s t.

Jede Creatur ist dann erst thätig, theilt erst dann einem andern die Ähnlichkeit und Güte ihrer Form mit, wenn sie diese Form selber besitzt, wenn sie, wie S. Thomas bemerkt, *in actu* ist. Nun vermag aber keine Creatur sich selber diese Form, diesen Act zu geben: folglich muss dieser Act von Gott dem Geschöpfe *per modum transeuntis* mitgetheilt und so lange es thätig ist, erhalten werden. Die constitutive Form bildet zwar das erste radicale Princip *(principium primum quo)* der Thätigkeit, allein diese Form ist, wie nachgewiesen wurde, nicht u n m i t t e l b a r thätig, somit nicht das n ä c h s t e Princip *(principium proximum quo)*. Dies wird vielmehr vom Vermögen, von der Potenz gebildet. Diese Potenz ist aber aus und durch sich nicht imstande, eine Thätigkeit zu entfalten aus einem zweifachen Grunde. An und für sich betrachtet ist sie r e i n e P o t e n z, daher bloß d e r M ö g l i c h k e i t nach thätig. Nun lehrt S. Thomas, die Thätigkeit bestehe darin, dass das Agens einem andern so viel als möglich seine Form, seine Ähnlichkeit und Güte mittheile (de potentia q. 1. a. 1.). Wem muss aber das Agens, die Potenz, die Ähnlichkeit und Güte der Form mittheilen? Offenbar zunächst d e r T h ä t i g k e i t, denn diese ist der unmittelbare Effect. Allein die Thätigkeit hat mit dem Agens *in potentia*, mit der passiven Potenz keine Ähnlichkeit. Die Thätigkeit ist ein Seiendes *in actu*; das Agens *in potentia*, die Potenz hingegen *in ordine operativo* ein Seiendes in der Potenz. Dieses Agens könnte somit, ohne Veränderung und Vervollkommnung, nur eine Thätigkeit i n d e r P o t e n z hervorbringen. Zwischen der Ursache i n d e r P o t e n z und der Wirkung i n d e r P o t e n z besteht volle Ähnlichkeit. Eine Thätigkeit in der Potenz ist jedoch keine w i r k l i c h e Thätigkeit.

Weil also j e d e C r e a t u r an und für sich nur der Möglichk e i t n a c h thätig ist, indem das Thätigsein als *accidens per accidens* ihr nicht an und für sich zukommt, nicht aus den constitutiven Principien der Wesenheit, oder auch der verschiedenen Thätigkeitsvermögen ohne weiters hervorgeht, deshalb kann sie ihre Ähnlichkeit und Güte einem andern, der **Thätigkeit** nicht mittheilen. Sie muss vorerst *in actu* gesetzt werden, muss jene Vollkommenheit erhalten, durch welche sie *in actu operativo* sich befindet. Erst von diesem Momente an wird sie dem hervorzubringenden Effecte ähnlich. Denn jetzt haben wir eine Potenz mit einer Form, einem Acte, wenn auch nur *per modum transeuntis*, und in der Wirkung, in der Thätigkeit, die von ihr hervorgebracht wird, haben wir ebenfalls eine Potenz mit einer Form, einem Acte. Es gibt kein wirkendes **geschaffenes** Seiende, welches **reiner Act**, oder welches **reine Potenz** wäre. Jedes geschaffene Seiende, Existierende ist aus **Potenz und Act** zusammengesetzt. Diesen Grundsatz macht der englische Lehrer überall geltend. Die Potenz *in actu* wirkt demnach ein ihr selber Ähnliches, nämlich die Thätigkeit. Darum nennt S. Thomas die Thätigkeit etwas **vom Agens Ausfließendes** *(aliquid fluens ab agente cum motu)*. Aus diesem Grunde wiederholt er so oft, dass ein Ding dann thätig sei, wenn es *in actu* ist. Solange ein Ding **in der Potenz** ist, kann nichts von ihm ausfließen. Die Ähnlichkeit, in der Potenz, in der Möglichkeit sich zu befinden, lässt sich keinem andern mittheilen. In der Möglichkeit ist ein jedes geschöpfliche Seiende aus und durch sich.

Der zweite vom Doctor Angelicus angeführte Grund ist der, dass jedes **geschaffene** Seiende, gleichviel ob Substanz oder Accidens, **ein Zusammengesetztes** bildet. Darum muss das Thätigkeitsvermögen, die Potenz, wenn sie einen Effect wirken soll, aus **Potenz und Act** zusammengesetzt sein. Sie muss folglich, soll sie wirken, vorerst **einen Act** erhalten, den sie in sich aufnimmt, der ihr **inhäriert** solange sie Thätigkeiten entfaltet. Dieser Act ist nichts anders als **die Bewegung durch Gott**.

Der Beweis, das jedes geschaffene Seiende ein Zusammengesetztes bilde, ist nicht schwer zu erbringen. Jedes Ding, dem die Existenz durch Antheilnahme zukommt, ist zusammengesetzt, im Unterschiede vom reinen Acte, vom lautern Dasein *(actus purus)*, welchem die Existenz der Wesenheit nach und durch die Wesenheit selbst zukommt. Es unterliegt aber nicht dem geringsten Zweifel, dass jedes Geschöpf die Existenz durch Antheilnahme hat, denn durch die eigene Wesenheit besitzt sie Gott allein. Der Besitz des Daseins durch Antheilnahme erklärt auch, warum Ursachen, selbst der nämlichen Art angehörend, eine verschiedene, größere oder geringere Thätigkeit entwickeln. Das Feuer z. B. ist manchmal von größerer, manchmal von geringerer Thätigkeit. Woher kommt das? Offenbar daher, dass es mehr oder weniger *in actu*, also mehr oder weniger an dem Sein *in ordine operativo* Antheil hat. Das Sein kann indessen nur beschränkt, mehr oder weniger werden durch die Aufnahme in einer Potenz (Comp. Theol. c. 18. — 2. contr. Gent. c. 52. — 1. p. q. 7. a. 1.). Daraus folgt zur Evidenz, dass das Princip der Thätigkeit aus Potenz und Act zusammengesetzt ist. Je mehr die Potenz an dem Acte Antheil hat, desto größer ist die Thätigkeit, welche die Potenz entfaltet. Gott ist reiner Act, und darum keiner größern Thätigkeit fähig. Er besitzt aus diesem Grunde die absolut größte. Bei den Creaturen kann sie wachsen, weil dieselben nicht reiner Act sind, daher sich in Kraft ihrer Potenz oder Potentialität in der Möglichkeit befinden, eine größere Actualität aufzunehmen und infolge dessen einen vollkommenern Effect, eine bessere Thätigkeit auszuüben. Je weniger diese Actualität in einer Potenz aufgenommen wird, je mehr ein Ding *in ordine operativo in actu* ist, desto weniger hat es von der Potenz. Um so vollkommener wird dann auch die Thätigkeit selber ausfallen. Gott, der *actus purus*, bietet uns hiefür das Beispiel.

Ebenso folgt aus der Contingenz der Thätigkeit in den Creaturen, dass die Potenz, um thätig sein zu können, in sich selber eine Vervollkommnung, einen Act erhalten müsse. Mit Recht bemerkt darum der heil. Thomas: „Je vollkommener das Thätigkeitsprincip eines Dinges ist, desto weiter kann es seine Thätigkeit ausdehnen. Diese Thätigkeit vermag selbst ganz entfernte Gegenstände zu erreichen, wie wir es bei einem starken Feuer sehen. Gott, der reine Act, ist vollkommener als jener Act, der, wie bei den Creaturen, mit einer Potenz vermischt ist. Der Act aber bildet das Princip für die Thätigkeit" (2. contr. Gent. c. 6. ratio 6.).

Vermag nun eine Creatur sich selber diesen Act zu geben, sich selber aus der Potenz in den Act überzuführen? So wenig, haben wir früher gesagt, als sie vermag, sich selber das Dasein, die Existenz zu geben. Sie müsste ja wenigstens der Natur und Causalität nach, schon *in actu* sein, um sich in den Act überführen zu können. Allein darin liegt eine *contradictio in adjecto*. Diese Überführung muss durch Gott geschehen. Darum bemerkt der englische Meister irgendwo: „Die Ursache, dass die Creaturen existieren oder sind, muss, wie Dionysius und Augustinus sagen, zurückgeführt werden auf die göttliche Güte. Gott wollte nämlich die Vollkommenheit seiner Güte, soweit es möglich ist, den Geschöpfen mittheilen. Die Güte Gottes besitzt indessen eine doppelte Vollkommenheit: die eine an sich, insofern er jede Vollkommenheit auf die vorzüglichste Weise in sich schließt; die andere dagegen, insofern er auf die Dinge einen Einfluss ausübt *(influit in res)*. Aus diesem Grunde war es der göttlichen Güte angemessen, beide dieser Vollkommenheiten den Geschöpfen mitzutheilen, und zwar in der Weise, dass die Creatur von der göttlichen Güte nicht bloß das Dasein, die Existenz erhalte und gut sei, sondern auch dass das Geschöpf andern das Dasein und die Güte mittheile. Die Sonne z. B. bewirkt durch die Aussendung ihrer Strahlen nicht allein, dass die Körper licht sind, sondern auch, dass sie Licht von sich geben. Hierin besteht jedoch eine gewisse Ordnung. Denn jene, welche der Sonne mehr gleichförmig sind, empfangen mehr Licht, und dieses selbst reicht hin sowohl für sie selber, als auch dazu, dasselbe andern einzuflößen. Daher kommt es, dass in der Ordnung des Universums die höhern Creaturen durch den Einfluss der göttlichen Güte nicht bloß in sich selbst gut sind, sondern auch die Ursache der Güte für andere bilden. Jene Wesen hingegen, welche mit Bezug auf die Antheilnahme an der göttlichen Güte die niederste Stufe einnehmen, existieren bloß, ohne andere Dinge zu verursachen" (de veritate q. 5. a. 8.).

Gott ist also in zweifacher Hinsicht Ursache: erstens, dass die Geschöpfe existieren, zweitens dass sie wirken oder wirkende Ursachen sind. Gleichwie nun die Creatur bezüglich ihrer Existenz an und für sich nicht nothwendig, sondern bloß möglich genannt werden muss, und infolge dessen von Gott abhängt, Gottes Thätigkeit voraussetzt, damit sie selber existiere; ebenso bildet die Creatur nicht eine nothwendige Ursache, sie ist als Ursache nicht nothwendig thätig, so dass sie die Ähnlichkeit und Güte ihrer Form ununterbrochen andern mittheilte, sondern an und für sich hat sie bloß die Möglichkeit dazu, sie besitzt die Potenz zur Thätigkeit. Jede passive Potenz bedingt aber eine active, wodurch sie in den Act übergeführt, oder aus dem Unthätigen ein Thätiges wird, gleichwie sie aus dem Nichtexistierenden ein Existentes wird. Daher sagt der englische Meister einmal: „Weil jedes Agens ein ihm selbst Ähnliches wirkt, deshalb entspricht jeder activen Potenz oder Kraft das Mögliche als eigenthümliches Object, gemäß dem Wesen jenes Actes, in welchem die active Potenz ihren Grund hat. Die Kraft zu erwärmen hat zu ihrem eigentlichen Objecte das Warmsein des zu erwärmenden Gegenstandes (1. p. q. 25. a. 3.).

Betrachten wir nun die vorhingenannten zwei Vollkommenheiten Gottes und dasjenige, was ihnen entspricht. Gott theilt als erstes Seiende die Vollkommenheit seiner Güte den Creaturen actuell zu dem Zwecke mit, dass auch die Geschöpfe das Dasein besitzen. Dieser Vollkommenheit entspricht von Seite der Creaturen die Möglichkeit zu sein, zu existieren. Gott theilt aber auch seine zweite Vollkommenheit mit zu dem Zwecke, dass die Creaturen wirken, oder wie S. Thomas sich ausdrückt, dass sie Ursachen seien, und auf andere einen Einfluss ausüben. Dieser Vollkommenheit muss von seiten der Geschöpfe ebenfalls eine Möglichkeit entsprechen, die durch Gott als Ursache verwirklicht oder in den Act übergeführt wird, damit die Creaturen in Wirklichkeit dieses oder jenes verursachen. Daraus folgt, dass die Geschöpfe an und für sich ein Agens *in potentia*, nicht aber ein Agens *in actu* sind. Es waltet ein ganz wesentlicher Unterschied ob zwischen dem, dass ein Geschöpf vollkommen in sich, und dem, dass es nicht bloß vollkommen in sich ist, sondern diese seine Vollkommenheit auch andern mitzutheilen, ein ihm selbst Ähnliches hervorzubringen vermag. Die erstere Vollkommenheit genügt für sich allein nicht. Darum betont der heil. Thomas fortwährend, die Creatur müsse *in ordine operativo in actu* sein, um eine Thätigkeit wirklich, actuell zu vollziehen. Dasjenige, was die Potenz in den Act überführt, verhält sich genau wie dasjenige, was der Wesenheit eines Dinges die Wirklichkeit verleiht. Die Existenz ist es, welche nach Art einer Form, als *principium quo* der Wesenheit *in ordine entitativo* das Dasein, die Wirklichkeit gibt, und die physische Vorherbewegung ist es, die, nach Art der Form als *principium quo*, dem Thätigkeitsvermögen *in ordine operativo* das Dasein, die Wirklichkeit verleiht. Die Existenz *in ordine entitativo* bleibt länger mit der Wesenheit verbunden. Darum kann man sagen, dass sie *per modum permanentis* der Wesenheit zukomme; die physische Vorherbewegung dauert weniger lange an, weil die Creaturen nicht immer thätig sind. Daher ist die genannte Bewegung in ihnen *per modum transeuntis* oder *passionis*.

68. Wir haben nur noch darzuthun, dass diese Überführung durch etwas geschehen müsse, das *in actu operativo* ist, und dass dieses Etwas Gott allein sein könne.

Dem Möglichen die Wirklichkeit geben, ein Ding aus der Potenz in den Act überführen, bedeutet nach der Lehre des heiligen Thomas soviel, als ein Ding bewegen. Ein Ding muss insofern von einem andern bewegt werden, als es mehreren gegenüber sich im Zustande der Möglichkeit, der Potenz befindet. Denn das, was in der Potenz ist, muss durch etwas, was *in actu* ist, in den Act überführt werden, und dieses bedeutet soviel als bewegen (1. 2. q. 9. a. 1.). Bewegt wird ein Ding, weil es in der Potenz, und insofern es in der Potenz ist. Die Bewegung ist der Act des Beweglichen als solchen. Die Bewegung activ gefasst, als Wirkung des Bewegenden, muss von einem Wesen ausgehen, welches *in actu* ist. Das Feuer z. B. bewirkt, dass ein Stück Holz, welches der Möglichkeit nach warm ist, es in der Wirklichkeit werde. Das Feuer selbst aber kann dieses nur deshalb bewirken, weil es *in ordine operativo* in der Wirklichkeit, nicht in der Möglichkeit Feuer ist. Der Beweger muss dabei *in actu*, das Bewegliche in der Potenz sich befinden. Nun haben wir früher gesehen, dass kein Geschöpf an und für sich *in actu operativo* ist, so wenig, wie *in actu entitativo*. Darum muss Gott, der *actus purus*, der in jeder Beziehung *in actu* und niemals irgend-

wie sich in der Potenz befindet, den Creaturen diesen doppelten
Act, dass sie existieren und dass sie in der Wirklichkeit thätig
sind, mittheilen. Auf diesem Grundsatze beruht ja der aus der
Bewegung hergeleitete Gottesbeweis. Wer diese Bewegung durch
Gott nicht anerkennt, für den hat der Gottesbeweis überhaupt
nicht genügende Kraft und es ist nur Mangel an Consequenz,
wenn er daran festhält. Selbst P. Kleutgen meint, wohl möge ein
Wesen nicht bloß Empfänglichkeit für die Bestimmung, die es in
der Veränderung erhält, sondern auch das Vermögen besitzen,
dieselbe sich zu geben; es könne dennoch dieses Vermögen niemals sich selbst genügen. Denn wenn es die Bestimmung, sei
es einen Zustand, oder eine Eigenschaft, die es hervorbringen
konnte, bis dahin nicht hervorbrachte, so müsse es jetzt, da es
ihn hervorbringt, eben hiezu bestimmt worden, und also bereits
eine Änderung, und sei es auch nur die Hebung eines Hindernisses, eingetreten sein (Philos. d. Vorz. 2. Bd. 2. Aufl. Seite 676.)

Gewiss reicht die Fähigkeit, thätig zu sein, nicht hin,
sonst wäre es ja keine Fähigkeit mehr, sondern Wirklichkeit,
Act. Die Creatur wäre immer *in actu*, eine Eigenschaft, die nur
Gott besitzt, der durch seine Wesenheit, nicht durch Fähigkeiten oder Potenzen thätig ist. Könnte demnach eine Creatur
ihre Fähigkeiten selber in den Act überführen, selber bewirken,
dass sie *in actu* sind, so wäre sie Gott, sie wäre folglich nie in
der Potenz mit Bezug auf die Thätigkeit. Da nun der *modus
operandi* dem *modus essendi* gleicht, indem jenes Wesen, welches
durch sich selber thätig, *in actu* ist, durch seine Wesenheit
wirkt, wie wir aus S. Thomas wissen, so mögen die Gegner der
physischen Vorherbewegung zusehen, ob es ihnen gelingt, die Gott-
gleichheit der Geschöpfe von sich abzuweisen. Der englische Meister
bekämpft entschieden die Ansicht, dass ein Geschöpf je sich selber
aus der Potenz in den Act überführen könne. Nach seiner Lehre
wirkt Gott hinsichtlich der Creaturen zwei Dinge: dass sie existieren und dass sie Ursachen sind; Ursache aber ist ein Ding,
wenn es *in actu* sich befindet, weil es dann wirkt, seine Ähnlichkeit und Güte andern mittheilt.

Wir können den Beweis noch unter einem andern Gesichtspunkte darstellen. Wenn ein Ding *in actu* ist, besitzt es eine
größere Vollkommenheit, als im Zustande der Potenz. Solange es
in der Potenz ist, wirkt es nicht. Im Augenblicke, wo es sich *in actu*
befindet, ist es thätig. Das Agens *in actu* ist nur der Natur und
Causalität nach früher als seine Thätigkeit, sonst sind beide gleichzeitig. Die Thätigkeit legt Zeugnis ab von der Vollkommenheit
des Agens. Der erste Stoff, die *materia prima*, die Materie
überhaupt, vollzieht keine Thätigkeit, weil sie unvollkommen ist.
Ebensowenig sind die Vermögen, die Potenzen thätig, denn sie
sind unvollkommen. Die Potenz *in actu* dagegen wirkt und übt Thätig-

keiten aus. Woher kommt nun diese Vollkommenheit? Jede Vollkommenheit ist etwas Positives, ein Seiendes *(ens)*. Weil sie aber in unserm Falle nicht Gott selber sein kann, so muss diese Vollkommenheit ein Seiendes durch Antheilnahme bilden. Gott ist ein Seiendes durch seine Wesenheit, jedes Geschaffene, gleichviel ob Wesenheit oder Accidenz, ist ein Seiendes durch Antheilnahme. Nun lehrt der heil. Thomas an mehr als einer Stelle, dass alles Seiende durch Antheilnahme zurückgeführt werden müsse auf das Seiende durch seine eigene Wesenheit (1. p. q. 44. a. 1.). Der englische Meister spricht nicht bloß von der Wesenheit und Existenz der Geschöpfe, sondern von jedem Seienden, auf welche Weise es immer existieren mag: *omne ens, quod quocumque modo est a Deo esse.* Da nun dasjenige, wodurch das Thätigkeitsvermögen, die Potenz *in actu* gesetzt wird, ein *ens* sein muss, so muss dieses *ens* auf Gott als die Ursache zurückgeführt werden. Das Agens *in potentia* kann folglich nur durch Gott und ihn allein ein Agens *in actu* werden. Gott theilt demnach der Creatur dieses *ens*, diesen Act, wodurch die Creatur *in actu* ist, der Potenz mit, und diese nimmt es in sich auf. Darum muss die Theorie, dass Gott nicht auf die Potenz wirke, eine entschieden unrichtige genannt, und deshalb fallen gelassen werden. Wie kann Gott der Wesenheit die Existenz mittheilen, wenn er nicht auf die Wesenheit wirkt? Wenn die Wesenheit das Dasein nicht in sich aufnimmt, wie kann sie dann existieren? Ganz dasselbe gilt von den Thätigkeitsvermögen oder Potenzen der Geschöpfe. Diese Potenzen können *in ordine operativo* nicht existieren, *in actu* sein, wenn sie das, wodurch sie formell *in actu* gesetzt werden, nicht in sich aufnehmen; und sie vermögen es nicht in sich aufzunehmen, außer Gott theilt es ihnen mit, wirkt auf sie ein. Wird die Potenz nicht geändert, erhält sie selbst keine neue Vollkommenheit, so ist und bleibt sie ewig der Möglichkeit, nicht der Wirklichkeit nach thätig. Niemals wird der Effect, die Thätigkeit aus ihr herausfließen, es sei denn auf Grund der *praemotio physica,* denn durch diese wird die Potenz zur Ursache.

69. Man beanständet fortwährend das Wort: „Vorherbewegung", *praemotio,* dessen die Thomisten sich in dieser Frage bedienen. Dieses Wort, so sagt man, findet sich in den Werken des heiligen Thomas nirgends.

Wir legen auf dieses Wort kein besonderes Gewicht, wohl aber auf die Sache. Lehrt man einfach, Gott führe die Creatur aus dem Zustande der Unthätigkeit in jenen der Thätigkeit über, er mache aus der passiven Potenz eine active, so ist damit die Lehre des englischen Meisters und der Thomisten genau und klar gekennzeichnet. Um Worte streiten wir nicht.

Mit Bezug auf die Behauptung, dass S. Thomas nirgends das

Wort *praemotio* gebraucht, überlassen wir dem englischen Lehrer selber deren Widerlegung. Die Bewegung des Bewegers geht der Bewegung des Beweglichen, dem Wesen und der Ursache nach, voraus. *Motio autem moventis praecedit motum mobilis ratione et causa.* 3. contr. Gent. c. 149. Der Doctor Angelicus stellt hier die Frage, ob der Mensch die Gnade verdienen könne? Die Antwort darauf lautet verneinend. Denn jedes Ding verhält sich zu dem, was über ihm ist, wie der Stoff. Der Stoff aber bewegt sich nicht selber zu seiner Vollkommenheit. Er muss dazu von einem andern bewegt werden. Der Mensch bewegt sich folglich nicht selber, damit er die Gnade erlange, die über ihm steht, sondern er wird zu diesem Zwecke von Gott bewegt. Nun folgen die früher angeführten Worte. Der Heilige schließt dann mit dem Satze: „Nicht deshalb wird uns die göttliche Hilfe zutheil, weil wir uns durch gute Werke dazu bewegen, vielmehr *(potius)* bewegen wir uns darum durch gute Werke vorwärts, weil die göttliche Hilfe uns zuvorkommt, *quia divino auxilio praevenimur*". Das Wort: *praevenire* kommt in diesem Capitel wenigstens sieben- oder achtmal vor.

Wenden wir nun den Grundsatz des heil. Thomas auf unsere Frage an. Die active Potenz, das Agens *in actu*, ist ohne Zweifel höher als die passive, das Agens im Zustande der Potenz. Die passive Potenz ist unthätig, die active hingegen thätig. Und der Grund, warum das Agens in der Potenz keine Thätigkeit ausübt, liegt nach der Lehre des heil. Thomas in der Unvollkommenheit dieses Agens. Die Potenz im passiven Zustande verhält sich somit wie der Stoff. Nun wurde nachgewiesen, dass die Creatur im passiven Zustande nicht durch sich selbst activ werden kann. Sie kann sich nicht selber eine Vollkommenheit geben. Dies kommt einer *contradictio in adjecto* gleich. Keine Ursache vermag eine Wirkung hervorzubringen, die vollkommener ist als sie selber. Diese Vollkommenheit verhält sich wie die Form zum Stoffe. Sowenig die Materie, der Stoff, sich selber zur Form bewegt, sowenig bewegt die passive Potenz, das Agens *in potentia*, sich selber zur Vollkommenheit, durch welche es Agens *in actu* wird. Diese Bewegung muss von einem Agens *in actu* ausgehen. Das einzige Agens, welches immer und von Natur aus durch sich selber *in actu* ist, nennen wir Gott. Wenn aber nach der Lehre des englischen Meisters die Bewegung Gottes, des Bewegers, der Bewegung des Beweglichen, nämlich der Creatur, der Natur nach vorausgeht, hat dann S. Thomas nicht die *praemotio physica* gelehrt? Die Thomisten behaupten nichts anderes, als dass die Bewegung Gottes der Natur und Causalität nach vorausgehe.

In der vorhin citierten Stelle aus der Summa *contra Gentes* bemerkt der heil. Thomas in n. 3, die menschliche Seele verhalte sich Gott gegenüber, wie das particuläre Agens zum universellen. Darum sei es ganz unmöglich, dass die Thätigkeit Gottes einer Bewegung der Seele **nicht zuvorkomme** *(quem non praeveniat actio divina)*. Es ist richtig, dass S. Thomas nicht ausdrücklich das Wort: *„praemotio"* gebraucht. Allein welcher Unterschied waltet ob zwischen diesem Worte und dem Ausdrucke: *„praecedit"* und *„praevenit"*. Hierin eine nennenswerte Verschiedenheit heraus zu finden, dürfte etwas schwer sein.

Und wenn der englische Lehrer anderswo sagt, Gott bewege die Geschöpfe **zur Thätigkeit**, was ist dann **der Natur und Causalität nach früher**, die Bewegung durch Gott, oder die Thätigkeit der Creatur? Offenbar die erstere, denn durch sie wird das Geschöpf **zur Thätigkeit** gebracht. Cfr. de potentia q. 3. a. 7. Daselbst heißt es ad 3.: Bei der Thätigkeit, durch welche Gott die Natur bewegt, wirkt die Natur **nicht mit**. *In operatione, qua Deus operatur movendo naturam, non operatur natura.* Wenn diesem Ausspruche zufolge Gott thätig ist, indem er das Geschöpf bewegt, während das Geschöpf selbst dabei **nicht thätig** ist, keine Thätigkeit entfaltet, muss dann nicht behauptet werden, diese Bewegung **durch Gott** erfolge **früher** als die Thätigkeit der Creatur? Sollten denn diese Worte in der Wirklichkeit so grundverschieden sein von der *praemotio physica*? Das wird im Ernste niemand glauben.

Nach der Lehre des heil. Thomas muss jedes Agens *in potentia* von einem Agens *in actu*, in den Act übergeführt werden, und diesen Vorgang nennt er Bewegung (1. 2. q. 9 a. 1.). Was ist nun der Natur und Causalität nach **früher**, die Thätigkeit des Agens wodurch das Agens *in potentia*, in den Act übergeführt wird, oder das Übergeführtwerden des Agens *in potentia*? Die Ursache muss doch gewiss früher sein als die Wirkung. Der Zeit nach sind beide zugleich. Der Würde und Causalität nach ist ohne Zweifel erstere früher. Die Bewegung ist allerdings eine gemeinsame Thätigkeit des Bewegers und Bewegten, allein eine andere Thätigkeit ist eine Bewegung **verursachen**, und eine andere diese Bewegung aufnehmen. Darum unterscheiden wir **zwei** Kategorien oder Prädicamente, nämlich: thun und leiden (2. contr. Gent. c. 57.). Es bedarf aber doch sicher keines langen Nachweises, dass die Thätigkeit der Natur und Causalität nach **früher** genannt werden muss, als das Leiden. Das Leiden oder Aufnehmen einer Thätigkeit erfolgt ja auf die Einwirkung, die Thätigkeit des Agens. Dieses Leiden, dieses Aufnehmen aber bildet keine Thätigkeit im eigentlichen Sinne, sonst wären nicht **zwei** Kategorien. Thätigsein heißt geben, mittheilen, die Thätigkeit ist ein Ausfließen aus dem Princip, aus der **activen Potenz**. Das Agens *in potentia* muss vorerst durch die Bewegung, die von Gott gewirkt wird, Agens *in actu* werden. Solange es das nicht ist, übt es keine

Thätigkeit aus, weil es in diesem Zustande nicht Princip einer Thätigkeit sein kann. Dieses Princip wird vielmehr von der activen Potenz, vom dem Agens *in actu* gebildet. Mit Recht bemerkt aber der englische Lehrer, die Creatur sei bei dieser Überführung aus dem passiven in den activen Zusand nicht thätig. Sie nimmt bloß den Einfluss Gottes in sich auf. Wir haben somit bei diesem Vorgange zwei Factoren: die Bewegung Gottes, und das Bewegtwerden der Creatur. Die Creatur wird von Gott bewegt, diese Bewegung geht von Gott, nicht vom Geschöpfe aus, weil das Geschöpf dabei noch nicht *in actu*, Agens *in actu* ist, sondern auf dem Wege dazu sich befindet. Und doch soll die Thätigkeit Gottes nicht der Natur und Causalität nach der Thätigkeit des Geschöpfes vorhergehen, sondern beide zugleich sein! Wie ist so etwas möglich? Dass die Bewegung der Zeit nach früher sei, hat niemand behauptet, und konnte niemand vertheidigen, weil Gott nicht in der Zeit wirkt.

70. Der englische Meister sagt zutreffend. Gott bewege die Geschöpfe zur Thätigkeit oder er applicire die Kraft zur Thätigkeit (de potentia q. 3. a. 7.). Das Wort appliciren muss genau erklärt werden, weil es einen zweifachen Sinn haben kann. Man kann ein Instrument, welches schon thätig ist, z. B. das fließende Wasser, eine im Gang befindliche Maschine, dirigieren und zu einer Wirkung appliciren, die das Instrument allein für sich nicht erzielen würde. Bei diesem Vorgange wird das Instrument nicht überhaupt in Thätigkeit gesetzt, sondern der Beweger bedient sich dieser Thätigkeit zum Zwecke eines höhern Effectes. In dieser Weise wird von den Gegnern der Einfluss Gottes auf den Willen erklärt. Der Wille ist aus und durch sich selber thätig, aber er kann ohne Mithilfe Gottes den gewünschten Effect nicht hervorbringen. Allein diese Ansicht widerspricht direct der Lehre des heil. Thomas. Der Wille ist ihr zufolge aus und durch sich überhaupt nicht thätig. Darum kann Gott nicht ohne weiters die Thätigkeit des Willens appliciren, wie man ein bereits thätiges Instrument applicirt. Der Wille muss darum von Gott erst zur Thätigkeit applicirt werden, Gott muss ihm die Thätigkeit selber mittheilen. Wie kann nun dieses geschehen? Lässt es sich ausführen ohne Mittheilung einer Vollkommenheit, so dass der Wille dabei passiv Agens *in potentia* bleibt? Dies ist einfach ein Ding der Unmöglichkeit. In diesem Falle wird der Wille niemals eine Thätigkeit ausüben, weil er nicht Thätigkeitsprincip, und eine Thätigkeit ohne Princip dieser Thätigkeit nicht denkbar ist. Gott kann allerdings eine Thätigkeit des Willens ohne den Willen hervorbringen, denn die Thätigkeit ist Accidens und vom Willen real unterschieden. Allein er vermag nicht zu bewirken, dass diese Thätigkeit eine Thätigkeit des Willens sei. Die

Thätigkeit des Willens muss von ihm selber als dem innern Princip hervorgehen (1. 2. q. 6. a. 1.). Der passive Wille aber, das Agens *in potentia*, bildet kein Princip der Thätigkeit. Die active Potenz, das Agens *in actu*, ist Princip der Thätigkeit. Daraus folgt zur Evidenz, dass der Wille ohne Veränderung, ohne neue in sich aufgenommene Vollkommenheit, nie und nimmer aus dem passiven Zustande, aus der Unthätigkeit, herauskommt. Eben diese Vollkommenheit wird ihm durch die Bewegung Gottes mitgetheilt, dadurch wird er zum Principe, zur Ursache seiner Thätigkeit erhoben. Und als Ursache wirkt er, ist er thätig. Es liegt auf der Hand, dass hier von früher und später die Rede ist (de potentia q. 3. a. 7. ad. 4, 9.).

71. Gegen unsere bisherige Darlegung kann der Einwand erhoben werden, dass zur Erklärung der von uns vorgebrachten Thatsachen die physische Vorherbewegung keineswegs erforderlich sei, sondern der simultane Concurs sich als vollkommen ausreichend erweise. Dieses sei umsomehr dann der Fall, wenn zwischen der Potenz oder Kraft *in actu*, und der Thätigkeit, der Kraftäußerung selber kein sachlicher Unterschied angenommen wird.

Wir werden, um unsere Behauptung aufrecht erhalten zu können, nothwendig über den sogenannten simultanen Concurs uns Klarheit verschaffen müssen. Nach der Lehre des heil. Thomas gibt es eine doppelte Bewegung: die eine von der Kraft zur Wirklichkeit, von der Potenz zum Acte, wie z. B. das kalte Wasser warm wird, in warmes übergeht, oder die Sehkraft zum wirklichen Sehen fortschreitet; die andere Bewegung geht vom Thätigen auf ein Subject über, welches diese Thätigkeit aufnimmt, wie z. B. das Sonnenlicht die Luft erhellt, so dass die Luft selbst in der Wirklichkeit hell ist (4. dist. 1. q. 1. a. 4. qu. 4.). Die erste Bewegung darf von Gott nicht ausgesagt werden; denn seine Kraft geht nicht über in eine Thätigkeit, weil sie selber schon Thätigkeit ist, sachlich ein und dasselbe mit der Thätigkeit ausmacht. Darum nennen wir Gott den unbeweglichen Beweger. Er bewegt alles, ohne selbst bewegt zu werden. In den Creaturen dagegen finden wir sowohl die erste wie die zweite Bewegung; denn keine ist reine Kraftäußerung, reine Wirklichkeit. Fassen wir ihre Wesenheit ins Auge, so sehen wir, dass sie aus und durch sich selber nur möglich, nicht wirklich ist. So gut sie da ist, thatsächlich existiert, ebensogut könnte sie auch nicht dasein. Die wirkliche Existenz kommt ihr somit nicht nothwendig zu, sie existiert formell nicht, weil sie diese oder jene, weil sie überhaupt Wesenheit ist. Die Wirklichkeit wird ihr folglich durch etwas zutheil, was zu ihr hinzutritt, von ihr aufgenommen wird. Die Wesenheit der Geschöpfe, wie vollkommen sie sonst auch sein möge, bildet demnach nicht eine reine, sondern eine gemischte, zusammengesetzte Substanz. Dadurch ist sie wesentlich und ein- für allemal unterschieden von der Substanz, dem Wesen Gottes. Die Wesenheit verhält sich zu ihrer Wirklichkeit wie das aufnehmende, empfangende Subject. Aus diesem Grunde wird sie leidend, passiv genannt, und dasjenige, was von ihr aufgenommen, und wodurch sie wirklich wird, heißt Act, Form, Kraft. Weil die Wesenheit dieser Kraft gegenüber sich empfangend, aufnehmend verhält, im Zustande der subjectiven realen Möglichkeit ist, deshalb muss diese Kraft ihr von einer äußern Ursache mitgetheilt werden. Sie kann dieselbe nicht sich selber geben, so wenig als der Marmor sich die Wirklichkeit einer herrlichen Statue zu verleihen imstande ist.

Das soeben dargelegte Verhältnis finden wir auch in der Kraftäußerung oder Thätigkeit der Geschöpfe. Sie besitzen Kräfte, allein sie äußern, sie entfalten dieselben nicht, oder wenigstens nicht immer. Manche Dinge wirken gar nicht aufeinander ein, andere nur unter bestimmten Umständen. Der Stoff bewegt überhaupt nicht, seine Eigenschaft besteht ausschließlich darin, eine Bewegung aufzunehmen. Das ganze Universum musste darum „den ersten Stoß" von einer äußern Ursache erhalten. Daraus ergibt sich, dass die Bewegung, die Kraftäußerung oder Thätigkeit nicht zum Wesen der Geschöpfe gehört, nicht aus dem Wesen derselben folgt, denn sonst müssten alle thätig sein, eine Bewegung verursachen, nicht aber eine solche aufnehmen, und überdies die Bewegung ohne Aufhören fortsetzen. Wäre die Thätigkeit ein und dasselbe mit dem Wesen, so könnte dasselbe ohne sie nicht existieren. Die Kraftäußerung muss demnach den Geschöpfen von einer außerhalb der Geschöpfe und über denselben stehenden Ursache mitgetheilt, die Geschöpfe müssen von Gott bewegt werden (1. p. q. 2. a. 3. — 1. contr. Gent. c. 13.).

Die Lehre, dass Gott bei jeder Kraftäußerung oder Thätigkeit der Creaturen in irgend einer Weise mitbetheiligt sei, kann ohne Frage als eine allgemein angenommene bezeichnet werden. Die Materialisten lassen wir hier natürlich ganz beiseite. Eine andere Theorie wollen wir aber hier vor allem richtigstellen, weil sie von der Doctrin des heil. Thomas abweicht. Die Frage über den Einfluss Gottes auf die Creatur, speciell auf die vernünftigen Geschöpfe, wird unrichtig aufgeworfen. Wir fragen stets, auf welche Weise **Gott bei der Thätigkeit der Geschöpfe** mitwirke. Der heil. Thomas hingegen erklärt uns fortwährend, auf welche Weise **die Creatur bei der Thätigkeit Gottes** mitwirke. Man vergleiche z. B. die Stelle: 4. dist. 5. q. 1. a. 2, wo der englische Lehrer ausdrücklich vier Arten aufzählt, auf welche **die Creatur mit Gott wirkt**, nicht umgekehrt. Dieser Unterschied ist von Wichtigkeit, denn nicht die Creatur bildet das Hauptagens, sondern Gott. Das Geschöpf steht Gott gegenüber im Verhältnisse eines Instrumentes. Die Thätigkeit aber wird mehr dem Hauptagens als dem Instrumente zugeschrieben. Das Hauptagens ist eigentlich dasjenige, was thätig ist, das Instrument dagegen dasjenige, wodurch das Hauptagens seine Thätigkeit entfaltet, obgleich das Instrument selbst ebenfalls wirkt.

Die Creatur wirkt daher insofern **simultan** mit Gott, als sie ihre instrumentelle Thätigkeit entwickelt und in dieser Thätigkeit zugleich auch die Thatigkeit der göttlichen Kraft enthalten ist.

Simultan thätigsein bedeutet nichts anderes, als zugleich eine Thätigkeit setzen. Bei dem simultanen Concurse wirkt demnach nicht ein Agens allein und getrennt von den übrigen, sondern alle bethätigen ihre Kraft zugleich. Dies trifft ganz besonders dann zu, wenn die Thätigen voneinander unabhängig, einander nicht unter- und übergeordnet sind. Der englische Meister bemerkt aber auch an einer Stelle mit Recht, das höhere Agens wirke nicht getrennt *(seorsim)* von den niedern, untergeordneten; denn das letzte oder niederste wirke in der Kraft aller frühern. „Darum", meint S. Thomas, „werden der Wirkung verschiedener Thätigen nicht **verschiedene** Formen eingeprägt, sondern es ist nur **eine einzige** in derselben, die vom **unmittelbaren** Agens, welches der Kraft nach oder virtuell alle vorausgehenden Formen enthält, dem Effecte mitgetheilt wird (de spirit. creat. a. 3. ad 20.). Der simultane Concurs des heil. Thomas wird uns noch später beschäftigen.

Das Wort: „zugleich" kann indessen ein Zweifaches bedeuten. Es wird damit entweder die Zeit gemeint, so dass dadurch ausgedrückt wird, etwas geschehe zu **gleicher Zeit**; oder es wird dabei die Causalität und Natur als frühere oder als zugleiche ins Auge gefasst. Eine Ursache kann „gleichzeitig" sein mit ihrer Wirkung, allein der Natur und Causalität nach, d. h. formell als Ursache, muss sie früher sein. In unserer Frage haben wir es ausschließlich mit dem zugleich oder früher in Bezug auf die Causalität und Natur zu thun. Behauptet man also, die Thätigkeit der Geschöpfe und Gottes werde zugleich ausgeübt, so will man damit andeuten, dass die Thätigkeit des einen unabhängig von jener des andern vor sich geht. Die Thätigkeiten beider treffen nur **in der Wirkung** zusammen, während sie selbst nicht im Verhältnisse der Ursache und Wirkung zu einander stehen. Das Beispiel von mehreren, die ein Schiff ans Gestade ziehen, macht uns die Sache anschaulich. Die Thätigkeit des einen wirkt nicht ein auf diejenige des andern, sondern alle haben denselben *terminus:* das Schiff, welches durch die Thätigkeit aller zugleich ziehenden Kräfte bewegt wird. Sie hängen nur im Erfolge, hinsichtlich der Bewegung des Schiffes voneinander ab, indem die Kraft des einzelnen nicht hinreichen würde, diese Bewegung des Schiffes zu verwirklichen. In unserer Frage verursacht demnach

Gott alles dasjenige, alle jene Effecte, welche von den Creaturen bewirkt werden, zu gleicher Zeit mit diesen Creaturen. Allein er bewirkt nicht, dass die Geschöpfe selber **thätig werden, in Thätigkeit übergehen.** Er trägt somit nur zum Gelingen des Effectes bei. „Wenn das Feuer das Wasser erwärmt," sagt P. Molina, „im Wasser Wärme erzeugt, so ist dabei auch Gott thätig. Allein er wirkt nicht **auf das Feuer**, sondern auf das Wasser, in welchem der Effect, die Wärme, welche von Gott und dem Feuer zugleich hervorgebracht wurde, Aufnahme findet. Dasselbe muss bei den immanenten Thätigkeiten gesagt werden. Der allgemeine Concurs Gottes mit der thätigen Ursache z. B. mit dem Verstande bei der Verstandesthätigkeit, bei dem Erkennen, und bezüglich des Willens bei dem Wollen, ist nicht ein Einfluss Gottes auf die Ursache, als wäre diese thätig, nachdem sie früher bewegt und angeregt worden" (Concordia q. 14. a. 13. disp. 29. Seite 123. ed. Antverp.). Diese Doctrin wird noch in neuester Zeit vorgetragen, indem man die Theorie aufstellt, Gott wirke den Effect, nicht aber den Act oder die Thätigkeit. Um die Sache recht klar zu machen, hat man wieder zum Schiffe als Auskunftsmittel gegriffen. Gott, sagt man, bildet für das Schiff den Wind, der das Schiff in Bewegung setzt, z. B. nach Osten, ohne dasselbe in einen bestimmten Hafen zu treiben. Letzteres besorgt der Steuermann, der, das Steuer in der Hand, das Schiff dahin oder dorthin lenkt.

72. Reicht der simultane Concurs, in dieser Weise gefasst, nämlich als **Einfluss Gottes auf die Wirkung**, hin zur Erklärung, wie die Geschöpfe bei der Thätigkeit Gottes mitwirken? Wir müssen es verneinen.

Der Hauptfehler der Vertheidiger des ausschließlich simultanen Concurses besteht darin, dass sie die Creatur ohneweiters als thätig hinstellen. Molina spricht schon von einer *causa operans*, ebenso alle andern bis herab zum Erfinder des berühmten Schiffes. Die Gegner des Thomismus machen sich die Sache etwas zu leicht. Wir geben unbedingt zu, dass das Schiff vom Wind getrieben wird. Allein, abgesehen von der *contradictio in adjecto*, dass man das Schiff sich „im allgemeinen" bewegen lässt, als gäbe es überhaupt eine „allgemeine Bewegung," eine „allgemeine Thätigkeit", wird dabei zunächst ganz vergessen, uns zu sagen, wer denn den Steuermann bewegt, in Thätigkeit versetzt. Oder sollte vielleicht der Wind es sein, der den Steuermann aus der Ruhe bringt und das Steuer in die Hand zu nehmen anregt? In diesem Falle wäre es ja doch thatsächlich der Einfluss des Windes **auf die Ursache**, den Steuermann, was man gerade mit diesem Beispiele leugnen will. Wenn aber der Steuermann, anstatt das Steuer **in Wirklichkeit, thatsächlich** zu handhaben, zu dirigieren, ruhig und unthätig neben demselben sitzt und in aller Gemüthlichkeit seinen Grog trinkt, was dann? Das Schiff wird sich zwar infolge des Windes auch dann noch bewegen, allein diese Bewegung hat mit dem Steuermann nichts zu thun, darf demselben in keiner Weise zugeschrieben werden. Mit diesem sehr hübschen Fahrzeuge kann man folglich die Schwierigkeiten sehr glücklich mit vollen Segeln umschiffen, zu lösen jedoch vermag man dieselben nicht. Um das **Cap der guten Hoffnung** kommen wir damit nicht herum. Unsere erste Frage ist immer die, wie die Creatur, welche mit der Kraftentwicklung, mit der Thätigkeit **sachlich** nicht identisch ist, zu dieser ihrer Thätigkeit komme? Bei dieser Festung Gibraltar darf kein Schiff, auch nicht das des P. Cornoldi vorbei, wie herrlich auch der Wind die Segel streicht und schwellt.

Wir haben oben gesehen, dass der englische Lehrer eine doppelte Bewegung vertheidigt: diejenige von der Möglichkeit *(potentia)* in die Wirklichkeit *(in actu)* und jene von der Wirklichkeit in den Effect. Erstere muss nothwendig der Natur und Causalität nach früher sein, denn wirken, seine Kraft entwickeln kann ein Ding erst, wenn es wirklich *(in actu)* ist. Von dem Seinigen andern mittheilen, kann man nur, wenn man selber etwas besitzt. **Der mögliche Reichthum genügt dazu nicht, es muss der wirkliche sein.** Berührt nun der Einfluss Gottes das Thätigkeitsprincip der Creatur, welches bloß **in der Möglichkeit** zum Handeln ist, nicht, so bleibt es eben in dieser Möglichkeit und daraus wird ewig nie eine Thätigkeit folgen. Von einem Concurse darf man dann nicht reden, weil zu diesem **zwei** Thätige gehören. Darum verwirft der heil. Thomas den Concurs bezüglich der Überführung der Creatur aus der Potenz in den Act, indem er lehrt, bei der Thätigkeit, durch welche Gott, die Natur bewegend, wirkt, habe die Natur selber nichts zu thun, bleibe sie unthätig *(in operatione qua Deus operatur movendo naturam, non operatur natura.* de potentia q. 3. a. 7. ad 3.): Wenn aber das, dann kann man nicht sagen, Gott und die Creatur seien **zugleich** thätig. Offenbar ist dann Gott **früher** thätig. Woher sollte denn auch die Creatur ihre Thätigkeit haben? Aus sich selber? Kann sie sich selber etwas geben, was sie früher nicht hatte? Es ist auch nicht richtig, wenn P. Kleutgen ausweichend antwortet, es sei wenigstens die Entfernung eines Hindernisses erforderlich, dass ein Ding, welches früher unthätig, jetzt eine Thätigkeit entwickle. Dieses Hindernis kann allerdings die Thätigkeit, **welche schon vorhanden ist**, aufhalten, allein das ist ein unnatürlicher Zustand, den wir Gewalt und Zwang nennen. Sollen wir nun annehmen, Gott habe die Creaturen in diesem unnatürlichen Zustande geschaffen und seine Thätigkeit bestehe nur darin, die Hindernisse aus dem Wege zu räumen? Es handelt sich jedoch um die Frage, wie die Creaturen überhaupt thätig zu sein anfangen. Bedürfen sie das erstemal der *praemotio physica*, dann ist der Beweis für ihre

Nothwendigkeit erbracht. Hinsichtlich des Willens aber erweist sich diese Theorie als unrichtig, weil der Wille kein Hindernis kennt. Ihn kann niemand zwingen, unthätig zu bleiben, er weiß von keiner Gewalt.

Wenn er also manchmal thätig, manchmal unthätig ist, so müssen wir den Grund dafür anderswo suchen als in einem Hindernisse oder in der Entfernung dieses Hindernisses. Solange das Geschöpf unthätig ist, fehlt ihm eben die letzte formelle Vollendung, die Wirklichkeit in *ordine operativo;* seine Kräfte verhalten sich passiv. Das Princip der Thätigkeit bildet aber die active Potenz. Diese active Kraft oder diese *potentia in actu* ist das Princip der Thätigkeit und des Effectes (1. p. q. 25. a. 1.). Bei dem Processe, durch welchen die passiven Kräfte active werden, können diese selber keine Thätigkeit ausüben, weil sie ja erst active werden und das Princip jeder Thätigkeit die active Potenz bildet. Daher sagt der englische Meister bei diesem Vorgange, bei der Überführung aus dem passiven in den activen Zustand seien die Geschöpfe nicht thätig. Diese Überführung muss demnach früher sein als die Thätigkeit der Geschöpfe. Darum erklärt der heil. Thomas, die Bewegung des Bewegers gehe der Natur und Causalität nach der Bewegung des Beweglichen voraus *(motio moventis praecedit motum mobilis ratione et causa.* 3. contr. Gent. c. 149). Die Thätigkeit Gottes ist somit früher als die Aufnahme derselben im Vermögen, in der Potenz, und ein simultaner Concurs dadurch ganz und gar unmöglich. Denn ein simultaner Concurs, wobei der andere Theil unthätig ist, bildet eine *contradictio in adjecto.* Die Creatur muss also früher von Gott verändert, vervollkommnet, dem Thätigkeitsvermögen etwas mitgetheilt werden, damit es *in actu* sei, *in ordine operativo* Wirklichkeit habe, dann erst wird es seine Kraft äußern und bethätigen. Wirkt Gott nicht auf dieses Vermögen ein, so bleibt es selbst passiv, und wenn Gott bloß die Thätigkeit wirkt, so ist diese Thätigkeit nicht formell die Thätigkeit der Creatur, da sie nicht aus dem Thätigkeitsvermögen hervorgeht. Von einer passiven Potenz geht ewig nie eine Thätigkeit aus. Sie muss früher vervollkommnet, in die Wirklichkeit übergeführt werden, dann tritt sie in Thätigkeit. Die Vollkommenheit des Vermögens als solchen reicht allein nicht hin, um eine Thätigkeit auszuüben. Mit meisterhafter Klarheit hat S. Thomas diese Wahrheit dargelegt. Er schreibt diesbezüglich: „Bei der Bewegung der Körper sehen wir, dass die Form, die Kraft, die das Princip der Bewegung oder Thätigkeit bildet, sich als unzureichend erweist. Zur Bewegung ist auch noch die Bewegung des ersten Bewegers nothwendig. Mit Bezug auf die Körper aber ist der erste Beweger der Himmelskörper. Wie vollkommen demnach die Hitze des Feuers auch sein mag, es wird dennoch keinen Gegenstand erwärmen, wenn es nicht vom Himmelskörper die Bewegung empfängt. Gleichwie nun alle Körperbewegungen zurückgeführt werden müssen auf den Himmelskörper, als den ersten Körperbeweger, ebenso müssen alle Bewegungen, seien es körperliche oder geistige, zurückgeführt werden auf Gott, den Beweger schlechthin. Mag darum eine körperliche oder geistige Natur noch so vollkommen sein, sie kann nicht in Thätigkeit übergehen *(non potest in suum actum procedere)*, wenn sie nicht von Gott bewegt wird. Diese Bewegung erfolgt indessen nach dem Plane seiner Vorsehung, nicht wie die Bewegung des Himmelskörpers, mit Naturnothwendigkeit. Und nicht allein jede Bewegung stammt von Gott, dem ersten Beweger, sondern auch jede formelle Vollkommenheit ist von ihm, als der ersten Wirklichkeit, dem ersten Acte. Die Thätigkeit des Verstandes, und überhaupt die Thätigkeit jedes geschaffenen Seienden hängt folglich in zweifacher Weise von Gott ab. Zunächst hat das Geschöpf von Gott die Vollkommenheit oder Form, wodurch es thätig ist, überdies noch wird es von ihm zur Thätigkeit bewegt (1. 2. q. 109. a. 1.). Diese Stelle des englischen Meisters lässt einen Zweifel über die *praemotio physica* nicht aufkommen. Die Vollkommenheit der Vermögen als Vermögen oder Potenzen genügt nicht dazu, dass ein Geschöpf in der Wirklichkeit eine Thätigkeit ausübe. Es muss von Gott bewegt werden. Ist nun die Bewegung zu einer Thätigkeit etwas anderes als die Vorherbewegung? Kann jemand ein Ding anders bewegen als dadurch, dass er dasselbe aus einem Unthätigen zu einem Thätigen macht? Wie aber geschieht dies anders, wenn nicht dadurch, dass er auf dasselbe einwirkt, den Anstoß zu der Bewegung gibt?

Das particuläre Agens kann niemals der Thätigkeit des ersten universellen Agens zuvorkommen, denn jede Thätigkeit des particulären Agens stammt vom universellen, wie die Bewegung des Himmelskörpers früher ist als die Bewegungen hier auf Erden. Die menschliche Seele aber untersteht Gott, als particuläres Agens unter dem universellen. Darum ist es geradezu unmöglich, dass die Seele eine Bewegung ausführe, welcher nicht die göttliche Thätigkeit zuvorkommt. Ganz zutreffend sagt daher Jesus Christus (Johann. 15.): Ohne mich könnt ihr nichts thun (3. contr. Gent. c. 149.). Wenn also die Thätigkeit Gottes der Bewegung der Creatur zuvorkommt, muss man dann nicht gestehen, dass Gott die Geschöpfe vorherbewege? Ohne Veränderung, Bewegung erfolgt keine Thätigkeit in den geschaffenen Dingen, denn sie ist *aliquid fluens ab agente cum motu*. Die Dinge müssen folglich von demjenigen bewegt werden, der immerfort in Thätigkeit sich befindet. Dies ist nur Gott, denn seine Wesenheit unterscheidet sich nicht sachlich von seiner Thätigkeit. Wenn aber die Thätigkeit jedes Bewegers der Natur und Causalität nach früher ist als die

Bewegung des Beweglichen, was ist sie dann anderes als Vorherbewegung? Die Ursache muss doch gewiss früher sein als die Wirkung.

Der heil. Thomas spricht auch davon, dass dasjenige, was Gott in den Geschöpfen wirkt, und **wodurch** dieselben **actuell thätig** werden, ein unvollkommenes Sein in ihnen habe, wie die Farbe in der Luft und die Kraft des Künstlers im Instrumente (de potentia q. 3. a. 7. ad 7.). Das, was Gott in den Creaturen wirkt, ist somit **in** denselben, und durch dieses werden sie thätig. Alles das aber widerspricht dem simultanen Concurse. Diesem zufolge befindet sich das, was Gott wirkt, im Effecte, es ist der Effect selber. Es berührt demnach die Ursache, die Potenz nicht. Ferner wird die Creatur durch den simultanen Concurs überhaupt nicht **actuell thätig**, sondern in ihrer Thätigkeit unterstützt, vervollkommnet, um eine Wirkung hervorzubringen, die von den Geschöpfen **allein** nicht hervorgebracht werden kann. Der englische Meister dagegen behauptet, dass die Geschöpfe durch das, was sie von Gott erhalten, in **Thätigkeit übergehen** *(quo res naturalis actualiter agat).* Damit ist hinlänglich bewiesen, dass der simultane Concurs der Gegner sich mit der Lehre des heil. Thomas absolut nicht verträgt. Ebenso klar ist die Unzulänglichkeit desselben, da er uns davon nichts sagt, wie die passive Potenz zur activen, das *agens in potentia* zu einem *agens in actu* werde. Er setzt einfach voraus, was erst dargelegt werden soll, nämlich den Übergang des Willens aus dem unthätigen in den thätigen Zustand, der ohne *praemotio physica* gar nicht möglich ist.

§. 10. Gott die Ursache der Thätigkeit in den Geschöpfen.

73. Im Vorausgehenden wurde die Nothwendigkeit der *praemotio physica* dargethan auf Grund des an und für sich von Natur aus passiven Zustandes der Thätigkeitsvermögen, der Potenzen, die außerstande sind, **durch sich selber** diesen Zustand zu verändern, in einen activen umzugestalten. Dabei wurde die Lehre des heil. Thomas über den **sachlichen** Unterschied zwischen den Kräften, Vermögen oder Potenzen der Geschöpfe im Zustande der **möglichen** und jenem der **wirklichen** Thätigkeit als Grundlage angenommen. Dieser **sachliche** Unterschied kann nach unserer Überzeugung im Ernste nicht bestritten werden. Das **eine** ist in jedem Falle gewiß, dass er vom englischen Meister gelehrt und vertheidigt wird. Unsere bisherige Darstellung der Doctrin des heil. Thomas hat darüber, so hoffen wir, in genügender Weise Aufschluss ertheilt.

Betrachten wir nun die zweite Art der Bewegung des Geschöpfes, von welcher der Doctor Angelicus in der früher von uns citierten Stelle spricht, nämlich von der Bewegung des Agens *in passum,* in das untergeordnete Subject. Das Agens muss, um diese Bewegung auszuführen, bereits in der Wirklichkeit, *in actu* sein, denn nur dasjenige theilt die Ähnlichkeit und Güte seiner Form, seiner Kraft einem andern mit, welches diese Ähnlichkeit und Güte thatsächlich besitzt. Das Geschöpf muss folglich *in actu operativo* sein, hinsichtlich der Thätigkeit Wirklichkeit haben, damit es seine Kraftentwicklung äußere. Diese Kraftentwicklung oder Thätigkeit wird uns im Gegenwärtigen eingehender beschäftigen.

Als bekannte und allgemein angenommene Wahrheit gilt, dass sowohl Gott als auch die Geschöpfe, zumal diejenigen, welche eine geistige Natur, Verstand und Willen haben, im eigentlichsten Sinne thätig sind. Ebenso gewiß finden wir Gottes Thätigkeit in jeder Kraftentfaltung der Creatur. Denn es gibt kein Sciendes, oder auch nur einen Theil desselben, der nicht in irgend einer Weise von Gott wäre. *Necesse est dicere, quod omne ens, quocumque modo est, a Deo esse* (1. p. q. 44. a. 1.). Dies ist nicht bloß Lehre des heil. Thomas, sondern des heiligen Glaubens.

Wie verhalten sich nun diese beiden Thätigkeiten, der Act Gottes und jener der Creatur zu einander? Sind sie zugleich in Bezug auf die Natur und Causalität? oder ist die Thätigkeit Gottes auch diesbezüglich früher, als jene des Geschöpfes? Die Gleichzeitigkeit kommt hier nicht in Frage, weil darüber kein Zweifel herrscht. Die Proposition, welche wir vertheidigen lautet:

Die Thätigkeit Gottes und der Creaturen sind nicht in dem Sinne simultan, dass sie der Natur und Causalität nach zugleich ausgeübt werden, sondern nur insofern die eine nicht ohne die andere sich vollzieht.

Der englische Lehrer fügt zu den Worten: „bei der Thätigkeit, durch welche Gott die Natur bewegt, sei die Natur selber unthätig" Folgendes hinzu: „die Thätigkeit der Natur ist aber andererseits auch die Thätigkeit der göttlichen Kraft, gleichwie die Thätigkeit des Instrumentes durch die Kraft des Hauptagens erfolgt. Dies hindert aber nicht, dass Gott und die Natur ein und dasselbe wirken in Anbetracht der Über- und Unterordnung zwischen Gott und den Creaturen" (de potentia q. 3. a. 7. ad 3.). Diese Worte des englischen Meisters geben klar zu erkennen, dass beide Ursachen, Gott und die Creatur, in irgend einer Weise simultan wirken, denn beide bringen einen und denselben Effect hervor, wie ausdrücklich bemerkt wird. Dieser Effect aber ist die Thätigkeit selber *(sed ipsa naturae operatio est etiam operatio virtutis divinae).* Wie bestimmt hier die Thätigkeit vom Agens unterschieden wird, wollen wir nur nebenbei andeuten. Die Thätigkeit bildet den Effect des Agens, weil S. Thomas erklärt, es habe gar keine Schwierigkeit, dass Gott und die Natur ein und dasselbe wirken. Dieses ein und dasselbe war ihm unmittelbar vorher die Thätigkeit, die *operatio.* Die

Thätigkeit der Creatur bildet somit den gemeinsamen *terminus* der beiden Ursachen als der wirksamen Factoren. Welche von beiden muss nun im vorhin angegebenen Sinne als die **frühere** bezeichnet werden? Offenbar diejenige, welche zu dem genannten Effecte die Kraft hergibt. Der Doctor Angelicus vergleicht die Thätigkeit des Geschöpfes mit der eines Instrumentes. Das Hauptagens ist aber ohne Zweifel der Natur und Causalität nach **früher** thätig, als das Instrument, weil letzteres nur **in der Kraft, auf Grund** der Thätigkeit des ersteren eine Wirksamkeit ausübt. Denselben Grundsatz hat der englische Lehrer an einer anderen von uns schon citierten Stelle ausgesprochen, wenn er sagt, die letzte **unmittelbare** Ursache der Wirkung sei in der Kraft aller andern übergeordneten thätig, und es werde dem Effecte nur **eine** Form eingeprägt, die indessen virtuell, der Kraft nach, alle vorausgehenden Formen enthält (de spirit. creat. a. 3. ad 20.). Wir werden demnach, gestützt auf die Doctrin des englischen Lehrers sagen müssen, die Thätigkeit Gottes sei früher als die der Creatur. Obgleich die erste Ursache nicht **getrennt** von den untergeordneten wirkt, so ist doch andererseits ebenso sicher, dass letztere nur als Instrumente und in der Kraft der erstern thätig sind. Die Causalität der ersten Ursache muss folglich auch in Bezug auf die Thätigkeit in gewisser Hinsicht als **früher** angenommen werden. Die Ordnung der Ursachen richtet sich, nach S. Thomas, entsprechend der Anordnung der Effecte. Die allgemeinern Wirkungen müssen auf die allgemeinern und frühern Ursachen zurückgeführt werden. Die **erste** Ursache aber wirkt das Dasein *(esse)* als den ihr „eigentlichen" Effect, denn dieser ist der allgemeinste, die Verwirklichung *(actus)* und der formelle Grund, warum jedes Ding existiert. Die untergeordneten Ursachen applicieren dieses Sein auf irgend etwas, wodurch dasselbe **materiell**, nicht aber **formell** bestimmt, beschränkt wird. (2: contr. Gent. c. 21.). Mit Bezug auf das Sein, die Existenz der Thätigkeit oder des Effectes verhält sich demnach die Creatur mehr als **materielle** denn **formelle** Ursache. Gott, **das erste Agens**, bildet die **formelle**. Das Höhere ist stets formell. Formelle Ursache zu sein kommt dem Hauptagens, materielle dem Instrumente zu. Das Instrument aber wird nach der Lehre des heil. Thomas immer nur **mittelst der Bewegung** in Anwendung gebracht, denn es liegt **im Wesen des Instrumentes** bewegter Beweger *(movens motum)* zu sein (l. c. ratio 4.). Da nun das Instrument **in der Kraft** des Hauptagens thätig ist, und diese Kraft eigentlich **die Form, das Sein** des Instrumentes *in ordine operativo* bildet, so muss man anerkennen, dass auch bei dem sogenannten simultanen Concurse, wie er vom heiligen Thomas vertheidigt wird, die Thätigkeit Gottes **schlechthin** *(simpliciter)* oder der Würde und Causalität nach **früher** ist. Die

Form ist schlechthin früher als der Stoff, obgleich in gewisser Beziehung die Sache sich umgekehrt verhält.

74. Im Concurse der Gegner des heil. Thomas kann die Thätigkeit Gottes allerdings in keiner Hinsicht früher sein als jene des Geschöpfes. Dafür ist aber auch darin für eine Unter- und Überordnung der Ursachen kein Platz. Jede Ordnung schließt irgend eine Art von früher und später in sich (2. 2. q. 26. a. 1. — 1. dist. 20. q. 1. a. 3.). Wenn wir also von einer Unterordnung sprechen, so dürfen wir dabei das „früher und später" nicht aus dem Auge verlieren. Im simultanen Concurse der Gegner aber wirkt keine der beiden Ursachen früher, und die eine steht auch nicht im Verhältnisse eines Principes zur andern, wie es sich zeigt im Beispiele, wo mehrere eine Last heben, ein Schiff ziehen. Das von P. Liberatore so angepriesene Schiff des P. Cornoldi wird durch Gott, den Wind, bewegt. Gott bewegt ausschließlich nur das Schiff, nicht den Steuermann. Er verhält sich demnach zu der Thätigkeit des Steuermannes nicht als Princip derselben. Darum besteht in den beiden Thätigkeiten keinerlei Über- und Unterordnung, denn eine Ordnung ist nach S. Thomas nur möglich in Rücksicht auf ein Princip (l. c. 1. p. q. 42. a. 3). Dieser Grundsatz wurde schon von Aristoteles geltend gemacht. Im fünften Buche seiner Methaphysik bemerkt er, früher und später werde in jeder Ordnung ausgesagt mit Bezug auf das Princip derselben Ordnung, z. B. früher im Orte, bezüglich des Principes der *locatio*, früher in der Wissenschaft oder Kunst hinsichtlich des Principes derselben. Früher der Natur nach werde etwas genannt in Hinblick auf die Principien der Natur, die vier Ursachen. Was diesen Ursachen näher steht, das sei der Natur nach früher (Quodl. 5. a. 19.). Wo immer also ein Princip vorhanden ist, da muss auch eine Ordnung sein und infolge dessen auch ein Früher und Später. Darum bezieht sich das Früher der Natur nach auf das Verhältnis der Ursache zu dem Verursachten, denn Princip und Ursache sind identisch (4. dist. 17. q. 1. a. 4. qu. 1.). Im simultanen Concurse der Gegner bildet die Thätigkeit Gottes nicht die Ursache der Thätigkeit des Geschöpfes. Daher ist jede Über- und Unterordnung unmöglich, sie können nur nebeneinander sein.

Man hat zwar geltend gemacht, die Thätigkeit Gottes sei insofern früher, als sie jene der Creatur an Vollkommenheit übertrifft, von universellerer Wirksamkeit ist als die Thätigkeit des Geschöpfes. Es bestehe somit eine Überordnung der göttlichen Causalität. Allein wie wir soeben aus S. Thomas vernommen, reicht dieser Vorzug nicht hin, wenn er nicht auch Ursache ist. Die Thätigkeit Gottes muss Ursache der Thätigkeit des Geschöpfes, und letztere demnach Wirkung sein. Nun sagt uns P. Molina, so oft das Feuer dem Wasser seine Form, seine Wärme mittheile, wirke Gott ebenfalls mit. Er wirke jedoch nicht **auf das Feuer**, sondern **auf das Wasser**, er wirke die **Wärme im Wasser**. Da ist doch offenbar von einer Über- und Unterordnung der Ursachen, der Thätigkeiten keine Rede. Gott wirkt ja nicht **auf die Thätigkeit des Feuers**, sie ist folglich nicht von Gott verursacht. Darum sind beide **nebeneinander**. Wer kann aber mit Wahrheit behaupten, Gott sei **Nebenursache** in Bezug auf irgend etwas Geschaffenes? In diesem Beispiele ist er noch dazu eigentlich **gar nicht Ursache** eines geschaffenen Seienden, nämlich der Thätigkeit des Geschöpfes, sondern bloß der Wirkung, der Wärme im Wasser. Ob an einer solchen Ansicht festgehalten werden darf? Wir bezweifeln es. Mit der Lehre des heil. Thomas steht sie im entschiedensten Gegensatz, und es ist geradezu sonderbar, dass man den englischen Meister für diese Theorie anrufen will. P. Molina hatte wenigstens noch zugegeben, dass ihm die Lehre des heil. Thomas Schwierigkeiten bereite. Und er gesteht ein, dass der Doctor Angelicus **vielleicht** *(forte)* die genannte Theorie vorgetragen habe (Concordia q. 14. a. 13. disp. 26. Seite 110. 111.). In neuerer Zeit jedoch wird behauptet, der englische Meister habe **sicher** so gelehrt. Man könne aus 70 Parallelstellen nachweisen, dass Gott nur die **Wirkung, den Effect**, nicht **den Act** verursache. Dem heiligen Thomas ist es sicher gar nicht eingefallen eine derartige Doctrin aufzustellen. Im Gegentheil! Seiner an unzähligen Stellen vorgetragenen Lehre zufolge, wirkt oder bethätigt sich die Creatur an einem Effecte nur in der **Kraft Gottes**. Gottes Thätigkeit bildet somit die **Ursache der Thätigkeit** des Geschöpfes, und letztere ist **eine Wirkung** der erstern. Durch Gott **sind oder existieren** die Creaturen, und durch ihn sind sie auch **Ursachen**. Diese beiden Vollkommenheiten, das Dasein und das Thätigsein haben sie **ausschließlich von Gott**, wie früher aus S. Thomas nachgewiesen wurde. Damit ist der simultane Concurs der Gegner des heil. Thomas hinreichend widerlegt. Gott kann niemals **Nebenursache**, er muss **Hauptursache** sein. Nicht er wirkt mit der Creatur, sondern umgekehrt, diese wirken mit ihm. Sie bilden das Instrument, welches dem Hauptagens **unter-** nicht **neben** geordnet sein muss. Wenn aber dies, dann ist die Causalität Gottes **früher** als jene der Geschöpfe und letztere vollzieht sich auf Grund der **Bewegung durch Gott, in der Kraft Gottes**.

75. Ein Gelehrter der neuern Zeit hat die Behauptung aufgestellt, der heil. Thomas könne nicht den vorhergehenden und den simultanen Concurs Gottes gelehrt haben, weil Gottes Thätigkeit eine immanente ist. Denn Gottes Thätigkeit unterscheide sich nicht sachlich von seiner Wesenheit.

Wenn damit gesagt sein will, der heil. Thomas habe aus

diesem Grunde nicht den simultanen Concurs der **Gegner** gelehrt, dass nämlich Gott bloß das Princip des **Effectes** und nicht **des Actes** sei, so haben wir au dieser Theorie nicht das mindeste auszusetzen. Sie beruht auf Wahrheit und ist Doctrin des englischen Meisters. Allein die vorhin genannte Behauptung in diesem Sinne aufzufassen, scheint deshalb unmöglich, weil sie im Widerspruch stehen würde mit dem, was derselbe Autor drei Zeilen früher niedergeschrieben hat. Wir wollen darum den Autor von einem Widerspruche mit sich selber freisprechen, und die These direct gegen S. Thomas und die Thomisten gerichtet sein lassen. Der Behauptung: S. Thomas könne die physische Vorherbewegung und den simultanen Concurs deshalb nicht gelehrt haben, **weil Gottes Thätigkeit mit seiner Wesenheit real, oder sachlich identisch ist**, stellen wir folgende Behauptung gegenüber:

„Der heil. Thomas **muss die physische Vorherbewegung und den simultanen Concurs der Thomisten gelehrt haben, weil Gottes Thätigkeit mit seiner Wesenheit real identisch ist.**"

Auf Grund eben dieser sachlichen Identität bildet die Thätigkeit Gottes ein Seiendes durch seine Wesenheit, ein *ens per essentiam*. Die Thätigkeit der Creatur muss folglich ein Seiendes durch Antheilnahme, ein *ens per participationem* genannt werden, denn es gibt nur ein einziges *ens per essentiam*: Gott. Nun aber lehrt S. Thomas: jedes *ens per participationem* oder durch Antheilnahme müsse **zurückgeführt werden auf das *ens per essentiam* als seine Ursache**. Folglich lehrt S. Thomas den simultanen Concurs der Thomisten. In der That! Die Thätigkeit der Creatur ist ohne Zweifel ein *ens*. Und weil sie selber nicht Gott sein kann, muss sie ein *ens per participationem* oder durch Antheilnahme sein. Wenn nun diese Thätigkeit des Geschöpfes **auf die erste Ursache, auf das *ens per essentiam* zurückgeführt werden muss, wie ist es dann möglich, dass Gott diese Thätigkeit der Creatur nicht wirkt, dass er nicht deren Ursache bildet?** Dadurch ist der simultane Concurs der Gegner vom heil. Thomas ausdrücklich verworfen, denn Gott ist nach seiner Lehre nicht bloß das **Princip des Effectes**, sondern auch **des Actes**. In diesem Syllogismus ist aber auch die *praemotio physica* mit **mathematischer Genauigkeit** dargethan. Ist nämlich die Thätigkeit Gottes, dieses *ens per essentiam* die **Ursache** der Thätigkeit, des *ens per participationem* der Geschöpfe, so muss diese Thätigkeit **Effect**, Wirkung der genannten Ursache sein. Eine Ursache ohne Wirkung, eine Thätigkeit ohne etwas, was durch diese Thätigkeit hervorgebracht wird, ist ein Unding, eine *contradictio in adjecto*. Die Ursache ist aber nach jeder Philosophie und Logik der Natur und Causalität nach früher als die Wirkung, der Effect. Die *praemotio physica* will nichts anderes als die Wahrheit vertheidigen, dass Gottes Thätigkeit in der soeben angedeuteten Weise der Thätigkeit der Creaturen vorausgehe. Das Argument des genannten Gelehrten beweist somit das gerade Gegentheil dessen, was es darthun will. Die *praemotio physica* und den simultanen Concurs des heil. Thomas kann man nur dann leugnen, wenn die Thätigkeit der Geschöpfe nicht als ein Seiendes durch Antheilnahme, sondern als ein solches durch die Wesenheit, *per essentiam* ausgegeben wird. Eine Thätigkeit *per essentiam* unterscheidet sich aber nicht sachlich, real von Gott.

Mag man demnach zwischen dem Thätigen in der Wirklichkeit, dem Agens *in actu*, und der Thätigkeit, der *operatio* selbst, einen realen Unterschied anerkennen oder verwerfen, die *praemotio physica* muss unter allen Umständen zugegeben werden. Unmöglich kann man leugnen, dass die Creaturen, besonders der Wille, manchmal thätig, manchmal unthätig oder bloß der Möglichkeit nach thätig ist. Ebenso kann man nicht bestreiten, dass die wirkliche Ausübung der Thätigkeit für die Creatur eine Vollkommenheit bildet, dass ein Ding, welches thätig, vollkommener ist, als ein unthätiges. Diese Vollkommenheit muss mithin ein *ens* sein. Dieses *ens* ist nicht Gott, es ist nicht das *ens per essentiam*, sondern *per participationem*. **Aus diesem Grunde hat es Gott zu seiner Ursache.** Jede Ursache aber muss der Natur und Causalität nach **früher**, der Zeit nach kann sie mit der Wirkung **zugleich** sein. Darin liegt das Wesen der *praemotio physica*. Der Concurs, welchen der englische Meister lehrt, besteht darin, dass Gott nicht **allein, ohne Thätigkeit der Geschöpfe**, Effecte oder Wirkungen hervorbringt. Die Creaturen sind **im wahren Sinne** Ursachen, nicht wie die Occasionalisten behaupten, bloß Veranlassung oder Gelegenheit, dass Gott diese und jene Wirkung hervorbringt. Weil also **Gott und die Creatur Ursachen sind**, deshalb kann man überhaupt von einem Concurse sprechen. In diesem Sinne anerkennt S. Thomas einen Concurs. Von einem **simultanen Concurse** indessen, wie die Gegner ihn auffassen, weiß der englische Meister absolut nichts. Diese zwei Ursachen sind nicht **nebeneinander**, sondern über- und untergeordnet.

Wenn also, wie behauptet wird, „alle darin übereinkommen, dass es in uns keinen Act gebe, ja nicht den geringsten Theil eines Actes, von dem man nicht sagen müsse, er sei kraft jenes Concurses von Gott als der obersten Ursache gewirkt — auch Suarez vertheidige diese Ansicht —, dass die gegentheilige Ansicht falsch und gegen den Glauben sei", und trotzdem die physische Vorherbewegung durch Gott bei **jeder** Thätigkeit der Creaturen geleugnet und auf das entschiedenste bekämpft wird; so heißt das soviel als alle Gesetze der Logik mit Füßen treten. Fürwahr!

Alles geschaffene Sein hat Gott zu seiner Ursache. Es ist somit Effect. Das Thätigsein oder Ursachesein der Creaturen ist etwas Positives, eine Vollkommenheit, ein Sein. Es ist folglich ein Effect Gottes und er bildet die Ursache desselben. Allein diese Ursache ist der Natur und Causalität nach nicht früher als die Wirkung, als dieses Sein, d. h. er ist Ursache und ist nicht Ursache. So lautet der logisch richtige Schluss im System der Gegner des heil. Thomas. Eine Ursache, die der Natur und Causalität nach nicht früher ist als der Effect, kann absolut nicht dessen Ursache sein. Sein und Ursache sein sind zwei ganz verschiedene Dinge. Wir haben früher an der Hand des heil. Thomas nachgewiesen, dass manche Dinge, z. B. der Stoff oder was sich wie Stoff verhält, sind, existieren, ohne indessen anderes zu wirken, für anderes die wirkende Ursache zu bilden. Alle Vermögen, Fähigkeiten der Creaturen existieren, sie sind aber nicht immer, unausgesetzt Ursachen, weil sie nicht fortwährend eine Thätigkeit ausüben, *in actu* sich befinden. Eine *causa efficiens*, die nicht actuell etwas wirkt, verdient nicht den Namen *efficiens*. Wodurch wird sie nun eine *efficiens*? Durch sich selber? dann hat sie etwas, was nicht von Gott kommt. Damit wird der Satz umgestoßen, dass jedes Seiende Gott zu seiner Ursache habe, dass es weder einen Act noch einen Theil desselben gebe, der nicht Gott als erste, oberste Ursache voraussetzte. Oder dasjenige, wodurch sie Ursache ist, stammt von Gott, und dann ist es ganz und gar unrichtig, in sich selbst widersprechend zu sagen, dasjenige, wodurch die Creatur Ursache ist, sei der Natur und Abhängigkeit nach zugleich, nicht später als jene wirkende Ursache, durch deren Thätigkeit sie selbst zu einer Ursache geworden sei.

Ein ähnlicher Widerspruch liegt in einer andern Theorie. Darin wird gelehrt: Gott bewege den Menschen ausschließlich nur zum Guten und zur Glückseligkeit im allgemeinen, und diese Bewegung sei eine natürliche und nothwendige, d. h. unfreie.

Diese Theorie enthält, wie gesagt, einen Widerspruch. Denn entweder ist die natürliche und nothwendige, d. h. unfreie Bewegung sachlich, real mit der freien identisch, und dann ist es ein Widerspruch von freien Thätigkeiten zu sprechen. Oder bei der freien Thätigkeit hat Gott nichts zu thun, er bildet nicht die Ursache derselben, und dann ist es ein Widerspruch zu behaupten, es gebe keinen Act, der nicht von Gott als der obersten Ursache kommt. Oder dieser freie Act hat wirklich Gott zu seiner Ursache, er ist ein Effect Gottes, und dann ist es ein Widerspruch, dass dieser Act der Natur und Causalität nach zugleich mit seiner Ursache sein könne.

Darum lehrt der englische Meister mit Recht, Gott habe den Creaturen eine doppelte Vollkommenheit mitgetheilt. Die eine wodurch sie sind, existieren; die andere wodurch sie wirken, sich thätig erweisen, andern das Sein und die Güte mittheilen (de veritate q. 5. a. 8.).

76. Noch viel weniger genügt der simultane Concurs der Gegner des heil. Thomas, mit noch weit größerer Nothwendigkeit wird die *praemotio physica* verlangt, wenn man der Wahrheit und Lehre des Doctor Angelicus entsprechend zwischen der **activen** Potenz, der *potentia in actu*, und der Thätigkeit selbst einen realen, sachlichen Unterschied anerkennt. Aus einer vorhin von uns citierten Stelle des englischen Lehrers (1. 2. q. 109. a. 1) geht hervor, dass die bloße Existenz der verschiedenen Thätigkeitsvermögen für die **wirklichen** Thätigkeiten nicht hinreicht. Unzähligemale betont der Doctor Angelicus, dass das Princip der Thätigkeit **actuell** oder *in actu* sein müsse, denn solange es in der Möglichkeit, in der Potenz bleibt, erfolge keinerlei Thätigkeit. Wodurch wird nun dieses Thätigkeitsprincip, welches von Natur aus, durch sich selbst nur in der Möglichkeit oder Potenz ist, ein actuelles? Sehen wir von der *praemotio physica* ab, so haben wir im Geschöpfe noch drei Factoren: das Thätigkeitsvermögen, die Thätigkeit und das, was durch den richtig verstandenen Concurs Gottes hervorgebracht wird, den Effect. Welcher von diesen drei Factoren constituiert demnach das Thätigkeitsvermögen als actuelles? Der erste offenbar nicht, denn **sich selber** kann man nicht geben, was man nicht besitzt. Vielleicht der zweite, die Thätigkeit selbst? Dies ist einfach unmöglich, weil das Princip **actuell** sein muss, damit es eine Thätigkeit ausübe. Das Princip, von welchem effectiv eine Thätigkeit hervorgeht, kann daher unmöglich von der Thätigkeit selbst gebildet werden. In diesem Falle würde etwas sich selber hervorbringen, die Wirkung **ihre eigene Ursache constituieren**. Der dritte Factor, der Effect, welcher durch die Thätigkeit hervorgebracht wird? Auch das ist unmöglich. Die Wirkung ist später als die Thätigkeit und setzt nothwendig letztere voraus. Überdies fällt der Effect bei den immanenten Thätigkeiten mit diesen selber zusammen, ist mit ihnen sachlich identisch, so oft von den *actus eliciti* gesprochen wird. Aus all dem folgt mit evidenter Gewissheit, dass dasjenige, wodurch die Creatur **actuelles** Princip der Thätigkeit wird, nicht in ihr selber liegen kann. Darum muss es ihr von einer andern wirksamen Ursache mitgetheilt werden. Jene Ursache, die **actuelles Princip** ist, muss die Creatur zu einem **actuellen** Princip machen. Damit ergibt sich dann die *praemotio physica* von selbst. Alles was in der Potenz, was der Möglichkeit nach thätig ist, muss in die Wirklichkeit übergeführt werden durch denjenigen, der schon **wirklich** ist, und diesen nennen wir Gott, und dieses Überführen nennen wir bewegen (1. 2. q. 9. a. 1.). Wie kann aber diese Überführung geschehen, wenn Gott *in ordine operativo*, mit Bezug auf seine Thätig-

keit, nicht der Natur und Causalität nach, früher ist als die Creatur? Was soll er dann in den Act überführen, wenn die Creatur, der Natur und Causalität nach, schon zugleich mit Gott *in actu* ist? Möge einen solchen Widerspruch begreifen wer kann.

Zutreffend bemerkt darum der englische Meister, bei dieser Überführung aus der Potenz in den Act, aus dem passivem Zustande des Thätigkeitsprincipes in den activen, sei die Creatur nicht thätig. Wie könnte sie auch irgend eine Thätigkeit vollziehen, bevor sie actuelles, wirkliches Princip dieser Thätigkeit ist? Fügen wir dem noch bei, dass das Thätigkeitsprincip der Thätigkeit selbst das mittheilt, was es selbst besitzt: das Sein, die Ähnlichkeit, die Güte, wie S. Thomas constant lehrt; wie kann man dann auf die *praemotio physica* verzichten? Ein mögliches Sein, eine mögliche Ähnlichkeit, eine mögliche Güte, wie die Vermögen, Potenzen aus und durch sich sie besitzen, lässt sich schlechterdings keinem andern mittheilen.

77. Der simultane Concurs der Gegner widerspricht noch in einer andern Beziehung der Lehre des heil. Thomas. Dem genannten Concurse zufolge müssen zwei Thätigkeiten angenommen werden. Gott und das Geschöpf hat seine eigene Thätigkeit. Beiden gemeinsam ist bloß die Wirkung, der Effect. Nach der Lehre des heil. Thomas dagegen gibt es nur eine Thätigkeit. Die Thätigkeit selbst ist beiden gemeinsam. Als Beweis dafür dient zunächst die schon angeführte Stelle de potentia q. 3. a. 7. ad 3. Daselbst heißt es: „Bei der Thätigkeit, wodurch Gott die Natur bewegend wirkt, ist die Natur nicht thätig. Die Thätigkeit der Natur ist aber andererseits auch die Thätigkeit der göttlichen Kraft, gleichwie die Thätigkeit des Instrumentes durch die Kraft des Hauptagens zustande kommt." Betrachten wir den Willen in seiner Unthätigkeit, in dem passiven Zustande, als *agens in potentia*. Bei dem Herausführen aus diesem Zustande haben wir nur eine Thätigkeit, die Thätigkeit Gottes, der Wille ist nicht thätig. Lassen wir den Willen *in actu* sein, nehmen wir ihn als *agens in actu*, so ist klar, dass er ebenfalls wirkt. Allein er ist nur in der Kraft Gottes, oder als von Gott bewegt, thätig. Es ergibt sich daher abermals die Einheit des Wirkens.

Es wurde früher nachgewiesen, dass der Wille *in actu*, das *agens in actu* ein aus Potenz und Act Zusammengesetztes bildet. Das Stoffliche, Potentielle wird vom Willensvermögen, das Formelle, Actuelle von der Bewegung durch Gott vertreten. Der Wille besitzt diese Form, diesen Act nicht *per modum permanentis*, als complete Form, sondern *per modum transeuntis*, oder *passionis*, als incompletes Sein (cfr. de potentia q. 3. a. 7. ad 7. — de veritate q. 12. a. 1. — 2. 2. q. 171. a. 2.). Nun ist aber die Form das Princip der Thätigkeit, das *principium quo*, der Stoff dagegen das Princip des Leidens. Diese Form wird dem Geschöpfe von Gott vorübergehend mitgetheilt, von demselben aufgenommen, und sie bewirkt, dass die Creatur thätig ist. Daher bemerkt der heil. Thomas, das universelle Agens wirke nicht gesondert *(seorsum)* von den untergeordneten Thätigen, sondern das letzte unmittelbare Agens sei in der Kraft aller höhern thätig. Infolge dessen, meint der englische Lehrer weiter, werden von den verschiedenen Agentien einem und demselben Dinge nicht verschiedene Formen eingeprägt. Es ist nur eine Form vorhanden, jene nämlich, welche vom unmittelbaren Agens eingeprägt wird. Allein diese eine Form enthält virtuell *(virtute)* alle vorausgehenden in sich (de spirit. creat. a. 3. ad 20.).

Diese Wahrheit ist sehr einleuchtend, denn in jedem Agens sind zwei Dinge zu betrachten. Das Suppositum, welches thätig ist, und die Kraft, wodurch es wirkt. Das Feuer z. B. erwärmt durch die Hitze. Die Kraft des niedern Agens hängt von jener des höhern ab, denn das höhere Agens verleiht dem niedern die Kraft, wodurch dieses thätig ist, erhält und applicirt dieselbe zu einer Thätigkeit. Das Instrument in der Hand des Künstlers liefert uns dafür ein Beispiel. Der Künstler gibt dem Instrumente eine Art Form, d. h. eine Bewegung. Daraus folgt, dass die Thätigkeit des niedern Agens nicht allein durch die eigene Kraft, sondern durch die Kraft aller höhern Agentien zustande kommen muss. Es ist in der Kraft aller höhern thätig. Gleichwie daher das niederste Agens unmittelbar, *immediatione suppositi*, thätig ist, ebenso wirkt die Kraft des ersten Agens unmittelbar, *immediatione virtutis*, den Effect. Die Kraft des niedern Agens wirkt diesen Effect nicht aus sich selber, sondern in der Kraft des höhern. Das höchste oder erste Agens wirkt diesen Effect aus sich, gleichsam als unmittelbare Ursache. Wie es nun keineswegs in sich widersprechend ist, dass eine und dieselbe Thätigkeit vom Agens und dessen Kraft hervorgebracht werde, ebenso kann man nicht von einem Widerspruche reden, dass der nämliche Effect vom niedern Agens und von Gott gewirkt werde, und zwar von beiden unmittelbar, wenngleich in anderer, und anderer Weise. Der von Gott bewegte Wille ist das *quod agit*, und die Bewegung Gottes das *quo agit*. Allerdings darf man sich die Sache nicht so denken, dass ein und derselbe Effect theilweise vom natürlichen Agens, und theilweise von Gott hervorgebracht werde. Nein, der ganze stammt von beiden, nur auf eine andere Art. Dem Hauptagens und dem Instrumente muss der ganze und nämliche Effect zugeschrieben werden (3. contr. Gent. c. 70.).

Es ist darum ganz klar, dass die Thätigkeit Gottes, wodurch der Wille aus dem passiven in den activen Zustand übergeführt wird, sich von der Thätigkeit des Willens unterscheidet. Bei diesem

Vorgange ist, wie gesagt, der Wille **nicht thätig.** Allein die Thätigkeit, welche **von der eigenen Kraft** des Willens ausgeht, insofern er von Gott bewegt und zur Thätigkeit applicirt erscheint, unterscheidet sich nicht von der Thätigkeit Gottes oder dem simultanen Concurse im Sinne des englischen Meisters und der Thomisten. Der Wille gibt seiner eigenen Thätigkeit das Werden, **Gott aber das Sein.** Der Wille determinirt **nach Art des Stoffes** dieses Sein der Thätigkeit.

78. Inwiefern bringt die göttliche Kraft **unmittelbar** eine Wirkung hervor? Unmittelbar nennen wir dasjenige, was nichts anderes mehr voraussetzt, und auf welches kein anderes mehr folgt. Die Kraft Gottes wird von keiner andern bewegt. Sie ist die erste, höchste. Sie besitzt ihre Wirksamkeit **aus sich,** nicht aus der Kraft eines andern. Die ersten demonstrativen Principien verhalten sich auf ähnliche Weise. Die Geschöpfe dagegen wirken unmittelbar **als Suppositum,** wenn nach ihnen kein anderes Suppositum mehr folgt, das sich thätig zeigt. Die Creatur bildet daher das **stoffliche** Element, und ist *agens quod,* die göttliche Kraft hingegen das formelle und *agens quo.* Dasjenige, **was sich thätig erweist,** ist der Wille, dasjenige, **wodurch** dieses geschieht, ist **aus sich die göttliche Kraft** und jene des Geschöpfes, **insofern sie von Gott bewegt wird.** Da nun die Form den Grund, die *ratio* des Wirkens bildet, so kann man von ihr sagen, sie wirke **innerlicher** und unmittelbarer als das Suppositum, welches thätig ist.

Je höher eine Ursache, desto allgemeiner und wirksamer ist sie. Und je wirksamer, desto tiefer dringt sie in den Effect ein, und vermag sie selbst das, was am meisten **in der Potenz** ist, in den Act überzuführen. In jeder Creatur können wir vier Dinge unterscheiden. Jedes ist ein Seiendes *(ens),* eine Substanz, besitzt eine nach Gattung und Art **bestimmte** Natur. Das erste hat sie gemeinsam mit allen Seienden, das zweite mit den Substanzen, das dritte mit andern derselben Art. Das Individuationsprincip und die übrigen Accidenzen sind ihr allein eigen. Das Individuum kann somit durch seine Thätigkeit nicht aus und durch sich ein Ähnliches der Art nach hervorbringen. Es vermag dies nur als **Instrument** jener Ursache zu thun, die Macht hat über die ganze Art, und noch weiter über das ganze Sein der natürlichen Dinge. Keine Creatur ist folglich imstande, ein **Sein** zu wirken, außer **durch die Kraft Gottes,** denn das Sein ist der **allgemeinste,** der **erste** und **innerlichste** Effect von allen. Dieser Effect wird daher von Gott allein **durch eigene Kraft** gewirkt. Aus diesem Grunde ist Gott **die Ursache jeder Thätigkeit,** denn jedes andere Agens ist **Instrument** Gottes und wirkt in der göttlichen Kraft.

Betrachten wir also die geschaffenen Agentien als Supposita, so müssen wir sagen, dass jedes particuläre Agens seinen Effect **unmittelbar** wirkt. Nehmen wir dagegen Rücksicht **auf die Kraft**, durch welche diese Thätigkeit vor sich geht, so lässt es sich nicht bestreiten, dass die Kraft **der höhern** Ursache dem Effecte **unmittelbarer** ist, als die Kraft des niedern Agens. Die niedere Kraft erreicht ihre Wirkung nur durch die höhere. Darum heißt es im Buche über die Ursachen, die Kraft **der ersten Ursache** wirke **früher** auf das Verursachte und durchdringe dasselbe energischer (de potentia q. 3. a. 7.).

Daher sind bei der Willensthätigkeit, wie überhaupt bei jeder Thätigkeit der Geschöpfe nicht **zwei** Ursachen: Gott und die Creatur. Diese Thätigkeit wird nicht **theils** von Gott und **theils** von der geschaffenen Ursache ausgeübt, sondern von beiden **ganz**. Ebensowenig stammt die Wirkung **theils** von Gott und **theils** von der Creatur. Die Thätigkeit der Geschöpfe ist offenbar ein Sciendes, ein *ens*. Das Sein, das *esse* aber ist Effect Gottes. Wirkt eine Creatur das Sein, so kann dies nur **in der Kraft Gottes** geschehen, wie S. Thomas durch mehrere Argumente beweist (3. contr. Gent. c. 66). Darum bildet Gott die Ursache **der Thätigkeit** in allen Dingen, die überhaupt eine Thätigkeit entfalten. Denn jede Thätigkeit, die ohne den Einfluss *(impressio)* eines Agens nicht fortbestehen kann, hat jenes Agens zu ihrer Ursache, wie die Farbe, welche ohne Licht nicht sichtbar wird, ihr Sichtbarsein vom Lichte herleitet. Gleichwie nun Gott den Geschöpfen bei ihrem Entstehen das Sein gibt, und dieses Sein, solange sie existieren, erhält, ebenso hat er den Creaturen nicht bloß bei ihrem Entstehen Thätigkeitskräfte verliehen, sondern er **wirkt oder verursacht sie immer in ihnen**. Würde daher Gottes Einfluss aufhören, so wäre es auch um die Thätigkeit der Geschöpfe geschehen. Die operativen Kräfte der Creaturen müssen folglich **immer von Gott zur Thätigkeit** *(ad agendum)* appliciert werden. Diese Applicierung vollzieht sich durch eine Bewegung des Körpers oder der Seele, und das erste **Princip der einen wie der andern Bewegung ist Gott** (l. c. c. 67.). Bei der Mittheilung der Kraft, der Bewegung durch Gott wirkt das Geschöpf nicht mit, darum ist hier nur **eine** active Thätigkeit vorhanden, das Wirken Gottes. Dieses geht der Natur und Causalität nach der Thätigkeit des Geschöpfes voraus, eben aus dem Grunde, weil die Creatur dabei nicht **activ** thätig ist. Darum wird sie *praemotio physica* genannt. Bei der Applicierung dieser **operativen** Kraft wirkt auch die Creatur **thätig** mit, nicht Gott **allein**. Dies ist der simultane Concurs des heil. Thomas.

79. Es kann ohne Schwierigkeit der Nachweis geliefert werden, dass mit der Verwerfung der *praemotio physica* auch der simultane Concurs der Gegner des heil. Thomas fällt.

Nach der Theorie der Gegner wirkt Gott bloß **den Effect**,

nicht den Act, er führt mit einem Worte nicht die Creatur aus der Potenz in den Act über, er trägt nichts dazu bei, dass die Creatur, welche an und für sich der Möglichkeit nach thätig ist *(agens in potentia)*, dieses in der Wirklichkeit werde *(agens in actu)*. Dies thut vielmehr die Creatur selber. Gott hilft somit nur, dass die Wirkung zustande komme.

Darauf erwidern wir, dass wir dazu Gott gar nicht brauchen. Der englische Meister bemerkt einmal: „Die Natur jedes Actes besteht darin, dass er sich selber mittheile, so weit es eben möglich ist. Aus diesem Grunde ist jedes Agens thätig insofern es sich *in actu* befindet. Die göttliche Natur, welche am meisten und am reinsten Act ist, theilt sich darum mit, soviel die Möglichkeit erlaubt (de potentia q. 2. a. 1.). Auf diese Stelle gründen wir unsere Argumentation. Nach der Theorie der Gegner vermag das Agens *in potentia*, die Creatur, welche der Möglichkeit nach thätig ist, ohne Einwirkung Gottes sich in den Zustand der actuellen Thätigkeit zu versetzen, sie wird durch sich selber ein Agens *in actu*. Dann bewirkt sie umsomehr durch sich selber, ohne Beihilfe Gottes, einen Effect. Im erstern Falle, wo sie *agens in potentia* ist, hat sie offenbar weniger vom Acte, als wenn sie *agens in actu* ist. Reicht nun dieses „Weniger" hin, um sich selber in den Act zu versetzen, so muss umsomehr das *agens in actu* hinreichen, um eine Wirkung hervorzubringen. Je mehr ein Ding *in actu* ist, erklärt S. Thomas, desto mehr kann es wirken. Darum kann Gott, der am meisten *in actu* ist, alles wirken, er ist allmächtig. Wenn nun die Creatur im Zustande eines *agens in potentia* aus sich selber ein *agens in actu* zu machen vermag, warum soll sie dann, wenn sie mehr *in actu* ist, außerstande sein einen Effect hervorzubringen? Der simultane Concurs hat somit weder Berechtigung noch Sinn. Denn wer das Schwerere vermag, der muss auch das Leichtere fertig bringen.

Man wende nicht ein, dass der Concurs Gottes hinsichtlich des Effectes nothwendig ist, weil die Creatur allein zu schwach sich erweist, um diesen Effect zu verursachen. In diesem Falle würde ja zugegeben, dass die Creatur durch sich selber zu wenig *in actu* ist. Denn wie S. Thomas oben lehrt, besitzt ein Wesen eine umso größere Kraft, eine Wirkung zu erzielen, je mehr es *in actu* ist. Mangelt ihm also die nothwendige Kraft, so ist es durch sich allein zu wenig *in actu*. Folglich muss nothwendig die *praemotio physica* aushelfen und bewirken, dass die Creatur mehr *in actu* gesetzt werde, *in ordine operativo* mehr Wirklichkeit erhalte.

Der simultane Concurs ist ebensowenig zu dem Zwecke erforderlich, damit die Thätigkeit, dieses *ens per participationem*, auch Gott zur Ursache habe. Denn dasjenige, was durch eine Ursache vollkommen erreicht wird, bedarf einer zweiten nicht. Vermag nun die Creatur sich selber aus der Potenz in den Act überzuführen, so reicht sie vollkommen hin, um jede beliebige Thätigkeit auszuüben. Zudem gibt sie sich dadurch, dass sie sich in den Act überführt, offenbar selber ein *ens per participationem*. Und weil dieses letztere *ens*, wie wir dargethan, nicht weniger groß und vollkommen sein kann als das erstere, die Thätigkeit, so ist absolut nicht einzusehen, warum für ersteres ein Concurs, für letzteres hingegen keiner nothwendig sein soll. Wir sind demnach wieder auf die *praemotio physica* angewiesen, oder der simultane Concurs existiert in keiner Weise, Gott wirkt überhaupt nicht mit bei der Thätigkeit der Geschöpfe. Wir werden folgerichtig und der Logik entsprechend dann sagen müssen, Gott habe den Geschöpfen bloß die Fähigkeit thätig zu sein gegeben, alles übrige vollbringen sie selber. Diesen Grundsatz darf man indessen auf keinen Fall unterschreiben. Wir haben somit nur die Wahl für die *praemotio physica* uns zu entscheiden.

Gott theilt sohin dem Thätigkeitsvermögen der Geschöpfe eine Vollkommenheit mit, nicht als bleibende Form, sondern vorübergehend, *per modum transeuntis, per modum motionis*, wodurch sie *in ordine operativo* Wirklichkeit erlangen, existieren, und infoge dessen andern das Sein, die Ähnlichkeit und Güte nach Möglichkeit verleihen. Gerade dasjenige, was sie durch die Bewegung von Gott empfangen haben, das Sein *(esse in actu)*, geben sie einem andern, ihrer eigenen Thätigkeit. Dadurch bestätigt sich der Ausspruch des heil. Thomas, dass jedes Agens ein sich Ähnliches hervorbringe. Das Agens und die Thätigkeit sind beide in der Wirklichkeit *(in actu)*.

80. Die Geschöpfe theilen dieses Sein nicht selbstständig, unabhängig andern mit, sondern sie alle sind bloß als Instrumente in der Hand Gottes thätig.

Das vorhin über den sachlichen Unterschied zwischen der passiven und activen Potenz oder dem Agens *in potentia* und Agens *in actu* Gesagte findet seine Bestätigung in der Doctrin des heiligen Thomas über die Creatur als Instrument Gottes. Für den englischen Lehrer ist es eine unbestreitbare Wahrheit, dass die Geschöpfe nur Instrumente in der Hand Gottes sind. Denn alle untergeordneten wirksamen Ursachen müssen als Instrumente zurückgeführt werden auf die höhern und ersten. Da es aber nur eine erste und höchste Ursache gibt, Gott, so ist klar, dass die Geschöpfe nur Instrumente sind, und in der Kraft der ersten Ursache wirken (2. contr. Gent. c. 21.). Das Instrument aber wirkt nicht, außer es erhält vom Hauptagens eine Bewegung. Es gehört zum Wesen des Instrumentes ein bewegter Beweger zu sein (l. c. und de potentia q. 3. a. 7.). Darum ist jedes Bewegte, welches wieder ein anderes bewegt, Instrument. (4. dist. 40. q. 1. a. 1. ad 1. — de potentia. q. 5 a. 5.). Die substantiell vollkommenen Geschöpfe stehen daher in der Mitte zwischen Gott und dem Stoffe. Dem allgemeinen Beweger ist das allgemein Bewegte entgegengesetzt. Das Bewegende befindet sich in der Wirklichkeit, *in actu*, das Bewegte in der Möglichkeit oder Potenz. In der Potenz sein und *in actu* bilden Gegensätze. Der allgemeine Beweger heißt Gott, die erste Ursache, die von keinem andern bewegt wird. Das allgemein Bewegte nennen wir Stoff, und dieser ist ganz und gar unthätig. Zwischen diesen beiden Extremen haben wir ein drittes zu verzeichnen, welches bewegt, nachdem es selbst bewegt worden ist: die vollkommenen Substanzen oder Geschöpfe. Weil sie nicht reine Wirklichkeit, *actus purus* sind, sondern etwas Stoffliches, oder was sich wie der Stoff verhält, die Potenz, in sich haben, werden sie bewegt. Allein sie sind andererseits auch nicht reiner Stoff, reine Potenz, sie haben etwas von der Wirklichkeit, sie nehmen Antheil an dem Acte, der Wirklichkeit, sie nehmen die Thätigkeit Gottes, den Act des Bewegers, in sich auf, darum **bewegen** sie, theilen sie das Sein, die Ähnlichkeit und Güte andern mit.

Dieses ist ohne Zweifel der Sinn jener Stelle des englischen Meisters, worin er sagt, die **active Kraft** werde nicht mit **derselben Vollkommenheit vom Instrumente aufgenommen**, mit welcher sie im Hauptagens sich befindet. Da nun jedes **bewegte Bewegende Instrument** ist, so werde die Kraft des **ersten Bewegers**, durch viele Mittelstufen geleitet, endlich schwach und gelange zu demjenigen, welches nur mehr bewegt wird, **ohne selbst zu bewegen** (4. dist. 40. q. 1. a. 1. ad 1.). Das Instrument wirkt demnach nur dadurch, dass es vom Hauptagens eine **Kraft erhält** und in sich aufnimmt. Bezüglich der **instrumentellen Thätigkeit** bewegt es nicht sich selber, sondern es wird vom Hauptagens bewegt. Indem es aber diese Bewegung in sich aufnimmt, wirkt es mit dem Hauptagens einen Effect. Darum erklärt S. Thomas, **das Wesen des Instrumentes bestehe darin, von einem andern bewegt zu werden, nicht aber darin, dass es sich selber bewege** (3. p. q. 63. a. 5. ad 2.). Das Instrument wirkt nicht **durch die Kraft seiner Form**, sondern bloß durch die Bewegung, welche es vom Hauptagens erhält (3. p. q. 62. a. 1. und a. 4.).

Wenn nun die Creaturen, wie gezeigt wurde, aus und durch sich nur der **Möglichkeit nach** *(in potentia)* nicht in der Wirklichkeit *(in actu)* thätig sind, indem das Thätigsein weder zur Wesenheit gehört, noch ein Accidens *proprium* bildet; wie können sie dann sich selber aus dem Zustande der Potenz, **des Nichtseins** *in ordine operativo*, in den Zustand des Seins überführen? In *ordine operativo* existieren sie nicht, solange sie bloß **in der Potenz** thätig sind. Sie sind in dieser Ordnung gerade so wie die Wesenheit **ohne Existenz**. Wenn sie sich also dieses Sein geben, so geschieht es als Instrument Gottes. Dem Instrumente aber ist es wesentlich, bewegt zu werden, nicht selber zu bewegen. Muss aber dann nicht die Bewegung Gottes der Natur und Causalität nach vorhergehen? Kann folglich die *praemotio physica* im Ernste bestritten werden? Das Instrument wirkt ohne Bewegung nicht, denn es wirkt nicht in der Kraft seiner Form, sondern durch die Bewegung des Hauptagens, hat uns S. Thomas soeben gesagt. Wenn also die Creatur im Zustande der Potenz, das Agens *in potentia*, die Bewegung durch Gott nicht in sich aufnimmt, so wird es in Ewigkeit nie ein Agens *in actu* werden und eine Thätigkeit ausüben. Hiemit sind wir bei dem tiefsten Grunde der *praemotio physica* angelangt.

§ 11. Der tiefste, innerste Grund der praemotio physica.

81. Die physische Vorherbewegung durch Gott ist deshalb absolut nothwendig, weil keine Creatur sich oder andern das Sein, die Existenz verleihen kann. Selbst als Instrument Gottes wirkt sie das Sein nur bestimmend, modificierend, daher als stoffliche oder materielle Ursache.

Der englische Meister äußert sich hierüber in folgender Weise: „Die untergeordnete Ursache *(causa secunda)* kann eine doppelte Thätigkeit entfalten: die eine vermöge der eigenen Natur, die andere in der Kraft der höheren Ursache. Durch die eigene Natur vermag die untergeordnete Ursache niemals das Sein als solches hervorzubringen. Dies ist nur der ersten Ursache eigen. Die Ordnung der Wirkungen richtet sich stets nach der Ordnung der Ursachen. Nun ist aber das Sein der erste Effect, weil er selbst allen andern vorausgeht, und keinen andern voraussetzt. Darum kommt es der ersten Ursache allein zu, aus eigener Kraft *(secundum propriam virtutem)* das Sein als solches zu verleihen. Wenn immer irgend eine andere Ursache das Sein gibt, so vermag sie dieses nur deshalb, weil die Kraft und Thätigkeit der ersten Ursache in ihr ist, keineswegs aber geschieht dieses aus eigener Kraft. Das Instrument z. B. übt eine instrumentelle Thätigkeit aus. Allein dies geschieht nicht auf Grund der Kraft seiner eigenen Natur, sondern durch die Kraft des Bewegers. Die subalterne Ursache ist darum nur thätig infolge des Einflusses der ersten, und jede ihrer Thätigkeiten setzt das erste Agens als ihre Ursache voraus. *(Causa secunda non agit, nisi ex influentia causae primae; et sic omnis actio causae secundae est ex praesuppositione causae agentis.)* Die natürliche Wärme erzeugt durch die Kraft der Seele lebendes Fleisch, durch die Kraft der eigenen Natur dagegen wirkt sie bloß erwärmend und auflösend" (de potentia q. 3. a. 4.).

Was Sein, *esse,* bei dem heil. Thomas bedeutet, ist nicht schwer zu sagen. Es ist die letzte Actualität des Stoffes sowohl wie der Form, es ist jene Vollkommenheit, jener Act, **durch welchen ein Wesen da ist oder existiert, Wirklichkeit hat** (1. p. q. 3. a. 4. — ib. q. 4. a. 1. ad 3.). Durch das Sein ist ein Ding *in actu*, ohne das Sein befindet es sich bloß in der Potenz. Nun wissen wir aber, dass die Creaturen mit Bezug auf die Thätigkeit, *in ordine operativo* an und für sich nur in der Potenz sind, andernfalls wäre die Thätigkeit sachlich mit dem Wesen des Agens identisch und dasselbe wäre immer in Thätigkeit, was von Gott allein behauptet werden darf. Woher haben sie dann das Sein in dieser Ordnung, denn es sind ja manche beständig thätig, wie z. B. die Himmelskörper, manche sehr oft, wie der Verstand und Wille der vernünftigen Creaturen? Können sie sich dieses Sein, das *esse in actu* selber geben? Offenbar nicht, denn das Sein wird nach dem heil. Thomas von Gott allein den Geschöpfen mitgetheilt. *Esse est proprius effectus causae primae.* Daraus folgt aber dann die *praemotio physica* und der Concurs, wie beide vom Doctor Angelicus gelehrt werden.

Betrachten wir zunächst das Sein, durch welches die Creatur aus einem Agens *in potentia* ein Agens *in actu* wird. Dieses Sein wird von Gott **allein und ausschließlich aus eigener Kraft** gewirkt. Die Creatur kann diesbezüglich nicht mitwirken, denn bevor sie nicht *in actu* ist, wirkt sie überhaupt nicht. Bei dem Übergange aus der Potenz in den Act befindet sich aber die Creatur nicht *in actu*, sondern auf dem Wege zu dem Acte. Darum bemerkt S. Thomas mit Recht, dass die Creatur bei der Thätigkeit, durch welche Gott, die Natur bewegend, wirkt, **nicht thätig sei** (de potentia q. 3. a. 7. ad 3.). Die Creatur ist also in dieser Hinsicht **nicht activ thätiges Instrument Gottes.** Das Instrument muss ja selber thätig sein, sonst bildet es kein Instrument. Die Bewegung ist bei dieser Überführung aus der Potenz in den Act etwas Passives oder, um mit S. Thomas zu sprechen, die Action des Beweglichen. Unmöglich kann somit sich die Creatur in irgend einer Weise aus der Potenz in den Act überführen, sich das Sein, das *esse in actu* verleihen. **Dieses Sein muss ausschließlich von Gott verursacht werden.** Daraus folgt mit evidenter Nothwendigkeit die physische Vorherbewegung, denn **dieses Sein ist im strengsten Sinne der Effect der ersten Ursache. Die Creatur kann nicht als Instrument und in der Kraft Gottes sich dieses Sein geben, indem ihr wesentlich nur das Bewegtwerden,** *moveri,* **zukommt.**

Fassen wir dagegen die Creatur als Agens *in actu* ins Auge, so werden wir sagen müssen, dass sie zwar einem andern, nämlich ihrer Thätigkeit, das Sein, die Wirklichkeit verleihen kann und thatsächlich verleiht, allein dieses thut sie **als Instrument** und in der Kraft Gottes. Das Instrument ist ein bewegter Beweger, *movens motum*. Bewegt wird es dadurch, dass es vom Hauptagens einen Act, eine Vollkommenheit empfängt. Und es bewegt dadurch, dass es diese Vollkommenheit diesen Act — allerdings nicht numerisch den nämlichen — einem andern mittheilt. Dieses andere ist die Thätigkeit, denn diese bildet den ersten, unmittelbaren Effect der activen Potenz, des Agens *in actu*. In diesem Sinne ist die Creatur actives Instrument, und sie übt ihre Thätigkeit in der Kraft Gottes aus. Das Bewegtwerden hat seine Kraft in der *praemotio physica*, das Bewegen in dem Concurse Gottes. Dieser Concurs ist jedoch, wie wir schon dargethan haben, nur in dem Sinne simultan, als Gott diese Thätigkeit nicht ohne Mithilfe der Creatur hervorbringt, als die Creatur, die active Potenz, das Agens *in actu* ebenfalls thätig ist. Die Thätigkeit Gottes ist der Natur und Causalität nach jederzeit früher. Rücksichtlich des Concurses lehrt daher der englische Meister, dass die active und passive Kraft des Geschöpfes in ihrer Ordnung zur Thätigkeit hinreichen. Nichtsdestoweniger werde dazu die Kraft Gottes erfordert, damit diese Kräfte in wirkliche Thätigkeit übergehen (de potentia q. 3. a. 7. ad 1.). Damit ist aber nicht ausgeschlossen, dass beide unmittelbar thätig sind, obgleich sie sich zu einander als früher und später verhalten (l. c. ad 4.), denn zu dem Wesen der untergeordneten Kraft gehört nur, dass sie in ihrer Ordnung gewissermassen Princip der Thätigkeit sei, d. h. dass sie als Instrument der höhern Kraft sich thätig erweise. Wird die höhere Kraft ausgeschlossen, so ist für die untergeordnete jede Thätigkeit unmöglich (l. c. ad 5.). Darum geht der Wille Gottes, von welchem jede Bewegung der Creatur ihren Ursprung hat, der Thätigkeit der Geschöpfe voraus (l. c. ad 9.).

82. Aus dieser Darlegung würde nun aber doch folgen, dass die Creatur wenigstens als Instrument Gottes, das Sein verleihen könnte? Keineswegs, denn es besteht ein großer Unterschied zwischen dem Sein als solchem, und der Bestimmung, der Beschränkung desselben auf dieses oder jenes Sein. Das Sein als solches bildet den ausschließlichen Effect Gottes, der ersten Ursache, und diesbezüglich kann die Creatur auch nicht Instrument sein. In diesem Falle könnte die Creatur als Instrument und in der Kraft Gottes erschaffen, was der englische Meister entschieden in Abrede stellt (1. p. q. 45. a. 5. — de potentia q. 3. a. 4.).

Hinsichtlich des bestimmten, beschränkten Seins muss eine Unterscheidung gemacht werden. Das Sein ist dasjenige, wodurch irgend ein Subject, eine Wesenheit Wirklichkeit hat. Das Sein des Menschen, das Sein der Verstandes- und Willensthätigkeit ist dasjenige, wodurch im erstern Falle die Wesenheit der Substanz, im letztern die Wesenheit des Accidens da ist oder existiert. Diesen Effect bringt das Sein nicht als **wirksame Ursache**, sondern nach Art **der formellen** hervor. Wir haben demnach zwei Dinge in Betracht zu ziehen: die Wesenheit und das Sein, die Wirklichkeit eben dieser Wesenheit. Die Wirklichkeit, oder dasjenige, **wodurch** die Wesenheit z. B. der Willens- **thätigkeit** in Wirklichkeit existiert, wird von der Creatur nicht als **eigener** Effect hervorgebracht, sondern bloß als Effect des Instrumentes, gewirkt in der Kraft Gottes. Nimmt man dagegen beide, Wesenheit und Dasein dieses Accidens zusammen, und fasst es als dasjenige, **was da ist oder existiert**, auf, so muss zugegeben werden, dass die Creatur diesen Effect hauptsächlich wirkt. Denn die Creatur bringt jene Natur oder Wesenheit hervor, welche das Sein hat, und durch welche dieses Sein stofflich bestimmt, beschränkt wird. Man erinnere sich was S. Thomas an einer früheren Stelle gelehrt hat (de potentia q. 3. a. 4.). Anderswo erklärt der englische Meister, nichts verleihe einem andern das Sein, außer insofern es selbst ein Seiendes in der Wirklichkeit, ein *ens actu* ist. Die Creatur befindet sich durch Gottes Vorsehung *in actu* und vermöge dieser göttlichen Kraft ist sie imstande, andern das Sein mitzutheilen (3. contr Gent. c. 66.). Als Grund dafür wird vom Doctor Angelicus folgender angegeben: „Alle untergeordneten wirkenden Ursachen erzielen den Effect, der ihnen gemeinsam ist, dadurch, dass sie sich vereinigen in der Antheilnahme an der Bewegung und **Kraft des ersten Agens**. **Viele Agentien** können nicht ein und dasselbe wirken, wenn sie nicht irgendwie **eins** sind, wie z. B. die Soldaten den Sieg, welchen sie beabsichtigen, nicht erkämpfen, außer unter der Leitung des Feldherrn, dem der Sieg als **eigene** Wirkung zukommt. Nun wissen wir, dass das Sein der gemeinsame Effect aller wirkenden Ursachen ist, indem jedes Agens verursacht, dass etwas wirklich *in actu* ist. Diese Wirkung können sie demnach nur dadurch hervorbringen, dass sie unter der Leitung des ersten Agens stehen, und in der Kraft desselben thätig sind. Das Sein hat folglich Gott zur **eigentlichen** Ursache, die andern wirken es in seiner Kraft. Die **Ergänzung, das Complementum** der Kraft des untergeordneten Agens, stammt **aus der Kraft des ersten**.“ Cfr. 2. contr. Gent. c. 21.

In der vorhin citierten Stelle finden wir auch den Beweis dafür, dass die Creaturen das Sein, wenn es als *quo est*, als Existenz oder als letzte Actualität und Vollkommenheit eines Dinges aufgefasst wird, **nicht in wirksamer Weise** und aus eigener Kraft, sondern in der Kraft Gottes und mehr nach Art des Stoffes bestimmend, beschränkend hervorbringen. Der englische Meister sagt: „Nach der Ordnung der Ursachen richtet sich die Ordnung der Wirkungen. Der **erste** aller Effecte ist das Sein, denn alles andere ist Bestimmung, Determinierung des Seins. Aus diesem

Grunde bildet das Sein den eigentlichen Effect der ersten Ursache, alle andern wirken es, insofern sie in der Kraft des ersten Agens thätig sind. Die untergeordneten Ursachen besondern und bestimmen sozusagen die Thätigkeit des ersten Agens. Sie bringen darum andere Vollkommenheiten als **eigentliche** Effecte hervor, durch welche das Sein bestimmt wird."

Zwei Sätze in dieser Stelle bedürfen einer Erklärung. Nach S. Thomas bringen die subalternen Ursachen Vollkommenheiten hervor, welche das Sein bestimmen. In welcher Weise bestimmen diese Vollkommenheiten das Sein? Etwa nach Art der Form, des Actes? In diesem Sinne darf der Ausspruch des heil. Thomas nicht verstanden werden, denn das Sein ist selbst **der Act**, und zwar **der letzte**, welcher nach Art der Form alles Vorausgehende, sei es Stoff, sei es Form, vervollkommnet und in den Zustand der Wirklichkeit versetzt. Das Sein selbst kann somit nicht abermals durch eine Vollkommenheit bestimmt werden. Das Sein wird dadurch bestimmt, dass es in einem Subjecte Aufnahme findet, und dieses Subject nennen wir Wesenheit, entweder substantielle oder accidentelle Wesenheit. Durch die Aufnahme in diesem Subjecte wird das Sein bestimmt, z. B. zum Sein des Menschen, des Verstandesactes, der Willensthätigkeit etc. Das ist die **einzige Art**, in welcher das Sein Bestimmungen erhält. (2. contr. Gent. c. 52. ratio 3.). Die untergeordneten Ursachen bestimmen daher das Sein dadurch, dass sie das Sein in einer substantiellen oder accidentellen Wesenheit aufnehmen. Diese Wesenheit verhält sich daher passiv, empfangend, und ist folglich an und für sich betrachtet etwas **Potentiales**. In derselben Weise wird das Sein *in ordine operativo* von der **Potenz der Creatur**, dem **Agens** *in potentia* bestimmt. Ein Geschöpf ist z. B. in irgend einer Beziehung unthätig, es fehlt ihm in Betreff der Thätigkeit das Sein, das Thätigsein. Dieses Sein muss ihm folglich von der **ersten Ursache** mitgetheilt werden. Dieses geschieht durch die Bewegung, die Thätigkeit Gottes, die *praemotio physica*. Diese Thätigkeit wird aber modificiert, determiniert durch die Aufnahme in der **passiven**, unthätigen Potenz des Geschöpfes. Jedes Aufgenommene wird bestimmt nach der Art und Weise des aufnehmenden Subjectes. *Quidquid recipitur, recipitur secundum modum recipientis.* Darin liegt die Erklärung für die zweite Schwierigkeit.

Der Doctor Angelicus bemerkt nämlich an der vorhin genannten Stelle, dass die untergeordneten Ursachen die Thätigkeit des **ersten Agens** besondern und beschränken. Es liegt auf der Hand, dass diese Ursachen die Thätigkeit Gottes nicht durch irgend eine Thätigkeit **von ihrer Seite** bestimmen können, weil dieselbe **formell** Gott immanent ist. Die Thätigkeit Gottes unterscheidet sich real oder sachlich nicht von seiner Wesenheit. Diese Beschränkung kann somit nur darin bestehen, dass die subalternen Ursachen die Thätigkeit die Bewegung Gottes in sich aufnehmen, und dadurch auf einen bestimmten Effect einschränken, gemäß dem soeben ausgesprochenen Grundsatze, dass das Aufgenommene sich nach der Beschaffenheit, nach der Empfänglichkeit des aufnehmenden Subjectes richtet, vom Aufnehmenden dann determiniert wird. Diese Determinierung ist also nicht eine **formelle** oder eine **wirksame**, sondern eine **materielle, stoffliche**, mit andern Worten **eine passive, nicht active**, denn jedes Ding verhält sich zu dem, was **über ihm ist**, wie der Stoff. Und der Stoff bestimmt, bewegt sich nicht selber, sondern er muss von einem andern bewegt werden (3. contr. Gent. c. 149.).

Damit ist jedoch nicht gesagt, dass die Creatur **bloß** die Wesenheit eines Dinges und Gott das Sein desselben hervorbringe. Die untergeordnete Ursache wirkt die Bestimmung des Seins stofflich, und als das, **was existiert,** *ut quod est,* indem sie Vollkommenheiten hervorbringt, die das Sein durch stoffliche oder passive Bestimmung determinieren. Sie wirkten ebenfalls das Sein, aber nicht **formell**, d. h. sie wirkten es nicht formell als dasjenige, **wodurch**, *ut quo,* die entsprechende Wesenheit da ist oder existiert. Dazu reicht ihre **eigene** Kraft nicht aus, während sie für ersteres, für die stoffliche Bestimmung genügt, weil dazu kein Act, keine Thätigkeit erforderlich ist. Das Stoffliche, Passive nimmt auf, ohne dabei **activ** thätig zu sein, wie ja die Bewegung zeigt, die der Act **eines Passiven** ist. Wenn man also sagt, das geschaffene Agens bringe nicht die Wesenheit der Thätigkeit **allein** hervor, sondern das Ganze, indem es eine in der Wirklichkeit existierende Thätigkeit ausübt, so ist dieses an sich vollkommen richtig. Zieht man aber dann den Schluss: folglich wirkt dieses geschaffene Agens auch **die Existenz, das Sein der Thätigkeit**, so kann diese Behauptung nur mit einer genauen Unterscheidung hingenommen werden. Dieses Sein wird vom geschaffenen Agens zwar **aus eigener Kraft** hervorgebracht als das, **was ist**, als existierende Thätigkeit, keineswegs aber als das, **wodurch** diese Thätigkeit Wirklichkeit besitzt. Wirklich wird immer dasjenige, **was ist** oder existiert, das sogenannte *quod est.* Und dieses *quod est* bildet den **eigentlichen** Effect der thätigen Creatur. Die Existenz aber, oder das *quo est* der Thätigkeit entspricht „eigenthümlich" dem **Wirken der ersten Ursache.** Dieses Sein kann das Geschöpf nicht **aus eigener Kraft, sondern nur in der Kraft Gottes** wirken.

Der *terminus totalis* der activen Potenz, des Agens *in actu* ist somit niemals die Wesenheit, oder die Existenz der Thätigkeit **allein für sich**; sondern stets beide zusammen. Das *quod* **und** *quo est* bilden den *terminus.* Die Thätigkeit als in der Wirklichkeit existierendes Accidens wird thatsächlich hervorgebracht. Gott und die Creatur wirken einen und denselben Effect, die Thätigkeit. Diese Thätigkeit als Ganzes ist eigentlicher Effect des geschaffenen Agens. Allein dasjenige, wodurch das Ganze existiert, ist nicht eigentlicher Effect *(effectus proprius)* des geschaffenen Agens, sondern Gottes, der ersten Ursache. Diesen Effect wirkt das untergeordnete Agens in der Kraft Gottes, Gott hingegen aus eigener Kraft. Durch die stoffliche Beschränkung oder Determinierung durch das geschaffene Agens wird demnach das Sein, welches der Gott eigenthümliche Effect ist, zu einer Verstandes- oder Willens- oder sinnlichen Thätigkeit, je nachdem das active Princip des Verstandes, des Willens oder der Sinne eine Thätigkeit ausübt. Die Determinierung ist aber eine stoffliche, nicht formelle oder active deshalb, weil das Sein, die Existenz in diesem oder jenem accidentellen Wesen, resp. in dieser oder jener Thätigkeit aufgenommen wird.

Die geschaffenen Agentien vermögen somit nicht durch Generation oder irgend eine andere Thätigkeit das Sein absolut, sondern nur dieses oder jenes Sein hervorzubringen (1. p. q. 45. a. 5.). Indessen bringen sie dieses oder jenes Sein auch nicht in eigener Kraft, sondern in der Kraft der ersten Ursache hervor. Sie sind daher diesbezüglich Instrumente in der Hand Gottes. *Oportet quod dare esse, in quantum hujusmodi, sit effectus primae causae solius, secundum propriam virtutem. Et quaecumque alia causa dat esse, hoc habet, in quantum est in ea virtus et operatio primae causae, et non per propriam virtutem. Sicut et instrumentum efficit actionem instrumentalem, non per virtutem propriae naturae, sed per virtutem moventis* (de potentia q. 3. a. 4.). Das Sein, von welchem der heil. Thomas hier spricht, und welches von der Creatur, als dem Instrumente Gottes hervorgebracht wird, ist nicht das Sein absolut. Dass die Creatur dieses Sein hervorbringen könne, leugnet gerade der englische Meister mit dem Hinweise, dass sie dann auch bei der Schöpfung als Instrument dienen könnte. Es ist folglich das beschränkte, determinierte Sein. Diese Determinierung darf auch nicht in activer, formeller Weise geschehen, sondern in stofflicher, passiver. Den Grund dafür werden wir alsbald angeben. Darum ist der dem geschaffenen Agens „eigenthümliche" Effect die existierende Thätigkeit, und die Existenz dieser Thätigkeit nur insofern, als sie in dieser Wesenheit als ihrem Subjecte sich befindet.

Diese Darlegung gilt natürlich nur vom Sein, von der Existenz der Thätigkeit. Das Sein dieser Thätigkeit wird vom geschaffenen Agens gewirkt. Es ist ausschließlich nur in Betreff der Thätigkeit Instrument Gottes, und in dessen Kraft thätig. Wie indessen nachgewiesen wurde, gibt es noch ein anderes Sein, eine andere Existenz, die nicht vom Geschöpfe weder aus eigener Kraft, noch in der Kraft Gottes verursacht wird, nämlich: das Sein der Potenz *in ordine operativo*, nämlich das Sein des Agens *in actu*. Dieses Sein wird einzig und allein von Gott verursacht. Die Creatur hat dabei gar nichts zu thun. Sie könnte nicht einmal etwas thun, weil sie passiv, unthätig, erst auf dem Wege zu einer Thätigkeit sich befindet. Sie ist noch nicht Agens *in actu*, daher auch nicht P r i n c i p o d e r U r s a c h e einer Thätigkeit. Darum kann sie zur Thätigkeit Gottes, der ersten Ursache, nichts beitragen, mit derselben nicht mithelfen. Was nicht thätig ist, nicht eine eigene Thätigkeit ausübt, kann auch nicht Instrument der ersten Ursache sein.

83. Wenn aber das geschaffene Agens das Sein *(quo est)* der eigenen Thätigkeit nicht in eigener Kraft, sondern in der Kraft Gottes, der ersten Ursache und noch dazu auf stoffliche Weise verursacht, kann man dann in Wahrheit sagen, es wirke das Ganze, das *quod est*, und dieses Ganze bilde den „eigenen" Effect des geschaffenen Agens? Kann man dann behaupten, dass dieses Agens überhaupt wirke?

Allerdings kann man das mit vollem Rechte sagen. Das Instrument bringt den g a n z e n Effect hervor, obgleich dieses nur in der Kraft des Hauptagens geschieht. Das Hauptagens ist der erste Beweger, das instrumentale hingegen ein bewegter Beweger. Das Instrument besitzt eine zweifache Thätigkeit, die eine hat es durch die eigene Natur, die andere insofern es vom ersten Beweger bewegt wird. Manchmal erreicht die Thätigkeit des Instrumentes jene Vollkommenheit, welche vom Hauptagens verursacht wird, manchmal hinwiederum nicht. Stets jedoch wirkt das Instrument etwas Höheres als das ist, was ihm seiner Natur nach zukommt. Andernfalls wäre es nicht als Instrument thätig (4. dist. 1. q. 1. a. 4. qu. 1.). Das Instrument bringt den ganzen Effect hervor, der auch vom Hauptagens gewirkt wird, nur in einer andern Art und Weise (3. contr. Gent. c. 70.).

Es wurde früher nachgewiesen, dass d i e T h ä t i g k e i t des Geschöpfes dieselbe ist mit d e r T h ä t i g k e i t der ersten Ursache. Von seiten Gottes bildet die Thätigkeit, wodurch das Agens *in potentia* ein Agens *in actu* wird, also die *praemotio physica*, und die Thätigkeit, wodurch das Agens *in actu* eine Thätigkeit ausübt, e i n u n d d a s s e l b e Wirken. Es dürfen nicht z w e i Thätigkeiten Gottes angenommen werden. Diese eine Thätigkeit Gottes unterscheidet sich sachlich oder real von der Thätigkeit der Creatur bei der Überführung aus dem passiven Zustande in den activen, indem die Creatur da n i c h t mitwirkt, n i c h t t h ä t i g ist. Wie kommt nun d i e T h ä t i g k e i t des Geschöpfes zustande? Dadurch, dass die Creatur die Thätigkeit oder Bewegung Gottes in sich aufnimmt, und auf den Effect, auf die eigene Thätigkeit überleitet. Gleichwie die active Potenz, das Agens *in actu*, die Form, wodurch es *in actu* ist, nur vorübergehend, *per modum transeuntis*, besitzt, ebenso hat die Thätigkeit ihre Form, ihren Act nur *per modum transeuntis* in den mit Freiheit begabten Creaturen. Die Naturdinge besitzen diese Form einigermassen *per modum permanentis*, jedoch nicht in dem Grade wie Gott. Es hängt von Gott ab, in welcher Weise er ihnen diese Form mittheilt. Wir sehen aber thatsächlich, dass sie ununterbrochen eine Thätigkeit entwickeln, dass sie somit auch immer **active** Potenzen haben, *agentia in actu* sind. Bei den vernünftigen Geschöpfen ist dieses nicht der Fall. Daraus ist klar, dass eine und dieselbe Bewegung Gottes es ist, wodurch die Thätigkeit der Creatur zustande kommt.

Wenn der englische Lehrer beständig erklärt, das Geschöpf sei **in der Kraft Gottes** thätig, was meint er damit? Was versteht er unter dieser Kraft? Nichts anderes als die Bewegung oder Actio Gottes. Eine und dieselbe Kraft oder Form ist es, wodurch die Thätigkeit ausgeübt wird. Die Form aber ist Princip der Thätigkeit. Wären mehrere **Thätigkeiten** vorhanden, die Thätigkeit Gottes und der Creatur, so müssten auch der Wirkung mehrere Formen eingeprägt werden, denn thätigsein bedeutet nichts anderes, als dem Effecte eine Form einprägen, durch welche das Agens selber wirkt. Der heil. Thomas bestreitet aber, dass dem Effecte mehrere Formen eingeprägt werden. Nach seiner Lehre ist es nur eine einzige Form, die vom **unmittelbaren, letzten** Agens dem Effecte mitgetheilt wird. Und diese Form schließt virtuell alle vorausgehenden in sich (de spirit. creat. a. 3. ad 20.). Durch die *praemotio physica* wird somit der Wille bewegt, und als **bewegte Kraft** wirkt er eine Thätigkeit. Daraus ergibt sich, dass die **ganze** Thätigkeit, Wesenheit und Existenz dieses Accidens, der untergeordneten Ursache zugeschrieben werden muss.

Wäre dem auch nicht so, die Thätigkeit würde nichtsdestoweniger voll und ganz der subalternen Ursache angehören. Bei der Generation des Menschen bringt das geschaffene Agens keineswegs alles hervor. Die Form, nämlich die Seele und die Existenz, das Sein des Menschen wird von Gott unmittelbar und allein verursacht. Trotzdem sagen wir, dass der Mensch den Menschen hervorbringt. Wir schreiben ihm demnach den ganzen Effect zu. Umsomehr muss dieses dann bei der Thätigkeit geschehen, welche von einer und derselben Kraft ausgeübt wird.

Es unterliegt demnach gar keinem Zweifel, dass die *praemotio physica* und der simultane Concurs vom heil. Thomas gelehrt worden sind. Allerdings nicht jene *praemotio*, die von den Gegnern, wenn sie consequent verfahren, vertheidigt werden muss.

§ 12. Die praemotio physica der Vertheidiger des bloss simultanen Concurses.

84. Die Überschrift des vorliegenden Paragraphen erscheint befremdend. Nichtsdestoweniger stehen wir für die volle Richtig-

keit derselben ein. Gegen die *praemotio physica* des englischen Meisters und der Thomisten äußert man alle möglichen Bedenken, und nimmt, um diese Schwierigkeiten zu vermeiden eine Theorie an, die, beim Lichte betrachtet, ebenfalls eine *praemotio physica* ist, aber noch **weit größere** Schwierigkeiten in sich schließt. Hier ist der Beweis dafür.

Gott bewegt, so wird gelehrt, die Geschöpfe, zumal den Willen, **nur im allgemeinen**. Dieser Einfluss ist der Wind, welcher das Segelschiff nach einer allgemeinen Richtung hin, z. B. nach Osten treibt. Diese Bewegung zielt auf keinen **bestimmten** Hafen oder Landungsplatz ab. Der menschliche Wille hingegen **bestimmt** oder **determiniert** diese allgemeine Bewegung. Der Steuermann dirigiert das Schiff in einer **bestimmten Richtung** zu diesem oder jenem Hafen.

Ein Bedenken gegen diese Lehre haben wir schon früher geäußert, es ist dieses: auf welche Weise der Steuermann bewegt, zur Thätigkeit angeregt werde. Man vergisst immer uns dieses zu sagen, zu erklären. Durch den Wind kann der Steuermann unmöglich bewegt werden. Der Wind bringt im Steuermann keine Thätigkeit hervor. Man lässt ihn einfach ohne weiters thätig sein und das Schiff dirigieren. Immer wird nur **von der Wirkung, von der Bewegung des Schiffes** gesprochen. Auf diese Art löst man Schwierigkeiten nicht, sondern vermehrt sie nur. Der heilige Thomas sagt, Gott bewege den Willen zur **Thätigkeit**, *ad agendum*. Da aber der Steuermann offenbar **auch ein Geschöpf** ist, und nach der Lehre des heil. Thomas jedes Geschöpf von Gott bewegt wird, so ist mit dem genannten Schiff einfach nichts erklärt. Noch schlimmer steht die ganze Sache, wenn angenommen wird, und consequenterweise muss es geschehen, dass der Wille sich selber bewege, **ohne Einfluss und Zuthun Gottes**. Er bringt dann ein Seiendes, ein *ens* hervor, dessen Urheber **nicht Gott ist**. Damit wollen wir uns jedoch nicht weiter beschäftigen. Unser Zweck ist vielmehr der, nachzuweisen, dass die Gegner des heil. Thomas eine *praemotio physica* lehren.

Der Einfluss Gottes auf die Geschöpfe besteht in einer **allgemeinen** Bewegung. Da diese Bewegung etwas Wirkliches, nicht etwas Abstractes ist, so müssen wir ihre **allgemeine** Natur in der Weise auffassen, wie den ersten Stoff, die *materia prima*. Was sagt nun der englische Meister vom ersten Stoffe? Der erste Stoff ist ihm an und für sich am wenigsten **bestimmt**, aber am meisten **bestimmbar**. Diese **Unbestimmtheit** und Bestimmbarkeit des ersten Stoffes bildet den Grund seiner großen **Unvollkommenheit**. Der Stoff wird durch die Form bestimmt und vervollkommnet, denn durch die Form erhält er **Wirklichkeit**, wird er ein *ens in actu*. Ohne Form ist er bloß ein *ens in potentia*. Die Potenz ist etwas Unvollkommenes, der Act etwas

Vollkommenes. Diesen Grundsätzen begegnet man in den Werken des heil. Thomas alle Augenblicke, weshalb wir von der Angabe von Citaten absehen.

Wie verhält sich nun **das Bestimmbare zum Bestimmenden, das Stoffliche zum Formellen**? Welches·ist **der Natur und Causalität nach früher**? Jedes Frühersein der Natur nach muss auf irgend eine Weise zurückgeführt werden auf das Verhältnis von Ursache und Wirkung. Princip und Ursache sind ein und dasselbe. Der Stoff ist Ursache der Form, insofern er die Form stützt *(sustentans)*. Die Form bildet Ursache für den Stoff, weil sie formell bewirkt, dass dieser Wirklichkeit hat, *in actu* ist. Die Formalursache als solche ist **der Natur nach früher** (4. dist. 17. q. 1. a. 4. qu. 1.). Alles das, was im Verhältnisse einer Form steht, ist früher als das, was sich wie der Stoff verhält. Dieses Früher gehört der Ordnung **der Vollkommenheit** an *(ordo perfectionis)* (de veritate q. 9. a. 3. ad 6.). Der Natur nach, schlechthin früher müssen wir dasjenige nennen, was **im Wirken** früher ist, wie z. B. die Zweckursache (l. c. q. 28. a. 7.). Cfr. 1. 2. q. 20. a. 1. ad 3. — ib. q. 62. a. 4. — de malo q. 4. a. 4.

Wenden wir nun diese Principien des Doctor Angelicus an auf unsern Gegenstand. Gott bewegt die Creaturen resp. den **den Willen im allgemeinen**. Wie die Bewegung **allgemein**, so ist auch das Endziel ein allgemeines. Die Richtung, welche das Schiff nach Osten einschlägt, ist in sich **unbestimmt**, aber **bestimmbar** durch die Thätigkeit, die Direction des Steuermannes. Die Bewegung durch Gott verhält sich somit zu der Bewegung der Creatur, wie der Stoff zur Form, denn sie wird von dem Geschöpfe **bestimmt**, und zu einem bestimmten Ziele hingelenkt. Die Thätigkeit der Geschöpfe bildet demnach das **Formelle**. Nach der Lehre des heil. Thomas aber ist das Formelle **der Natur und Causalität, der Vollkommenheit nach früher als das Stoffliche**. Daraus folgt zur Evidenz, dass die Vertheidiger des bloß simultanen Concurses ebenfalls eine *praemotio physica* lehren. Ein anderes „Früher", als der Natur und Causalität nach, als in Bezug auf die Vollkommenheit vertheidigen S. Thomas und seine Schüler auch nicht.

Unsere zweite Behauptung war, dass das System der Gegner die Schwierigkeiten vermehrt. In der That! Wie kann Gott ein Geschöpf bewegen, ohne dass er ein **bestimmtes** Ziel im Auge hat? Und wie kann sich Gott der Creatur gegenüber **stofflich, d. h. unvollkommen** verhalten? Wie kann er sich das Ziel seiner Bewegung erst **durch die Geschöpfe** bestimmen lassen? Der englische Lehrer spricht fortwährend davon, dass Gott die Creatur zur **Thätigkeit** applicire. Im Systeme der Gegner wird aber eine **Thätigkeit** appliciert, und zwar die Thätigkeit **Gottes durch eine Creatur**. Die Thätigkeit **Gottes** wird durch jene des Geschöpfes einer bestimmten Richtung, einem bestimmten Ziele appliciert. Sie hängt somit ganz und gar von der Thätigkeit der Creatur ab, ist derselben untergeordnet. Durch die Bewegung Gottes begehrt der Wille etwas, er weiß aber noch nicht was. Das muss er sich erst selber bestimmen. Gott ist es gleichgiltig, was der geschaffene Wille begehrt, wenn derselbe nur im allgemeinen oder überhaupt will. Weiter kümmert sich Gott nicht. Im Gegentheil lässt er es sich ruhig gefallen, dass seine Bewegung durch die Thätigkeit des Geschöpfes modificiert, bestimmt, vervollkommnet wird.

Daraus ergibt sich, dass der bloß simultane Concurs manches gar nicht zu erklären vermag, indem er uns nichts darüber sagt, wie und wodurch die Creatur aus der Unthätigkeit in die Thätigkeit übergeht, aus dem passiven Zustande herauskommt und active Potenz, Agens *in actu* wird. Zweitens, dass der simultane Concurs, wie die Gegner ihn auffassen, eine *praemotio physica* ist nur in verkehrter Ordnung. Diese *praemotio* geht nicht von Gott, sondern von der Creatur aus, und sie bezieht sich nicht auf den Willen der vernünftigen Geschöpfe, auf die Creaturen überhaupt, sondern auf den Willen Gottes. Drittens folgt aus dieser Darlegung, dass es überhaupt keinen solchen simultanen Concurs geben kann, wie die Gegner ihn verstehen. Gottes Thätigkeit ist auch dann noch der Natur und Causalität, der Vollkommenheit nach früher, wenn die Creatur mit ihr wirkt, wenn das Geschöpf selber thätig ist. Simultan heißt er einzig und allein nur aus dem Grunde, weil Gott eine Wirkung, einen Effect nicht ohne Mitwirkung der Geschöpfe hervorbringt. Ein simultaner Concurs in einem andern Sinne kann gar nicht existieren, denn er würde die Rechte und Vollkommenheiten Gottes beeinträchtigen, Gott zur untergeordneten, secundären Ursache herabdrücken.

85. Dieses Urtheil müssen wir auch über die Theorie eines andern Gelehrten der Gegenwart aussprechen. Dieser Autor bekämpft die *praemotio physica* des heil. Thomas, den simultanen Concurs des englischen Meisters und der Gegner. Wie verhält sich aber die Sache? Sehr einfach, meint der genannte Autor: Gott bewegt den Willen auf natürliche und nothwendige, d. h. unfreie Weise zum Guten und zu der Glückseligkeit im allgemeinen. Das ist alles, was er thut. Und diese Bewegung ist allgemeiner Natur. Ohne diese allgemeine Bewegung kann der Wille nichts Particuläres begehren.

Wir haben früher erklärt, dass es eine allgemeine Bewegung ein für allemal nicht geben könne. Bewegung ist Thätigkeit. Die Thätigkeit ist aber etwas Particuläres. Das ist constante Lehre des heil. Thomas. Ebenso wurde früher nachgewiesen, dass die Behauptung unrichtig ist, der Mensch könne nichts Particuläres wollen ohne diese Bewegung, falls die Bewegung subjectiv, *quoad exercitium actus* genommen wird. Verstehen wir unter dieser Bewegung wirklich eine Thätigkeit, und ist der Satz: „der Wille könne ohne diese Bewegung nichts Particuläres begehren" richtig, so heißt dies soviel als: „der Wille kann nichts Particuläres in Wirklichkeit *(actu)* begehren, ohne das Gute und die Glückseligkeit im allgemeinen in Wirklichkeit *(actu)* zu wollen. Dieser erste Satz aber widerspricht direct der Lehre des heiligen Thomas. Der englische Lehrer sagt ausdrücklich, wenn der Wille irgend einen Act ausübt, sei es durchaus nicht nothwendig, dabei in Wirklichkeit *(actu)* an das Endziel, an die Glückseligkeit zu denken. *Non oportet ut semper aliquis cogitet de ultimo fine, quandocunque aliquid appetit vel operatur.* (1. 2. q. 1. a. 6. ad 3.). Damit das Endziel irgend einer Handlung Gott sei, dazu ist nicht nothwendig, dass derjenige, welcher die Handlung vollzieht, an Gott, oder die Liebe denke (2. dist. 38. q. 1. a. 1. ad 4.). Cfr. ib. dist. 40. q. 1. a. 5. ad 3. 6. 7. — 4. dist. 15. q. 4. a. 2. qu. 4.). Wie ist es nun möglich, dass Gott, so oft der Wille etwas Particuläres begehrt, den Willen auf natürliche und nothwendige, d. h. unfreie Weise zum Guten und zu der Glückseligkeit im allgemeinen bewegt — weil der Wille ohne diese Bewegung nichts Particuläres begehren kann — und der Mensch trotz dieser subjectiven Bewegung nicht an das Gute und die Glückseligkeit im allgemeinen denkt. Kann Gott den Willen zu etwas subjectiv oder actuell bewegen, ohne dass der Verstand daran denkt? Wenn nicht, dann ist die Auslegung, welche der genannte Autor den Stellen des heil. Thomas zutheil werden lässt, total falsch. Wenn ja, dann ist die Lehre des Doctor Angelicus über die Abhängigkeit des Willens vom Verstande total unrichtig.

Wir werden uns für erstere Folgerung entscheiden müssen. Der Mensch kann darum ein particuläres Gut anstreben, ohne von Gott subjectiv, actuell zum Guten und zu der Glückseligkeit im allgemeinen bewegt zu werden. Auf die Theorie des Autors haben wir übrigens schon früher reflectirt.

Nehmen wir nun den Fall an, die Bewegung des Willens durch Gott sei, wie dieser Autor behauptet, wirklich allgemeiner Natur. Was würde daraus folgen? Genau das System der Vertheidiger des bloß simultanen Concurses. Wir begreifen in Wahrheit nicht, wie dieser Gelehrte den simultanen Concurs bestreiten kann, indem doch sein System so genau der simultane Concurs der Gegner des heil. Thomas ist, dass man ihn mit dem schärfsten Vergrößerungsglase davon nicht zu unterscheiden imstande ist. Die Bewegung des Willens durch Gott zum Guten und zu der Glückseligkeit im allgemeinen entspricht haarklein der Bewegung des Schiffes nach Osten ohne bestimmtes Ziel, ohne bestimmten Hafen.

Wo existiert das Gut und die Glückseligkeit im allgemeinen für die vernünftigen Geschöpfe, solange sie Gottes Wesenheit nicht von Angesicht zu Angesicht schauen? Nirgends, haben wir früher gesagt. Den Gegenstand, die *res,* worin das allseitige Gut und infolge dessen die Glückseligkeit des vernünftigen Geschöpfes ihren Grund hat, ist etwas ganz Unbestimmtes. Der eine glaubt sie in diesem, der andere in einem andern zu finden. Gott bewegt demnach den Willen im allgemeinen zum Guten und zu der Glückseligkeit. Der Mensch, um bei diesem zu bleiben, sucht aber einen bestimmten Gegenstand, ein gewisses Object seines Glückes. *Requiritur, ut id, quod apprehenditur ut bonum et conveniens, apprehendatur ut bonum et conveniens in particulari, et non in universali tantum* (de malo q. 6. a. 1.). Wer bestimmt nun dieses particuläre Gut und diese particuläre Bewegung? Offenbar der Wille selber, denn Gott verleiht nur eine allgemeine Bewegung und ein allgemeines Gut. Die Theorie des genannten Autors steht somit genau auf dem Standpunkte, welchen die Vertheidiger des bloß simultanen Concurses einnehmen. Die allgemeine Bewegung des Willens durch Gott wird modificiert, bestimmt durch die Thätigkeit der Geschöpfe. Diese Thätigkeit ist daher der Natur und Causalität, der Vollkommenheit nach früher, als die Bewegung durch Gott. Die Thätigkeit Gottes wird von der Action der Creatur einem particulären Gut appliciert. Was wir demnach gegen den bloß simultanen Concurs eingewendet, das hat seine volle Geltung, auch bezüglich der Anschauung dieses Gelehrten. Sie erklärt nicht, durch wen das Geschöpf aus dem passiven, unthätigen Zustande in jenen des Wirkens übergeführt wird. Die Bewegung zum Guten und zu der Glückseligkeit im allgemeinen genügt durchaus nicht, weil der Wille actuell ein particuläres Gut begehren kann, ohne actuell die genannten Güter anzustreben. Das wirkliche *(in actu)* Begehren des einen kann ohne das Streben nach dem andern vor sich gehen. Die nämliche *praemotio physica* lässt sich in dieser Theorie nachweisen, wie sie im System des bloß simultanen Concurses consequenterweise angenommen werden muss. Es ist durchaus nicht etwas Neues, was der gelehrte Autor hier bietet, sondern die alte Lehre gegen den heil. Thomas; die man wieder, oder sagen wir lieber und richtiger, doch endlich einmal zur Geltung bringen möchte. Wir glauben indessen, dass es den geehrten Lesern nicht sonderlich schwer fallen werde, zwischen der *praemotio physica* des heil. Thomas und jener, welche von den Vertheidigern des bloß simultanen Concurses vorgetragen wird, eine Wahl zu treffen.

86. Fassen wir diese wichtige Lehre des Doctor Angelicus über die *praemotio physica* unter allgemeinen Gesichtspunkten

zusammen, und es wird sich mit evidenter Klarheit zeigen, dass es einen **simultanen** Concurs, wie er von den Gegnern vertheidigt wird, gar nicht geben kann. Wir schicken drei Principien voraus..

Erstes Princip: Der Concurs, dessen *terminus* die Thätigkeit der Geschöpfe ist, darf nicht **simultan** im Sinne der Gegner genannt werden.

Unter dem **simultanen** Concurse versteht man nichts anderes als, dass Gott durch eine und dieselbe Thätigkeit, durch welche die subalterne Ursache einen Effect hervorbringt, diesen Effect ebenfalls wirkt. Der simultane Concurs ist somit nichts anderes, als die Thätigkeit der untergeordneten Ursache, insofern sie zugleich von Gott abhängt. Da nun nichts sich selber zu seinem eigenen *terminus* haben kann, sondern zwischen dem, was einen *terminus* hat und dem *terminus* selbst eine reale Ordnung und Abhängigkeit platzgreifen muss, so liegt es auf der Hand, dass der Concurs, der die Thätigkeit der Geschöpfe zum *terminus* hat, nicht **simultan** sein kann. Auf dieses Princip stützt sich unser Beweis von der Nothwendigkeit der *praemotio physica*.

Die Thätigkeit Gottes muss die Thätigkeit der Geschöpfe zu ihrem *terminus* haben, denn diese Thätigkeit der Creaturen ist etwas Wirkliches, ein Seiendes, ein *ens*. Jedes geschaffene Seiende ist ein *ens per participationem* oder durch Antheilnahme. Es muss folglich zurückgeführt werden auf Gott, das Seiende durch seine eigene Wesenheit. Das Seiende durch seine Wesenheit verhält sich zu allen andern Dingen wie **die Ursache zu der Wirkung**. Da nun die Ursache der Natur und Causalität nach **früher** sein muss, als die Wirkung, so folgt mit Evidenz, dass die Thätigkeit Gottes, die mit seiner Wesenheit real identisch, somit ein *ens per essentiam* ist, **vorhergeht** der Thätigkeit der Creatur, wie überhaupt jede **Ursache früher** ist als die Wirkung. Hätte die Thätigkeit Gottes jene der Geschöpfe nicht zu ihrem *terminus*, so wäre diese letztere nicht ein Seiendes durch Antheilnahme, *ens per participationem*, sondern ein solches durch seine Wesenheit, ein *ens per essentiam*. Sie wäre folglich **Gott**. Darum haben wir vorhin gesagt, die *praemotio physica* sei deshalb nothwendig, weil die Thätigkeit Gottes eine **immanente**, mit seiner Wesenheit sachlich, real identische ist. **Aus diesem Grunde** bildet sie ein *ens per essentiam*, und damit die **Ursache** der geschöpflichen Thätigkeit, während diese **Effect** ist. Der Concurs Gottes kann darum unmöglich ein **simultaner** im Sinne der Gegner sein.

Aus diesem Principe folgt demnach wenigstens das **eine**, dass Gott das **Princip des Actes** der Creaturen sein müsse, nicht ausschließlich nur das **Princip des Effectes**, welcher durch die Thätigkeit der Geschöpfe gewirkt wird. Wollte man darum bloß zugeben, dass Gott zwar die Thätigkeit der Geschöpfe hervorbringe, nicht aber die passive Potenz zu einer activen mache, dieselbe nicht aus der Potenz in den Act überführe; der simultane Concurs müsste dem Gesagten zufolge trotzdem fallen gelassen werden. Selbst wenn die Potenz aus und durch sich selber hinreichend *in actu* ist, um eine Thätigkeit zu vollziehen, muss nichtsdestoweniger die *praemotio physica* angenommen werden.

Zweites Princip: Gott kann nur als universelle und unbeschränkte Ursache mit den Creaturen wirken oder thätig sein.

Jedes Ding ist insofern Ursache und thätig, als es in der Wirklichkeit, *in actu* sich befindet. Dasjenige, was durch sich und wesentlich, oder seiner ganzen Wesenheit nach wirklich, *in actu* ist, muss folglich universelle und unbeschränkte Ursache sein. Denn jenes Wesen, welches durch sich selber existiert, ist *actus purus*, reine Wirklichkeit. Darum ist auch seine Thätigkeit sachlich mit der Wesenheit identisch. Gleichwie es daher seiner Wesenheit nach allgemein und unbeschränkt, so muss es auch in Bezug auf seine Thätigkeit, die mit dem Wesen ein und dasselbe ist, allgemein und unbeschränkt sein. *Modus operandi sequitur modum essendi*. Wir wissen aber, dass Gott *actus purus*, lautere Wirklichkeit, folglich auch reine Thätigkeit ist. Diese letztere muss somit universell und ohne Beschränkung sein, wie die Wesenheit, mit welcher sie sachlich, real identisch ist.

Daraus folgt aber dann mit voller Bestimmtheit die Nothwendigkeit der *praemotio physica*. Der Beweis dafür lautet:

Wenn Gott die Creatur nicht vorherbewegt, so übt er auf sie nicht als universelle Ursache einen Einfluss aus. Als universelle Ursache auf ein Ding einwirken bedeutet, dasselbe unter dem universellen Gesichtspunkte eines Seienden hervorbringen, mit anderen Worten: alles wirken, was in diesem Dinge ein wirkliches, reales Sein hat. Zwischen der Ursache und dem Effecte muss diesbezüglich ein gewisses Verhältnis, eine Proportion bestehen. Je höher die Ursache, desto mehr bringt sie hervor. Die universelle Ursache muss somit alles Seiende verwirklichen. Die Creatur besitzt nun drei reale Dinge: das Vermögen oder die Potenz, die Potenz mit einer Vollkommenheit, oder die Potenz *in actu*, endlich die Thätigkeit selber. Die Potenz für sich bildet das entfernte, die Potenz *in actu* das nächste reale Princip, aus welchem die Thätigkeit als dritte Realität unfehlbar hervorgeht. Auf welche Weise wirkt nun Gott diese drei Realitäten? Mittelst des simultanen Concurses? Diese Annahme erweist sich als unhaltbar. Jede Realität, jedes Seiende ist Effect Gottes und er bildet dessen Ursache. Die Ursache aber muss früher sein als die Wirkung. Es genügt auch nicht, dass Gott der Creatur die Potenz thätig zu sein mittheile, denn dieser Potenz entspricht bloß die mögliche, nicht die wirkliche Thätigkeit. Wirkt Gott mit der Creatur die Thätigkeit, so entspricht diese letztere dem Wirken Gottes als etwas aus dem **activen Principe der Creatur bereits Hervorgegangenes**, nicht aber als etwas **unfehlbar Heraustretendes**. Das **active Princip**, die Potenz *in actu* ist ebenfalls etwas Reales, weil sie eine **reale** Wirkung hervorbringt. Dieses Princip muss folglich Gott zu **seiner Ursache** haben, andernfalls wirkt Gott nicht **alles Reale** in der Creatur. Mit Bezug auf dieses **active Princip** ist der **simultane Concurs** ein Ding der Unmöglichkeit, denn die Creatur kann **erst dann mitwirken**, wenn sie selbst **actives Princip**, Potenz *in actu* ist.

Wir haben somit einen dreifachen realen *terminus* der *praemotio physica:* die Potenz, die Potenz *in actu* und die Thätigkeit. In Betreff der zwei ersten gibt es keine **Mitwirkung** von seiten der Geschöpfe, hinsichtlich des dritten sind sie **mitthätig**. Die Thätigkeit Gottes jedoch geht jedesmal **voraus**, denn sie ist die **universelle Ursache alles Realen** in den Geschöpfen.

Drittes Princip: Gott wirkt stets als **erstes Agens und erste Ursache**.

Gott ist **durch seine Wesenheit** Ursache, ohne eine andere vorauszusetzen. Er ist Princip ohne Princip, gleichwie er Endziel ohne Endziel ist. Eine Ursache mit solchen Eigenschaften muss unbedingt **früher** sein als jene, welche noch eine andere voraussetzt. Gott bildet somit nicht bloß das erste Seiende, sondern auch die **erste Ursache**. Und weil ihm dies **wesentlich** zukommt, wahrt er es bei all seiner Thätigkeit. Aus diesem Princip folgt abermals die Nothwendigkeit der *praemotio physica*.

Nach dem allgemein anerkannten Grundsatze ist das *primum in uno quoque genere ratio et causa caeterorum*. Ganz vorzüglich gilt dies bei den wirksamen Ursachen, *in causis efficientibus*. Wenn also Gott als wirksame Ursache die **erste** ist, so müssen alle andern **durch ihn Ursachen** sein, und folgerichtig von ihm, insofern sie **Ursachen** sind, abhängen. Diese Abhängigkeit darf sich nicht ausschließlich **auf die Wirkung** erstrecken, welche von den andern Ursachen erzielt wird, sondern **auf sie selbst als Ursachen**. Der **simultane** Concurs hat nicht die Creaturen **als Ursachen** zu seinem *terminus*, sondern **die Thätigkeit** dieser Ursachen. Nun wissen wir aber, dass diese Thätigkeit **eine Wirkung**, nicht unmittelbar selbst eine **Ursache** ist. Bei den transeunten Thätigkeiten kann man allerdings sagen, dass sie selber Ursachen eines Effectes seien, bei den immanenten indessen, den *actus eliciti*, wäre diese Aussage unrichtig. Der **simultane** Concurs lässt folglich die Creaturen als **Ursachen** völlig unberührt. Aus der Lehre des P. Molina geht dies zweifellos hervor; denn ihr gemäß wirkt Gott nicht **auf das Feuer**, sondern auf die Wärme im Wasser, die vom Feuer und Gott zugleich hervorgebracht wird. Die Creatur ist somit **Ursache** ohne Einfluss Gottes, ist früher, als Gott mit ihr den Effect wirkt. *In genere causarum efficientium* darf man darum nach dieser Lehre Gott nicht als erste Ursache bezeichnen, denn die subalterne hängt als actuelle Ursache nicht von Gott ab. Einer Doctrin, die zu solchen Folgerungen hinleitet, darf sicher nicht das Wort geredet werden. Die Lehre des heil. Thomas: Gott sei die Ursache, dass die Creaturen existieren, und auch die Ursache, dass sie Ursachen sind, beruht demnach auf voller Wahrheit. In dieser Lehre ist aber gerade die *praemotio physica* eingeschlossen. Die active Potenz oder die Potenz *in actu* wird durch Gottes vorausgehende Thätigkeit Princip und Ursache ihrer eigenen Thätigkeit.

Wir haben die *praemotio physica* hiemit in einigen Umrissen gezeichnet und mit einigen Argumenten zu stützen gesucht. Man könnte deren noch viele anführen, wir glauben jedoch, davon Abstand nehmen zu dürfen. Manchen genügen zwanzig und mehr Beweise auch nicht.

§ 13. Die physische Vorherbewegung und die Freiheit des Willens.

87. Die Nothwendigkeit der *praemotio physica* im Sinne des heil. Thomas für die Creaturen, und zwar für alle ohne Ausnahme, hat sich uns vorzüglich daraus ergeben, dass das Princip der Thätigkeit dieser Creaturen mit der Wesenheit sachlich, real nicht identisch ist. Aus diesem Grunde sind sie nicht schon von selbst in Thätigkeit, obgleich sie existieren, sie besitzen eine Thätigkeit nur der Möglichkeit nach, keineswegs aber in der Wirklichkeit, *in actu*. Darum unterscheidet sich in den Creaturen das Sein oder Dasein real vom Thätigsein. Sein und Ursache, Princip einer Thätigkeit sein, bedeuten zwei ganz verschiedene Vollkommenheiten. Die Creatur ist folglich aus und durch sich, oder dadurch, das Gott ihr das Dasein gegeben hat, nicht in Thätigkeit, sie kann es bloß sein. Sie hat die Kraft, das Vermögen, die Potenz dazu. In diesem Zustande aber darf man sie nicht Princip der Thätigkeit nennen, denn das Princip der Thätigkeit ist etwas Vollkommenes, etwas in der Wirklichkeit, *in actu*, nicht in der Möglichkeit, *in potentia* Existierendes.

Die Creatur bedarf folglich einer neuen Vollkommenheit, um in die wirkliche Thätigkeit überzugehen, um ihr Sein, ihre Ähnlichkeit und Güte einem andern, der Thätigkeit, die der Effect, die von ihr hervorgebrachte Wirkung ist, mitzutheilen. Diese Vollkommenheit, diesen Act, wodurch das Geschöpf, Princip, Ursache seiner Thätigkeit wird, kann es unmöglich schon in sich haben, oder auch sich selber geben. Im erstern Falle wäre es ununterbrochen thätig, diese Thätigkeit wäre mit der Wesenheit sachlich identisch oder wenigstens ein *accidens proprium* derselben, was aber mit der Dauer dieser Thätigkeit, der Unterbrechung u. s. w. nicht im Einklange steht. Es müsste mit dem Aufhören der Thätigkeit zugleich seine Existenz, sein Dasein verlieren. Denn gehört die Thätigkeit zum Wesen des Geschöpfes, so kann es ohne dieselbe ebensowenig existieren, wie ohne die constitutiven Principien des Wesens. Dies gilt selbst dann, wenn die Thätigkeit nur ein *accidens proprium* ist. Man kann sich zwar, wie der englische Meister bemerkt, eine Wesenheit ohne *accidens proprium* denken, im Gedanken davon abstrahieren, allein man kann sich nicht denken, dass eine solche ohne *accidens proprium* existiere. Die Thätigkeit ist folglich ein *accidens per accidens*. Dann muss aber auch das unmittelbare, nächste Princip derselben ein *accidens*, kann es nicht die Wesenheit selber sein.

Dieses unmittelbare Princip, durch welches die Thätigkeit zustande kommt, nennen wir Vermögen, Potenz. Diese Potenz ist zweifach: entweder passive oder active. Passiv heißt sie dann, wenn sie etwas empfängt, aufnimmt. Dadurch wird sie verändert, vervollkommnet und wir sagen, dass sie dadurch leide. Leiden wird hier im weitesten Sinne genommen, und bezeichnet jedwede Veränderung. Die active Potenz empfängt nichts, nimmt nichts auf, sondern sie gibt etwas, theilt etwas andern mit. Sie verleiht einem andern ihr Sein, ihre Ähnlichkeit und Güte, allerdings nicht numerisch dasselbe Sein, dieselbe Güte, sondern specifisch oder wenigstens analog. Daraus folgt, dass die passive Potenz sich real, sachlich von der activen unterscheidet, denn empfangen und mittheilen sind real unterschiedene Thätigkeiten. Obgleich daher die Bewegung oder Veränderung die gemeinsame Thätigkeit, der gemeinsame Act des Bewegers und Bewegten ist, so ist doch die Thätigkeit, durch welche eine Veränderung oder Bewegung verursacht wird, verschieden von jener, welche eine Veränderung oder Bewegung aufnimmt. Darum haben wir zwei Kategorien, Prädicamente: thun und leiden (2. contr. Gent. c. 57.).

Das Thätigkeitsvermögen, die Potenz der Geschöpfe kann somit nicht aus und durch sich selber active Potenz werden, indem sie von Natur aus passive ist. Der activen folgt unmittelbar die Thätigkeit, weil sie das Princip, die Ursache dieser Thätigkeit bildet. In Wirklichkeit aber sehen wir, dass die Creaturen manchmal ohne Thätigkeit sind. Woher kommt dies? Offenbar daher, dass ihnen etwas fehlt, dass sie dasjenige selbst nicht besitzen, was sie andern mittheilen sollten. Es fehlt ihnen die active Potenz, jener Act, jene Vollkommenheit, wodurch ihr Thätigkeitsvermögen wirklich ist (*in actu*), *in ordine operativo* existiert. Das Thätigkeitsprincip bildet darum ein Zusammengesetztes aus dem Thätigkeitsvermögen und jener Vollkommenheit, die es durch die *praemotio physica* erhält. Dadurch unterscheiden sich die Creaturen von Gott. In Gott ist das Thätigkeitsprincip einfach, weil auch sein Wesen und Dasein einfach ist. Real oder sachlich ist in Gott das Wesen mit dem Dasein und dem Thätigsein ein und dasselbe. In den Creaturen finden wir überall Zusammensetzung.

Die Gegner des heil. Thomas bestreiten den vorhergehenden Einfluss Gottes auf die Geschöpfe überhaupt; ganz besonders aber, so behauptet man, dürfe die *praemotio physica* nicht angenommen werden mit Bezug auf die vernünftigen Creaturen, weil sie mit der Wahlfreiheit im Widerspruche stehe, dieselbe völlig zerstöre, unmöglich mache. Die *praemotio* ließe man sich eventuell noch gefallen, aber die *praedeterminatio* in keiner Weise.

88. Demgegenüber stellen wir folgenden Lehrsatz auf:

Die *praemotio* und *praedeterminatio physica* sind durchaus nothwendig, damit die Freiheit formell als solche gewahrt werde und bleibe

Was die Wahlfreiheit im formellen Sinne ist, wurde früher weitläufig dargelegt. Es muss darunter die Herrschaft der Geschöpfe über ihre eigene Thätigkeit verstanden werden. Zwei Dinge werden erfordert, damit der Wille frei sei. Das eine muss die Potenz, oder das Thätigkeitsvermögen beschaffen, das zweite die Potenz *in actu* oder das Thätigkeitsprincip. Von seiten der Potenz wird verlangt und genügt, dass sie die Fähigkeit besitzt, sich zu verschiedenen oder auch entgegengesetzten Dingen neigen zu können, z. B. dieses oder jenes lieben, lieben oder nicht lieben, d. h. keinen Liebesact ausüben zu können. Von seiten des Thätigkeitsprincipes ist das eine nothwendig, nämlich, dass es diesen oder jenen der genannten Acte ausübe und nicht einen andern, indem es zwei Acte zugleich unmöglich vollziehen kann. Diese Entwicklung der Thätigkeit muss aber derart stattfinden, dass damit und dadurch die Potenz, die Fähigkeit für den andern, oder auch den entgegengesetzten Act, nicht ausgeschlossen werde. Die Möglichkeit, das Können hinsichtlich beider muss intact bleiben. Eine Thätigkeit kann daher in einem zweifachen Sinne frei genannt werden. Einmal deshalb, weil sie aus dem letzten Entschlusse der Vernunft, der sogenannten Sentenz und der Wahl von seiten des Willens hervorgeht; zweitens, weil sie von einer Potenz stammt, die ihrer Natur nach weder mehr für das eine als für das andere Urtheil im einzelnen bestimmt ist. Im erstern Falle ist die Thätigkeit eigentlich und formell frei, im letztern nicht eigentlich und formell, sondern der Ursache nach und radical. Denn vermöge dieser letztern Bedingung hat der Wille nur das eine, dass er nicht zu einem einzigen bestimmt ist, sondern dieses oder jenes Mittel auswählen kann.

So oft demnach der Wille frei handelt, muss ein doppeltes Urtheil der Vernunft entweder formell oder virtuell diese Thätigkeit bestimmen. Das eine Urtheil stellt ganz indifferent mehrere Güter vor, unter welchen eine Auswahl platzgreifen, bezüglich welcher eine freie Thätigkeit stattfinden kann. Jedes dieser Güter muss soweit begehrenswert sein, dass der Wille nach demselben streben könne. Keines jedoch darf allseitig ein Gut sein, damit der Wille dasselbe auch zu verschmähen die Möglichkeit besitze. Das zweite Urtheil dagegen sagt, welches dieser Güter bestimmt und für diesen Fall, *hic et nunc*, in wirksamer Weise anzustreben sei. Das erste Urtheil ist der Grund der radicalen Freiheit, indem es dem Willen die Potenz, die Fähigkeit belässt, dieses oder jenes begehren zu können. Das zweite hingegen constituirt ihn in der actuellen Ausübung des freien Actes, weil der Wille infallibel auf dieses Urtheil hin, dieses Gut anstatt der andern auswählt. Zu der radicalen oder causalen Freiheit gehört also nur die Fähigkeit, etwas begehren oder nicht begehren zu können. Diese Fähigkeit oder Potenz bleibt selbst dann noch zurecht bestehen, wenn der Wille sich für das eine oder das andere bestimmt hat. Allerdings hat er dieses Gut vor den andern gewählt, und ist diesbezüglich aus der Potenz, dem Wählenkönnen herausgetreten. Allein seine ganze Fähigkeit wurde dadurch nicht bestimmt, nicht in die Wirklichkeit übergeführt. Es ist bloß eine Seite derselben *in actu* constituiert worden. Nach dieser Seite hin muss der Wille eigentlich und formell frei genannt werden, während er nach der andern unter der formellen Freiheit radical und causal frei bleibt.

Wir haben früher aus dem heil. Thomas nachgewiesen, dass die vernünftigen Geschöpfe in dreifacher Beziehung frei sind: hinsichtlich der Thätigkeit, des Gegenstandes und der Hinordnung der Mittel zum Endziele. Wo alle diese drei im voraus bestimmt sind, da kann von der Freiheit nicht mehr die Rede sein. Bleibt das Geschöpf mit Bezug auf eines derselben indifferent, nicht bestimmt, so muss man es frei nennen. Hauptsächlich aber und in erster Linie frei ist jene Creatur, die über ihre Thätigkeit die Herrschaft besitzt. Der *dominus suorum actuum* wird vom englischen Meister so oft und so nachdrücklich als das Musterbild der eigentlichen Freiheit uns vorgestellt. Diesen *dominus* wollen wir nun von der *praemotio physica* beeinflusst werden lassen, um zu sehen, ob er nicht dabei sein ganzes *dominium* einbüßt.

89. Die Freiheit im formellen Sinne ist dann vorhanden, wenn das Geschöpf Herr seiner Thätigkeiten ist. Durch die *praemotio physica* aber wird das Geschöpf erst formell Herr seiner Thätigkeiten. Folglich schadet die *praemotio physica* der Freiheit nicht bloß nicht, sondern sie bewirkt dieselbe geradezu.

Solange ein Geschöpf **unthätig**, in der Möglichkeit oder Potenz zu der Thätigkeit, ein Agens *in potentia* ist, kann man offenbar nicht behaupten, es besitze formell die Herrschaft über seine Thätigkeit. Über das, was Jemand **nicht besitzt**, kann er unmöglich Herr sein, er wäre König ohne Land und Unterthanen. Der Wille heißt *facultas*, weil dieses Wort allgemein eine Macht (*potestas*) bedeutet, durch welche einem etwas *ad nutum* zur Verfügung steht. Der Wille aber hat seine Thätigkeit in freier Macht (2. dist. 24. q. 1. a. 1. ad 2.). Unter Macht verstehen wir eine **active Potenz** mit einem gewissen Vorzuge (4. dist. 24. q. 1. a. 1. qu. 2. ad 3.). Nun wissen wir, dass der Wille **aus und durch sich selber** diese Macht nicht besitzt, da er sich nur in der **Möglichkeit** befindet, thätig zu sein. Er ist **passiv indifferent**, und in diesem Zustande verfügt er nicht nach Belieben über seine Thätigkeit. Es fehlt ihm daher formell das *dominium sui actus*. Die Freiheit kann folglich nicht **eigentlich und formell** in dieser passiven Indifferenz, im Zustande der **Unthätigkeit** liegen. Der Wille **in der Potenz** ist darum auch nicht **eigentlich und formell** frei. Das Thätigsein- oder Unthätigseinkönnen begründet somit nicht die Freiheit **eigentlich und formell**.

Dies zeigt sich noch um so klarer, wenn wir nach der Freiheit in Gott fragen. Gott ist immer thätig, stets *in actu* und dennoch im höchsten Grade am allervollkommensten frei (de veritate q. 24. a. 3.). Aber auch die Freiheit der Geschöpfe kann unmöglich in dieser passiven Indifferenz, im Thätigsein**können** bestehen. Wäre die Unthätigkeit der Freiheit **wesentlich**, so gebe es überhaupt kein unfreies Geschöpf. Es wurde hinreichend dargethan, dass keine Creatur aus und durch sich selber allein eine Thätigkeit auszuüben vermag. Als Grund dafür wurde angeführt, weil jede Creatur an und für sich zwar ein Thätigkeits**vermögen**, aber nicht ein Thätigkeits**princip** besitzt. Constituiert dieses Thätigkeits**vermögen**, die Potenz thätig zu sein, in den Geschöpfen die Freiheit, so sind alle ohne Ausnahme frei. Die Unthätigkeit ist ihnen nicht weniger eigen, als den vernünftigen Wesen, und die **Möglichkeit, die Potenz** thätig zu sein, besitzen sie ebenfalls alle mit Ausschluss des Stoffes.

Daraus ergibt sich mit Evidenz, dass die Freiheit **eigentlich und formell** erst dann vorhanden, wenn der Wille *in actu* sich befindet, **actives Princip, Ursache** seiner Thätigkeit ist. Als **actives Princip**, als **Ursache** hat er das *dominium* über seine Thätigkeit, weil diese als Effect in der **Ursache** enthalten ist. Aus dieser Ursache fließt die Thätigkeit heraus, wie S. Thomas zutreffend bemerkt. Darum muss das Agens früher *in actu* sein, denn solange es bloß in der Potenz ist, enthält es keine Wirkung, keinen Effect. Es ist folglich nicht *dominus suorum* *actuum.* Um formell Herr über seine Thätigkeit zu sein, genügt nicht, dass man dieselbe der Möglichkeit nach besitze, und dies selbst dann nicht, wenn diese Möglichkeit durch eine neue Vollkommenheit derselben Art oder Qualität, den sogenannten Habitus verstärkt wird. Der englische Meister erklärt ausdrücklich, eine körperliche oder geistige Natur, möge sie **noch so vollkommen sein**, könne nicht in den Act übergehen, **wenn sie nicht von Gott bewegt wird** (1. 2. q. 109. a. 1.). Selbstverständlich ist sie dann auch nicht im Besitze der Herrschaft über diesen Act, folglich **nicht eigentlich** und **formell frei**. Die Potenz *in actu* ist frei, indem sie ihre Thätigkeit in der Weise vollzieht, dass sie die Möglichkeit für das Gegentheil beibehält. Die Potenz *in actu*, oder richtiger, dasjenige, wodurch die Potenz *in actu* constituiert wird, constituiert zugleich auch in den vernünftigen Geschöpfen formell und im eigentlichen Sinne die Freiheit derselben. Der **passive Zustand** ist, wie gesagt, nicht einmal ausschließlich der **freien Creatur** eigen, sondern dem Geschöpfe **überhaupt**. Er kann somit nicht die Freiheit formell constituieren.

90. Nehmen wir einmal an, die Freiheit bestehe in der passiven Indifferenz, sie bestehe darin, dass der Wille thätig sein oder nicht thätig sein **kann**, also in der Potenz **thätig zu sein**. Was würde folgen, abgesehen von der *praemotio physica*, wenn der Wille **durch sich selber** aus dieser Indifferenz heraustritt und eine Thätigkeit ausübt? Nothwendigerweise müsste dann der Wille seine eigene Freiheit aufheben. Der actuell thätige Wille ist ja sachlich vom Willen unterschieden, der bloß **in der Möglichkeit, in der Potenz** zu dieser seiner Thätigkeit sich befindet. Gehört letztere, die Möglichkeit, die **Potenz wesentlich, formell** zur Freiheit, so wird diese durch ihren eigenen Act, ihre eigene Thätigkeit zerstört. Wir haben **das Unmögliche** angenommen, nämlich, dass die Creatur, die **in der Potenz** thätig zu sein ist, sich selber diese Thätigkeit verleihe, sich selber in den Act überführe.

Was geschieht nun durch die *praemotio physica*? Sie bewirkt, dass die Creatur, welche radical und causal, d. h. der **Möglichkeit nach frei war**, es jetzt eigentlich und **formell** wird. Sie führt das Thätigkeitsvermögen aus dem Zustande der Potenz in jenen des Actes über. Sie bewirkt, dass aus dem **möglichen Princip ein wirkliches, aus der Nichtursache eine Ursache** wird. Wenn nun, wie nachgewiesen wurde, die **active Potenz, die Ursache der Thätigkeit, eigentlich und formell die Freiheit bildet**, wie kann dann die *praemotio physica*, welche bewirkt, dass die Creatur frei sei, eben dieser Freiheit schaden? Folgt daraus nicht vielmehr, dass sie die Freiheit eigentlich erst verursache?

In der That! Die Creatur ist ohne *praemotio physica* im passiven Zustande, indifferent für das Thätigsein und Nichtthätigsein, denn sie ist an und für sich ein Agens *in potentia*. In diesem Zustande kann sie unmöglich in eine Thätigkeit übergehen, wenn sie nicht durch ein anderes zu einem determiniert oder bestimmt wird. Das Indifferente ist ein Seiendes in der Potenz, die Potenz aber bildet kein Thätigkeitsprincip (physicor. 2. 8. 3. ed nov. pag. 79.). Das Thätigkeitsprincip ist immer eine Form oder ein Act. Darum existiert die Ähnlichkeit der Wirkung schon vorher im Agens, und durch diese Ähnlichkeit wird dann die Thätigkeit zu diesem Effecte bestimmt (3. contr. Gent. c. 2.). Da nun jede geschöpfliche Thätigkeit mittelst Bewegung sich vollzieht, so muss dasjenige, welches bewegt, *in actu* sein. Solange es in der Potenz sich befindet, kann es nur bewegt werden, nicht aber selbst bewegen. Die passive Potenz, das Agens *in potentia* vermag darum überhaupt keinen Act auszuüben, weder einen nothwendigen, noch einen freien. Man kann folglich von einer Freiheit gar nicht sprechen. Die Thätigkeit ist etwas ganz Bestimmtes. Aus einem unbestimmten Princip aber geht niemals ein bestimmter Act hervor. Was in der Potenz ist, muss durch ein *actu* Seiendes in den Act übergeführt werden, und das heißt man bewegen (1. 2. q. 9. a. 1.).

Ferner wurde früher gezeigt, dass in den Geschöpfen nichts reiner Act, *actus purus* ist. Das Thätigkeitsvermögen, auch das freie, muss darum ein Zusammengesetztes ausmachen, wenn es Thätigkeitsprincip sein soll. Überdies bemerkt der englische Lehrer an unzähligen Orten, jede Creatur sei ein *movens motum*, weil jede, ihrem Sein und ihrer Thätigkeit nach, etwas Contingentes, Gott allein in jeder Beziehung etwas Nothwendiges sei. Die contingente Ursache muss von einem Äußern zu einer Wirkung, einem Effecte bestimmt werden, die nothwendige, der göttliche Wille, bestimmt sich selber zu den gewollten Dingen, zu denen er jedoch nicht in einer nothwendigen Beziehung steht (1. p. q. 19. a. 3. ad 5.). In Gott ist darum nur die active Indifferenz, nicht die passive. Betrachten wir demnach die Freiheit an und für sich, d. h. absehend vom Wesen, in welchem sie ist, so gehört ihr allerdings nur wesentlich zu, dass sie eine Facultas oder Potestas, eine active Kraft bilde, activ indifferent sei und sich selber bewegen könne. Auf diese Art, in dieser Vollendung besitzt Gott die Freiheit. Er hat sie ihrem ganzen Wesen nach. Die Creaturen dagegen besitzen die Freiheit nur durch Antheilnahme. Sie haben folglich nicht das ganze Wesen derselben, dieses ist vielmehr beschränkt, mit Potentialität gemischt. So oft daher die Geschöpfe von der Thätigkeit ablassen, unthätig sind, besitzen sie nur den stofflichen Theil der Freiheit, die Potentialität. Durch die *praemotio physica* erhalten sie auch den formellen, indem diese Potentialität durch die genannte Bewegung *per modum transeuntis* vervollkommnet wird. Die Potenz mit dieser Bewegung bildet das Agens *in actu* und dieses ist eigentlich und formell frei. In diesem Zustande ist das vernünftige Geschöpf Ursache freier Thätigkeiten.

Daraus folgt aber dann, dass Gott den Geschöpfen die formelle Freiheit ebenso gewiss mittheilen muss, wie er ihnen die stoffliche, nämlich das Freiheitsvermögen, die Potenz verliehen hat. Was frei ist durch Antheilnahme, muss zurückgeführt werden auf das Freie durch seine Wesenheit. Dieses letztere bildet die Ursache für das erstere. Das formell Freie ist somit Effect Gottes. Ohne *praemotio physica* wäre demnach das vernünftige Geschöpf zwar radical, niemals aber formell frei. Die Creatur hätte zwar ein freies Thätigkeitsvermögen, aber kein freies Thätigkeitsprincip, denn nur die active Potenz, nicht die passive, ist Thätigkeitsprincip. Klar und bestimmt wie immer hat der englische Lehrer in wenigen Worten diese Wahrheit vorgetragen. Wenn der Wille von neuem zu wählen beginnt, so wird er von seiner frühern Disposition insofern umgeändert, als er früher in der Potenz wählend war, jetzt aber *actu*, in der Wirklichkeit wählt. Diese Veränderung stammt von einem Beweger her, denn der Wille bewegt sich selber zur Thätigkeit *(ad agendum)*, er wird aber auch von Gott bewegt. Die Disposition des ersten Bewegers bleibt in den von ihm Bewegten zurück, insofern sie von ihm bewegt werden. Auf diese Weise nehmen sie die Ähnlichkeit des ersten Bewegers auf (de malo q. 6. ad 17. und ad 11.). Wie jedermann ersieht, spricht S. Thomas hier von der Umänderung der Geschöpfe bei dem Übergange aus der Potenz in den Act. Bei dieser Umänderung erhalten sie etwas vom ersten Beweger, nämlich dessen Ähnlichkeit. Gott ist reiner Act, lautere Wirklichkeit, seine Thätigkeit ist real identisch mit der activen Potenz und mit seiner Wesenheit. Hierin sind ihm die Creaturen ganz und gar unähnlich, denn ihre Thätigkeit ist real unterschieden von der activen Potenz, und diese wiederum vom Thätigkeitsvermögen. An und für sich besitzen sie nur eine passive Potenz. Durch die *praemotio physica* werden sie Gott ähnlich, denn ihre passive Potenz wird *actu* und sie selbst dadurch ein Agens *in actu*, wie es Gott ist. Als Agens *in actu* können sie dann *fluere in passum*, dieses „*esse in actu*" einem andern, ihrer Thätigkeit mittheilen. Sie sind folglich Gott ähnlich, obgleich nicht vollkommen, *totaliter*, wie der englische Lehrer an der genannten Stelle bemerkt.

91. Von einer Schädigung der Freiheit durch die *praemotio physica* kann somit keine Rede sein. Dieser Vorwurf beruht lediglich auf völliger Unkenntnis des eigentlichen Wesens der Freiheit. Wäre das Wesen der Freiheit im Unthätigsein gelegen, dann würde die *praemotio physica* die Freiheit zerstören. Allein in diesem

Falle müsste sie auf ganz gleiche Weise durch den simultanen Concurs, ja selbst durch die natürliche Kraft des Geschöpfes aufgehoben werden. Diesen Fehler begehen alle jene, die, ohne den nothwendigen Unterschied zu machen, das Wesen der Freiheit in das Nichtdeterminiertsein verlegen. Die Freiheit kann unmöglich in dem passiven Nichtdeterminiertsein bestehen, denn dieses bildet eine große Unvollkommenheit für die Geschöpfe. In diesem Zustande kann das Geschöpf nie Ursache irgendwelcher Thätigkeit sein, denn Ursache ist nach S. Thomas, dasjenige „ad quod sequitur esse alterius seu causati", oder „principium influens in esse alterius, quod est ex ipso" (physicor. 2. 10. 15. edit. nov. pag. 86.). Der englische Meister hat ausdrücklich eine zweifache Indifferenz unterschieden. Eine Kraft kann in zweifacher Weise indifferent sein *(ad „utrumlibet):* entweder in sich selbst, oder hinsichtlich dessen, worauf sie sich bezieht. In Betreff ihrer selbst ist diese Kraft indifferent, wenn sie noch nicht ihre Vollkommenheit, wodurch sie zu einem bestimmt wird, erlangt hat. Diese Indifferenz hat zu ihrer Ursache die Unvollkommenheit ihrer Kraft, und diese Indifferenz gibt Zeugnis von der Potentialität in der Kraft selbst. In ihrer Beziehung zu einem andern ist eine Kraft indifferent, wenn die vollkommene Thätigkeit dieser Kraft weder vom einen, noch vom andern abhängt, wie z. B. in einem Künstler, der zu einem und demselben Werke gleichmäßig verschiedene Instrumente verwenden kann. In diesem letztern Falle besitzt das Agens eine vollkommene Kraft, die den einen wie den andern Effect übertrifft und deshalb beiden gegenüber unbestimmt, indifferent sich verhält. Die Kraft, resp. Indifferenz in dieser letztern Bedeutung findet sich im göttlichen Willen. Darum ist in seinem Willen keine Potentialität und keine Veränderlichkeit (1. contr. Gent. c. 82.). Er ist nicht in der Weise indifferent, dass er zuerst etwas bloß der Möglichkeit nach *(potentia)*, und dann in der Wirklichkeit *(actu)* will, sondern er will stets alles *actu* (l. c.). Nichtsdestoweniger besitzt er die vollendetste Freiheit, ist diese ihm sogar wesentlich eigen, während die Creatur nur Antheil an derselben hat.

Dadurch ist wohl am besten der Vorwurf widerlegt, die *praemotio physica* zerstöre alle Freiheit, denn das Agens *in potentia* ist nach der Lehre des englischen Meisters etwas Unvollkommenes, es besitzt eine unvollkommene Kraft thätig zu sein, weil dieselbe für sich allein genommen Potentialität ist. Die wahre Freiheit hingegen ist etwas Vollkommenes, ist Actualität, nicht Potentialität.

Möge man also nicht immer nur Freiheit! Freiheit! rufen, sondern endlich einmal auch die Vernunft zum Worte kommen lassen und sich über das eigentliche Wesen der Freiheit gründlich orientieren. Die *praemotio physica* rettet die Freiheit, anstatt sie zu schädigen.

92. Aus dem Dargelegten ist die Antwort auf den Vorwurf, dass die Thomisten nicht bloß eine physische **Vorherbewegung**, sondern auch eine solche **Vorherdeterminierung** lehren, auch schon gegeben. Diese letztere nun, so behauptet man, sei ganz und gar unverträglich mit der Freiheit.

Die **Vorherdeterminierung** lehren nicht allein die Thomisten, die vertheidigt auch ihr Meister, der 'heil. Thomas. Der englische Lehrer frägt einmal, ob alles dem Fatum unterworfen sei? Diese Frage hat insofern Berechtigung, weil in früherer Zeit gezweifelt wurde, ob alles das, was auf veränderliche Weise und ohne bestimmte Ordnung geschieht, auf eine ordnende Ursache zurückgeführt werden müsse. Nachdem S. Thomas diesbezüglich mehrere Ansichten aufgezählt und als unrichtig zurückgewiesen, bemerkt er: „Einige Gelehrten führen **alles auf die göttliche Vorsehung als auf die Ursache** zurück, von welcher alles vorherbestimmt *(praedeterminata)* und geordnet ist. Dieser Lehre gemäß ist das Fatum, der Zufall, ein Effect der Providenz, denn die Providenz ist nichts anderes, als die Idee *(ratio)* der Ordnung der Dinge im Verstande Gottes. Das Fatum hingegen ist die Entfaltung, Ausführung jener Ordnung in den Dingen. Darum sagt Boëthius, das Fatum sei die den beweglichen Dingen inhärierende **unbewegliche Disposition. In diesem Sinne untersteht alles dem Fatum**" (Quodl. 12. a. 4.). In dieser Stelle wird offenbar von einer **Vorherbestimmung** gesprochen, welcher alle Dinge unterworfen sind. Man darf die Gedanken- und Willensthätigkeit nicht davon ausnehmen. S. Thomas bestreitet nur, dass alles hier auf Erden durch den Lauf der Gestirne geordnet werde, weil die Gedanken und das Wollen nicht der Thätigkeit eines Körpers unterliegen können. Aber gegen die Ansicht, dass **alles von der göttlichen Vorsehung vorherbestimmt** und geordnet werde, hat der Doctor Angelicus gar nichts einzuwenden. Der Sinn dieser Stelle ist demnach folgender: Durch die göttliche Vorsehung ist **alles vorherbestimmt** und geordnet. Die Vorherbestimmung und Ordnung besteht in einer gewissen Disposition und unabänderlichen Anordnung in den veränderlichen Dingen, durch welche sich die göttliche Vorsehung offenbart oder zu erkennen gibt. Was kann nun diese Anordnung und unabänderliche Disposition in den geschaffenen Dingen sein? Offenbar kann es nichts anderes sein als die *praemotio physica*, denn diese bildet eine unabänderliche Disposition in den veränderlichen Dingen. Darum bemerkt der heil. Thomas, Gott bewege den Willen **unabänderlich** *(immobiliter)* wegen der Wirksamkeit der bewegenden Kraft, die nicht fehlen kann. Daraus folge aber nicht, meint der Heilige, dass hier eine Nothwendigkeit vorliege, denn vermöge der Natur des bewegten Willens, der vielen gegenüber indifferent sich verhält, bleibe die Freiheit zurecht bestehen. Die göttliche Vorsehung ist überhaupt in allen Dingen auf **infallible Art** thätig, dennoch verursachen die contingenten Ursachen ihre Effecte auf contingente Weise, weil Gott jedes Ding gemäß seiner Art und Weise bewegt (de malo q. 6. ad 3.). Die göttliche Vorsehung benimmt somit den Dingen ihre Contingenz und Veränderlichkeit nicht, obgleich sie, nach Boëthius: „*est inhaerens rebus mobilibus dispositio, per quam suis quaeque nectit ordinibus*". Wer darum das Fatum oder die *praemotio physica*, die *praedeterminatio* leugnet, der bestreitet Gottes Vorsehung (3. contr. Gent. c. 93.). Denn, wenn alles durch die göttliche Vorsehung geordnet ist, und diese Ordnung **unabänderlich** in den Dingen selbst sich vorfindet, so müssen die Dinge von der göttlichen Vorsehung auch **vorherdeterminiert** sein. Die Vorherdeterminierung ist ja nichts anderes als eine gewisse unabänderliche Hinordnung der Dinge zu ihrem Endziele.

Was bedeutet in der That determinieren? Nichts anderes, als einem Dinge Grenzen setzen, ein Ding einschränken, zu etwas bestimmen. Die Grenze, der *terminus* oder das Ziel sind aber ein und dasselbe. Die Determinierung geschieht demnach mit Bezug auf ein Ziel. Das Ziel einer jeden Potenz ist der Act, die Thätigkeit, mag diese Potenz nun eine passive oder eine active sein. Das Ziel des Stoffes ist die eigene Form, daher wird er durch die Form' determiniert. Die active Potenz hat ihre Determinierung durch das Ziel oder den Zweck, um dessentwillen sie thätig ist. Dieses Ziel aber wird von der Thätigkeit selber gebildet, denn sie ist das der Potenz **innerliche** Ziel, *potentia dicitur ad actum*. Ein Ding kann aber in doppelter Weise des Zieles wegen thätig sein. Manchmal steckt sich das Agens das Ziel selber, und dies geschieht jedesmal, so oft ein vernünftiges Wesen in Thätigkeit tritt. Manchmal hingegen wird dem Agens das Ziel von der Hauptursache vorgestellt. Den Naturdingen wird das Ziel vom Schöpfer der Natur angewiesen. Gott aber wirkt durch seinen Verstand. Darum kommt es ihm zu, alles Geschaffene zu einem Ziele hinzuordnen. Jeder Werkmeister ordnet alles das, was er will, nach einem Plane, einer Idee. Diese Idee ist sein Vorbild, die *causa exemplaris* für das Werk, welches erstehen soll. Diese Idee im Verstande Gottes, des größten aller Künstler, wird vom englischen Meister eine **Vorherdeterminierung** genannt (*praediffinitio operum agendorum*). Er beruft sich dabei auf folgende Worte des Dionysius, de divin. nomin. cap. 5. *Innuit Dionysius: exemplaria dicimus in Deo existentium rationes substantificatas, et singulariter praeexistentes, quas Theologia praediffinitiones vocat, et divinas et bonas voluntates existentium praedeterminativas et effectivas, secundum quas supersubstantialis essentia omnia praediffinivit et produxit* (de veritate q. 3. a. 1.). Diese Ideen im göttlichen Verstande sind **schöpferisch** und sie bringen die Dinge hervor (l. c. ad 5.).

93. Weil also Gott bei aller Thätigkeit, bei jedem Werke, welches er hervorbringt, durch seinen Verstand wirkt, jedem Geschöpfe das Ziel anweist und alles zu diesem Ziele bewegt, deshalb kann man die göttliche Determinierung, wodurch der göttliche Wille **actuell** eine geschaffene Ursache zu einer wirklichen Thätigkeit bestimmt, mit Recht eine **Vorherdeterminierung** nennen. Der ewige, göttliche Wille, wird ja auch, wie wir soeben gehört, *existentium praedeterminativa et productiva* genannt. Durch den Hinzutritt des Willens wird die speculative Idee von den Dingen in Gott eine formell praktische (de veritate q. 3. a. 6.). Nicht die Bewegung Gottes auf jede beliebige Weise kann man *praedeterminatio* nennen, sondern jene Bewegung, durch welche er mittelst des Verstandes wirkt und alles zum Ziel hinordnet: Die *praedeterminatio* hat eigentlich Beziehung zu einem Zukünftigen (de veritate q. 6. a. 1.).

Welcher Ansicht der heil. Thomas hinsichtlich der Vorherdeterminierung gewesen, ist aus diesen Stellen klar. Man hat merkwürdigerweise in neuerer Zeit die Behauptung aufgestellt, das Wort: *praedeterminare*, wie es sich 1. q. 23. a. 1. ad 1. und Quodl. 12. a. 4. findet, habe mit der Application und dem Concurse durchaus nichts zu thun, da es an den genannten Stellen die **Präexistenz der Ideen des Zukünftigen im göttlichen Verstande** bezeichne. Wir nennen diese Behauptung merkwürdig und mit Recht. Sehen wir uns beide Stellen näher an. Die erste weist einen Einwurf zurück gegen den Artikel, in welchem über die Vorherbestimmung der Menschen gesprochen wird. Dagegen erhebt S. Thomas folgenden Einwurf: „Es scheint, dass die Menschen nicht von Gott vorherbestimmt werden, denn Damascenus sagt, man müsse wissen, dass Gott zwar alles **vorhererkennt**, nicht aber **vorherbestimmt**. Gott erkennt zwar alles in uns, er bestimmt aber nicht alles vorher. Wir besitzen Verdienste und Missverdienste, weil wir durch unsere Freiheit Herr unserer Handlungen sind. Was demnach Verdienst oder Missverdienst in uns betrifft, werden die Menschen von Gott nicht vorherbestimmt." Der Doctor Angelicus erwidert darauf, Damascenus verstehe unter der Prädeterminierung einen **nöthigenden** Einfluss, wie er in den Naturdingen vorkommt, die zu **einem** prädeterminiert sind. Die Prädestination werde von dieser Schwierigkeit nicht getroffen.

Diese Stelle soll mit der Application und dem Concurse durchaus nichts zu thun haben, weil sie bloß von der Präexistenz der Ideen des Zukünftigen im göttlichen Verstande spreche! Der englische Meister lehrt doch ausdrücklich, dass die **menschlichen Handlungen von Gott prädeterminiert sind.** Nur die Art und Weise dieser Prädeterminierung ist verschieden bei den Naturdingen und bei den vernünftigen Geschöpfen. Es ist ganz und gar unrichtig, dass bloß **die Idee in Gott** prädeterminiert sei. Der Einwurf spricht von den Dingen **im Menschen** und die Antwort erfolgt in demselben Sinne. Eine solche Confusion darf man S. Thomas denn doch nicht zutrauen, dass sein Gegner etwas im Auge hat, was im Menschen ist, und er redet von dem, was in Gott existiert. Geben wir indessen ruhig zu, S. Thomas rede von der Präexistenz der Idee des Zukünftigen. Kann es denn ein nicht prädeterminiertes Zukünftiges geben? Wenn es **zukünftig** ist, muss es eine **Ursache** haben, durch welche es **zukünftig** ist, und wenn es zukünftig ist, muss es schon **bestimmt sein in seiner Ursache**. Ein in seiner Ursache unbestimmt Zukünftiges schließt einen Widerspruch in sich. Da es nicht in sich selber bestimmt sein kann, so muss es **in seiner Ursache bestimmt sein**. Wenn demnach **die Ursache** dieses Zukünftigen bestimmt ist, so muss auch der Effect in dieser Ursache entsprechend bestimmt sein. Aus einer **bestimmten** Ursache kann unmöglich ein **unbestimmter** Effect hervorgehen. Darum bemerkt der englische Lehrer treffend, diese präexistierende Idee sei *praediffinitiva et productiva rerum*. Man muss die Werke des heil. Thomas nicht gelesen haben, um solche Theorien vortragen zu können. Die Handlungen der Menschen sind somit prädeterminiert, nicht zwar in sich, denn in diesem Falle wären sie **gegenwärtig**, nicht aber zukünftig, sondern **in ihren Ursachen**. Die erste und oberste Ursache der Handlungen bilden die göttlichen Ideen, die durch **den Willen** Gottes prädeterminiert sind. Aus der determinierten ersten Ursache folgt die **determinierte Wirkung, d. h. die determinierte zweite Ursache**. Und weil die **Ursache** der Natur und Causalität nach **früher** ist als der Effect, deshalb sind die menschlichen Handlungen von Gott **prädeterminiert in ihren Ursachen**. Aus diesem Grunde sind sie eben **zukünftig**.

94. Ebenso unrichtig ist die Behauptung bezüglich der zweiten Stelle aus Quodl. 12. a. 4. Daselbst erklärt der Doctor Angelicus, was das Fatum sei. *Alii reducunt omnia haec in causam supracoelestem, scilicet in providentiam Dei, a qua omnia sunt praedeterminata et ordinata, et secundum istos fatum erit quidam effectus providentiae: quia providentia nihil aliud est, quam ratio ordinis rerum prout est in mente divina. Fatum vero est explicatio illius ordinis prout est in rebus. Unde Boëthius: fatum est immobilis dispositio rebus mobilibus inhaerens.* Ob diese Stelle mit der Application und dem Concurse wirklich nichts zu thun hat, das zu beurtheilen überlassen wir den geehrten Lesern. Es sind übrigens auch noch andere Stellen, besonders 3. contr. Gent. c. 93. Man lese z. B. folgende: *In re creata duo possunt considerari, scilicet ipsa species ejus absolute, et ordo ejus ad finem. Et utriusque forma*

processsit in Deo. Forma ergo exemplaris rei secundum suam speciem absolute est idea. Sed forma rei, secundum quod est ordinata in finem, est providentia. Ipse autem ordo a divina providentia rebus inditus, fatum vocatur secundum Boëthium. Unde sicut se habet idea ad speciem rei, ita se habet providentia ad fatum. Et tamen quamvis idea possit pertinere ad speculativam cognitionem aliquo modo, tamen providentia tantum ad practicam pertinet, eo quod importat ordinem ad finem, et ita ad opus, quo mediante pervenitur ad finem (de veritate q. 5. a. 1. ad 1.). Cfr. ib. a. 2 und 5. An letzterer Stelle ad 4. sagt der englische Lehrer, die Providenz des Menschen hinsichtlich seiner eigenen Acte schließe die göttliche Providenz gerade sowenig aus, wie die activen Kräfte der Geschöpfe die active Kraft Gottes ausschließen. Die erstere Stelle beschäftigt sich allerdings zunächst mit den Naturdingen. Was indessen der Doctor Angelicus mit Bezug auf die Providenz Gottes über die Naturdinge sagt, das gilt von den Creaturen überhaupt. Die Vorsehung und die Prädeterminierung hängen auf das innigste zusammen. Wer die eine bestreitet, der muss auch die andere leugnen.

In der That! Wo der englische Meister die Regierung des ganzen Universums durch Gott beweist, da geht er stets von der Prädeterminierung aus. Wenn mehrere Dinge zu einem bestimmten Ziele hingeordnet werden, so unterstehen alle der Disposition desjenigen, dem das genannte Ziel angehört. Alle Dinge aber haben Gottes Güte zu ihrem Ziele. Folglich muss Gott, dem jene Güte hauptsächlich angehört, alle Dinge zu diesem Ziele hinordnen. Was immer existiert, irgend ein Sein hat, das ist Effect Gottes, und er dirigiert jedes zu dem Ziele, welches er selber ist. Der erste Beweger bewegt nicht minder als die subalternen, sondern mehr, weil diese ohne ihn nichts bewegen können. Alles, was bewegt wird, das wird um eines Zieles willen bewegt. Darum bewegt Gott alles durch seinen Verstand und Willen zu dem entsprechenden Ziele und dies ist soviel als durch die Vorsehung alles regieren und lenken. Jedes geschaffene Wesen erreicht seine letzte Vollkommenheit durch die eigene Thätigkeit, denn das Endziel und die Vollkommenheit eines Dinges ist entweder die Thätigkeit selbst oder der *terminus* dieser Thätigkeit, der Effect. Die Form, durch welche ein Ding ist, bildet nur die erste Vollkommenheit, aber auch sie hat Gottes Weisheit zur Ursache. Dann muss aber auch die Ordnung der Thätigkeit von Gott kommen, denn durch diese letztere sind die Dinge ihrem Endziele näher als durch die erstere. Die Thätigkeiten der Dinge zu dem Ziele hinordnen, heißt nun die Dinge regieren (3. contr. Gent. c. 64.).

Aus diesen Argumenten des Doctor Angelicus folgt, dass die Geschöpfe zu ihren Thätigkeiten prädeterminiert werden, denn die Form, durch welche ein Ding existiert und die Form, durch welche es thätig ist, haben Gott zu ihrer Ursache. Wenn das Ziel jeder Creatur die Thätigkeit selbst oder der *terminus* dieser Thätigkeit, der eben nur durch die Thätigkeit erreicht wird, bildet, wie der englische Meister hier sagt, und wenn Gott alle Geschöpfe zu diesem Ziele hinordnet und bewegt; muss man dann nicht nothwendig die Prädeterminierung annehmen? Und wenn man die Prädeterminierung leugnet, wie kann dann die Gubernatio noch vertheidigt werden?

Aus der Regierung Gottes schließt der englische Lehrer auf die Erhaltung aller Dinge durch Gott. Der Schluss ist vollkommen logisch und darum auch berechtigt. Denn gehört zu der Regierung der Dinge alles das, wodurch dieselben ihr Ziel erreichen, so gehört dazu ohne Zweifel auch, dass sie zu ihrem Ziele hingeordnet werden. Die Hinordnung der Dinge zu ihrem Endziele, der göttlichen Güte, besteht aber nicht bloß darin, dass sie thätig sind, sondern auch darin, dass sie existieren. Sie sind mit Bezug auf ihre Existenz Gott ebenfalls ähnlich (3. contr. Gent. c. 65.).

Gleichwie demnach Gottes Einfluss die Ursache ist, dass die Geschöpfe existieren, ebenso ist sein Einfluss die Ursache, dass sie thätig sind.

Es ist darum ganz unrichtig und der Lehre des heil. Thomas widersprechend, wenn man die präexistierenden Ideen im Verstande Gottes als speculative Ideen auffasst. In diesem Falle enthielte die Antwort des heil. Thomas auf den aus Damascenus entnommenen Einwurf einen reinen Unsinn. Damascenus sagt, Gott wisse oder erkenne alles vorher, aber er bestimme, determiniere nicht alles vorher. Darauf entgegnet der Doctor Angelicus, diese Vorherbestimmung schließe mit Bezug auf die menschlichen Handlungen bloß die Nothwendigkeit infolge dieser Vorherbestimmung aus, nicht die Vorherbestimmung überhaupt. Wir sagen, dass diese Erwiderung einen Unsinn enthält, denn die speculativen Ideen in Gott sind alle nothwendige. Die praktischen Ideen von den Geschöpfen hingegen sind freie, weil die Determinierung des göttlichen Willens hinzutreten muss, damit sie praktische werden. Dafür passt aber dann wieder die Antwort des heil. Thomas nicht, weil er einen Unterschied macht zwischen den Naturdingen und den menschlichen Handlungen, und die Thätigkeit der erstern eine nothwendige nennt. Sind vielleicht die praktischen Ideen Gottes von den Naturdingen und ihrer Thätigkeit nothwendige? In keiner Weise. Es kann somit nur von jenen Ideen die Rede sein, durch welche die Geschöpfe zu ihrem Ziele, zu ihrer Thätigkeit hingeordnet, determiniert werden. Weil jedoch der Wille Gottes sich selber determiniert und dadurch Ursache jeder andern Determinierung wird, und jede Ursache der Wirkung vorhergeht, deshalb muss man sagen, dass Gott alle Geschöpfe, jede Thätigkeit der Creaturen prädeterminiere. Er macht die Geschöpfe, *natura et causalitate prius,* zuerst zur Ursache ihrer Thätigkeit und leitet und lenkt sie dann zu ihrem Endziele.

Hieraus ergibt sich ein kleiner Unterschied zwischen der *praemotio* und der *praedeterminatio.* Erstere bezieht sich eigentlich auf die Causalität der Geschöpfe, betont nicht ausdrücklich deren Hinordnung zum Ziele, sondern bloß die Überführung aus der Potenz in den Act. Letztere dagegen hat eigentlich diese Hinordnung im Auge. Ebenso befasst sich die *praemotio* mit der Applicierung der Ursachen zu ihren Thätigkeiten. Die *praedeterminatio* hingegen bezieht sich nicht bloß darauf allein, sondern auch auf die Erhaltung der Dinge in ihrem Sein. Indessen ist dieser Unterschied nicht von Bedeutung, zumal wir aus S. Thomas wissen, dass die Thätigkeit d a s E n d z i e l der Geschöpfe ist. Mag auch d a s o b j e c t i v e Ziel ein anderes als die Thätigkeit sein, d a s f o r m e l l e wird stets von der Thätigkeit selber gebildet.

Wir glauben aus dem Gesagten den Beweis erbracht zu haben, dass nicht allein die Thomisten, sondern auch, allen voran, der Doctor Angelicus selbst klar und bestimmt die Prädeterminierung der Geschöpfe durch Gott lehrt. *Quidam . . . omnia fato agi dixerunt, ordinationem, quae est in rebus ex divina providentia, fatum nominantes. Unde Boëthius dicit, quod fatum est inhaerens rebus mobilibus dispositio, per quam providentia suis quaeque nectit ordinibus . . . In qua fati descriptione dispositio pro ordinatione ponitur. Rebus autem inhaerens ponitur, ut distinguatur fatum a providentia. Nam ipsa ordinatio, secundum quod in mente divina est, nondum rebus impressa, providentia est. Secundum vero jam explicata est in rebus, fatum nominatur. Mobilibus autem dicit, ut ostendat, quod ordo providentiae a rebus contingentiam et mobilitatem non aufert, ut quidam posuerunt. Secundum hanc ergo acceptionem negare fatum est providentiam negare* (3. contr. Gent. c. 93.). Die Behauptung, im heil. Thomas finde sich keine Stelle, welche von der Prädeterminierung der freien Geschöpfe spricht, entbehrt demnach jeder Grundlage. Sie besagt nichts weniger, als der englische Meister habe bezüglich der freien Geschöpfe die Vorsehung Gottes geleugnet.

95. Es wird weiters behauptet, diese Prädeterminierung vertrage sich schlechterdings nicht mit der Freiheit, denn an diese Prädeterminierung knüpfe sich: „mit absoluter Nothwendigkeit" die Thätigkeit, und: „es wäre kein *actus secundus,* also kein *agens in actu,* wenn es ohne Thätigkeit sein könnte".

Wir müssen uns vor allem um den Beweis umsehen dafür, dass auf die Prädeterminierung m i t a b s o l u t e r N o t h w e n d i g k e i t die Thätigkeit folge. Der Beweis lautet aus St. Thomas: „*unumquodque operatur prout est in actu secundo*".

Zunächst wurde in den Text des englischen Lehrers ein

Wort eingeschoben, das Wort: „*secundo*". Allerdings sagt S. Thomas an unzähligen Stellen: *unumquodque agit in quantum, secundum quod est in actu.* Wir haben indessen nirgends dabei das Wort: „*secundo*" gefunden. Der Grund dafür ist aber auch sehr einfach. S. Thomas versteht unter dem *actus secundus* die Thätigkeit selbst. Nun kann man einem Denker von der logischen Schärfe eines Thomas wirklich nicht Aussprüche zumuthen wie: ein jedes Ding sei thätig, insofern es thätig ist, eine Thätigkeit ausübt. Selbstverständliche Wahrheiten betont S. Thomas ganz sicher nicht so oft wie den Satz, dass jedes Ding dann in Thätigkeit übergehe, wenn es *in actu* sich befindet.

Das Zweite, was wir im heil. Thomas nicht gefunden haben, ist die Behauptung, dass auf die Prädeterminierung mit **absoluter Nothwendigkeit** die Thätigkeit folge. Im angeführten Texte steht darüber auch nicht ein Wort. Ebenso vergebens wird man in seinen andern Werken einen Beweis für diese **absolute Nothwendigkeit** zu entdecken imstande sein. Wie könnte es auch anders sein, da es außer der Thätigkeit Gottes überhaupt **keine absolut nothwendige** gibt.

Die Naturdinge selbst sind nicht **mit absoluter Nothwendigkeit** thätig. Der englische Meister macht sich einmal folgenden Einwurf: „Wenn einmal die **Ursache** da ist, so folgt aus der Nothwendigkeit der thätigen oder wirkenden Natur die Thätigkeit derselben, ausgenommen sie stößt *per accidens* auf Hindernisse. Die Natur ist ja zu **einem** determiniert. Wenn demnach die Hitze des Feuers mit Naturnothwendigkeit thätig ist, so folgt daraus, dass das Feuer vorhanden ist, ohne weiters die Erwärmung *(calefactio)*, und es bedarf nicht ferner einer höhern in ihm wirkenden Kraft." S. Thomas entgegnet: „Die Nothwendigkeit der Natur, durch welche die Hitze thätig ist, wird durch die Ordnung der vorausgehenden Ursachen constituiert. Sie schließt folglich **die Kraft der ersten Ursache in sich**" (de potentia q. 3. a. 7 ad 8.). Anderswo bemerkt er, die Determinierung, wodurch das Naturding zu **einem** bestimmt wird, stamme nicht vom Naturdinge selbst her, sondern von einem andern. Darum lege die Determinierung zu einem bestimmten Effecte, welcher der Ursache entspricht, Zeugnis ab von der göttlichen Vorsehung (de veritate q. 5. a. 2. ad. 5.). Diesen beiden Stellen wollen wir noch eine dritte beifügen. „Kein Ding ist **durch sich selber** thätig oder **durch sich selbst** bewegt, außer der nicht bewegte Beweger. Darum ist ein Ding Ursache der Thätigkeit eines andern, insofern es dieses andere **zur Thätigkeit bewegt**. Darunter darf nicht die Mittheilung oder Erhaltung der **activen Kraft** verstanden werden, sondern **die Applicierung dieser Kraft zur Thätigkeit**, wie der Mensch dadurch, dass er das Messer bewegt und die Schärfe desselben zum Einschneiden appliciert, die Ursache ist, dass das Messer einschneidet. Jede untergeordnete Natur gelangt aber nur dadurch zu einer Thätigkeit, dass sie bewegt wird. Daraus folgt mit absoluter Nothwendigkeit, dass **Gott die Ursache der Thätigkeit der Naturdinge ist**, indem er die Kraft bewegt und zu der Thätigkeit applicirt" (de potentia q. 3. a. 7.).

Stellen wir diese Lehre des heil. Thomas der oben genannten Behauptung über **die absolute Nothwendigkeit** gegenüber, und die volle Unrichtigkeit der letztern ergibt sich von selbst. Was in obiger Behauptung *actus secundus* ist, das ist in der Doctrin des englischen Meisters die **active Kraft**. Die *potentia activa* bildet nach S. Thomas das *principium agendi* (1. p. q. 25. a. 1.). Dem gemäß müsste, sobald ein Ding die **active Kraft** besitzt, **mit absoluter Nothwendigkeit** die Thätigkeit folgen. Was lehrt aber S. Thomas in Wahrheit? Diese Kraft genügt nach ihm nicht, dass ein Ding ohneweiters und durch sich selbst in Thätigkeit sei, sie muss erst von Gott zu dieser Thätigkeit **applicirt werden**. Von einer **absoluten Nothwendigkeit**, mit welcher die Thätigkeit aus dem *actus secundus* hervorgehen soll, ist somit bei dem heil. Thomas an und für sich gar keine Rede. Die Sache ist aber auch in sich unrichtig, denn ein *accidens per accidens* geht nie, wie das *accidens proprium* mit **absoluter Nothwendigkeit aus der Ursache** hervor.

96. Der heil. Thomas spricht indessen wirklich sehr oft von einer Nothwendigkeit, mit welcher die Naturdinge ihre Thätigkeit vollziehen. Woher kommt nun diese Nothwendigkeit, denn eine solche ist wirklich vorhanden? Sie stammt zunächst von Gott, der ersten Ursache, die in ihrer Weisheit es also geordnet, dass manche Geschöpfe, von ihr bewegt und zur Thätigkeit bestimmt, nur diese und keine andere Thätigkeit ausüben können. Die Naturdinge bestimmen nicht **sich selber** zur Thätigkeit, sondern sie werden ausschließlich nur von Gott dazu bestimmt. Darum hat Gott auch **ihre Natur** so eingerichtet, dass sie, von Gott bewegt, eine Thätigkeit **mit Nothwendigkeit** entfalten, indem sie sich zu ihrer Thätigkeit **nicht selber** bestimmen. Der nächste, unmittelbare **Grund dieser Nothwendigkeit** liegt allerdings in der Natur und Beschaffenheit der Naturdinge, allein sie haben dieselbe eben nicht **aus sich selber**, sondern vom Schöpfer der Natur. Ihre Natur ist genau dieser Thätigkeit angepasst. Und weil Gott jedes Ding seiner Natur entsprechend bewegt, dashalb muss die Thätigkeit dieser Creaturen mit Nothwendigkeit erfolgen. Die Applicirung der **activen Kraft** durch Gott erfolgt demnach in der Weise, dass diese Geschöpfe die Potenz für das Nichtthätigsein, und die Potenz, mit dieser ihrer Thätigkeit ein anderes als das gerade vorgestellte Object anzustreben, verlieren. Vom Verlieren kann man jedoch eigentlich nicht sprechen, denn sie

haben, wenn sie *in actu* sind, von Natur aus nicht die Potenz für das Nichtthätigsein, oder für einen andern Gegenstand als den bestimmten. Die erste Ursache dieser Nothwendigkeit haben wir in Gott zu suchen, der vorbildliche und wirkende Ursache für alles ist, sowohl hinsichtlich des Seins, als auch der Thätigkeit. Die nächste unmittelbare Ursache dieser Nothwendigkeit liegt darin, dass sie an einen Stoff gebunden und in ihrer Thätigkeit ganz davon abhängig sind. Sie besitzen infolge dessen weder die Herrschaft über ihre Thätigkeit, noch stehen sie höher als ihr Object.

Diese Nothwendigkeit hindert jedoch nicht, dass die Thätigkeit der Naturdinge eine c o n t i n g e n t e sei. Die Erde bringt nicht auf nothwendige, sondern auf contingente Weise Pflanzen und Früchte hervor. Würde die Thätigkeit selbst mit a b s o l u t e r Nothwendigkeit aus der activen Potenz folgen, so wäre nicht einzusehen, warum Gott diese a c t i v e Kraft noch eigens zu der Thätigkeit a p p l i c i e r e n müsste. Wir könnten in diesem Falle die Sentenz des Durandus unterschreiben, dass Gott den Geschöpfen einzig und allein nur die a c t i v e n Kräfte gibt und erhält, ohne u n m i t e l b a r bei der Thätigkeit selbst mitzuwirken. In Wahrheit verhält es sich anders. Die Naturdinge sind bestimmt in Bezug auf die Art der Thätigkeit, nicht aber hinsichtlich des einzelnen Actes *(quoad speciem actus, non quoad individuum)*. Sie führen ja mehrere i n d i v i d u e l l oder n u m e r i s c h verschiedene Thätigkeiten aus. Die operativen Kräfte wurden ihnen nicht bloss zu einem e i n z i g e n Acte verliehen, sonst wären sie nach Ausübung dieses Actes vollkommen überflüssig. Diese eine i n d i v i d u e l l e Thätigkeit lässt sich ja nicht wiederholen. Es muss folglich zugegeben werden, dass jedes geschaffene Agens, wie sehr es auch durch die a c t i v e Kraft sich *in actu* befindet, nichtsdestoweniger der *praemotio physica*, oder des simultanen Concurses im Sinne des heil. Thomas bedarf. Auf jeden Fall bleibt es n i c h t d e t e r m i n i e r t für die individuellen Acte. Wenngleich es also hinreichend für den ersten Act determiniert ist, so ist es doch dadurch undeterminiert für den zweiten und den folgenden. Während es den ersten vollzieht, ist es hinsichtlich des zweiten i n d e r P o t e n z, denn zwei z u g l e i c h kann das Geschöpf nicht ausüben. Somit muss es zu dem zweiten e r s t d e t e r m i n i e r t werden.

Wir werden also sagen müssen, dass die Thätigkeit zwar i n f a l l i b i l i t e r, nicht aber m i t a b s o l u t e r N o t h w e n d i g k e i t aus der activen Potenz hervorgehe. Der Hauptunterschied zwischen freien und nichtfreien Thätigkeiten kann demnach keineswegs in dieser a b s o l u t e n N o t h w e n d i g k e i t gesucht werden, sondern darin, ob die Creaturen sich zu diesen ihren Thätigkeiten determinieren, oder ob die ganze Determinierung e i n z i g u n d a l l e i n von Gott kommt. Determinieren sich die Creaturen e b e n f a l l s, so sind deren Thätigkeiten **freie**. Werden sie **nur** von Gott determinirt, so nennen wir ihre Thätigkeiten **unfreie** und nothwendige. Die Determinierung der activen Potenz zur Thätigkeit übt Gott durch den Gegenstand oder das Object aus, und den Instinct bei den Thieren, die mit sinnlichem Erkenntnis- und Begehrungsvermögen ausgestattet sind. Darum bemerkt der englische Lehrer, die Thiere könnten nicht ein vorgestelltes begehrenswertes Gut nicht begehren. Sie werden folglich subjectiv wie objectiv durch dieses Object und den Instinct bestimmt, determiniert. Die *praemotio physica* wirkt stets **infallibel, allein determinierend**, oder, wie bei den freien Geschöpfen, in Überordnung zu der **Selbstdeterminierung** der vernünftigen Wesen. Weder im einen noch im andern Falle wirkt sie **mit absoluter Nothwendigkeit**.

97. Die *praemotio physica* könnte übrigens gar nicht die vernünftigen Creaturen dahin bestimmen, dass ihre Thätigkeit mit absoluter Nothwendigkeit aus dem *actus secundus* folgte. Wir haben früher bei der Untersuchung über das Wesen, die Natur der Wahlfreiheit an der Hand des heil. Thomas nachgewiesen, dass es **im Wesen** der Wahlfreiheit liege, Herr in ihrer Thätigkeit zu sein. Die Freiheit, wurde daselbst gesagt, besteht **eigentlich und formell in der activen Indifferenz**, in der *libertas exercitii*. Das freie Geschöpf übt einen Act derart aus, dass es ihn auch nicht ausüben könnte, dass es somit **die Potenz für das Gegentheil** beibehält. Dies gehört zum **Wesen** der Freiheit. Dadurch wird sie **formell constituiert**.

Wird nun angenommen, die *praemotio physica* determiniere den Willen der freien Geschöpfe auf solche Weise, dass die Thätigkeit mit **absoluter Nothwendigkeit** folgt, so behauptet man, die *praemotio* wirke **gegen die Neigung, gegen die Natur und das Wesen der Freiheit**. Alles aber, was gegen die Natur und Neigung eines Dinges geht, das ist **Zwang, Gewalt**. Den Willen vermag in Bezug auf seine eigene Thätigkeit, hinsichtlich des *actus elicitus* keine Macht zu zwingen. Dies vermag selbst Gott nicht. Daraus folgt evident, dass an die Determinierung des Willens durch die *praemotio physica* die Thätigkeit **nicht mit absoluter Nothwendigkeit** sich knüpft. Daher bemerkt der englische Lehrer, **Gott bewege jedes Ding der Natur desselben vollkommen entsprechend** (1. 2. q. 10. a. 4.). Würde diese Bewegung der Natur des Geschöpfes nicht entsprechen, so hätten wir Gewalt, Zwang, was in Bezug auf den Willen ganz und gar unmöglich ist. Wenn also die Thätigkeit **mit absoluter Nothwendigkeit** aus der Determinierung folgt, so muss zugestanden werden, dass ein Zwang möglich sei, was S. Thomas absolut negiert.

Fassen wir die Freiheit radical oder originaliter, als objective

Indifferenz ins Auge. Der Wille hat zwei Objecte, die seiner Natur entsprechen: das **allgemeine** und das **particuläre Gut**. Das particuläre entspricht zwar der Natur des Willens, erschöpft aber die Potentialität desselben nicht. Darum will es der Wille **frei**, nicht mit Nothwendigkeit. Es entspricht eben nicht vollkommen, weil der Wille eine geistige, von den Organen unabhängige Kraft ist. Das allgemeine Gut entspricht dem Willen vollkommen, erschöpft dessen Potentialität, darum will er dieses mit Nothwendigkeit. Würde nun Gott durch die *praemotio physica* den Willen derart bestimmen, dass er das allgemeine Gut frei, das particuläre hingegen mit Nothwendigkeit begehrte, so würde diese Bewegung der Natur des Willens nicht entsprechen und wir hätten abermals eine Gewalt, einen Zwang zu verzeichnen.

Die *praemotio physica* zerstört demnach die Freiheit in keiner Weise, und es ist unrichtig, dass an den *actus secundus* sich **mit absoluter Nothwendigkeit** die Thätigkeit knüpfe.

98. Die Richtigkeit dieser letztern Theorie vorausgesetzt, folgt mit aller Bestimmtheit die Aufhebung der Freiheit durch die vernünftigen Geschöpfe selber.

In der That! Nehmen wir einmal an, dass die Geschöpfe sich selber bestimmen ohne Betheiligung der *praemotio physica*. Der Wille führt sich selbst in den Act über und wird dadurch *actus secundus*. An diesen *actus secundus* aber knüpft sich **mit absoluter Nothwendigkeit** die Thätigkeit. Ist der Wille noch frei? Offenbar nicht, denn wenn die Thätigkeit mit absoluter Nothwendigkeit folgt, so hat der Wille keine Potenz mehr für das Gegentheil. Wie könnte auch eine absolut nothwendige Thätigkeit aus einer **freien Ursache** hervorgehen! Argumente dieser Art gegen die *praemotio physica* gleichen somit einer zweischneidigen Waffe, die denjenigen, der sie handhabt, **früher** tödtlich verwundet, als den Gegner, für den sie eigentlich berechnet war. So wenig die Selbstbestimmung des Willens bewirkt, dass die Thätigkeit mit absoluter Nothwendigkeit sich an diese Selbstbestimmung knüpfe, ebenso wenig bewirkt dies die *praemotio physica*, weil diese letztere sich vollkommen der Natur und Beschaffenheit des Willens anbequemt. Sie bewirkt, dass der Wille in den *actus secundus* übergehe, und dass er in diesem *actus secundus* **frei sei und bleibe**. Aus einer **freien Ursache** aber folgt eine **freie Thätigkeit**, nicht eine **absolut nothwendige** (de malo q. 6.). Der Beweis, dass die Thätigkeit mit **absoluter Nothwendigkeit** aus dem *actus secundus* folge, wenn Gott ihm zu diesem *actus secundus* verhilft, dagegen **nicht** mit absoluter Nothwendigkeit aus ihm hervorgehe, wenn der Wille sich diesen *actus secundus* selber verleiht, ist bis zur Stunde noch nicht erbracht worden und wir werden auch in Zukunft vergebens darauf warten. Unsere Behauptung, die Thätigkeit erfolge **mit**

absoluter Nothwendigkeit aus dem *actus secundus*, falls der Wille sich selber, unabhängig von Gott, aus der Potenz in den Act überführt, wird ohne Zweifel auf allseitigen Widerspruch stoßen. Und mit Recht, denn sie ist grundfalsch. Dann muss aber auch die Behauptung, dass diese absolute Nothwendigkeit dann platzgreife, wenn Gott den Willen bewegt, consequenterweise ebenso allseitigen Widerspruch erregen. Sie ist nicht weniger grundfalsch als die frühere, weil Gott den Willen **seiner Natur entsprechend** bewegt. Hier auf Erden aber muss der Wille **frei** bewegt werden, weil dieses seine Natur, sein Wesen fordert.

99. Der Wille **kann** hier auf Erden die Potenz für das Gegentheil, und somit die **Freiheit** unter der Vorherbewegung Gottes **gar nicht verlieren.** Gott bewegt den Willen zu irgend einem Gegenstande, einem Objecte. Wird dadurch die Potenz resp. Indifferenz für die andern Objecte aufgehoben? Durchaus nicht. Zu welchem Objecte immer der Wille bewegt werden möge, keines von ihnen ist ein **allseitig vollkommenes,** ist ein **reines Gut.** Der Wille aber besitzt eine Potenz für das **allseitig vollkommene Gut.** Diese Potenz des Willens wird folglich durch die Bewegung zu irgend einem Gut in keiner Weise erschöpft. Damit ist aber dann **jede Nothwendigkeit nach diesem Objecte** zu streben, ein für allemal ausgeschlossen. Gemäß der Lehre des heil. Thomas bewegt nur jenes Object den **Willen mit Nothwendigkeit, welches die Potentialität** desselben erschöpft. Wenn demnach der Wille **irgend ein Object** anstrebt, so hindert das gar nicht, dass er zugleich andere anstreben **könne.** Er besitzt folglich noch vollkommen **die Potenz für die andern Objecte.** Er ist und bleibt somit **frei.** Würde Gott den Willen zu allen geschaffenen Gütern **zusammengenommen** bewegen, oder zum Begehren seiner Wesenheit, wie wir sie hier auf Erden erkennen, der Wille bliebe dennoch frei, weil seine Potentialität dadurch nicht erschöpft wäre. Zum **allseitig vollkommenen Gut, zu der Wesenheit Gottes im Jenseits allein wird er mit Nothwendigkeit** bewegt.

Der Wille ist demnach auch mit Bezug auf den Gegenstand im Verhältnisse der Zusammensetzung aus Potenz und Act. Bewegt ihn Gott zu irgend einem Objecte, so will er dieses in der Wirklichkeit *(in actu)*, während er für alle andern zugleich im Zustande der Potenz bleibt. Die Indifferenz des Willens ist nur hinsichtlich dieses einen Objectes aufgehoben für den Moment, wo er dasselbe thatsächlich begehrt. Darum erleidet die objective Willensfreiheit keinerlei Einbusse. Wenngleich der Wille *in actu secundo* sich befindet mit Bezug auf dieses Object, so ist doch das Streben nach demselben durchaus nicht mit einer **absoluten Nothwendigkeit** verbunden.

Gott bewegt den Willen aber auch subjectiv. Durch ihn gelangt der Wille in den *actus secundus* mit Bezug auf die Thätigkeit. Ergibt sich daraus mit absoluter Nothwendigkeit ein Willensact? In keiner Weise. Der Wille behält die Potenz für das Gegentheil, für die Unthätigkeit noch vollkommen bei. Und warum dies? Weil die Thätigkeit ein particuläres Gut ist, somit vom Willen nicht mit Nothwendigkeit begehrt wird. Sie bildet auch nicht den einzigen Weg, das einzige Mittel, um das Endziel, das Glück und Gut im allgemeinen zu erreichen. Er kann auch die Unthätigkeit als Weg und Mittel dazu wählen. Die Vorherbewegung durch Gott füllt somit auch in dieser Beziehung die Potentialität des Willens nicht derart aus, dass sie erschöpft wäre. Obgleich der Wille durch diese Bewegung *in actu* ist, so verliert er doch dabei die Potenz für die Unthätigkeit nicht. Daher ist es ganz und gar unrichtig zu behaupten, an den *actus secundus* des Willens knüpfe sich mit absoluter Nothwendigkeit die Thätigkeit desselben. Welche Beweise bringt denn der Autor für diese Sentenz vor? In Wirklichkeit keinen. Das ist allerdings auch ein Beweis. „Es wäre kein *actus secundus* mehr, wenn er ohne Thätigkeit sein könnte", so lautet der famose Beweis. Folgt denn daraus, dass die Thätigkeit mit absoluter Nothwendigkeit aus dem *actus secundus* hervorgehen müsse? Gibt es keine andere Art? Wenn ja, wie S. Thomas lehrt, wie kann man dann in dieser Weise argumentieren?

100. Wir wollen zum Schlusse die Lehre des heil. Thomas über die Freiheit der vernünftigen Geschöpfe unter der *praemotio* und *praedeterminatio physica* noch durch einige allgemeine Principien in ein helles Licht stellen.

Erstes Princip: Die *praemotio* und *praedeterminatio physica* sind mit der Freiheit dann vereinbar, wenn uns Gott frei bewegt ohne Rücksicht auf die *scientia media*. Mittelst der *scientia media* sieht Gott, bevor von seiner Seite ein bestimmtes Decret vorhanden ist, auf den Willen einen Einfluss auszuüben, zu welchem der beiden Theile unser Wille neigen würde. Vermag Gott uns ohne diese *scientia media* frei zu bestimmen, so kann er uns auch frei bestimmen ohne irgend eine Determinierung von unserer Seite, mit andern Worten, er kann uns frei prädeterminieren. Diese Prädeterminierung ist aber nichts anderes, als die *praemotio physica*. In diesem Falle wäre demnach die *praemotio physica* mit der Freiheit vereinbar ohne Rücksicht auf die *scientia media*. Wir glauben, mit diesem Principe nicht auf Widersprüche zu stossen. Die Argumentation für die Freiheit unter der *praemotio physica* ist infolge dessen leicht, denn Gott kann uns *de facto* frei determinieren ohne *scientia media*. Vermöchte er es nicht, so würden unsere Thätigkeiten als freie oder frei zu vollziehende, von der *scientia media* abhängen, was unrichtig ist. Die Möglichkeit der freien Acte unseres Willens in Gott ist *secundum modum intelligendi*, unserer Auffassung nach, früher als die *scientia media*, denn dieses Wesen, dieses *ens*, diese Möglichkeit der freien Acte bildet in Gott das Object der Allmacht, und die Allmacht ist früher als die *scientia media*. Sie kann somit nicht von der *scientia media* abhängen. Die Freiheit ist ohne Zweifel ein *ens*, eine große Vollkommenheit, sie untersteht demnach der Allmacht Gottes, weil jeder activen Potenz ein *possibile* als eigenthümliches Object zukommt (1. p. q. 25. a. 3.). Da nun die Potenz in Gott unendlich ist, so muss ihr neben allen andern Dingen auch die Freiheit der Geschöpfe als possibile correspondieren. Die Hauptschwierigkeit liegt in dem Nachweise, dass die Allmacht unserer Auffassung nach früher sei als die *scientia media*. Allein wenn man bedenkt, dass das Object der Allmacht universeller als das der *scientia media*, erstere überdies ein absolutes und nothwendiges Attribut in Gott ist, während letztere zwischen dem nothwendigen und freien in der Mitte liegt, so leuchtet ein, dass das Object der Allmacht früher sein müsse, als die *scientia media*. Es liegt darum ganz klar zu Tage, dass Gott ohne die *scientia media* den Willen frei bewegen kann, und die *praemotio physica* sehr wohl vereinbar ist mit der Freiheit. *Intrinsece* oder *absolute impossibilia* sind diese beiden Sätze: Gott bewegt den Willen frei, und: derselbe wird frei bewegt, nicht, sonst könnten sie nicht Gegenstand seiner Allmacht sein. Oder sollte Gott wirklich etwas Positives, etwas Vollkommenes nicht zustande bringen, was doch der armen Creatur gelingt? Hat er es vermocht, die vernünftigen Geschöpfe als freie ins Dasein zu rufen, sie mit der Grundlage und Vorbedingung für die Freiheit auszustatten, so dass sie eine freie Thätigkeit ausüben können, so wird es ihm ohne Frage auch ein Leichtes sein, dieser ersten Vollkommenheit eine zweite, die freie Thätigkeit selbst beizufügen.

Zweites Princip: Gott bewegt die Geschöpfe von seiner Seite frei, gleichwie er sie frei geschaffen hat. Auf Grund dieser seiner Freiheit bewegt er auch die vernünftigen Geschöpfe frei, sie behalten ihre Freiheit bei. Weil die Bewegung von seiten Gottes eine freie ist, deshalb lässt sie im Willen die Potenz für das Gegentheil zurück, das heißt der entgegengesetzte Act ist dem Willen noch im eigentlichen Sinne möglich. Das Mögliche bildet das Correlat zu der Potenz, dem Vermögen. Die Thätigkeit, welche Gott ausüben kann, ist in Wahrheit möglich, sonst wäre die Potenz in Gott eine Chimäre. Wenn nun Gott den Willen von seiner Seite frei bewegt, so ist derselbe zugleich in der Potenz, besitzt derselbe die Macht, nach Entgegengesetztem zu streben. Frei handelt nur jenes Wesen, welches eine Potenz für das Gegentheil hat. Der entgegengesetzte Act ist somit in Wahrheit noch möglich. Wenn aber dies, dann lässt die Bewegung durch Gott im Willen die Potenz für das Gegentheil zurück. Daraus folgt evident, dass Gott, welcher von seiner Seite frei bewegt, diese Freiheit auch in der Creatur wahre, wenigstens wahren könne. Darum ist die *praemotio physica* mit der Freiheit durchaus vereinbar.

Drittes Princip: Die freie Thätigkeit wird gewahrt, wenn die Potenz für das Gegentheil noch vorhanden ist. Dies aber trifft bei der *praemotio physica* zu. Es ist ganz die gleiche Schwierigkeit, dass bei der *praemotio physica* die Potenz für das Gegentheil bleibe, und dass diese Potenz bleibe, wenn die Thätigkeit *de facto* ausgeübt wird. Darum haben wir früher gesagt, dass jede Determinierung, von welcher Seite immer sie ausgeht, die Freiheit aufhebe, wenn die Thätigkeit mit absoluter Nothwendigkeit aus dieser Determinierung folgt. Die Potenz für das Gegentheil bleibt jedoch hier vollkommen intact, weil bezüglich der positiven Dinge nur die conträr entgegengesetzten nicht zugleich sein können. Hier handelt es sich aber um zwei conträr Positive. Zwei Positive können nicht contradictorisch oder privativ, sondern nur conträr entgegenstehen. Nun müssen zwei conträr entgegengesetzte Extreme derselben Gattung angehören, *in eodem genere* sein. Die wirkliche Ausübung unserer Thätigkeit aber und die Potenz für den entgegengesetzten Act sind nicht *in eodem genere*. Die Thätigkeit ist wirklich, die Potenz für den andern Act nur möglich. Folglich stehen sie nicht im conträren Gegensatz, und können somit zugleich sein. Wenn demnach durch die Thätigkeit selbst die Potenz nicht aufgehoben wird, so wird dies durch die *praemotio* zu dieser Thätigkeit auch nicht geschehen. Die Freiheit bleibt sohin vollkommen aufrecht bestehen, weil der Wille eine Thätigkeit vollziehend die Potenz für eine andere beibehält.

Viertes Princip: Wie sehr auch der Wille vorherbewegt wird, er kann sich zu seiner Thätigkeit als dem erkannten Objecte neigen oder nicht neigen. Folglich muss er diesen Act, seine Thätigkeit frei wollen. Man erinnere sich an das, was wir früher über die Abhängigkeit des Willens vom Verstande gesagt haben. Der Wille neigt sich zu dem erkannten und vorgestellten Objecte so, wie dasselbe ihm vorgestellt wird. Wird ihm eines *sub indifferentia* vorgestellt, so neigt er sich zu demselben frei. Nun kann der Verstand niemals die Willensthätigkeit als ein allgemeines Gut d. h. ohne Indifferenz vorstellen, denn sie ist etwas Particuläres. Das Particuläre kann zwar, muss aber nicht begehrt werden. Der Verstand kann es somit nur *sub indifferentia* vorstellen. Folglich kann auch der Wille nur *sub indifferentia* d. h. frei sich zu seiner Thätigkeit als einem vorgestellten Objecte neigen.

Aus alledem geht hervor, dass die *praemotio physica* den Willen gar nicht mit Nothwendigkeit zu einer Thätigkeit bestimmen kann. Gott müsste zum Zwecke der nothwendigen Bewegung zuerst den Verstand betrügen. Da der Wille überhaupt nur dann in Thätigkeit übergehen kann, wenn der Verstand ihm ein Object vorstellt, so müsste Gott den Verstand derart bewegen, dass er die Willensthätigkeit als etwas allgemeines, als *bonum universale* erkenne und vorstelle, oder wenigstens als einziges Mittel zu diesem allgemeinen Gut. Das erstere ist einfach unmöglich, hier wie in der andern Welt, das letztere unmöglich für uns hier auf Erden. Solange der Verstand die Willensthätigkeit als ein particuläres Gut, und noch dazu als **nicht nothwendiges** Mittel zum Guten und zu der Glückseligkeit im allgemeinen vorstellt, solange wird die *praemotio physica* nie die Willensthätigkeit **nothwendig**, sondern stets frei verursachen. Gott bewegt den Willen zwar **unabänderlich** *(immutabiliter)*, wegen der Wirksamkeit der bewegenden Kraft, die kein Hindernis kennt, allein in Anbetracht der Natur des bewegten Willens, die vielen gegenüber sich indifferent verhält, ist **keine Nothwendigkeit, sondern volle Freiheit** in ihm (de malo q. 6. a. 1. ad 3.)

Gott ändert nichts im Willen, weder dessen Natur, noch den *modus* dieser Natur, er entfernt durch seinen Einfluss bloß eine seiner Unvollkommenheiten, die **reine Potentialität**, indem er macht, dass diese Potentialität verwirklicht wird, Actualität erhält, gleichwie er der Wesenheit der Geschöpfe die Actualität, die Existenz oder das Dasein verleiht. Wie aber diese Existenz durch diesen Einfluss Gottes nicht eine **nothwendige** wird, sondern eine **contingente** bleibt, ebenso wird auch die Thätigkeit des Willens durch die *praemotio physica* nicht eine **nothwendige**, sondern sie bleibt eine **contingente**. Nothwendig und contingent gehören dem Seienden an, sind Eigenschaften des *ens*. Da nun Gott durch die *praemotio physica* die Thätigkeit des Willens hervorbringt, insofern diese ein *ens* ist, so hängt es nur von ihm ab, ob der *modus* dieses *ens* ein nothwendiger oder contingenter werde. Die wirksame Ursache bringt nicht nur einen Effect hervor, welcher als *ens* ihr ähnlich ist, sondern auch den *modus* dieses Effectes. Gottes Wille aber erweist sich am allerwirksamsten. Darum wird nicht bloß alles das, was er will, sondern es wird auch **auf jene Art und Weise**, wie Gott es will. Er will, dass manche Dinge nothwendig, manche dagegen contingent seien, damit unter den Geschöpfen Ordnung herrsche und das Universum in seiner Vollendung dastehe (1. p. q. 19. a. 8.). Es hängt demnach nicht vom Willen ab, dass seine Thätigkeit nothwendig oder in contingenter Weise erfolge, sondern von Gott, der will, dass manche Ursache nothwendig, manche contingenter thätig seien. Um zu beweisen, dass die *praemotio physica* der Freiheit schade, müsste vorerst dargethan werden, Gott **wolle** die freie Thätigkeit aufheben und er habe zu diesem Zwecke den Willen der Geschöpfe als **nothwendige** Ursache ins Leben gerufen. Allein dieser Beweis wird nie gelingen. Wegen der Ordnung und Vollendung des Universums will er gerade, dass der Wille der Creaturen eine **freie** Ursache sei, und dass aus dieser **freien** Ursache **freie** Thätigkeiten entstehen. Ebenso müsste bewiesen werden, dass Gott durch die *praemotio* und *praedeterminatio physica* die Natur des Verstandes und Willens der vernünftigen Geschöpfe **ändere**. Der Versuch, dieses zu beweisen, wird aber misslingen (1. 2. q. 10. a. 4.). Das einzige, was von Gott geändert wird, ist der passive, unthätige Zustand, in welchem die Creatur aus und durch sich selber ist. Da aber dieser Zustand nicht gleichbedeutend ist mit der Freiheit selber, so erleidet letztere durch diese **Änderung** keinerlei Schaden (cfr. de malo q. 6. a. 1. ad 17.).

§ 14. Die praemotio physica und die Sünde des freien Willens.

101. Eine der schärfsten Angriffswaffen, deren sich die Gegner bedienen, um die *praemotio physica* aus der Welt zu schaffen, bildet ohne Frage die Sünde des freien Willens. Wenn Gott den Willen der vernünftigen Geschöpfe vorherbewegt und vorherdeterminiert, wie ist derselbe dann frei, und wenn er nicht frei, wie kann ihm dann etwas zur Sünde angerechnet werden? Ebenso muss Gott selbst, indem er den Willen derart bestimmt, dass unfehlbar daraus eine Thätigkeit erfolgt, die fehlerhaft ist, die Ursache dieser fehlerhaften Thätigkeit bilden.

Vorerst müssen wir uns über das Wesen der Sünde klar werden. Die Sünde ist dem heil. Thomas eine Thätigkeit, die von ihrer Richtschnur, nach welcher sie ausgeübt werden **sollte**, abweicht (1. p. q. 63. a. 1.). Jede Thätigkeit vollzieht sich um eines Zweckes, eines Zieles willen. Beobachtet sie nicht die gehörige Ordnung zu diesem Ziele, so wird sie sündhaft. Die Hinordnung zum Ziele findet ihren Maßstab in einer Regel oder Richtschnur. In Bezug auf die **menschlichen** Handlungen muss eine zweifache Richtschnur ins Auge gefasst werden: die menschliche Vernunft als nächste, das ewige Gesetz als höchste. Entfernt sich die menschliche Thätigkeit von dieser Regel, so nennen wir sie Sünde (1. 2. q. 21. a. 1. — ib. q. 71. a. 6.). Die Sünde besteht demnach in jener Thätigkeit, die ihr Ziel nicht erreicht, welches sie erreichen soll (2. dist. 35. q. 1. a. 1.). Wie es unter den wirksamen Ursachen eine Ordnung gibt, indem das subalterne Agens vom Hauptagens abhängt, ebenso muss auch unter den Finalursachen eine Ordnung sein, so dass das subalterne Ziel vom Hauptziele abhängt. Bei den wirksamen Ursachen geschieht ein Fehler dadurch, dass das secundäre Agens aus der Ordnung des Hauptagens heraustritt, wie z. B. der Fuß, weil er krumm oder halbgelähmt ist, die Bewegung, welche er von der *vis motrix* erhalten, fehlerhaft ausführt. Das nämliche gilt von den Finalursachen. Bleibt das secundäre Ziel nicht in der Unterordnung unter das Hauptziel, so begeht der Wille, dessen Object das Gut und Ziel ist, eine Sünde (3. cont. Gent. c. 109.).

Wir haben somit in der Sünde zwei Dinge in Betracht zu ziehen, den freiwilligen Act und die Unordnung desselben infolge des Abweichens vom Gesetze Gottes (1. 2. q. 72. a. 1. — 2. dist. 35. q. 1. a. 2.). Die Abkehr von der Regel constituiert mehr eine Sünde, als das Nichterreichen des Zieles der Thätigkeit. Zum Wesen der Sünde gehört darum *per se*, dass die Thätigkeit zu ihrer Richtschnur im Gegensatze steht (de malo q. 2. a. 1.). Sie bildet darum **wesentlich einen ungeordneten** Act (ib. a. 9. ad 2. — ib. q. 4. a. 2. ad 10. — ib. q. 14. a. 1.). Die Unordnung besteht im Mangel an Ordnung *(privatio ordinis)*. Nimmt man daher die Sünde im metaphysischen Sinne, so bedeutet sie den Abgang der ganzen Form, während sie im physischen Sinne, insofern sie ein *ens* ist, etwas Positives, den ungeordneten Act selbst bezeichnet. Der Abgang oder die *privatio* ist doppelter Art, entweder vollständig *(pura privatio)* oder noch etwas von der entgegengesetzten Kraft zurücklassend. Erstere Art vergleicht S. Thomas mit dem Tode oder der Finsternis, welche nichts von der entgegenstehenden Kraft übrig lassen, letztere hingegen mit der Krankheit, die nur in das Ebenmaß der Säfte, des Blutes u. s. w. störend eingreift, während etwas im kranken Körper intact bleibt. Die Regel oder Richtschnur der Vernunft wird bei der Sünde nicht total beseitigt, sonst würde die Sünde sich selber zerstören. In diesem Falle könnte die Substanz des Actes, der Thätigkeit, oder die Neigung des Willens nicht übrig bleiben. Der Wille hängt ja hinsichtlich seiner Thätigkeit vom Urtheile der Vernunft ab (1. 2. q. 73. a. 2.). Die Richtschnur für das geordnete Handeln ist darum **der Potenz nach** noch vorhanden und hat **potentiell** Beziehung zum erforderlichen vollkommenen **Ebenmass** der Thätigkeit. Darum hat diese Thätigkeit nur **einen Defect**. Die Hinordnung zum Gut im allgemeinen, zum Endziele des Willens, behält die sündhafte Thätigkeit noch bei. Dies gilt aber nur in der physischen Ordnung, insofern jedes *ens* in seinem natürlichen Sein Gott zu seinem Princip und Endziel hat. Der Fehler, das Sündhafte liegt darin, dass die Thätigkeit dieses *ens* nicht nach der Vorschrift der Vernunft und mit freiem Entschlusse des Willens auf Gott als auf das letzte Ziel bezogen wird.

Der Wille kommt, wie früher nachgewiesen wurde, in zweifacher Weise in Betracht. Er bildet eine gewisse Natur, die objectiv mit Nothwendigkeit zum Guten neigt; er ist aber auch eine vernünftige Potenz, in seiner Thätigkeit vom Urtheile der Vernunft, vom vorgestellten Objecte beeinflusst. Jene Willensneigung, welche dem Willen als Natur eigen ist, hat die Thätigkeit als *ens* oder Act in der physischen Ordnung zu ihrem Objecte. Die andere Neigung, die ihm als Wahlfreiheit zukommt und durch welche er das von der Vernunftentscheidung, der sogenannten Sentenz, vorgestellte Object auswählt, zielt auf das *ens* in der moralischen Ordnung ab. Der Gegenstand dieser Neigung ist das Gut, das vollzogen oder gethan wird. In ersterer Neigung liegt kein Defect, nichts Sündhaftes, wohl aber in letzterer. Gleichwie der Verstand in Bezug auf die ersten Principien nicht irrt, weil Erkenntnis und Neigung zu diesen Principien ihm auf natürliche Weise zukommen, ebenso fehlt der Wille dadurch, dass er sich zum Gut im allgemeinen neigt, durchaus nicht. Die Vernunft fehlt dadurch, dass sie aus den Principien Folgerungen ableitet, die in ihnen nicht enthalten sind, oder dadurch, dass sie manches unrichtig zu den Principien hinordnet. Auf ähnliche Weise kommt bei der freien Willensthätigkeit ein Defect zustande. Wählt der Wille ein particuläres Gut, das in sich nicht ein wahres, sondern ein Scheingut ist, oder bezieht er ein wirkliches Gut nicht richtig auf das Endziel, so ist die Sünde unausbleiblich. Der Wille begeht nach S. Thomas auf zweifache Weise eine Todsünde, einmal dadurch, dass er ein Böses wählt, z. B. den Ehebruch, der in sich böse ist. Dieser verkehrten Wahl geht ein Irrthum von seiten der Vernunft voraus, denn sonst könnte das Böse nicht als ein Gut gewählt werden. Oder er wählt etwas, was an sich ein Gut ist, aber es wird dabei die Ordnung nach der Vorschrift der Regel außer Acht gelassen (1. p. q. 63. a. 1. ad 4.).

102. Aus all dem geht klar hervor, dass die Sünde ein Zweifaches bedeute; einen Mangel, eine *privatio boni*, oder eine Unordnung und Abkehr vom Endziel; und die Thätigkeit oder den Act mit dieser *privatio*, in welcher eigentlich das Böse seinen formellen Grund hat, gleichwie z. B. der Mensch das Subject bedeutet, welches die menschliche Natur hat, und überdies die *humanitas* als dasjenige, wodurch dieses Subject formell Mensch ist.

Der Act, welcher das Subject dieser Unordnung ist, muss abermals in doppelter Weise betrachtet werden: als Subject und zugleich als Ursache, und als Subject allein. Der Act bildet die Ursache dieser Deformität, insofern er auf ein vergängliches Gut gerichtet ist, woraus die Abkehr von Gott folgt. Die Affirmation bildet immer die Ursache der Negation. Das Feuer beabsichtigt seine Form mitzutheilen, woraus im Gegenstande die *privatio* der Kälte folgt. Allein das Feuer ist diesbezüglich nur Ursache dieser *privatio per accidens*, denn keine Ursache intendiert ein Übel zu wirken. In derselben Weise hat die Sünde, insofern sie Sünde ist, *in ordine morali*, eine defecte Ursache *per accidens*. Indessen muss jede Ursache *per accidens* zurückgeführt werden auf eine solche *per se*. Die Ursache *per se* des untergeordneten Actes bildet der menschliche Wille. Dieser ist insofern Ursache, als er der Direction durch die Richtschnur der Vernunft ermangelnd, nach einem vergänglichen Gute strebt. Den Act der Sünde verursacht er *per se*, weil absichtlich, die Unordnung dieses Actes *per accidens* und *praeter intentionem*. Der Defect der Ordnung im Acte stammt vom Mangel der Direction im Willen her, wie der Defect bei dem logischen Argumentieren aus dem Mangel der Direction in der Vernunft kommt (1. 2. q. 75. a. 1.).

Der Act, welcher Subject dieser Unordnung ist, kann aber auch als bloßes Subject aufgefasst werden. In diesem Sinne betrachten wir den Act in seinem physischen natürlichen Sein, dem *per accidens* die Unordnung in Bezug auf die Moralität zukommt. Diese Unordnung bildet für ihn hinsichtlich seines natürlichen, physischen Seins ein Accidens. Dieser Act verhält sich bei der Sünde wie das Stoffliche, welchem eine *privatio*, ein Mangel anhaftet.

Die Abkehr von Gott ist demnach bezüglich der Hinneigung zu dem vergänglichen Gut früher und später, je nach der Art der Ursachen. Hinsichtlich der stofflichen Ursache und im Werden, geht die Abkehr von Gott der Hinneigung zum vergänglichen Gut voraus. Auf diese Art ist auch die Austreibung der vorausgehenden Form früher als die Einführung der nachfolgenden. Die Ordnung zum letzten Ziele bildet *in esse morali* die Form des Actes, der Thätigkeit. Mit Bezug auf die formelle und finale Ursache geht die Hinneigung zum vergänglichen Gute voraus, denn sie ist als Endziel zuerst und *per se* beabsichtigt. Das Endziel aber als Beweger schlechthin früher denn irgend eine andere Ursache. Damit ist jedoch nicht gesagt, dass diese Hinneigung die Sünde selbst formell und metaphysisch constituire. Das Sciende *(ens)* in der Potenz wird anders constituiert, als das Seiende *in actu*. Letzteres erhält seine Specificierung durch die Verbindung mit der Form, und diese bildet Ziel und Princip der Bewegung. Ersteres wird durch das Zurückweichen von der Form specificiert, d. h. durch Mangel der Form. Dieser Mangel bildet in ihm sozusagen die Form, insofern er die Potenz zur Form zurücklässt. Dieser Abgang ist als formelle Ursache das Letzte, während die eingeführte Form früher ist. Die eine Farbe ist weiß, weil sie mehr Lichtstrahlen aufnimmt, die andere dagegen schwarz, weil sie weiter vom Lichte absteht. Die schwarze ist in der Potenz zu dem Lichte, folglich mit der *privatio* desselben behaftet. Was zu irgend einem Acte in der Potenz ist, das besitzt eben diesen Act nicht, sondern ist desselben beraubt. Es hat nur die Beziehung, Hinordnung zum Acte, *potentia dicitur ad actum*. Darin besteht das Wesen der Potenz. Daraus leuchtet ein, dass bei dem sündhaften Acte die Ordnung nicht **vollständig** umgestoßen wird. Er kann darum nicht ganz und gar schlecht sein, oder, wie

S. Thomas sagt, nicht im *privatum esse*, sondern bloß im *privari* bestehen. Mit Bezug auf die Moralität dieses Actes *(in genere moris)* bleibt die richtige Ordnung in der Potenz und inchoativ zurück. Hinsichtlich des Seins dieses Actes in der physischen Ordnung muss bemerkt werden, dass es sich in der Wirklichkeit *(in actu)* zum Guten hingeordnet erweist. Die *privatio*, auf deren Grund hin die Sünde böse genannt wird, beraubt den Act jener Form, durch welche er *in genere moris* actuell gut ist. Dagegen wird er nicht jener Form beraubt, wodurch er Act ist, ein Sein hat. Jedes Geschöpf, welches existiert, muss irgend eine Ordnung haben. Darum bleibt im sündhaften Acte, insofern er ein Geschöpf, etwas Positives ist, die Hinordnung zum Agens und zum Ziele, welches vom Agens angestrebt wird, nämlich zum Scheingut. Dagegen fehlt ihm die Hinordnung zum richtigen Ziele, zum wahren Gut (2. dist. 37. q. 1. a. 1. ad 4 und 5.).

Aus diesem Grunde nennt der englische Lehrer die Sünde eine Krankheit der Seele. Die schwere ist ihm eine aus und durch sich *(de se)* unheilbare, die lässliche eine heilbare Krankheit (de malo q. 7. a. 1.). Die Sünde ist nicht der Tod, *privatum esse*, denn dieser Act steht in unserer Gewalt, und enthält deshalb der Möglichkeit nach, *in potentia*, die Hinordnung zum wahren Ziele, obgleich er in der Wirklichkeit, *in actu* nicht zu diesem Ziele hingeordnet ist.

103. Der sündhafte Act schließt somit zwei Elemente in sich: ein stoffliches und ein formelles. Das formelle der Sünde ist die Deformität oder *malitia*, wodurch der Act formell sündhaft und *in genere moris* böse ist. Das Stoffliche ist der Act, welcher vom Willen ausgeübt wird, sei es nun ein *actus elicitus* oder ein *actus imperatus*. Dieser Act bildet das Subject für die *malitia*. Vermöge des formellen Elementes ist dieser Act *in genere moris*. Die Moralität der menschlichen Handlungen lässt sich mit dem Wesen eines Kunstwerkes vergleichen. Die formelle Seite eines Künstwerkes wird bemessen nach der Hinordnung desselben zu der Idee und den Regeln, den Gesetzen der Kunst im Verstande des Künstlers. Entspricht das Werk dieser Idee, den Regeln der Kunst, so besitzt es Kunstwert. Ganz dasselbe muss von der Moralität der menschlichen Handlungen gesagt werden. Moralische Handlungen im formellen Sinne sind sie gemäß der Hinordnung oder Beziehung zu ihrer Regel, ihrem Maßstabe. Diese Regel wird von der richtigen Vernunft und dem göttlichen Gesetze gebildet. Weicht die Handlung von dieser Regel ab, so haben wir *in genere moris* eine *malitia* zu verzeichnen.

Kurz und treffend hat S. Thomas das Wesen der Sünde gekennzeichnet. Der Begriff: „fehlerhaft *(malum)*" ist weiter als der Begriff: „sündhaft *(peccatum)*". Fehlerhaft nennen wir alles das, was an irgend einem Gut Mangel hat. Sündhaft dagegen heißt jene Thätigkeit, die um irgend eines Zweckes oder Zieles willen vollzogen wird, und sich zu diesem Ziele in unrichtiger Ordnung befindet. Die richtige Ordnung zum Ziele hat ihren Maßstab in einer Regel. In den Naturdingen wird die Regel von der Kraft der Natur selber gebildet, die zu diesem Ziele neigt. Geht die Thätigkeit dieser Wesen von der natürlichen Kraft aus, entsprechend der natürlichen Neigung zum Ziele, so ist sie richtig geregelt, denn sie weicht von der Hinordnung zum Ziele durch das active Princip nicht ab. So oft hingegen irgend ein Act von dieser Richtschnur sich entfernt, wird er böse oder fehlerhaft. Entspricht die Thätigkeit, welche von den vernünftigen Geschöpfen ausgeübt wird, in ihrer Ordnung zum Ziele der richtigen Vernunft und dem ewigen Gesetze, so ist sie geregelt und aus diesem Grunde gut. Weicht sie von dieser Richtschnur ab, dann müssen wir sie böse, sündhaft nennen. Unter dem Ziele ist in unserer Frage selbstverständlich das letzte oder Endziel zu verstehen (1. 2. q. 21. a. 1. c. und 2.). Cfr. 2. 2. q. 162. a. 1. — ib. q. 168. a. 4. — 1. dist. 48. q. 1. a. 3.

Nicht bloß in den wirksamen Ursachen gibt es eine Ordnung, indem die secundäre vom Hauptagens abhängig ist, sondern diese Ordnung greift auch bei den Finalursachen platz. Das secundäre Ziel muss unter der Ordnung des Hauptzieles stehen. Ist es diesem nicht untergeordnet, so wird jedesmal eine Sünde erfolgen (3. contr. Gent. c. 109.). Die Sünde ist somit nichts anders als eine ungeordnete Thätigkeit, indem etwas nicht so geschieht, wie es geschehen soll (de veritate q. 24. a. 7.).

Die Moralität hängt ferner ab von der Freiheit. Es muss an uns liegen, diese Thätigkeit zu setzen oder zu unterlassen. Nur auf diese Weise verdienen wir Lob oder Tadel (l. c. q. 25. a. 5.). Daher werden wir untersuchen müssen, ob die *praemotio physica* die Freiheit des sündhaften Actes nicht aufhebt.

104. Wie verhält sich nun Gott zu dem sündhaften Acte des Willens? Ist er die Ursache der Sünde, weil er den Willen zu diesem Acte vorherbewegt?

Jemand kann auf doppelte Weise Ursache der Sünde eines andern sein, entweder direct, indem er den Willen des andern zur Sünde neigt; oder indirect, weil er den andern von der Sünde nicht zurückhält.

Erste Proposition: Gott ist nicht direct Ursache der Sünde des Geschöpfes.

Jede Sünde besteht im Abweichen von der Hinordnung zu Gott als dem Endziele. Gott aber neigt und wendet alles Geschaffene zu sich als dem Endziele. Darum kann er unmöglich die Ursache sein, dass der Wille von dieser Hinordnung zu Gott abweicht (1. 2. q. 79. a. 1. — ib. q. 80. a. 1.). Ein jedes Agens theilt dem Subjecte, auf welches sich seine Thätigkeit erstreckt, seine Ähnlichkeit mit, soviel das Subject dieselbe zu fassen vermag. Darum zieht das Agens sozusagen das Subject an sich, indem es dasselbe sich ähnlich macht, sei es durch die Ähnlichkeit der Form, wie z. B. das Warme andere Dinge erwärmt; sei es durch Hinkehr zu seinem Ziele, wie der Mensch durch einen Befehl andere zum Ziele hinlenkt, welches er selber im Auge hat. Wenn die Geschöpfe dies thun, so geschieht es ohne Zweifel in Nachahmung des ersten Agens. Gott kommt es demnach zu, alles zu sich zu wenden, und nichts von sich abzukehren. Da er das höchste Gut ist, so kann er nicht die Ursache bilden, dass der Wille sich vom höchsten Gute abwende (de malo q. 3. a. 1.).

Zweite Propositio: Gott ist auch nicht indirect Ursache der Sünde.

Indirect Ursache der Sünde ist derjenige, der einen andern davon abhalten kann und soll, weil er dazu die Pflicht hat. Für Gott besteht aber kein Gebot, folglich auch keine Pflicht, den Willen der Geschöpfe von der Sünde abzuhalten. Er kann sie daher in seiner Weisheit und Gerechtigkeit zulassen (1. 2. q. 79. a. 1.). Nicht immer wird das, was aus der fehlerhaften Handlung folgt, auf das Agens als auf die Ursache zurückgeführt, als hätte das Agens nicht seine Schuldigkeit gethan, nicht gehandelt. Dies ist nur dann der Fall, wenn das Agens handeln kann und soll. Wenn der Steuermann das Schiff nicht dirigieren kann, oder die Direction ihm überhaupt nicht anvertraut worden, so ist er nicht Schuld am Untergange des Schiffes, der infolge des Abganges eines Steuermannes erfolgt (1. 2. q. 6. a. 3.).

Dritte Propositio: Gott ist die Ursache des Actes, mit welchem die Sünde verbunden ist.

Dieser Act ist ein *ens* und eine Thätigkeit, und in jeder dieser beiden Beziehungen stammt er von Gott. Als *ens* oder Seiendes ist er ein solches durch Antheilnahme, nicht durch seine eigene Wesenheit. Jedes Seiende durch Antheilnahme hat das Seiende durch seine Wesenheit: Gott, zu seiner Ursache. Als Thätigkeit kommt er von einem Seienden *in actu*, denn jedes Ding ist thätig, insofern es *in actu* ist. Indessen ist dieses Seiende *in actu* ein solches durch Antheilnahme, nicht durch seine Wesenheit. Es muss somit zurückgeführt werden auf den ersten Act: Gott, als auf seine Ursache, denn Gott ist durch seine Wesenheit Act. Gott ist folglich die Ursache jeder Thätigkeit, insofern sie Thätigkeit ist (1. 2. q. 79. a. 2.). Er ist das universelle Princip jeder innern menschlichen Bewegung (ib. q. 80. a. 1. ad 3.). Und wenngleich die Thätigkeit vom menschlichen Willen, der subalternen Ursache, unmittelbar ausgeht, so ist doch die erste Ursache dabei energischer thätig *(vehementius imprimit)* als die zweite Ursache. Das in Wahrheit und erste Seiende *(verissime et primo)* heißt Gott, denn seine Existenz unterscheidet sich nicht sachlich, real von der Wesenheit. Die Existenz ist daher in ihm subsistent, nicht aufgenommen. Dieses erste Sciende verursacht folglich alles das, was durch Antheilnahme Seiendes genannt wird. Auf welche Weise immer irgend ein Ding ein Sein hat *(quamcunque rationem essendi)*, es hat dieses Sein nicht, außer von Gott. Den Defect des Seins hingegen hat es von sich selber (2. dist. 37. q. 1. a. 2.). Die Thätigkeit jedes Agens, auch desjenigen, welches durch sich *(per se)* thätig ist, muss auf das erste Agens, als auf die Ursache zurückgeführt werden. Obgleich nämlich derlei Thätige durch sich handeln, weil sie durch ihre eigene Natur und das eigene Urtheil ihre Acte bestimmen, so haben sie doch das Thätigsein *(hoc quod agant)* nicht von sich, sondern vom ersten Agens, welches ihnen das Sein, das Können und das Handeln mittheilt (ib. ad 5). Cfr. 2. contr. Gent. c. 15. — Quodl. 2. a. 3.

Der Act der Sünde hat somit als *ens* und als Thätigkeit oder Bewegung Gott zu seiner Ursache (de malo q. 3. a. 2.). Der heil. Thomas nennt die entgegengesetzte Anschauung einem zweifachen Irrthume äußerst nahestehend. Darum, meint er, huldigen wenige oder keine dieser Ansicht. Denn wenn Gott nicht die Ursache des Actes ist, so folgt, dass es mehrere erste Principien gibt. Zum Wesen eines ersten Principes gehört es, ohne Hilfe und Einfluss eines frühern oder höhern Agens thätig sein zu können. Vermöchte demnach der menschliche Wille eine Thätigkeit auszuüben, ohne dass Gott die Ursache derselben ist, so wäre er erstes Princip. Einige versuchen diese Folgerung dadurch zu entkräften, dass sie sagen, der Wille hätte in diesem Falle immerhin das Sein nicht durch sich selber, was ebenfalls dem ersten Principe eigen ist. Wenngleich er darum durch sich selber, ohne Einfluss eines frühern Agens eine Thätigkeit ausüben kann, so wäre er desshalb doch nicht erstes Princip. Allein dieser Ausweg führt nicht zum Ziele, denn dasjenige, was durch sich selber nicht das Sein hat, kann auch das Thätigseinkönnen nicht aus sich haben, weil es durch sich selber ebenso wenig bestehen kann. Ferner geht jede Kraft aus der Wesenheit und jede Thätigkeit aus der Kraft hervor. Wenn also ein Ding das Sein von einem andern hat, so gilt ganz dasselbe auch von der Kraft und Thätigkeit. Zugegeben indessen, es würde damit bewiesen, dass ein Ding dadurch nicht schlechthin *(simpliciter)* das erste wäre, die Folgerung ist nichtsdestoweniger unabweisbar, dass es wenigstens das erste Agens wäre, wenn seine Thätigkeit nicht auf ein früheres Agens als auf die Ursache zurückgeführt wird.

Der zweite Grund für die Unrichtigkeit der Ansicht, dass Gott nicht die Ursache des Actes der Sünde sei, muss darin gesucht werden, dass der Act der Sünde ein *ens,* ein Seiendes bildet. Die Thätigkeit muss einer der zehn Kategorien beigezählt werden. Dieser Act ist nicht ein reines *ens* unserer Auffassung nach, wie die Privationen und Negationen Seiende genannt werden, sondern ein Seiendes in der Wirklichkeit. Der Act der Sünde ist ohne Zweifel ein Accidens des thätigen Willens, gehört somit unter die Zahl der Prädicamente oder Kategorien. Wenn demnach, wie behauptet wird, der Act der Sünde nicht Gott zum Urheber hat, so existiert hier ein *ens,* das nicht von Gott kommt. Gott ist somit nicht die universelle Ursache alles Seienden, jedes *ens;* eine Theorie, die gegen die Vollkommenheit des ersten Seins verstoßt. Das erste in jeder Gattung ist zugleich die Ursache aller andern, wie es im zweiten Buche der Metaphysik heißt. Darum muss man sagen, dass jeder Act als solcher von Gott stammt (2. dist. 37. q. 2. a. 2.).

Albert der Große ist noch schärfer in der Verurtheilung der Ansicht, dass Gott nicht den Act der Sünde wirke. Die Gelehrten seiner Zeit, meint er, sahen sehr wohl ein, dass thätigsein vollkommener ist als bloß existieren. Ebenso begriffen sie, dass dasjenige, was nicht durch sich existiert, und durch sich selbst dieses Sein bewahrt, noch viel weniger durch sich thätig sein könne. Da nun der Act der Sünde, seinem physischen Sein nach, schlechthin ein Act ist, der aus der bezüglich ihrer Natur vollkommenen activen Potenz hervorgeht, so folgerten sie, er gehe aus der Potenz nur deshalb hervor, weil dieselbe von der ersten Ursache bewegt wird. Wäre dem nicht so, dann gäbe es zwei Principien des Seins. Dies ist der Grund, warum die entgegenstehende Ansicht in den Schulen kaum mehr vertreten wird *(fere cessit ab aula)* und von vielen jetzigen Gelehrten für häretisch gehalten wird (2. dist. 35. a. 7. edit. Jammy. pag. 322.).

Vierte Propositio: Gott verursacht den Act der Sünde, aber nicht die Sünde selbst.

Wer um des Zieles willen handelt, und dasselbe doch nicht erreicht, der hat entweder in sich selbst einen Defect oder in dem, dessen er sich bedient. In Gott ist jeder Defect unmöglich. Darum kann der Defect nur in jener Ursache sein, welche Gott gebraucht, im Willen der Creatur. Der Wille ist aber deshalb fehlbar, weil er aus dem Nichts erschaffen worden. Alles Positive, das *ens,* das Gute im Acte der Sünde stammt von Gott mittelst des Willens der Geschöpfe. Das Fehlerhafte in diesem Acte kommt vom Willen, gleichwie die schlechte Disposition des Fußes unmittelbar die Ursache des Krummgehens ist (3. contr. Gent. c. 162.). Nicht die *vis motrix* verursacht diesen Fehler, sondern der missgestaltete Fuß, der die bewegende Kraft nicht vollkommen aufzunehmen imstande ist. Gott theilt sich von seiner Seite aus allen Geschöpfen mit, soviel sie dafür empfänglich sind. Kommt bei dieser Antheilnahme an seiner Güte ein Defect vor, so ist es ein Zeichen, dass die Creatur dieser Antheilnahme irgend ein Hindernis gesetzt hat (de malo q. 3. a. 1. ad 8.). Die Bewegung des ersten Bewegers wird nicht gleichmäßig von allen Beweglichen aufgenommen, sondern entsprechend der Art und Weise eines jeden Geschöpfes. Ist das Geschöpf in der gehörigen Disposition für diese Aufnahme, so erfolgt eine vollkommene Thätigkeit, wie der erste Beweger sie intendierte. Fehlt diese Disposition und Fähigkeit, so wird die Thätigkeit mangelhaft ausfallen. Das Positive in dieser Thätigkeit hat den ersten Beweger zu seiner Ursache, das Mangelhafte hingegen stammt vom subalternen Agens, welches von der Ordnung des ersten abfällt (ib. a. 2.). Daraus folgt, dass Gott in keiner Weise Ursache der Sünde genannt werden könne (1. 2. q. 79. a. 2.).

105. Im Acte der Sünde muss demnach ein Dreifaches im Auge behalten werden: Die Thätigkeit, wirksam aufgefasst; ferner specificiert und formell *in ordine morali* genommen; endlich die Unordnung oder der Mangel der richtigen Regelung *in ordine morali*. Bei der Unmäßigkeit z. B. haben wir zunächst das actuelle Begehren nach Speise und Trank, oder mit andern Worten die äußere Thätigkeit selbst. Dieser Act, efficienter aufgefasst, ist an und für sich nicht in der Gattung der Moralität, denn er kann gut oder böse, ein Act der Tugend oder Sünde sein, er ist einfach ein Naturtrieb. Die Bestimmung durch den Willen, durch die Wahlfreiheit specificiert diesen Act dahin, dass er böse, ungeordnet, gegen die Vorschrift der Vernunft, und darum fehlerhaft wird. Es ist nicht das Verlangen überhaupt nach dem Gegenstande, sondern der unmäßige, ungezähmte Wunsch. Moralisch wird er somit durch das formell wirksame Princip, den Willen, sündhaft hingegen dadurch, dass er im Widerspruche steht mit dem formell dirigierenden Principe, mit der Vernunft. Diese Unordnung oder *privatio rectitudinis* ist daher das Dritte, was hier in Betracht kommt. Der Act selbst bildet Subject und Ursache dieser Unordnung, inwieweit die *privatio* eine Ursache hat, nämlich, wie früher gesagt wurde, *per accidens* und *deficienter*. Indem der Wille als actuelles Princip diese Thätigkeit ausübt, kehrt er sich vom höchsten Gute und Endziele ab, und darin liegt der Defect, die Unordnung. Diese Abkehr wird nicht direct, sondern *per accidens* intendiert. Der Mensch, welcher sündigt, will diesen Defect nicht *per se*, dennoch ist derselbe gewollt, weil der Mensch mehr liebt diesen Defect in sich zu haben, als von der Thätigkeit ganz und gar abzustehen. Gott will diesen Defect, welcher in der Sünde liegt, auf keine Weise. Dieser erfolgt vielmehr daraus, dass die Wahlfreiheit des Menschen von der Ordnung des göttlichen Willens abweicht (de malo q. 3. a. 2. ad 1.). Das formelle und specificative

Princip der sündhaften Thätigkeit bildet somit der Wille, insofern er sich vom Endziel abkehrt (2. dist. 38. q. 1. a. 5. sed contr.). Das materielle Princip wird von der Hinneigung zum vergänglichen Gut gebildet. Dieser Stoff, dieses stoffliche Princip empfängt die Abkehr als Form, in der Weise, wie das Formelle vom Stofflichen aufgenommen wird. Darum ist der Act der Sünde in der **moralischen Ordnung ein Sciendes in der Potenz**, denn er befindet sich **als menschlicher Act in der Potenz zur** Ordnung der richtigen Vernunft und zu der Hinordnung zum Endziele. Das erste Thätigkeitsprincip aber ist das Ziel, das *finis*, das zweite das Agens, das dritte die Form, welche in einem Stoffe hervorgebracht wird.

Darum bemerkt der heil. Thomas, die Thätigkeit, welche einen Defect hat, deform ist, werde **gut** genannt, weil sie physisch, als *actio*, natürliche Güte besitzt. Dieser Defect lässt sich allerdings von der Thätigkeit nicht trennen, allein jene Güte der Natur bildet nur **das Subject der Deformität**. Gott verursacht die Thätigkeit, insofern sie Thätigkeit, nicht aber, insofern sie **deform** ist. Er trennt zwar die Thätigkeit von ihrem Defecte nicht, aber er wirkt sie auch nicht, sondern er verursacht bloß dasjenige, was sie als Thätigkeit ist. Es kann sehr gut vorkommen, dass in einem Effecte mehrere Dinge untrennbar verbunden sind. Wer Ursache des einen ist, muss deshalb nicht auch Ursache aller andern sein (2. dist. 37. q. 2. a. 2. ad 5.).

Gott ist in der That in dreifacher Weise Ursache: als wirkend, als vorbildend und als Endziel. Als wirksame Ursache verleiht er das Sein, als vorbildliche die Art, als Endziel die Güte. Das Sein besitzt keinerlei Güte, wenn es nicht zum Endziele hingeordnet ist, von dem alle Güte stammt. Ebenso befindet sich das Sein auf Grund des Vorbildes, der Idee in einer bestimmten Art. Diese Idee im göttlichen Verstande bewirkt daher das specifische Sein der Creaturen. Sie ist sozusagen die Art in Gott. Die Moralität, welche in der Hinordnung der Thätigkeit zum Endziele besteht, ist das Kunstwerk bezüglich der Substanz, des physischen Seins der Thätigkeit. Der Act befindet sich in einer zweifachen Art: in jener der Natur und in jener der Moralität. Von Natur ist er eine vitale Thätigkeit, von der Moralität aus hingegen ist er geordnet oder ungeordnet, gut oder böse. Wenn der Künstler **nach den Gesetzen der Kunst** ein Werk schafft, so besitzt dieses eine doppelte Güte, *in esse naturae* und *in esse artis*. Lässt er sich nicht von den Gesetzen der Kunst dirigieren, so wird es nur die erstere beibehalten, als Kunstwerk aber fehlerhaft sein. Die Kunst ist nicht Ursache des Fehlers, ebensowenig der Künstler, **welcher kunstgerecht** vorgeht, wohl aber der Künstler, welcher von den Gesetzen der Kunst abweicht.

106. Gott kann von diesen Gesetzen der Kunst nicht ab-

weichen, denn dasjenige, wodurch das Agens zuerst bewegt wird, ist das Endziel, und dieses ist in Gott er selber. Ebenso unterscheidet sich in Gott die praktische Idee, durch welche er thätig ist, nicht sachlich vom Agens und Endziele. Ein und dasselbe Princip der Thätigkeit ist zugleich *finis*, *agens* und *idea*. Da nun das Endziel identisch mit seiner Güte, so kann er unmöglich etwas anderes als ein Gut wollen. Das universelle Agens wird vom universellen Endziel zur Thätigkeit bewegt. Zu diesem universellen Endziele, der eigenen Güte, hat er eine nothwendige Beziehung. Daher kann er niemals die Sünde als solche verursachen. Die Sünde als solche lässt sich nicht dem Endziele Gottes unterordnen, hat zu demselben keinerlei Beziehung. Das Geschöpf hingegen kann fehlen, denn es ist ein particuläres Agens, das mit particulären Gütern sich befasst, zu denen es keine nothwendige Beziehung hat.

Den Act der Sünde hingegen kann Gott verursachen, weil dieser ein Gut ist. Die Sünde ist nicht eine *negatio*, sondern eine *privatio*. Jede *privatio* hat ein Seiendes, ein *ens* zu ihrem Subjecte. Dieses Subject, ein *ens per participationem*, ist zugleich ein *bonum per participationem*, denn *ens et bonum convertuntur*. Die Sünde als solche hingegen ist nicht ein *bonum per participationem*, denn das vergängliche Gut, welches der Sünder begehrt, bildet selber dessen Endziel, steht somit im Gegensatz, nicht in Unterordnung zu Gott, dem eigentlichen Endziele. Die Wirkung, die Thätigkeit des Willens, welche in Unterordnung unter die erste Ursache ausgeübt wird, muss demnach auf die erste Ursache zurückgeführt werden. Überschreitet der Wille die Ordnung der ersten Ursache, so hat dieser Fehler nicht Gott zur Ursache (1. 2. q. 79. a. 1. ad 3.).

Die Wahrheit dieser Lehre lässt sich noch von einer andern Seite aus beleuchten. Es wurde früher nachgewiesen, dass jedes Agens einem andern sein Wirklichsein, seine Ähnlichkeit und Güte mitzutheilen bestrebt ist. Darin liegt das Wesen der Thätigkeit. Ebenso wurde gezeigt, dass das Agens, um eine Thätigkeit auszuüben *in actu* sein müsse. In der Sünde haben wir nun zwei Dinge: ein *ens in actu*, den Act in der physischen Ordnung, und ein *ens in potentia*, den Act *in ordine morali*. Der Act als Defect ist bezüglich der moralischen Ordnung in der Potenz. Das *ens* in der Potenz als solches untersteht nicht der Causalität. Darum bemerkt S. Thomas, der erste Stoff, die *materia prima* als solche sei nicht geschaffen, sondern bloß mitgeschaffen, insofern sie nämlich, von einer Form actuiert, Wirklichkeit hat. Insofern also die Sünde als Act ein physisches Sein hat, untersteht sie der Causalität Gottes, denn sie ist ein *ens in actu*. Als Sünde in der moralischen Ordnung hingegen, ist sie ein *ens in potentia*. Daher kann Gott nicht die Ursache derselben sein. In diesem Sinne antwortet Albert der Große auf eine Schwierigkeit, in der früher von uns citierten Stelle. Der Stoff, sagt er daselbst, kann auf doppelte Weise betrachtet werden. Erstens insofern er existiert, und in dieser Weise ist er *in actu*. Zweitens ohne irgend eine Form, und in diesem Sinne ist er in der Potenz. Ebenso ist der Act als Subject des Defectes, der *privatio*, ein *ens actu*, und in Bezug auf dieses Sein, hat er Gott zu seiner Ursache. Betrachtet man hingegen den Act formell als Sünde *(sub privatione)*, so ist er ein *ens* in der Potenz, und darum nicht von Gott verursacht. Daraus ergibt sich der Unterschied der göttlichen Causalität bei den moralisch guten und moralisch bösen Acten. Die moralisch guten haben eine doppelte Vollkommenheit: die Substanz des Actes und die moralische Form: beides wirkt Gott. Bei den bösen findet sich bloß eine, denn die moralische Form geht ihnen ab (Alb. Magn. in. 2. dist. 35. a. 7. pag. 322.). Albert der Große beruft sich dabei auf folgende Stelle des heil. Anselm (lib. de praescient. et libero arbitr. c. 10.): „*Omnis qualitas et omnis actio et quidquid habet essentiam, a Deo est, a quo est omnis justitia et nulla injustitia. Facit igitur omnia quae justa vel injusta voluntate fiunt, id est bona opera et mala. In bonis quidem facit quod sunt et quod bona sunt; in malis vero facit quod sunt, sed non quod mala sunt.*" Daraus folgt mit evidenter Gewissheit, dass die sündhaften Handlungen, hinsichtlich dessen, was sie Positives besitzen, gut sind und von Gott verursacht werden (de veritate q. 3. a. 4. ad 5.).

Gott intendiert also bei der *praemotio physica* sich selber als Endziel *in ordine physico* und *in ordine morali*. Die Creatur soll sich diesem Endziele in dieser doppelten Richtung conformieren. Bei der guten Handlung, wirkt der Wille des Geschöpfes thatsächlich mit Gott in dieser zweifachen Beziehung. Bei den sündhaften dagegen nur in der einen, *in esse physico*, während er *in esse morali* das vergängliche Gut zu seinem Endziele wählt. Dieses Endziel aber ist dem schlechthin ersten nicht untergeordnet und es bestimmt das Agens nicht in der Kraft des ersten Agens. Folglich wendet sich der Wille, dieses verfolgend und begehrend, vom eigentlichen Endziele ab, und tritt dadurch aus der Ordnung Gottes heraus. Darum kann der Fehler nicht Gott zugeschrieben werden, denn das Geschöpf handelt dabei nicht in der Kraft Gottes, sondern in der eigenen Schwäche.

107. Gott kann somit nur von demjenigen Ursache oder erstes Princip sein, von dem er zugleich auch das Endziel ist. Das erste Princip muss mit dem Endziele zusammenfallen. Wäre es von irgend etwas erste Ursache oder erstes Princip, aber nicht Endziel, so wäre seine Causalität als wirksame Ursache diesbezüglich größer, universeller denn jene, die ihm als Endziel zukommt. Dies aber darf in keiner Weise zugegeben werden. Das Endziel

enthält gerade so gut alle Vollkommenheiten, wie das erste Princip. Für den Act der Sünde in der physischen Ordnung bildet nun Gott in der That das Endziel. Jedes Seiende ist ein Gut, das *ens* und *bonum* sind correlate Dinge, oder wie S. Thomas sagt, *ens et bonum convertuntur*. Und jedes geschaffene Gut hat Antheil an der Güte Gottes, an dem Endziele aller Dinge. Der Act der Sünde als Act bezieht sich somit auf Gott als das Endziel, und Gottes Güte ist die Ursache davon, nach dem Axiom: *primum in genere est causa caeterorum*.

Nach dem vorhin ausgesprochenen Grundsatze muss aber Gott auch die wirksame Ursache, die *causa efficiens* dieses Actes sein. Denn gleich wie dieser Act als solcher ein Gut durch Antheilnahme, ebenso ist er ein Seiendes durch Antheilnahme. Jedes Seiende durch Antheilnahme aber muss zurückgeführt werden, als auf seine Ursache, auf das Seiende durch seine eigene Wesenheit. Das ist ständige Lehre des englischen Meisters und dürfte vernünftigerweise kaum je bestritten werden. Daher muss behauptet werden, dass Gott diesen Act wirke. Die gegentheilige Lehre wurde, wie Albert der Große berichtet, von mehreren Gelehrten seiner Zeit für häretisch gehalten. Gott wirkt folglich nicht bloß den Effect, wie man in neuerer Zeit noch zu lehren beliebt, sondern er wirkt auch den Act des Willens, und dies selbst dann, wenn dieser Act ein sündhafter ist. Ein *ens in ordine physico* bleibt er trotz seiner Sündhaftigkeit.

Wie verhält es sich nun mit der Sündhaftigkeit selbst? Die Sünde als solche, das Formelle dieses Actes hat nicht Gott zu seinem Endziele. Wäre Gott das Endziel, so könnte der Act auch in der moralischen Ordnung, *in esse morali* auf Gott bezogen werden. In diesem Falle wäre von einer Sünde überhaupt keine Rede. Das Formelle der Sünde besteht ja gerade in der Abkehr von Gott. Das macht eben die Sünde zur Sünde, dass sie Gott nicht zu ihrem Endziele hat. Ist aber Gott nicht Endziel, so kann er auch nicht erstes Princip, erste Ursache sein. Gott kann niemals eine Thätigkeit ausüben, ohne sie auf das Endziel, auf seine Güte, auf sich selber zu beziehen. Wäre er demnach durch die *praemotio physica* die erste Ursache der Sünde als solcher, des Formellen in diesem Acte, so müsste er es auf das Endziel beziehen. Dadurch hört aber die Sünde auf, Sünde zu sein.

Mit Recht führt darum der englische Meister den Grund, warum Gott nicht Ursache der Sünde als solcher sein könne, darauf zurück, dass er von seiner höchsten Güte, um welcher willen er thätig ist, nicht abweichen kann. Das Endziel, diese seine Güte liebt er nothwendig und auf natürliche Weise. Dieser Güte wegen, um seiner selbst willen, thut er alles, was er wirkt. Aus diesem Grunde kann er nichts wirken, was nicht ein Gut ist, zum Endziele Beziehung hat. Als universelles Agens wird er stets von einem universellen Ziele geleitet. Die Sünde als solche aber ist nicht ein **Gut**, sie hat keinen Antheil an der Güte des Endzieles, *non est bonum per participationem*. Unmöglich kann daher Gott Ursache des Formellen in der Sünde sein.

Der Wille der vernünftigen Geschöpfe hingegen kann fehlen, ist die Ursache des Formellen in der Sünde, denn seine Beziehung zum Endziele ist in ihm nicht auf naturnothwendige und unveränderliche Weise. Darum bemerkt der heil. Thomas: *natura rationalis, quae ordinata est ad bonum absolute per actiones multifarias, non potest habere naturaliter actiones indeficientes a bono, nisi ei naturaliter et immobiliter insit ratio universalis et perfecti boni. Quod quidem esse non potest, nisi natura divina* (de veritate q. 24. a. 7.). Gott kann niemals ein anderes Endziel haben, als sich selber, das Geschöpf hingegen kann sich ein anderes erwählen, als Gott, das höchste universelle Gut. Die Hinordnung Gottes zu seinem Endziele ist eine **nothwendige** und natürliche, jene des Willens, solange er Gottes Wesenheit in der andern Welt nicht besitzt, eine durchaus freie und veränderliche. Den Beweis dafür haben wir früher erbracht. Infolge dieser **freien, veränderlichen** Hinordnung des Willens zum Endziele, zu Gott, ist der Creatur die Möglichkeit geboten, eine Sünde zu begehen. Der Wille allein bildet demnach die Ursache der Sünde als solcher, des Formellen in dem sündhaften Acte, indem er sich von Gott, dem wahren Endziele abwendet, und ein anderes Gut, *bonum commutabile* sich als Endziel auserwählt.

108. Aber die Sünde ist doch nothwendig mit diesem Acte des geschöpflichen Willens verbunden? Allerdings ist sie mit dem Acte selber vereint, keineswegs jedoch insofern dieser Act von Gott gewirkt wird, sondern insofern er den geschaffenen Willen zu seiner nächsten Ursache hat. Der Beweis dafür ist leicht zu erbringen.

Gott bewegt den Willen zu sich, weil er das Endziel für denselben bildet. Der sündhafte Wille hat nicht Gott zum Endziele, sondern ein vergängliches Gut. Es sind somit hier zwei wirkende Ursachen mit formell verschiedenen und **nebeneinander** stehenden Endzielen. Das vergängliche Gut kann als Endziel nicht Gott **untergeordnet** werden. Es hindert daher gar nichts, dass eine und dieselbe Thätigkeit vom Agens stammt, welches eine untergeordnete Ursache zum Guten bewegt, während die subalterne Ursache diesen Act *sub ratione mali* ausübt. Dieser eine Act hat ja verschiedene Endziele, somit verschiedene formelle Principien, deren eines nicht über-, das andere nicht untergeordnet ist. Die Thätigkeiten werden von den verschiedenen formellen und finalen Principien specificiert. Der heil. Thomas bemerkt diesbezüglich: „*Effectus causae mediae procedens ab ea secundum quod subditur ordini causae primae, reducitur etiam in causam primam. Sed si procedat a causa media secundum quod exit ordinem causae primae:*

sicut si minister faciat aliquid contra mandatum Domini, hoc non reducitur in Dominum, sicut in causam. Et similiter peccatum, quod liberum arbitrium committit contra praeceptum Dei, non reducitur in Deum sicut in causam" (1. 2. q. 79. a. 1. ad 3.).

Der sündhafte Wille tritt offenbar aus der Ordnung der Endursache Gottes heraus. Gott kann nicht wollen, dass ein geschaffenes Gut Endziel des menschlichen Willens sei. Geschieht es trotzdem, so kann dieser Defect, diese Deformität des Willensactes nicht auf Gott, als auf die Ursache zurückgeführt werden. Die Ursache, welche fehlt und sündigt, ist daher nicht Gott, sondern der Wille des Menschen. Der Wille ist in diesem Falle nicht *agens simpliciter*, sondern *agens deficiens*, Gott dagegen *agens simpliciter*. Die Thätigkeit Gottes befindet sich physisch und moralisch *(in genere physico et morali)* in richtiger Hinordnung zum Endziele, jene der Creatur nur physisch, während die moralische fehlt. Ein ähnliches Verhältnis haben wir im Menschen selber. Der Wille bewegt durch seine Thätigkeit die Organe des Leibes in irgend einer Absicht zu einem bestimmten Zwecke. Sind diese nicht gut disponiert, so wird ihre Thätigkeit das vom Willen vorgesteckte Ziel nicht erreichen. Trägt der Wille die Schuld daran, dass die Thätigkeiten der niedern Potenzen ihr Ziel nicht erreichen? Das wird niemand im Ernste behaupten.

Allein Gott bewegt jeden Willen nicht bloß als Endziel, sondern als wirksame Ursache? Er muss somit auch die Verantwortung tragen für die Fehler, welche infolge dieser Bewegung sich herausstellen? Das ist in keiner Weise nothwendig. Die Bewegung Gottes wird im Willen, in der Potenz selber aufgenommen. Befindet sich der Wille in der richtigen Disposition für die Aufnahme der Bewegung Gottes, so wird die Thätigkeit, die er ausübt, eine vollkommene sein, und der Absicht des ersten Bewegers entsprechen. Fehlt dem Willen die richtige Disposition und Empfänglichkeit für die genannte Aufnahme, so wird eine unvollkommene Thätigkeit erfolgen. Das Positive dieser Thätigkeit hat den ersten Beweger zu seiner Ursache, das Fehlerhafte hingegen den Willen. Dieser Defect folgt aus der Thätigkeit des Willens, der aus der Ordnung des ersten Bewegers heraustritt (de malo q. 3. a. 2.).

Gott kann noch aus einem andern Grunde nicht Ursache der Sünde als solcher sein. Verursachen oder thätig sein bedeutet nichts anderes, als einem andern das mittheilen, was man selber besitzt, einem andern die Ähnlichkeit der Form einprägen, durch welche das Agens selber *in actu* ist. Das *agens in actu*, bemerkt der heil. Thomas so oft, bewirkt, dass ein anderes das Sein *in actu* erhalte. Gott ist in zweifacher Weise *in actu*, *agens in actu* in der physischen und in der moralischen Ordnung. Die sündhafte Handlung dagegen ist in der physischen Ordnung *in actu*, in der moralischen aber in der Potenz. Die Sünde als solche besitzt darum keine Ähnlichkeit mit Gott. Und Gott kann ihr seine eigene Ähnlichkeit, das: „*esse in actu in ordine morali*" nicht mittheilen, weil sie dadurch aufhören würde Sünde zu sein. Wirkt Gott, wie jedes *agens in actu*, ein sich Ähnliches, so kann er nur etwas wirken, was in der moralischen Ordnung ein *ens in actu* ist. Da nun, wie gesagt, die Sünde als solche in der moralischen Ordnung ein Seiendes in der Potenz ist, so kann sie in dieser Beziehung nicht Gott, das Seiende *in actu, in esse morali* zu ihrer wirksamen Ursache haben. Wir müssen darum diese Ursache im Willen suchen. Die Bewegung Gottes wird im Willen aufgenommen. Mit Bezug auf die physische Ordnung ist der Wille jederzeit für diese Aufnahme disponiert, denn er empfängt dadurch eine neue Vollkommenheit, er wird *agens in actu*, Ursache. Als Ursache gibt er einem andern, seiner eigenen Thätigkeit das Sein. Darin liegt kein Fehler, denn der Act ist *in ordine physico* etwas Gutes. Anders verhält sich die Sache *in ordine morali*. Diesbezüglich bleibt der Wille oft, infolge der Leidenschaften, Gewohnheiten, selbst vermöge der natürlichen Neigung seit der Erbsünde, für die Aufnahme der göttlichen Bewegung schlecht disponiert. Die *praemotio physica* wird somit *in ordine morali* ihre Wirkung nicht erreichen, denn: *quidquid recipitur, recipitur secundum modum recipientis*. Während der Wille demnach in der physischen Ordnung aus der Potenz in den Act übergeführt wird durch die Bewegung, die von Gott ausgeht, bleibt er in der moralischen Ordnung noch in der Potenz. Das *agens in potentia* aber kann nicht einem andern das Sein geben. Es besitzt dieses Sein ja selber nicht. Daher wird auch die Thätigkeit, die aus dem Willen folgt, in der physischen Ordnung ein *ens in actu*, in der moralischen dagegen ein *ens in potentia* sein. Daraus ist klar, dass nicht Gott, sondern der Wille Ursache der Sünde als solcher ist. Wie der Wille *in esse morali* in der Potenz ist, ebenso auch der Act. Die Sünde als solche hat keine *causa efficiens*, wohl aber eine *causa deficiens*.

Hören wir hierüber Albert den Großen. Einwurf: *Actus non causatur, nisi secundum quod est in actu, et non secundum quod est in genere vel in intellectu. Actu autem non est, nisi substratus malitiae. Ergo non causatur ab aliquo, nisi substratus malitiae. Si ergo causatur a Deo, causabitur secundum quod est malitia.*

Antwort darauf: *Materia consideratur dupliciter, scilicet prout est, et sic est materia in actu. Alio modo consideratur materia sine omni forma, et sic non est nisi in potentia. Ita etiam actus substans privationi actu est, et causatur secundum esse suum, quo substat, a Deo. Sed consideratus sub privatione, non est nisi in potentia. Et hoc modo non causatur. Et haec est differentia inter concursum Dei ad actus bonos, etiam moraliter, et concursum ejus ad actus malos: quia in actibus bonis est perfectio substantiae actus et formae moralis.*

Et ideo ibi facit utrumque. Sed in malis tantum alterum, eo quod moralis forma deficit in eis (2. dist. 35. a. 7. pag. 321.). Cfr. ib. dist. 34. a. 3. pag. 308. — dist. 37. a. 1. pag. 334.

Es lässt sich demnach in keiner Weise bestreiten, dass Gott durch die *praemotio physica* Ursache der Thätigkeit, und doch nicht Ursache der sündhaften Thätigkeit des Willens ist. *Sicut actio, quae deformitatem peccati habet, dicitur bona, inquantum est actio, bonitate naturae, non propter hoc, quod aliquando inveniatur separata a deformitate, sed quia bonitas illa naturae deformitati substat. Ita etiam Deus est causa illius actionis, inquantum est actio, et non inquantum est deformitas, hoc modo, quod actionem non facit a deformitate separatam, sed quia in actione deformitati conjuncta, hoc quod est actionis facit, et quod est deformitatis non facit. Et si enim in aliquo effectu plura inseparabiliter conjuncta sunt, non oportet, ut, quod est causa ejus quantum ad unum, sit etiam causa ejus quantum ad alterum. Sicut natura est causa oculi, quantum ad substantiam ejus, et non quantum ad defectum caecitatis, quae ex defectu naturae particularis accidit* (2. dist. 37. q. 2. ad 2. ad 5.). Sowenig der Wille für die schlechte Schrift, welche die zitternde Hand hervorbringt, zur Verantwortung gezogen werden kann, weil er ganz und gar unschuldig daran ist, ebensowenig ist Gott die Ursache, wenn der Wille unter der *praemotio physica* einen sündhaften Act ausübt. Gott könnte jedesmal die schlechte Disposition des Willens früher abändern; ja, darüber ist kein Zweifel. Da er jedoch dies zu thun nicht verpflichtet ist, es vielmehr ihm eigen ist, ein jedes Ding der Natur und Verfassung desselben entsprechend zu neigen, so liegt auf der Hand, dass es nicht seine Schuld ist, wenn von den Geschöpfen Fehler und Sünden begangen werden. Sein Einfluss zielt einzig und allein auf das Gute, auf das wahre Glück seiner Creaturen ab. In dieser Intention handelt er, wirkt auf den Willen ein. Leider entspricht dieser seinen Erwartungen gar häufig nicht, ist derselbe zu allem andern eher disponiert und empfänglich als zu der Aufnahme jenes Gutes, jener Vollkommenheit, die ihm der Schöpfer mittheilt. Gott hat durch die *praemotio physica* alles gethan, was er thun sollte. Es wäre darum mehr als ungerecht, ihn mit Vorwürfen zu überhäufen, ihm die Schuld zu geben, wenn die Sache misslingt.

§ 15. Der bloß simultane Concurs Gottes und die Sünde.

109. Es ist merkwürdig, dass die Angriffe gegen die *praemotio physica* sich darauf stützen, diese Vorherbewegung sei Ursache der Sünde. Wenn die Gegner genauer achtgeben wollten, so würden sie finden, dass es im eigenen Hause der Schwierigkeiten übergenug gibt. Ist Gottes Vorherbewegung an der Sünde schuld, dann ist es ebenso sein simultaner Concurs. In der That!

Gott bewegt den Willen nur im allgemeinen. Richtiger muss im Sinne dieser Lehre gesagt werden, Gott bewegt **nicht den Willen**, er bewirkt nur die **Willensthätigkeit** oder den Effect, und zwar im **allgemeinen**. Das **Schiff**, um noch einmal mit diesem gebrechlichen Fahrzeuge die Reise zu machen, wird vom Winde bewegt, nicht aber der Steuermann. Diese Bewegung des Schiffes ist aber **eine allgemeine**, z. B. nach Osten gerichtete. Der Steuermann **bestimmt** durch seine **Thätigkeit die Richtung** des Schiffes im einzelnen, z. B. für Alexandrien. Fährt das Schiff auf einer Klippe auf, so trägt die Schuld daran der Steuermann, nicht der Wind. Genau so verhält es sich, erklärt man, mit dem simultanen Concurse dem Willen gegenüber. Gott wirkt die Thätigkeit des Willens nur **im allgemeinen**. Diese Thätigkeit im allgemeinen, z. B. etwas zu thun, wird dann im einzelnen durch den Willen **bestimmt**. Bestimmt der Wille diese allgemeine Thätigkeit zum Bösen, so ist er allein es, der sündigt, nicht aber Gott.

Wir wollen über den Widerspruch in diesem System hinweggehen, nämlich, dass Gott eigentlich nur **den Effect** verursacht und andererseits doch wieder die Thätigkeit des Willens wirkt. Aus dem Beispiele vom Schiffe geht ja klar hervor, dass Gott resp. der Wind **nur die Bewegung des Schiffes, nicht die Thätigkeit des Steuermanns** verursacht. Wenn man consequent sein will, so könnte man in diesem Systeme überhaupt nicht fragen, inwiefern Gott die Ursache des **schlechten Willens**, oder auch der schlechten **Willensthätigkeit** sei. Logisch richtig handelt es sich in dieser Theorie nur darum, inwiefern Gott die Ursache des Bösen sei, welches durch die Willensthätigkeit des Menschen oder Engels hervorgebracht wird. Gott wirkt ja nicht auf die Potenz, auch nicht den Act, sondern nur den Effect. Andererseits behauptet man aber doch wiederum, Gott wirke mit der Thätigkeit. Bleiben wir also bei der zweiten Annahme, die Schwierigkeiten bleiben dieselben.

Gott bewegt den Willen im allgemeinen, so wird gelehrt. Wenn diese allgemeine Bewegung einen Sinn haben soll, so kann darunter nichts anderes verstanden werden, als: Gott bewegt den Willen, dass er im allgemeinen etwas thun will, etwas begehrt. Was im einzelnen begehrt wird, was ich im speciellen thun will, das hängt ausschließlich von meinem Willen ab, damit hat Gott nichts zu thun. Diese Bewegung nun kann zweifacher Natur sein. Der Mensch kann sich im **allgemeinen** vornehmen, schlecht zu handeln, ein sündhaftes Leben zu führen, ohne dabei in das einzelne einzugehen. Dass dieser Willensact möglich, ja thatsächlich von manchen Menschen ausgeübt wird, unterliegt keinem Zweifel. Gilt dasselbe ja ebenso von den guten Willensacten. Der Mensch kann im **allgemeinen** gut handeln, ein gutes Leben führen wollen. Es ist ein wirklicher Act des Willens, der hier vollzogen wird.

Wie verhält sich nun Gott diesem verkehrten, bösen Acte des Willens gegenüber? Bildet er die Ursache davon? Trägt Gott durch den simultanen Concurs etwas zu diesem Acte bei? Die Gegner antworten nein, Gott ist nicht die Ursache dieses sündhaften Actes, denn Gott bewegt den Willen nur im allgemeinen, und diese Bewegung wird dann durch den Willen selber bestimmt. Den Hafen für die Richtung, welche das vom Winde getriebene Schiff einhalten soll, bestimmt der Steuermann. Er dirigiert das Schiff zu diesem Hafen hin.

Abgesehen davon, dass hier von einer Bestimmung im eigentlichen Sinne nicht die Rede sein kann — der Willensact, Böses im allgemeinen thun zu wollen, ist ganz und gar unbestimmt — handelt es sich wesentlich darum, ob Gott bei dieser Bestimmung durch den Willen etwas zu thun habe oder nicht. Die Thätigkeit des Willens, wodurch die von Gott ausgehende allgemeine Bewegung des Willens bestimmt wird, muss doch etwas Positives, ein *ens* sein. In der Theorie der Gegner wird eigens hervorgehoben, dass die Thätigkeit, die Actio des Willens den Einfluss, die Bewegung Gottes bestimme. Eine stoffliche Bestimmung, nämlich durch Aufnahme der Thätigkeit Gottes im Willen vertheidigen S. Thomas und seine Schüler ebenfalls. Allein dies geschieht nicht durch eine Thätigkeit, durch eine *actio* von seiten des Willens, sondern durch ein Leiden, eine *passio*. Mit dieser letztern Auffassung verträgt sich aber der bloß simultane Concurs nicht.

Die Bestimmung der von Gott ausgehenden allgemeinen Bewegung geschieht somit durch die thatsächliche Mitwirkung des Willens. Aus diesem Grunde kann man von einem Concurse sprechen. Wie kann aber Gott zu einer sündhaften Handlung seine Mitwirkung hergeben! Ist er dann nicht ebenso Ursache der Sünde wie der Wille? Man vergesse nicht, dass der Concurs Gottes nichts anderes ist als ein Act seines Willens. Wie kann also Gott durch seinen Willen mitwirken zu einer Handlung des creatürlichen Willens, die in Wahrheit sündhaft ist. Die Schwierigkeit ist damit nichtg elöst, dass man sagt, die Sünde liege in der verkehrten Bestimmung der Bewegung Gottes durch den menschlichen Willen. Es ist ja ein und derselbe Effect, der von zwei Ursachen, Gott und dem Willen hervorgebracht wird, nämlich die Thätigkeit. Die Bewegung Gottes ist das Bestimmbare, die Thätigkeit des Willens das Bestimmende. Nach getroffener Bestimmung haben wir nur mehr eines, nämlich: die durch den menschlichen Willen bestimmte Bewegung Gottes. Die Thätigkeit, der Wille Gottes, ist daher noch daran betheiligt. Unterlässt Gott die allgemeine Bewegung des menschlichen Willens, so ist jede sündhafte Handlung des Geschöpfes unmöglich. Dann hat der Wille nichts, was er in verkehrter Weise **bestimmen** könnte.

Man entgegnet, Gottes Concurs erstrecke sich bloß auf die Willensthätigkeit insofern sie **bloße Thätigkeit** ist und somit Güte besitzt. Das lehren S. Thomas und seine Schüler ebenfalls, und mit gerade soviel Wahrheit und Gründen, wie die Vertheidiger des **bloß** simultanen Concurses. Oder soll vielleicht derjenige, der einen andern zur sündhaften Handlung **bewegt**, an der Sünde selbst schuld sein, derjenige hingegen, der zu dieser Handlung **bloß mithilft** nicht? Im Gegentheil, Gott hat bei der **Vorherbewegung** immer das **eine Ziel** vor Augen, weshalb er den Willen bewegt, nämlich sich selber. Von diesem Ziele weicht seine Bewegung nicht ab. Wirkt indessen Gott **bloß simultan** und wird seine Thätigkeit durch den schlechten Willen des Geschöpfes **bestimmt**, so ist gar nicht einzusehen, warum er nicht an der Sünde selbst betheiligt sein soll. Mehrere Agentien können nicht anders **formell bestimmt** oder determiniert werden, als durch ein gemeinsames Ziel. Das Ziel bildet die erste bewegende Ursache zu einer Thätigkeit. Hierin müssen sie demnach alle gemeinsam zusammentreffen. Wirkt daher Gott **bloß simultan**, so muss er mit dem Willen des Menschen **ein gemeinsames Ziel** haben. Und trotzdem soll er nicht Ursache der Sünde selber sein? Warum hilft er mit, warum lässt er seinen Willen, seine Bewegung von der Creatur determinieren, wenn er weiß, dass das Ganze verkehrt ausfällt? Warum wirkt er simultan mit, wenn er weiß, dass die Thätigkeit des Geschöpfes sündhaft ist?

Eine andere Lösung, die man versucht hat, ist ebenso unbrauchbar. Man sagt, diese Willensthätigkeit des Geschöpfes sei nur deshalb sündhaft, weil sie **bestimmt und individuell** ist. Gott hingegen wirke nur mit einem allgemeinen, generellen Concurse mit.

Wenn man uns nur einmal sagen wollte, was dieser generelle Concurs ist. Er muss offenbar **eine Thätigkeit** sein. Ebenso ist der *terminus* dieses Concurses **eine Thätigkeit**; die Bewegung des Willens. Gibt es überhaupt eine allgemeine, eine generelle Thätigkeit? Nein, das ist eine *contradictio in adjecto*. *Actiones sunt suppositorum*. Gleichwie daher das Suppositum **bestimmt und individuell**, ebenso ist auch **jede Thätigkeit bestimmt und individuell**. Wir stehen daher vor der alten Schwierigkeit.

Ein **genereller** Concurs ist demnach nur insofern möglich, als die Bewegung zu einem allgemeinen Objecte oder Gegenstande hingeordnet ist. Ich will im allgemeinen Gutes thun. Der Gegensatz davon lautet dann: ich will dieses **bestimmte, individuelle** Gute thun. Einzig und allein mit Bezug auf die

16*

Objecte kann im Sinne der Gegner von einem generellen Concurse gesprochen werden. Bei dem heil. Thomas hat der generelle Concurs eine ganz andere Bedeutung. Gerade die Stelle, auf welche man sich beruft, um eine universelle Bewegung herauszubringen, beweist, was der englische Lehrer darunter gemeint hat. Der Doctor Angelicus sagt: „*Deus movet voluntatem hominis sicut universalis motor ad universale objectum voluntatis, quod est bonum*" (1. 2. q. 9. a. 6. ad 3.). Wenn der Sinn dieser Stelle der ist, dass Gott nur im allgemeinen bewege, dass diese Bewegung nichts Bestimmtes, Individuelles bezeichnet, so bewegt er eben den Willen nicht zu einem bestimmten, individuellen Acte. Dann kann man aber auch nicht sagen, Gott bewege den Willen bloß zu dem Acte, insofern dieser Act ist. Als Act ist er bestimmt und individuell. Es beruht auch nicht auf Wahrheit, dass der Act deshalb böse, weil er durch den Willen bestimmt und individuell gemacht wird. Durch die Bestimmung zu einem Individuum wird er wahrlich nicht böse, sonst müsste man das von jedem Willensacte aussagen. Wenn man erklärt, der generelle Concurs Gottes neige den Willen zu keinem der beiden Theile, so behauptet man einfach einen Widerspruch. Ein Act, der sich zu keinem der beiden Theile neigt, ist zugleich Thätigkeit und Nichtthätigkeit. Ebenso bezieht er sich auf ein Object, weil ein Act ohne Object ein Ding der Unmöglichkeit ist, und er bezieht sich zugleich auf kein Object. Einen Concurs von solcher Beschaffenheit können wir nicht brauchen.

Was ist nun mit jenen Willensacten, die sich auf kein bestimmtes, individuelles Object beziehen? Wie verhält sich der Concurs Gottes zu dem Willen, der böse zu sein begehrt, ohne dass er sich etwas bestimmtes individuell Böses zu thun vornimmt? Dieser Willensact ist gewiss allgemein genug. Wirkt Gott mit bei diesem Acte? Wenn ja, wie kommt es dann, dass er nicht Ursache dieser Sünde selbst ist? Oder ist dieser Act überhaupt nicht sündhaft? Wir sehen demnach, dass der sogenannte generelle Concurs der Gegner sammt der activen Bestimmung und Individualisierung der Thätigkeit durch den Willen uns über die Schwierigkeiten nicht hinüber hilft. Damit wird einfach nichts bewiesen.

110. Ein anderer Versuch, Gott von der Sünde freizusprechen, geht dahin, das behauptet wird, Gott bewege den Willen auf natürliche und nothwendige, d. h. unfreie Weise zum Guten und zu der Glückseligkeit im allgemeinen. Diese Art des göttlichen Einflusses auf die vernünftigen Geschöpfe sei die einzige, welche sich vertheidigen lässt. Ebenso sei dieser Einfluss allgemeiner Natur.

Ist diese Theorie richtig, so wirkt Gott den freien Act des Willens überhaupt nicht. Allein dies widerspricht direct der Lehre des heil. Thomas, der klar beweist, dass Gott den Act der Sünde thatsächlich verursache. Es muss aber auch so sein, denn alles Seiende durch Antheilnahme, hat Gott, das Seiende durch seine eigene Wesenheit, zur Ursache. Der sündhafte Act ist in der physischen Ordnung ein wirkliches *ens* und gehört in die Kategorie der Actio. Die natürliche und nothwendige, d. h. unfreie Bewegung des Willens kann in keiner Weise sündhaft sein. Hätte S. Thomas in seinen Werken nichts anderes gelehrt als dieser Autor ihn vertheidigen lässt, dann begreifen wir die Mühe nicht, welche der Doctor Angelicus sich gibt, den Einfluss Gottes mit der Freiheit zu vereinbaren. Wirkt Gott nur den natürlichen und nothwendigen, d. h. unfreien Act des Willens, den freien aber nicht, dann hat die Sache ja überhaupt gar keine Schwierigkeit. Allerdings möge der Autor zusehen, wie er aus dem Widerspruche mit sich selber herauskomme, wenn er anderswo schreibt, es gebe keinen Act, auch nicht einen Theil desselben, der nicht von Gott gewirkt werde.

Diese natürliche und nothwendige, d. h. unfreie Bewegung des Willens zum Guten und zu der Glückseligkeit im allgemeinen bezieht sich bloß auf die formelle Seite des Objectes oder Gegenstandes. Wir haben früher gehört, dass diese Hinordnung des Willens nach der Lehre des heil. Thomas nichts anderes ist als die *ratio volendi*. In dieser Beziehung gibt es überhaupt keine Sünde. Denn dadurch, dass der Wille irgend einen Gegenstand als ein Scheingut unter dem formellen Gesichtspunkte eines Guts begehrt, wird sein Streben nicht ein sündhaftes. Die Sünde liegt vielmehr darin, dass er einen Gegenstand, oder wie S. Thomas sagt, eine *res*, ein Object im stofflichen Sinne genommen verlangt, das nicht auf Gott bezogen werden kann. Wenn der Wille den Gegenstand seines Glückes anderswo als in Gott sucht, dann sündigt er. Nun ist aber die Bewegung des Willens zu irgend einem Gegenstande, in welchem der Mensch sein Glück, also diese *ratio formalis volendi* zu finden glaubt, hier auf Erden eine durchaus freie. Es gibt überhaupt in diesem Leben keine natürliche und nothwendige, d. h. unfreie Bewegung des Willens zu einem Gegenstande oder Objecte. Es kann nur manchmal von einer objectiven, specificativen Nothwendigkeit die Rede sein. Allein die Bewegung des Willens durch das Object ist nicht effectiv oder wirksam, d. h. durch diese Bewegung, durch das Object tritt der Wille nicht aus seiner Unthätigkeit heraus. Der Wille muss subjectiv wirksam bewegt werden, denn der Willensact, um den es sich hier handelt, ist eine Wirkung der subjectiven Bewegung des Willens. Diesbezüglich aber ist er durchaus frei.

Ferner sagt man, der heil. Thomas erkläre, dass der Wille sich hinreichend *in actu* befinde, wenn er von Gott auf natürliche und nothwendige, d. h. unfreie Weise zum Guten und zu der Glückseligkeit im allgemeinen bewegt wird. Zu allen andern bestimme sich der Wille selber und **allein**.

Erkundigen wir uns etwas genauer in den Werken des heiligen Thomas, und es wird uns sofort einleuchten, dass das gerade Gegentheil Lehre des englischen Meisters ist. Bewegt Gott den Willen in der genannten Weise, so ist derselbe allerdings hinreichend *in actu* bezüglich der **formellen Seite des Gegenstandes**: er will **im allgemeinen glücklich sein**. Zu dem *objectum quo* ist der Wille bestimmt. Allein **den Gegenstand, welcher ihn glücklich macht**, das *objectum quod* muss er erst suchen. In dieser Beziehung ist er somit nicht **bestimmt**, folglich **nicht hinreichend** *in actu*. Darum bemerkt der heil. Thomas, der eine suche das Endziel, den Gegenstand seines Glückes da, der andere dort. Der eine erwählt sich die Thätigkeit, der andere die **Unthätigkeit** zu seinem Endziele. Wenn aber der Mensch suchen muss, wenn er, wie S. Thomas sagt, dazu vorerst **des Rathes der Vernunft** bedarf, so kann der Wille unmöglich schon hinreichend *in actu* sein. In Bezug auf das **Formelle des Objectes**, hinsichtlich der *ratio volendi* braucht er keinen Rath. Zu dieser ist er auf natürliche und nothwendige, d. h. unfreie Weise bestimmt. Anders aber verhält sich die Sache in Betreff **des Gegenstandes selber und der entsprechenden Mittel**.

Im Artikel, worauf man sich hier beruft: 1. 2. q. 9. a. 4. spricht der heil. Thomas ausdrücklich davon, dass der Wille zu seinem ersten Acte einen äußern Beweger brauche. Was versteht er unter diesem **ersten Willensacte**? Vielleicht die natürliche und nothwendige, d. h. unfreie Hinneigung zum Guten und zu der Glückseligkeit im allgemeinen? Keineswegs, denn er beweist daselbst, dass der Wille zu diesem ersten Acte eines Rathes bedürfe, einen Rath voraussetze. Um das Gute und die Glückseligkeit im allgemeinen zu wollen, dazu, wie gesagt, braucht der Mensch keinen Rath. Bedarf nun der Wille des Einflusses Gottes, um ein **bestimmtes Object** zu begehren, in welchem er sein Glück zu finden vermeint, wie S. Thomas auch noch anderswo lehrt (de malo q. 6. a. unic.), so ist er durch die sogenannte **allgemeine Bewegung** durchaus nicht hinreichend *in actu*. Diese erste Bewegung des Willens durch Gott wird vom englichen Lehrer in dem soeben angeführten Artikel **ausdrücklich eine freie** geuannt. Ein Beweis mehr dafür, dass darunter nicht die natürliche und nothwendige, d. h. unfreie Bewegung zum Guten und zu der Glückseligkeit im allgemeinen verstanden werden darf.

Jeder Ascet wird uns sagen, wir sollen uns nie etwas **im allgemeinen zu thun vornehmen**. Und warum dies? Einfach deshalb, weil in diesem Falle nichts ausgeführt wird. Ist nun dieses möglich, wenn der Wille bei diesem Streben im allgemeinen schon hinreichend *in actu* ist, um particuläre Güter zu wollen, um individuell thätig zu sein? Sobald der Wille *in actu* ist, erfolgt zuversichtlich *(infallibiliter)* wenn auch nicht, wie behauptet wird, nothwendigerweise eine Thätigkeit. Selbst wenn ein Rath vorangegangen, ist der Wille noch nicht hinreichend *in actu*. Es muss das letzte Urtheil gesprochen, die Sentenz gefällt sein, dann erst erfolgt auf die Bewegung durch Gott hin eine wirkliche Thätigkeit. Erst dann wählt der Wille das eine anstatt des andern. Die Applicierung des Willens zum Guten im allgemeinen reicht demnach beiweitem nicht aus. Der Gegenstand, das Object, in welchem der Wille glücklich zu sein hofft, muss ausgewählt werden. *Consilia et electiones sunt circa particularia, quorum est actus. Unde requiritur ut id, quod apprehenditur bonum et conveniens, apprehendatur ut bonum et conveniens in particulari, et non in universali tantum* (l. c. de malo).

Aus all dem geht hervor, dass S. Thomas in keiner Weise jene Lehre vorgetragen hat, die von den Gegnern vertheidigt wird. Seiner Doctrin zufolge muss vielmehr Gott den Willen bewegen, aus der Indifferenz dieses oder jenes Object zu wählen herauszuziehen, sonst erfolgt keine Thätigkeit. Aus einem Indifferenten geht niemals ein bestimmter Act hervor. Jeder Act aber ist etwas Bestimmtes, Individuelles. *Interior voluntas movetur ab aliquo superiori principio quod est Deus. Et secundum hoc Apostolus dicit, quod non est volentis, scilicet velle, neque currentis, scilicet currere, sicut primi principii, sed Dei miserentis. Voluntas aliquid confert, cum a Deo movetur. Ipsa enim est, quae operatur, sed mota a Deo. Et ideo motus ejus, quamvis sit ab extrinseco, sicut primo principio, non tamen est violentus. Quando voluntas de novo incipit eligere, transmutatur a sua priori dispositione, quantum ad hoc, quod prius erat eligens in potentia, et postea fit eligens in actu. Et haec quidem transmutatio est ab aliquo movente, inquantum ipsa voluntas movet seipsam ad agendum, et inquantum etiam movetur ab aliquo exteriori agente, scilicet Deo* (l. c. a. 4, und 17.). Hier ist überall von der Wahl die Rede. Wir wissen aber, dass der Wille das Gut und die Glückseligkeit im allgemeinen nach der Lehre des heil. Thomas gar nicht wählen **kann**, weil er dazu von Natur aus schon bestimmt ist. Man vergleiche z. B.: 3. contr. Gent. c. 9. Daselbst heißt es: *Electiones et voluntates immediate a Deo disponuntur*.

Wir sehen ab von weiterer Anführung von Texten aus dem heil. Thomas. Die Unrichtigkeit der Theorie, S. Thomas habe bloß gelehrt, dass der Wille von Gott auf natürliche und nothwendige d. h. unfreie Weise zum Guten und zu der Glückseligkeit im allgemeinen bewegt werde, ergibt sich aus dem bisher Gesagten mit voller Klarheit. Der Wille ist weit mehr passiv und indifferent mit Bezug auf die particulären Güter, weil er in dieser Hinsicht des Rathes und der Auswahl bedarf, als in Betreff des Guten im allgemeinen. Für das Gute im allgemeinen ist der Wille überhaupt nicht objectiv indifferent, denn dieses bildet für ihn das adaequate Object. Wo immer der englische Meister die Freiheit bespricht, da zählt er zu ihren vorzüglichsten, hauptsächlichsten Acten die Auswahl. Hängt der Wille des Geschöpfes in dieser Beziehung nicht von Gott ab, so ist offenbar der Wille selber erster Beweger. Und gerade das ist es, was S. Thomas unausgesetzt bestreitet.

111. Die Bewegung des Willens zum Guten und zu der Glückseligkeit im allgemeinen erweist sich demnach als vollkommen unzureichend. Der Wille muss zu jeder Thätigkeit, die er ausübt, von Gott bewegt werden. Der englische Meister spricht stets in allgemeinen Ausdrücken. Wir finden nirgends eine Beschränkung. Gott ist Ursache jeder Thätigkeit (de potentia q. 3. a. 7.). Das erste Agens bewegt alle andern zur Thätigkeit. Daher sind alle in der Kraft Gottes thätig und er selbst bildet die Ursache aller Thätigkeiten der Agentien (1. p. q. 105. a. 5.). Was durch uns geschieht, das verursacht Gott in uns nicht ohne unsere eigene Thätigkeit. Er selbst aber ist in jedem Willen und in jeder Natur thätig (1. 2. q. 55. a. 4. ad 6.). Er wirkt in jeder thätigen Kraft. *Deus est operans in qualibet virtute operante* (1. dist. 37. q. 3. a. 3. ad 3.). Seine Kraft ist das Medium, welches den Effect mit der Kraft der subalternen Ursache verbindet (2. dist. 1. q. 1. a. 4.). Ohne Thätigkeit Gottes können daher die Natur und der Wille weder bestehen, noch eine rechte Bewegung haben, denn Gott ist als erste Ursache in der Natur und im Willen, d. h. in den untergeordneten Agentien thätig (2. dist. 24. q. 1. a. 4. ad 1.). Die göttliche Causalität ist nicht ausgeschlossen, wenn wir sagen, der Wille könne dieses und jenes durch sich selber thun (l. c. dist. 28. q. 1. a. 1.). Denn Gott bewegt alle Dinge zu ihren Thätigkeiten (3. contr. Gent. c. 68.). Man vergleiche noch: 1. 2. q. 6. a. 1. ad 3. — 1. dist. 42. q. 2. a. 1. — 2. dist. 9. q. 1. a. 2. ad 4. — ib. dist. 15. q. 3. a. 1. ad 2. etc.

Wie ist es möglich, fragen wir, dass der englische Lehrer behauptet, Gott sei die Ursache jeder Thätigkeit, sowohl der Naturwesen, als auch der vernünftigen Geschöpfe, und er meint damit nur die natürliche und nothwendige, d. h. unfreie Hinneigung des Willens zum Guten und zu der Glückseligkeit im allgemeinen? Kennt denn S. Thomas keine freien Thätigkeiten? Oder sind ihm frei und nothwendig real identische Dinge? Der Doctor Angelicus lehrt ausdrücklich, Gott sei Ursache der Sünde, insofern sie ein physischer Act, ein Seiendes in der physischen Ordnung ist. Muss nun aber die Sünde nicht zu den freien Acten des Willens gerechnet werden? Wie kann man demnach behaupten, S. Thomas lehre bloß jenen Einfluss Gottes auf den Willen, wodurch derselbe auf natürliche und nothwendige, d. h. unfreie Weise zum Guten und zu der Glückseligkeit im allgemeinen bewegt wird? Vermittlungsversuche haben immer etwas Missliches. Hier haben wir indessen thatsächlich gar keinen Vermittlungsversuch, sondern den reinen Simultanconcurs der Gegner des heil. Thomas. Die Erklärung, wie Gott zur Sünde mitwirkt, ist darum nicht allein in sich unrichtig, sondern bietet auch eben so viele und eben so große Schwierigkeiten, wie im System des heil. Thomas und seiner Schüler. Wie die Frage von den Vertheidigern des bloß simultanen Concurses gelöst wird, auf dieselbe Weise wird sie von den Thomisten gelöst.

Der menschliche Wille ist nicht deshalb Ursache der Sünde, weil er bloß das Stoffliche, das Subject des moralisch Bösen, nämlich den Act in der physischen Ordnung wirkt. Nein, er wirkt diesen Act auch in der moralischen Ordnung. Er ist darum auch Ursache des Bösen selber. Dieser Act geht nicht überhaupt oder im allgemeinen aus dem Willen hervor, sondern aus dem Willen, der *in individuo* moralisch handelt. Ist er in diesem Zustande von Gott abgewendet, so wirkt er fehlerhaft und gibt seiner Thätigkeit eine Deformität. Diese Thätigkeit geht, *in esse moris* specificiert und von der sittlichen Rechtschaffenheit abweichend, aus dem Willen hervor.

Durch die Bewegung Gottes wird die Thätigkeit des Willens nicht in der moralischen, sondern bloß in der physischen Ordnung specificiert. Der Thätigkeit *in esse naturae* kommt *per accidens* eine Deformität zu wegen der Beziehung zur nächsten defecten Ursache, aus welcher sie, *in esse moris* specificiert, hervorgeht. Cfr. de malo q. 3. a. 2. Die Deformität ist allerdings innerlich, *intrinsece* mit diesem Acte verbunden, aber nur insofern als dieser Act, in der moralischen Ordnung specificiert, aus der fehlerhaften Ursache stammt. In der physischen Ordnung ist die Deformität für den Act etwas rein Zufälliges. *Deformitas peccati non consequitur speciem actus, secundum quod est in genere naturae; sic autem a Deo causatur. Sed consequitur speciem actus, secundum quod est moralis, prout causatur ex libero arbitrio, sicut in alia quaestione* (q. 2. a. 2. et 3.) *dictum est* (de malo q. 3. a. 2. ad 2.). Daraus ist klar, dass Gott den Act der Sünde wirken kann, ohne zugleich die Sünde selber zu verursachen. Es ist nicht ohneweiters richtig, dass, wenn zwei Dinge miteinander verbunden sind, derjenige, der das eine wirkt, auch das andere hervorbringen müsse. Er müsste zu diesem Zwecke auch das andere als Ursache wirken. *Effectus causati, inquantum est causatum, reducitur in causam. Si autem aliquid procedat a causato, non secundum quod est causatum, hoc non oportet in causam reduci. Sicut motus tibiae causatur a virtute motiva animalis, quae tibiam movet. Sed obliquitas ambulationis non provenit a tibia, secundum quod est mota a virtute motiva, sed secundum quod deficit a susci-*

piendo influxum motivae virtutis per suum defectum. Et ideo claudicatio non causatur a virtute motiva. Sic ergo peccatum causatur a libero arbitrio, secundum quod deficit a Deo. Unde non oportet, quod Deus sit causa peccati, licet sit causa liberi arbitrii (de malo p. 3. a. 1. ad 4.). Würde Gott zugleich auch die **schlechte Disposition** des Willens für die Aufnahme seiner Bewegung hervorbringen, dann wäre er Ursache des fehlerhaften Actes. Das lehrt aber weder S. Thomas, noch einer seiner Schüler.

Man wird demnach zugeben müssen, dass Gott **den Act** der Sünde in der That verursacht, widrigenfalls der Wille **zur ersten Ursache** wird. Erste Ursache ist stets diejenige, die keine andere voraussetzt. Allein deshalb wirkt Gott nicht auch zugleich die Sünde als solche. Diese hat keineswegs ein **effectives**, sondern ein **defectives** Agens zu ihrer Ursache, denn sie ist an sich ein Mangel, eine *privatio*. Die Wahlfreiheit, nicht als solche, sondern als fehlerhafte, als *deficiens*, weil aus dem Nichts stammend, bildet ausschließlich und allein den Grund für den fehlerhaften **Act**. Der Wille ist von Natur aus zum Fehlen geneigt. Selbst Gott konnte ihn **von Natur aus** nicht anders machen, weil er eben ein Geschöpf ist (de veritate p. 24: a. 7.). Was die Sünde Positives an sich hat, das kommt von Gott und ist gut, *bonum et ens convertuntur*. Diesbezüglich hat sie in analoger Weise Antheil an der Form Gottes, an dem Sein. Sie ist ein *ens per participationem*, und aus diesem Grunde von Gott verursacht. Als Sünde dagegen besitzt sie keine Form, kein Sein, sie hat vielmehr Mangel an der Form, an dem Sein. Darum ist sie eine *privatio* und hat als solche in keiner Weise Antheil an Gott, Ähnlichkeit mit Gott.

Der Wille wirkt nur solange **in der Kraft Gottes**, als er in der Unterordnung unter Gott bleibt. Das geschieht mit Bezug auf seinen Act in der physischen Ordnung. Hinsichtlich dieses Actes in der moralischen Ordnung dagegen tritt er aus der Unterordnung unter Gott heraus. Das vom Willen angestrebte Endziel ist *in esse moris* nicht Gott, sondern ein vergängliches Gut. Ebenso ist die formelle Ursache, das wirksame Princip dieses Actes *in esse moris* nicht der Wille als *efficiens*, sondern als *deficiens*. Gott aber kann niemals *causa deficiens* sein. In dieser Beziehung ist somit der Wille Gott nicht untergeordnet.

§. 16. Schluss. Allgemeiner Überblick über das gewonnene Resultat.

112. Wir können nun unsere Untersuchung über die Lehre des heil. Thomas mit Bezug auf die Willensfreiheit der vernünftigen Wesen zum Abschlusse bringen. Das Hauptsächlichste in dieser Frage glauben wir mehr oder minder berührt zu haben. Ein klarer

Einblick in die Lehre des großen Meisters dürfte demzufolge möglich sein.

Die Willens- oder Wahlfreiheit hat ihren **Grund**, ihre **Wurzel** in der Abhängigkeit des Willens vom Verstande. Der Wille strebt nach seinem Objecte in der Weise, wie es ihm durch den Verstand vorgestellt wird. Der Verstand kann das Object des Willens in doppelter Weise vorstellen: entweder als **ein absolutes, in jeder Beziehung vollkommenes, daher allgemeines,** oder als ein beschränktes, mit Unvollkommenheit vermischtes, daher particuläres Gut. Wird es dem Willen als ein Gut in jeder Beziehung dargestellt, so begehrt es der Wille mit **Nothwendigkeit und auf natürliche Art.** Der Wille ist demnach in dieser Hinsicht **nicht frei**, d. h. er kann nicht **das Gegentheil** von diesem Gut anstreben. Er ist vielmehr für dieses Gut bestimmt, determiniert. Ein Gut dieser Art füllt **die ganze Potentialität** des Willens aus. Darum ist die Kraft dieses Guts so groß, dass es den Willen **objectiv** auf natürliche und nothwendige Weise bewegt, mit Ausschluss der **objectiven** Indifferenz, daher auch der **objectiven Wahlfreiheit.**

Ein solches Gut findet sich in der That vor. Es ist das Gut als solches und die Glückseligkeit im **allgemeinen.** Der Wille kann niemals ein **Nichtgut** als solches begehren, er kann niemals **unglücklich** sein wollen. Dafür besitzt er keine **objective** Indifferenz. Das ist selbst Gott, dem freiesten Wesen von allen, nicht gegeben, dass er etwas wolle, was nicht ein Gut ist, oder dass er unglücklich zu sein begehre. Diese objective Nothwendigkeit bildet **das eigentliche Fundament** für die Freiheit des Willens (de veritate q. 22. a. 5.).

Da indessen der Wille als Strebevermögen, im Unterschiede von der Erkenntniskraft, nicht das **vorgestellte Gut** begehrt, d. h. nach demselben nicht strebt, wie es in der **Vorstellung,** sondern wie es in der **Wirklichkeit** ist, so wirft sich die Frage von selber auf, ob es für den Willen der vernünftigen Wesen ein solches Gut **in der Wirklichkeit** *a parte rei* geben könne, welches den Willen objectiv auf natürliche Weise und mit Nothwendigkeit bestimmt? Das erste und höchste aller geistigen Wesen, Gott, besitzt in der That ein solches Gut. Es ist seine eigene Wesenheit. Diese stellt sich als ein allseitig, in jeder Beziehung vollkommenes Gut dar. Der Grund davon liegt in ihrer Einfachheit. Sie ist Act, nichts als Act, somit nichts als Vollkommenheit. Gott liebt darum seine Wesenheit, sich selber, auf natürliche und nothwendige, d. h. unfreie Weise. Er ist zu dieser seiner Wesenheit **bestimmt** oder **determiniert.** In Gott sind die objective, formelle *ratio volendi* und der Gegenstand, die *res*, in welcher diese *ratio volendi* sich befindet, sachlich ein und dasselbe. Alles in ihm ist lautere Güte (1. contr. Gent. c. 74. und 80.).

Für den Willen der vernünftigen Geschöpfe gibt es keinen Gegenstand, keine *res*, wodurch derselbe auf natürliche und nothwendige, d. h. unfreie Weise bestimmt würde, solange der Verstand ihm nicht Gottes Wesenheit selbst darstellt. Was der Verstand vor dem Zustande der Seligkeit im Jenseits dem Willen vergegenwärtigt, das ist und bleibt stets als **Gegenstand** oder *objectum quod* etwas mit einer Unvollkommenheit Vermischtes. Die geschaffenen Güter sind ausnahmslos zusammengesetzt aus Potenz und Act, zum mindesten aus Wesenheit und Existenz. Die Potenz aber, oder was sich wie die Potenz, wie der Stoff verhält, bedeutet immer etwas **Unvollkommenes**. Der Act, die Existenz, oder was sich auf diese Art verhält, bildet allerdings etwas **Vollkommenes**. Da nun kein geschaffenes Wesen reiner Act, lautere Wirklichkeit, unvermischtes Sein ist, wie Gottes Wesenheit, so kann der Verstand dem Willen nichts Geschaffenes als ein allseitig und in jeder Beziehung vollkommenes Gut darstellen. Es gibt folglich für ihn in diesem Zustande **keinen Gegenstand, kein Object** *(objectum quod)*, zu welchem er auf natürliche und nothwendige, d. h. unfreie Weise **bestimmt** wäre.

Gott existiert allerdings, und er ist **in der Wirklichkeit** ein solcher Gegenstand, ein *objectum quod* für den Willen der Geschöpfe. Allein der Verstand stellt dem Willen Gott nicht so dar, wie er in sich selber ist. Und nach der Vorstellung des Verstandes richtet sich das Streben des Willens. Der Wille der geschaffenen Wesen ist daher bloß bestimmt **zu dem objectiven, formellen Grunde, zu der** *ratio volendi*, **aber zu keinem in der Wirklichkeit existierenden Gegenstande**. In letzterer Beziehung bleiben sie demnach **frei**. Das nämliche muss gesagt werden vom Willen Gottes mit Bezug auf alles, was nicht seine eigene Wesenheit ist. Das ist in Kürze das Resultat unserer Untersuchung über den Grund oder die Radix der Freiheit, über die Freiheit **im objectiven Sinne**.

113. Die Freiheit der vernünftigen Wesen muss aber auch von ihrer **formellen Seite** aus betrachtet werden. Die Freiheit **im formellen Sinne** ist nichts anderes, als die **Macht**, eine Thätigkeit auszuüben, oder dieselbe zu unterlassen, und, wenn der Wille thätig ist, wieder davon abzustehen.

Gott ist auch in dieser Beziehung das freieste Wesen von allen. Obgleich er an und für sich niemals im Zustande der **Unthätigkeit** sich befindet, sondern reine lautere Thätigkeit ist, so bleibt er dennoch im höchsten Grade **frei**. Ein Beweis, dass die **Unthätigkeit** an und für sich nicht zur Freiheit gehört. Der Wille Gottes ist auf **natürliche und nothwendige, d. h. unfreie Weise** thätig im Wollen seiner selbst, seiner Wesenheit. Die Thätigkeit, welche sich auf alle andern Objecte bezieht, muss eine absolut freie genannt werden.

Wie verhält es sich aber dann mit dem Grundsatze des heil. Thomas, die vernünftigen Wesen seien deshalb **subjectiv oder formell frei**, weil die Thätigkeit, der Act, etwas **Particuläres** ist? Muss die Willensthätigkeit Gottes nicht ebenfalls etwas **Particuläres** genannt werden? Ohne Zweifel ist sie etwas Particuläres oder Singuläres. Das Particulärsein als solches hindert nicht, dass der Wille auf natürliche und nothwendige Weise begehre. Particulär kann nämlich ein Ding auf doppelte Art sein. Entweder durch sich selber, ohne Zusammensetzung mit einem andern, ohne Beimischung eines Unvollkommenen. In dieser Art singulär ist dasjenige, was weder die Fähigkeit besitzt, etwas anderes aufzunehmen, noch von einem andern aufgenommen zu werden. Ein solches Wesen ist zwar particulär, aber nichts destoweniger **allseitig und in jeder Beziehung ein Gut**. Es ist **nur ein Gut**, nichts als ein Gut, daher auch *bonum universale*. So verhält es sich thatsächlich mit der göttlichen Willensthätigkeit, wodurch er seine eigene Wesenheit begehrt. Seine Thätigkeit unterscheidet sich sachlich oder real nicht von seiner Wesenheit. Gleichwie daher seine Wesenheit zwar **singulär**, und doch ein *bonum universale* ist, ebenso muss dieses von seiner Thätigkeit in sich selber behauptet werden. Er will folglich seine Thätigkeit auf natürliche und nothwendige, d. h. unfreie Weise.

Im heil. Thomas finden wir indessen noch eine andere Nothwendigkeit. Der Verstand, eine geistige und darum reflexive Kraft, kann nicht bloß die Willensthätigkeit als ein in sich begehrenswertes Gut vorstellen, sondern auch als ein **Mittel**, um das Endziel, die Glückseligkeit zu erreichen, zu besitzen. Wird die Thätigkeit dem Willen vom Verstande als **einziges Mittel** dargestellt, so begehrt der Wille seine Thätigkeit ganz mit derselben Nothwendigkeit, mit welcher er **objectiv** das Endziel begehrt. Gott will **nothwendig** das Gut und die Glückseligkeit im allgemeinen: mit andern Worten, er begehrt **nothwendig das Endziel**. Dieses Endziel aber besitzt er **durch seine Thätigkeit**. Diese Thätigkeit ist sozusagen das Mittel, welches ihn in den Besitz der Glückseligkeit setzt. Selbstverständlich darf sie in Wirklichkeit nicht Mittel genannt werden, weil sie sich ja von der Glückseligkeit selber **nicht real** unterscheidet. Nichtsdestoweniger entspricht dieses Verhältnis unserer Auffassung. Daraus folgt abermals, dass Gott die Thätigkeit seines Willens auf natürliche und nothwendige, d. h. unfreie Weise begehrt. Diese Nothwendigkeit entspringt somit einem doppelten Grunde. Einmal, weil die Thätigkeit **in sich ein allseitig und in jeder Beziehung** vollkommenes Gut ist, ein *bonum universale* bildet, indem sie sich von seiner Wesenheit nicht real unterscheidet. Als zweiter Grund kann angeführt werden, weil sie das **einzige Mittel** ist, um glücklich zu sein.

Betrachten wir nun die Willensthätigkeit Gottes in ihrer Beziehung zu den geschöpflichen Dingen. Diesbezüglich ist sie eine durchaus freie, und zwar aus denselben zwei Gründen, aus welchen sie früher eine nothwendige war. Die Willensthätigkeit Gottes in ihrem Verhältnisse zu den geschöpflichen Dingen ist sozusagen nicht ein *bonum universale*, und sie bildet nicht das einzige Mittel für Gott, um glücklich zu sein. Selbst wenn er gar kein Geschöpf will, bleibt er im Vollbesitze seiner Glückseligkeit. Begehrt er deren, so geschieht es einzig und allein nur seiner eigenen Wesenheit und Güte, seiner eigenen Glückseligkeit wegen. Er kann dieselbe dadurch nicht für sich vergrößern, sondern bloß andern von seiner eigenen Größe mittheilen wollen.

114. Anders verhält sich die Sache in Betreff der Willensthätigkeit der vernünftigen Geschöpfe. Diese ist in sich etwas Particuläres, aber ein Particuläres, das mit einer Unvollkommenheit vermischt sich zeigt. Die Thätigkeit der Geschöpfe ist, wie diese selber, zusammengesetzt aus Potenz und Act. Jede Substanz besteht aus Wesenheit und Existenz oder Dasein. Dasselbe gilt vom Accidens. Die Wesenheit bildet etwas Unvollkommenes, die Existenz, der Act ist das Vollkommene. Aus dieser Mischung eines Unvollkommenen mit einem Vollkommenen folgt aber, dass die Thätigkeit nicht ein allseitig und in jeder Beziehung vollkommenes Gut, dass sie nicht ein *bonum universale* ist. Da nun der Wille nur das *bonum universale* auf natürliche und nothwendige, d. h. unfreie Weise begehrt, die Thätigkeit des Geschöpfes aber nicht ein solches Gut ist, so ergibt sich daraus mit voller Klarheit, dass der Wille subjectiv, formell, mit Bezug auf seine Thätigkeit vollkommen frei ist.

Dazu kommt noch ein anderer Grund. Der Wille begehrt zwar mit der früher genannten Nothwendigkeit das Gut und die Glückseligkeit im allgemeinen. Er will unter allen Umständen glücklich sein. Allein das ist, wie früher nachgewiesen wurde, bloß die *ratio volendi*. Unter dieser Glückseligkeit im allgemeinen ist kein bestimmter Gegenstand einbegriffen, kein Mittel angegeben, wodurch er in den Besitz der Glückseligkeit gelangt. Wäre die Thätigkeit real identisch mit dem Gegenstande selbst, und dieser wiederum mit der *ratio volendi*, dann könnte man von einer Nothwendigkeit sprechen. Oder wäre die Thätigkeit das einzige Mittel um glücklich zu sein, so hätten wir abermals eine Nothwendigkeit zu verzeichnen. Allein dieses ist nicht der Fall. Das Geschöpf kann gerade darin glücklich sein, dass es keine Willensthätigkeit ausübt, oder dieselbe wieder unterbricht, und in den Zustand der Unthätigkeit zurückkehrt. Mit Recht bemerkt darum der heil. Thomas, der Mensch brauche über die Glückseligkeit nicht nachzudenken, dieselbe folglich nicht thatsächlich (*actu*) zu wollen.

Im andern Leben wird dieses Verhältnis einigermaßen geändert. Die Thätigkeit selbst bleibt auch dort in sich etwas Particuläres, mit einer Unvollkommenheit Vermischtes. Sie wird nicht reine Thätigkeit, *actus purus*. In dieser Hinsicht ist und bleibt sie demnach eine vollkommen freie Eigenschaft des vernünftigen Geschöpfes. Sie bringt aber deshalb eine gewisse Nothwendigkeit mit sich, weil sie zum einzigen Mittel wird, um glücklich zu sein. Der Verstand wird im Jenseits dem Willen niemals die Unthätigkeit als Mittel zur Seligkeit vorstellen. Dies gilt natürlich nur in Bezug auf die Anschauung Gottes, in Bezug auf das actuelle Streben des Willens nach dem Endziele selber. Hinsichtlich des Begehrens der andern Güter, außerhalb der göttlichen Wesenheit, bleibt die Thätigkeit des Willens eine ganz und gar freie, ähnlich derjenigen, die Gott in Betreff der Geschöpfe besitzt.

Der Grundsatz des englischen Meisters, der Wille sei mit Bezug auf seine Thätigkeit, *quoad exercitium actus*, frei *(liberi arbitrii)*, weil die Thätigkeit etwas Particuläres ist, hat somit seine volle Geltung. Wir sprechen ja zunächst von der Freiheit des Willens überhaupt. Und es ist auch vollkommen richtig, wenn S. Thomas erklärt, diese subjective, formelle Freiheit behalte der Mensch: „*in quolibet statu naturae respectu cujuslibet objecti*" (de veritate q. 22. a. 6.). Der *status gloriae* ist nicht ein *status naturae*, sondern *supranaturae*. Der veränderte Zustand im Jenseits kommt ihm daher nicht mit Rücksickt auf seine Natur zu. Damit ist zugleich das Gebiet der Willensfreiheit genau angegeben.

115. Wir wollen nun auch das Freiheitsprincip kennen lernen. In Gott ist das Freiheitsprincip unmittelbar die Wesenheit selber. Verstand und Wille sind in ihm real ein und dasselbe mit seiner Wesenheit. Diese Wesenheit aber ist reine Form, reiner Act. Seine Thätigkeit muss daher ebenfalls reiner Act sein. In keiner Beziehung findet sich darum in Gott irgendeine Potentialität. Er ist niemals weder Potenz, noch in der Potenz. Infolgedessen kann man auch von ihm nicht sagen, er sei *actu* oder *in actu*. Gott ist nicht in der Wirklichkeit, sondern nur Wirklichkeit. Er ist nur *actus*.

Das Thätigkeitsprincip in Gott müssen wir Form, Wirklichkeit, *actus* nennen. Demgegenüber heißt Thätigkeitsprincip in den Geschöpfen dasjenige, was *actu* oder *in actu* ist. Dieses begründet einen mehr als himmelweiten Unterschied. Die vernünftigen Geschöpfe — mit diesen wollen wir uns jetzt ausschließlich beschäftigen — sind nicht unmittelbar durch den Act oder die Form thätig. Die Form oder der Act, wodurch sie in der Seinsordnung *in ordine entitativo* constituirt werden, ist nicht zugleich das nächste, unmittelbare Princip der Thätigkeit *(in ordine operativo)*. Das nächste unmittelbare Princip wird vielmehr von der

Potenz oder dem Thätigkeitsvermögen gebildet. Nur handelt es sich jetzt darum, genau anzugeben, in welchem Zustande das Thätigkeitsvermögen sein müsse, um in der Wirklichkeit Princip oder Ursache einer Thätigkeit genannt werden zu können.

Der englische Meister lehrt, dass Gott allein ohne Beimischung einer Potentialität sei. Alles Geschaffene ist somit, wenn' es Wirklichkeit besitzt, aus Potenz und Act zusammengesetzt. Dieses Gesetz finden wir *in ordine entitativo* sowohl, wie auch *in ordine operativo* ausgeprägt. Das Thätigkeitsprincip, die Ursache als solche muss daher etwas Zusammengesetztes sein. S. Thomas weist darauf hin, wenn er sagt, dieses Princip sei die *potentia in actu*, das Agens *in actu*. Eine Potenz *in actu* bedeutet nichts anderes als eine Potenz, verbunden, vermischt mit einem Acte. Die Wesenheit *in actu* ist die Wesenheit als Potenz, vereinigt mit der Existenz als ihrem Acte. Von Gott sagt der Doctor Angelicus das nicht. Gott ist nicht Potenz, auch nicht Potenz *in actu*, sondern ausschließlich Act, *actus*. Der Grund davon liegt in seiner absoluten Einfachheit sowohl in *ordine entitativo* als *in ordine operativo*.

Der Wille als Thätigkeitsprincip, als wirkliche Ursache, muss somit zusammengesetzt sein aus Potenz und Act. Er kann in diesem Zustande nicht reine Potenz sein, denn die reine Potenz ist aufnehmendes, nicht aber mittheilendes, gebendes Princip. Das Thätigkeitsprincip gibt etwas, die Ursache theilt ihrer Wirkung, dem Effecte das Sein mit. Dieses Princip kann indessen auch nicht reiner Act sein, denn reiner Act ist nur Gott, er allein.

Besitzt nun der Wille als Thätigkeitsvermögen diese zwei Eigenschaften, die in den geschaffenen Dingen gefordert werden, um Princip, um Ursache zu sein? Ist dieses Vermögen zusammengesetzt aus Potenz und Act? An und für sich nicht, denn auf das Princip, auf die Ursache folgt infallibel die Thätigkeit als Effect. Eine wirkliche Ursache, die nichts verursacht, lässt sich schlechterdings nicht denken. Der heil. Thomas lehrt aber, der Wille sei manchmal ohne Thätigkeit, *agens in potentia*. In diesem Zustande ist er folglich nicht Princip, nicht Ursache. Und warum dies? Weil er reine Potenz ist. Es fehlt ihm in diesem Zustande der Act, die Existenz *in ordine operativo*.

Wer gibt dem Willen, dem Thätigkeitsvermögen, diesen Act, die Existenz, wodurch er *in ordine operativo* Wirklichkeit hat, und infolge dessen Princip, Ursache wird? Vielleicht er selber? Das ist gerade sowenig möglich, als es möglich ist, dass eine Wesenheit sich selber die Existenz verleihe. Der Wille als Vermögen könnte sich etwas nur vermittelst einer Thätigkeit geben. Allein das setzt voraus, dass schon ein Princip, eine Ursache dieser Thätigkeit vorhanden ist. Princip der Thätigkeit ist aber nach der Lehre des heil. Thomas die active Potenz, oder die *potentia in actu*, das *agens in actu*. Vermag demnach der Wille als Thätigkeitsvermögen sich selber dasjenige zu geben, wodurch er active Potenz, *potentia in actu* wird, was aber nur durch eine Thätigkeit geschehen kann, so bringt er eine Wirkung hervor, bevor er Princip oder Ursache dieser Thätigkeit ist. Dann ist er zugleich passive und active Potenz, zugleich *agens in potentia* und *agens in actu*. Das *agens in potentia* und das *agens in actu* ist eins und dasselbe. Das sind doch wohl helle Widersprüche.

Man erwidert, der Wille sei nicht eine passive, sondern eine active Potenz. Allerdings ist er das, aber wann? Erst dann, wenn er *agens in actu* geworden. An und für sich ist er es durchaus nicht, denn in diesem Falle könnte er nie ohne Thätigkeit sein. Auf die active Potenz folgt unfehlbar eine Thätigkeit. Die active Potenz ist bloß der Natur und Causalität nach früher als die Thätigkeit. In Bezug auf die Zeit sind beide zugleich. Die active Potenz ist Princip, Ursache. Die Ursache geht der Wirkung zwar der Natur und Causalität nach voraus, hinsichtlich der Zeit sind beide zugleich. Es widerspricht darum der Lehre des heil. Thomas, wenn man den Willen schlechthin active Potenz nennt. An und für sich ist er Thätigkeitsvermögen, somit reine Potenz, folglich passiv. Active Potenz muss er erst werden durch ein Agens, welches schon *in actu* ist.

116. Der Wille als Thätigkeitsvermögen ist reine Potenz, kann darum nicht sich selber zu einer activen Potenz, zu einer *potentia in actu* oder einem *agens in actu* machen. Die Form, der Act, wodurch er *potentia in actu* wird, muss darum nothwendig von Gott kommen. Denn Gott ist *actus*, er allein kann den Willen subjectiv bewegen, aus dem passiven in den activen Zustand überführen. Gott allein kann den Willen zum Princip, zur Ursache machen. Durch das, was Gott ihm mittheilt, wird der Wille *in ordine operativo* existent, und jetzt geht er dann in Thätigkeit über. Die Potenz als solche ist niemals Thätigkeitsprincip, denn sie verhält sich wie der Stoff. Dieses Princip wird immer durch die Form constituiert. Dasjenige, wodurch der Wille Princip oder Ursache der Thätigkeit wird, ist folgerichtig nichts anderes als die Bewegung durch Gott. Diese inhäriert dem Willen vorübergehend *per modum formae* oder *actus*. Und warum nicht auf permanente Art? Deshalb nicht, antwortet S. Thomas, weil die Form, der Act *per modum permanentis* einzig und allein Gott eigen ist. Die Geschöpfe besitzen diese Form nur *per modum transeuntis*. *Alio modo oportet ponere virtutem agendi in agente principali, alio modo in agente instrumentali. Agens enim principale agit secundum exigentiam suae formae. Et ideo virtus*

activa in ipso est aliqua forma vel qualitas, habens completum esse in natura. Instrumentum autem agit ut motum ab alio, et ideo competit sibi virtus proportionata motui. Motus autem non est ens completum, sed via in ens, quasi medium quid inter puram potentiam et purum actum id dicitur in 3. Ethic. (4. dist. 1. q. 1. a. 4. qu. 2.).

Die Naturdinge besitzen diesen Act einigermaßen ständig, indem sie ohne Unterbrechung von Gott bewegt werden, was bei dem Willen der vernünftigen Geschöpfe nicht der Fall ist. Indessen darf man doch nicht sagen, dass sie diesen Act *per modum permanentis* haben. *Virtus naturalis, quae est rebus naturalibus in sua institutione collata, inest eis ut quaedam forma, habens esse ratum et firmum in natura. Sed id, quod a Deo fit in re naturali, quo actualiter agit, est ut intentio sola, habens esse quoddam incompletum, per modum, quo colores sunt in aere, et virtus artis in instrumento artificis* (de potentia q. 3. a. 7. ad 7.).

Das Willensvermögen mit dem Acte, mit der aufgenommenen Form oder Bewegung bildet das unmittelbare *principium quod* der Thätigkeit. Aber das *principium quo* dieser Thätigkeit ist die Form, die vorübergehend aufgenommene Bewegung. Das Willensvermögen allein genommen, verhält sich stofflich und der Stoff, die Materie kann nie *principium quo* einer Thätigkeit sein. Das ist immer die Form. Daraus leuchtet ein, warum der heil. Thomas beständig lehrt, das Geschöpf sei in der Kraft Gottes thätig. Die Bewegung des Willens durch Gott ist das *principium* wodurch oder *quo* der Wille Thätigkeitsprincip oder Ursache wird. Und eben diese Bewegung ist das *principium quo* der Thätigkeit.

Damit fällt der Einwurf, den ein Autor gegen die *praemotio physica* erhebt. Dieser Autor sagt, wenn Gott den Willen vorherbewege, so sei er nicht unmittelbar thätig. Wir antworten darauf: Gott ist nicht unmittelbar thätig als *principium quod*. Dieses Princip ist, wie schon bemerkt wurde, der bewegte Wille. Er ist aber unmittelbar thätig als *principium quo*. Dies gilt selbstverständlich nur mit Bezug auf die Thätigkeit des Willens. Bei der Überführung des Willens aus der Potenz in den Act ist der Wille auch nicht als *principium quod* thätig. Dieses Übergeführtwerden ist ein Bewegtwerden. Bewegtwerden aber bedeutet Leiden, nicht Thätigsein. Die Thätigkeit steht in einer andern Kategorie, als das Leiden. Bei dieser Überführung ist darum die Bewegung durch Gott *principium quod* und *quo* der Thätigkeit.

117. Kann man diesen Einfluss Gottes auf den Willen *praemotio physica* nennen, und ist diese Benennung im heil. Thomas begründet? Unbedingt ja. Von einer eigenen neuen Benennung durch die Thomisten ist gar keine Rede. Alle möglichen Vorwürfe erheben, ist eine leichte Sache. Doch hören wir den heil. Thomas selber. *Motio autem moventis praecedit motum mobilis ratione et*

causa (3. contr. Gent. c. 149.). Daselbst kommt das Wort: *praecedere, praevenire* wenigstens siebenmal oder achtmal vor. *In operatione, qua Deus operatur movendo naturam, non operatur natura* (de potentia q. 3. a. 7. ad 3.). Man behauptet, der englische Lehrer spreche immer nur von einem Appliciren der Potenz zu ihrer Thätigkeit. Das ist sehr ungenau und unklar geäußert. Wir wollen uns dieses Appliciren näher besehen. Gott applicirt den Willen zur Thätigkeit. Das kann nur bedeuten, Gott bewegt den Willen, damit der Wille Thätigkeit wird, eine Thätigkeit ausübt.

In welchem Zustande muss nun der Wille sich befinden, damit er eine Thätigkeit vollziehe? Er muss nothwendig active Potenz, *potentia in actu*, er muss Princip, Ursache sein. Es wurde aber früher gezeigt, dass der Wille dieses nicht durch sich selber ist, sondern dass Gott ihn dazu machen muss. Das geschieht durch die Überführung aus dem passiven in den activen Zustand. Kann der Wille bei dieser Überführung thätig sein? Wir müssen es absolut verneinen. Durch diese Überführung selber wird der Wille erst active Potenz oder Agens *in actu*. Das Princip der Thätigkeit aber ist die active, nicht die passive Potenz (1. p. q. 25. a. 1.). Von seiten des Willens haben wir darum bei dieser Überführung nur ein Bewegtwerden, sohin ein Leiden. Mit Recht sagt darum der heil. Thomas diesbezüglich: „*non operatur natura*". Damit ist die *praemotio* klar und deutlich ausgesprochen. Gott kann nur eine active, nicht eine passive Potenz zur Thätigkeit appliciren. Er muss daher den Willen vorerst zur activen Potenz machen, und dann wird sie applicirt, wird sie thätig.

Ferner wurde bewiesen, dass der Wille *in actu* aus Potenz und Act zusammengesetzt ist. Der Act dieser Potenz ist nichts anderes, als die Bewegung durch Gott. Nun lehrt der heil. Thomas an vielen Stellen, dass der Act oder die Form schlechthin d. h. der Natur, Causalität und Würde oder Vollkommenheit nach früher sei als der Stoff. Daraus folgt abermals die *praemotio*. Das Früher in einer andern Weise hat kein Thomist gelehrt.

Die *praemotio* bleibt darum auch zu Recht bestehen bei dem sogenannten simultanen Concurse des heil. Thomas. Simultan heißt dieser Concurs nur deshalb, weil nicht mehr Gott allein thätig ist, sondern auch der Wille mitwirkt. Bei diesem Concurse hört indessen die Bewegung Gottes nicht auf, Form oder Act des Willens zu sein. Darum bleibt sie auch in dieser Beziehung, nach dem vorhin ausgesprochenen Grundsatze, in Wirklichkeit eine *praemotio*. Das Formelle ist früher als das Stoffliche.

118. Es wird ferner eingewendet, die *praemotio* vertrage sich nicht mit der Freiheit. Allein wir sehen keinen Grund dafür. Wenn zum Wesen der Freiheit gehört, dass der Wille unthätig, passiv bleibe, dann wird die Freiheit allerdings durch die

praemotio aufgehoben. Sie wird aber dann auch zerstört, so oft der Wille durch sich selber thätig ist. Ebenso würde die Freiheit Schaden leiden, falls Gott durch seine Bewegung die ganze Potentialität des Willens ausfüllte. Das hat aber kein Thomist je gelehrt, und kein Gegner bis jetzt bewiesen. Gott bewegt den Willen der Natur desselben entsprechend und diese Natur verlangt, dass er frei bewegt werde, die Potenz für das Gegentheil beibehalte. Der Wille wird daher nur theilweise bestimmt, determiniert, nämlich zu diesem Acte. Für alle andern bleibt er frei. Würde er nicht determinirt, so könnte überhaupt keine Thätigkeit erfolgen, denn aus einem nicht Determinirten erfolgt niemals eine bestimmte, determinierte Thätigkeit. Und eine unbestimmte Thätigkeit existiert nicht.

Daraus folgt die Unrichtigkeit des bloß simultanen Concurses der Gegner. Denn dieser bestimmt oder determiniert nicht den Willen, sondern nur die Thätigkeit des Willens. Auf den Willen selbst wirkt er gar nicht ein. Der Wille selber bleibt folglich entweder unbestimmt, nicht determiniert, und trotzdem geht eine bestimmte Thätigkeit aus ihm hervor, oder er bestimmt sich selber allein. Das eine ist so unmöglich wie das andere. Ersteres ist von selber klar, letzteres leicht zu beweisen. Der Wille könnte sich selber nur durch die Thätigkeit bestimmen. Allein jede Thätigkeit setzt ein bestimmtes Princip voraus. Der Wille ist aber unbestimmt, weil er sich ja erst selber bestimmt. Er ist somit bestimmt und unbestimmt zugleich. Oder sollte vielleicht die eigene Thätigkeit den Willen bestimmen? In diesem Falle hätten wir eine Wirkung, durch welche die Ursache erst bestimmt wird. Und diese Wirkung müsste, um determinieren zu können, früher existieren, als ihre eigene Ursache, von welcher sie selber hervorgebracht wird. Daraus folgt zur Evidenz, dass der Wille selbst dann, wenn er als active Potenz, als *agens in actu* betrachtet wird, durch die *praemotio* bestimmt werden muss, um diesen individuellen Act auszuüben. *Nihil agit, nisi secundum quod est in actu. Et inde est quod oportet omne agens esse determinatum ad alteram partem. Quod enim est ad utrumlibet aequaliter se habens, est quodammodo potentia respectu utriusque. Et inde est, ut dicit Commentator in 2. Phys. quod ab eo, quod est ad utrumlibet, nihil sequitur, nisi determinetur* (2. dist. 25. q. 1. a. 1.). *In tantum indiget aliquid moveri ab aliquo, inquantum est in potentia ad plura. Oportet enim, ut id, quod est in potentia, reducatur in actum per aliquid, quod est actu. Et hoc est movere* (1. 2. q. 9. a. 1.).

119. Gegen diese Determinierung des Willens durch die *praemotio* wird sofort bemerkt, dass darunter die Freiheit nicht bestehen könne. Zur Freiheit nämlich gehöre, dass der Wille volle Herrschaft besitze über seine Thätigkeit oder seine Unthätigkeit.

Die Gegner bemerken vielleicht nicht, sonst würden sie diesen Satz kaum aussprechen, dass sie damit **volle Unabhängigkeit des Willens** fordern. In dieser vollen Herrschaft ist nicht bloß eingeschlossen, dass der Mensch frei über **seine** Acte disponiere, sondern auch über **die Thätigkeit Gottes**. Diese volle Herrschaft fordert dann, dass, wenn Gott den Willen bewegt, es dem Willen **freistehen müsse**, diese Bewegung anzunehmen oder abzuweisen, in die Thätigkeit überzugehen oder unthätig zu bleiben. Der Wille disponiert somit **frei** über die Thätigkeit, die Bewegung **Gottes**. Dies aber ist gleichbedeutend mit **Unabhängigkeit**.

Ja noch mehr! Der **bloß** simultane Concurs verlangt nicht allein volle Unabhängigkeit des Willens von Gott, sondern volle Herrschaft desselben **über Gott**. Die Bewegung des Willens durch Gott ist, wie behauptet wird, nur **allgemeiner Natur**. Durch den Willen selber wird sie dann **bestimmt, determiniert**, wird das vom Winde getriebene Schiff da- und dorthin gelenkt. Wer ist nun hier disponierendes Agens? Welches übt dann die Herrschaft aus über die Thätigkeit des andern? Offenbar der Wille des Geschöpfes. Das heißt doch des Guten zuviel verlangen, um **frei zu sein**. *Deus movet voluntatem immutabiliter propter efficaciam virtutis moventis, quae deficere non potest* (de malo q. 6. a. unic. ad 3.). Der Wille des Geschöpfes kann Gottes Thätigkeit umsoweniger bestimmen, über dieselbe umsoweniger disponieren, als er ohne **Wirken Gottes** überhaupt keinerlei Thätigkeit besitzt. Darin allein schon liegt ein Widerspruch, dass die **allgemeine** Bewegung des Willens durch Gott, von seiner **eigenen** bestimmt, determiniert werde. Diese **eigene** muss ja ebenfalls von Gott erst gewirkt werden. Der Wille hat **ohne Gott** gar keine **eigene** Thätigkeit. Aber selbst zugegeben, er hätte eine eigene, Gottes Wirken könnte trotzdem nicht **durch sie** bestimmt, determiniert werden: *propter efficaciam virtutis moventis, quae deficere non potest*.

Die Bewegung Gottes wird somit nur **passiv** bestimmt durch den Willen der Creaturen, d. h. **durch das Leiden, nicht durch die Thätigkeit**, durch die Aufnahme in den Geschöpfen. In dieser Beziehung ist sie dann allerdings veränderlich, denn: *quidquid recipitur, recipitur secundum modum recipientis*. Darum bemerkt der heil. Thomas an der vorhin angeführten Stelle weiter: „*sed propter naturam voluntatis motae, quae indifferenter se habet ad diversa, non inducitur necessitas, sed manet libertas. Sicut etiam in omnibus providentia divina infallibiliter operatur, et tamen a causis contingentibus proveniunt effectus contingenter, inquantum Deus omnia movet proportionabiliter, unumquodque secundum suum modum.*"

Die *praemotio physica* wendet sich demnach bloß gegen den passiven, unthätigen Zustand des Willens, in welchem aber die

Freiheit nicht besteht. Sobald der Wille active Potenz, *agens in actu* ist, wirkt er selber mit Gott eine Thätigkeit. Und er thut es gern, es geschieht ganz und gar freiwillig, eben weil er selber mithilft, sich zu dieser Thätigkeit neigt. Andernfalls würde er ja nicht mitwirken. Die Thätigkeit des Willens besteht ja in einer Neigung desselben zu irgend einem Objecte. Will er etwas nicht freiwillig, so neigt er sich einfach nicht dazu, er hilft nicht mit. Bei der Überführung des Willens aus der Potenz in den Act kommt ihm überhaupt noch **keine Thätigkeit**, sondern nur **das Bewegtwerden** zu. Da ist er noch nicht Princip oder Ursache einer Thätigkeit, er wird es erst, und zwar gerade dadurch, dass er von Gott **bewegt wird**.

120. Ein Autor der neuern Zeit hat sich die Mühe genommen, viele Stellen aus dem heil. Thomas zusammenzutragen zum Beweise, dass der englische Meister gegen die *praemotio physica* gewesen sei. Er zählt deren siebenzehn auf. Ob der Autor sie alle **selber** aus den Werken des heil. Thomas gesammelt, wissen wir nicht. Indessen finden sich schon alle in mehreren Werken von Autoren aus dem 16. und 17. Jahrhunderte. Zunächst wird folgende angegeben: 1. *„Judicium de actione propria est solum in habentibus intellectum, quasi in potestate eorum constitutum sit eligere hanc actionem vel illam. Unde et dominium sui actus habere dicuntur. Et propter hoc in solis intellectum habentibus liberum arbitrium invenitur, non autem in illis, quorum actiones non determinantur ab ipsis agentibus sed a quibusdam aliis causis prioribus"* (2. dist. 25. q. 1. a. 1.).

2. *„Ea quae dicuntur de Deo et creaturis, ut in 1. libr. dictum est, semper eminentius in ipso inveniuntur. Et ideo electio salvatur in Deo hoc modo, quod abjiciatur id, quod imperfectionis est, retento eo, quod ad perfectionem pertinet. Quod enim post inquisitionem consilii electio fiat, hoc imperfectionis est, et accidit libero arbitrio prout est in natura ignorante. Unde secundum hoc in Deo non salvatur. Sed quantum ad hoc, quod determinatio sui actus non est sibi ab alio, sed a seipso. Unde ipse verissime sui operis dominus est, et propter hoc etiam in littera dicitur, quod liberum arbitrium aliter in Deo, quam in aliis creaturis invenitur"* (l. c. ad 1.).

3. *Deus operatur in omnibus, ita tamen, quod in unoquoque secundum ejus conditionem. Unde in rebus naturalibus operatur sicut ministrans virtutem agendi, et sicut determinans naturam ad talem actionem. In libero autem arbitrio hoc modo agit, ut virtutem sibi ministret, et ipso operante liberum arbitrium agat. Sed tamen determinatio actionis et finis in potestate liberi arbitrii constituitur"* (l. c. ad 3.).

Wir wollen uns für einige Augenblicke bei diesen Stellen aufhalten. Der heil. Thomas will in diesem Artikel beweisen, dass Gott einen freien Willen habe. Er unterscheidet zu diesem Zwecke die Naturdinge, und indirect auch die Thiere, von den vernünftigen Wesen dadurch, dass er behauptet, die freien Wesen bestimmten sich selber, sie würden nicht von einem andern bestimmt. Wie man daraus schließen kann, die Freiheit der Geschöpfe bestehe darin, sich selber allein, d. h. mit Ausschluss Gottes zu bestimmen, das vermögen wir nicht zu begreifen. Der heilige Thomas spricht hier von der Freiheit der vernünftigen Wesen, nicht der vernünftigen Geschöpfe. Er will ja darthun, dass Gott einen freien Willen habe: *„utrum in Deo sit liberum arbitrium.“* S. Thomas unterscheidet hier einfach die freien Wesen von den unfreien. Die einen determinieren sich selber, die andern hingegen nicht.

Zum Unglücke für die Auffassung unseres Autors bemerkt S. Thomas, die Freiheit sei in Gott anders, *aliter* als in den Geschöpfen. Wenn die Geschöpfe sich selber bestimmen, ohne dass Gott sie bestimmt, dann ist ihre Freiheit nicht *aliter* als die Freiheit Gottes. Beide sind gleich unabhängig von einer andern Ursache. Ein Unterschied ist darum nicht herauszufinden.

Bezüglich der dritten Stelle ist zu bemerken, dass die von unserm Autor ausgelassenem Worte: *„licet non ita sicut primo agenti“* noch dazu gelesen werden müssen. Daraus wird das Ganze klar. Wenn diese Determinierung der Thätigkeit und des Zieles nicht so wie in Gott ist, dann muss sie noch von einer andern höhern Ursache abhangen.

4. Eine weitere vom Autor angeführte Stelle: *„non enim esset homo liberi arbitrii, nisi ad eum sui operis determinatio pertineret, ut ex proprio judicio eligeret hoc aut illud“*, beweist nicht mehr und nicht weniger, als dass der Wille sich ebenfalls selber bestimme. Man braucht nur einen oberflächlichen Blick auf den Text zu werfen, um sofort zu erkennen, dass S. Thomas damit die Nothwendigkeit ausschließen will. Er wendet sich ausdrücklich gegen die Vertheidiger einer Nothwendigkeit. Unser Autor müsste vorerst beweisen, was leider nicht geschieht, dass S. Thomas behauptet habe, die *praemotio physica* verursache im Willen eine Nothwendigkeit. Nur in diesem Falle wäre der Doctor Angelicus gegen die *praemotio physica*. Warum hat der Autor daselbst nicht auch noch das andere gelesen? Es heißt nämlich weiter: *„Et ideo alii naturam liberi arbitrii salvare volentes, in alium errorem prolapsi sunt, scilicet Pelagiani, facultatem liberi arbitrii ampliantes. Dicunt enim, quod, quia liberum arbitrium de se non est determinatum ad aliquod opus, sed ex ipso pendet determinatio cujuscunque operis, ideo homo per liberum arbitrium in quodlibet bonum opus potest sine aliqua gratia super addita...“* Dann beweist S. Thomas, dass der Mensch ohne Gnade und ohne erworbene Tugend eine gute That vollbringen könne, aber so, dass: *„to per se non excludat divinam causalitatem, secundum quod ipse Deus in omnibus operatur ut universalis causa boni, ut dicitur Isaias 26; 13: Omnia opera nostra operatus*

es in nobis Domine. Sed excludit habitum aliquem creatum naturalibus superadditum." Diese letzten Worte passen allerdings sehr schlecht für den vom Autor unternommenen Beweis, dass S. Thomas Gegner der *praemotio* sei. Hätte der Autor noch weiter gelesen, so wäre er zu folgenden Worten gekommen: *„nihil tamen boni potest facere sine gratia Dei, secundum quod intelligitur gratia ipse Deus gratis dans, eo quod ipse est principium omnis boni, non tantum in hominibus, sed etiam in aliis creaturis. Et sic intelligendum est, quod dicitur, sine me nihil potestis facere. Et sic etiam potest intelligi quod Apostolus dicit, quod non sumus sufficientes cogitare aliquid a nobis, quasi ex nobis."* Und einige Zeilen darauf: *„Deus non tantum juvat nos ad bene agendum per habitum gratiae, sed etiam interius operando in ipsa voluntate, sicut in qualibet re operatur"* (2. dist. 28. q. 1. a. 1. c. und ad 1. et 3.).

5. Ferner wird uns entgegengehalten, was S. Thomas anderswo sagt: *„quod voluntas determinate exeat in hunc actum vel in illum, non est ab alio determinante, sed ab ipsa voluntate"* (2. dist. 39. q. 1. a. 2.).

Es wäre unserm Autor nicht schwer gewesen, den richtigen Sinn dieses Satzes herauszufinden. Der englische Lehrer frägt in diesem Artikel, ob der Wille eine Sünde begehen könne? *„Utrum voluntas possit perverti per peccatum."* Ohne Zweifel, erwidert S. Thomas, denn der Wille vollzieht nicht bloß einen Act *(substantiam actus)*, sondern determiniert sich auch zu diesem Acte. In den Naturdingen hingegen tritt der Act zwar aus dem Agens hervor, allein die Determinierung zu diesem Acte stammt nicht vom Agens selber, sondern vom Urheber der Natur. Es ist klar, dass S. Thomas hier einfach die freien Geschöpfe den nicht freien gegenüberstellt. Nicht ein einziges Wort in dieser Stelle spricht gegen die *praemotio physica*. Gott bewegt den Willen nicht in der Weise, dass derselbe bloß den Act ausübt, ohne sich selber dazu zu determinieren, wie er die unfreien Geschöpfe bewegt. Das ist alles, was der Meister hier sagt.

6. Fernerer Einwurf unseres Autors: *„Ratio culpae in actu deformi est ex hoc, quod procedit ab eo, qui habet dominium sui actus. Hoc autem est in homine secundum illam potentiam, quae ad plura se habet, nec ad aliquid eorum determinatur, nisi ex seipsa, quod tantum voluntati convenit"* (l. c. a. 2.).

Hätte unser Autor etwas weiter citiert, so wäre dadurch sein Argument von ihm selber widerlegt worden. Es heißt nämlich unmittelbar darauf: *„Potentiae enim organis affixae coguntur ad aliquem actum per immutationem organorum, sine quibus in actum exire non possunt. Intellectus autem, quamvis sit potentia non affixa organo, tamen cogitur ad aliquid ex ratione, vel argumento, sive deficit ab aliquo, in quod non potest, ex defectu demonstrationis et intellectualis luminis. Voluntas autem potest de se in quodlibet, quod apprehensum fuerit, nec ab eo per aliquam rationem violenter pro-*

hiberi potest." — Was soll nun diese Stelle gegen die *praemotio physica* beweisen? Übt vielleicht die *praemotio* Gewalt aus?

7. "*Potentia rationalis se habet ad opposita in his, quae ei subsunt. Et haec sunt illa, quae per ipsam determinantur. Non autem potest in opposita illorum, quae ei sunt ab alio determinata. Et ideo voluntas non potest in oppositum ejus, ad quod ex divina impressione determinatur, scilicet in oppositum finis ultimi. Potest autem in oppositum eorum, quae ipsa sibi determinat, sicut sunt ea, quae ordinantur in finem ultimum, quorum electio ad ipsam pertinet*" (4. dist. 49. q. 1. a. 3. qu. 2. ad 1.).

Der Autor citiert, wie die frühere, so auch diese Stelle ungenau. Ein Beweis, dass er den heil. Thomas selber wahrscheinlich nicht gelesen hat. Das Citat des Autors lautet: 4. dist. 49., q. 1. a. 3. ad 1. Von welcher Determinierung spricht hier der heil. Thomas? Offenkundig von der o b j e c t i v e n. Wer die Augen offen hat, kann das nicht bestreiten. Zum Überflusse wollen wir den Einwurf hierhersetzen, auf welchen S. Thomas antwortet. *Objectio: "videtur quod aliquis possit miseriam appetere. Omnis enim rationalis potentia ad opposita se habet: Sed voluntas est potentia rationalis. Ergo se habet ad opposita. Beatitudini autem opponitur miseria. Ergo si potest aliquis appetere beatitudinem, potest etiam appetere miseriam."* Wir sind erstaunt darüber, dass man diese Stelle g e g e n d i e *praemotio physica* zu verwerten den Muth hat. Die objective Bestimmung zum Endziele hat mit der *praemotio physica* g a r n i c h t s zu t h u n. Es ist ein g r o ß e s U n g l ü c k für den Autor, dass er uns auf diese Stelle des heil. Thomas aufmerksam gemacht hat. Wir wären vielleicht nicht darauf gekommen. Im corpus der Quaestiuncula 2 bemerkt nämlich S. Thomas Folgendes: "*Ad secundam quaestionem dicendum, quod operatio causae secundae semper fundatur super operatione causae primae et p r a e s u p p o n i t eam. Et ideo oportet, quod omnis operatio animae procedat ex suppositione ejus, quod inditum est animae ex impressione primi agentis, Dei scilicet.*" Besser und prägnanter in der That, kann man die *praemotio physica* nicht lehren, als es vom englischen Meister in diesen wenigen Worten geschieht. Wie man daher die *responsio* ad 1 noch gegen die *praemotio* ins Feld führen kann, nachdem man den Artikel selber gelesen, das ist uns ein wahres Räthsel.

8. Der heil. Thomas lehrt aber doch "*quod licet causa prima maxime influat in effectum, tamen ejus influentia per causam proximam determinatur et specificatur*" (de potentia q. 1. a. 4. ad 3.).

Es unterliegt keinem Zweifel, dass die Bewegung der ersten Ursache durch die secundäre Ursache bestimmt und specificiert wird. Darüber äußert sich der heil. Thomas mehr als einmal. Allein der englische Lehrer unterscheidet eine zweifache Bestimmung oder Specificierung. Die eine stammt vom Stoffe, die andere von der Kraft, der Form her. Der Stoff, oder was sich stofflich verhält, bestimmt seine ihm entsprechende Kraft oder Form dadurch, dass diese Kraft im Stoffe aufgenommen wird. Dadurch wird die Form eingeschränkt, determiniert und specificiert nach dem Grundsatze: *omne quod recipitur, recipitur secundum modum recipientis*. Diesbezüglich richtet sich daher die Form oder Kraft nach dem Stoffe. Die andere Bestimmung und Specificierung geht von der Form, der Kraft aus, und dadurch wird der Stoff determiniert und specificiert. Erstere wirkt verunvollkommnend auf die Form, letztere vervollkommnend auf den Stoff ein. Diese zwei Arten von gegenseitiger Bestimmung und Specificierung finden wir in dem von Gott bewegten Willen. Der Einfluss Gottes wird durch diese Aufnahme im Willen der Geschöpfe stofflich, materiell oder passiv bestimmt und specificiert. Folgende Stelle des englischen Meisters gibt uns darüber Aufschluss: „*Deus movet quidem voluntatem immutabiliter propter efficaciam virtutis moventis, quae deficere non potest. Sed propter naturam voluntatis motae, quae indifferenter se habet ad diversa, non induciter necessitus, sed manet libertas. Sicut etiam in omnibus providentia divina infallibiliter operatur, et tamen a causis contingentibus proveniunt effectus contingenter, inquantum Deus omnia movet proportionabiliter, unumquodque secundum suum modum* (de malo p. 6. a. unic. ad 3.). Daraus ist klar, dass der von Gott bewegte Wille mit Bezug auf seine Thätigkeit der Bewegung Gottes auch nicht beistimmen kann. Der Wille wird frei bewegt, behält somit die Potenz für das Gegentheil bei. Ähnlich äussert sich S. Thomas anderswo (l. c. ad 12.): „*dispositio primi moventis manet in his, quae ab eo moventur, inquantum moventur ab ipso. Sic enim ejus similitudinem recipiunt. Non tamen oportet, quod totaliter ejus similitudinem sequantur. Unde primum principium movens est immobile, non autem alia.*" Die Thätigkeit Gottes, die Bewegung des Willens durch Gott wird demnach stofflich bestimmt, *per receptionem in voluntate*. Der Wille verhält sich dieser Bewegung gegenüber, wie der Stoff zur Form, wie die Potenz zum Acte. Der Wille ist daher das Unvollkommene, das der Natur und Causalität, der Würde nach Spätere, die Bewegung Gottes, das Vollkommene, folglich das in der genannten Weise Frühere. Daher spricht S. Thomas wiederholt vom Vorausgehen, *praecedere*, der Thätigkeit Gottes. Man lese z. B. folgende Stellen: „*tam Deus quam natura immediate operantur, licet ordinentur secundum prius et posterius ut ex dictis in articulo patet* (de potentia q. 3. a. 7. ad 4.). *De ratione virtutis inferioris est, quod sit aliquo modo operationis principium in suo ordine; id est, ut agat ut instrumentum superioris virtutis. Unde exclusa superiori virtute inferior virtus operationem non habet. Voluntas Dei, quae est origo omnis naturalis motus, praecedit operationem naturae. Unde et ejus operatio in omni operatione naturae requiritur*" (l. c. ad 9.).

Die Gegner des heil. Thomas aber behaupten, dass der Wille die Thätigkeit Gottes nicht **passiv** oder **stofflich**, sondern **activ** und **formell** bestimme und specificiere. Nach ihnen ist diese Thätigkeit Gottes **allgemeiner Natur**, somit in sich **unbestimmt aber bestimmbar**. Durch die **Thätigkeit des Willens** wird die Bewegung Gottes **bestimmt und specificiert**. Da nun die Form, das formell Bestimmende, gemäß den Principien des heil. Thomas, der Natur und Causalität, der Vollkommenheit nach **früher** ist, als das Stoffliche oder Bestimmbare, so folgt aus dieser Lehre, dass Gottes Thätigkeit **weniger** vollkommen und **später** ist, als die des Willens. Eine solche Doctrin kann der englische Meister unmöglich vertheidigt haben. Eine Determinierung und Specificierung dieser Art kennt S. Thomas nicht. Der Wille kann nicht **durch seine Thätigkeit** die Bewegung Gottes bestimmen, weil er durch eben diese Bewegung **erst thätig wird**. *Agere enim cujuslibet ipsorum a Deo causatur, sicut et motus mobilis a motione moventis* (Compend. Theol. c. 130.). *Fatum est dispositio, id est ordinatio immobilis rebus mobilibus inhaerens* (l. c. c. 138.). *Quandocunque enim duo sunt principia moventia vel agentia ad invicem ordinata, id quod in effectu est ab agente superiori est sicut formale. Quod vero est ab inferiori agente est sicut materiale* (de veritate q. 14. a. 5. — 3. contr. Gent. c. 149.).

9. Weiter wird bemerkt: „*Voluntas dicitur habere dominium sui actus, non per exclusionem causae primae, sed quia causa prima non ita agit in voluntate, ut eam de necessitate ad unum determinet, sicut determinat naturam. Et ideo determinatio actus relinquitur in potestate rationis et voluntatis*" (de potentia q. 3. a. 7. ad 13.).

Durch diese Worte soll der heil. Thomas die *praemotio physica* verwerfen? Man traut seinen eigenen Augen nicht, wenn man diese Behauptung liest. Der Wille besitzt die Herrschaft über seine Thätigkeit dadurch, dass er selber sich dazu bestimmt. Geschieht das durch ihn allein? Nein, antwortet S. Thomas, die **erste Ursache darf davon nicht ausgeschlossen werden**. Gott bestimmt somit den Willen **ebenfalls**. Welche von diesen beiden Bestimmungen ist die **frühere**? Offenbar die Bestimmung **durch Gott**. Der englische Meister wendet sich gegen den Einwurf, dass durch diese Bestimmung von seiten Gottes der Wille die Herrschaft verliere. Daher bemerkt er, Gott bestimme den Willen **nicht mit Nothwendigkeit**, wie die Natur von ihm bestimmt wird. Weit entfernt also, dass S. Thomas hier die *praemotio* verwirft, lehrt er sie vielmehr ausdrücklich. Andernfalls hat die ganze Stelle keinen Sinn. Es wird die freie Bestimmung durch Gott von der nothwendigen unterschieden, nicht aber, wie der Autor meint, die Nichtbestimmung durch Gott von der Bestimmung.

10. Aber, erklärt man: „*Voluntas, cum sit ad utrumlibet, per aliquid determinatur ad unum, scilicet per consilium rationis. Nec*

oportet hoc esse per aliquod agens extrinsecum" (de malo q. 3. a. 3. ad 5.).

Durch diese Stelle wird der Einwurf widerlegt, als sei der Teufel die Ursache der Sünde des menschlichen Willens. Der heil. Thomas spricht somit von einem äußern **geschaffenen** Agens. Gott aber ist nicht ein **äußeres** Agens, sondern ein **inneres**, weil er direct im Willen thätig ist. Durch diese Stelle wird demnach nicht die *praemotio physica* bekämpft, wohl aber der **simultane** Concurs der Gegner. Denn wenn Gott den Effect wirkt, nicht den Act oder die Thätigkeit, wenn er nicht im Willen selber thätig ist, so bildet er für denselben ein Agens *extrinsecum*. Ein solches Agens aber braucht der Wille nicht, bemerkt der heil. Thomas.

11. Unser Autor verweist auch auf: de malo q. 6. a. unic. und zieht hier abermals die objective, specificative Indifferenz in die Frage herein. Diese aber, so weiß alle Welt, nur unser Autor nicht, hat mit der *praemotio physica* nichts zu thun. Der ganze Artikel des heil. Thomas, auf den sich unser Autor beruft, legt mit mathematischer Genauigkeit die *praemotio physica* dar. Wer indessen nicht will, der zeigt eben, dass er **frei** ist.

12. Sagt aber der heil. Thomas nicht: „*Esse animae non est determinatum a se ipsa, sed ab alio, sed ipsa determinat sibi suum velle. Et ideo quamvis esse sit immutabile, tamen velle indeterminatum est, ac per hoc in diversa flexibile*"? (de veritate q. 22. a. 6. ad 1.).

Diese Stelle beweist, dass der Wille sich selber bestimme, weil er von Gott nicht mit **Nothwendigkeit** zu den einzelnen Objecten bestimmt worden ist, wie zum Dasein. Die Worte: *in diversa flexibile* sagen klar und deutlich, von welcher Nichtbestimmung der heil. Thomas spricht. Es ist die objective, specificative, die unser Autor zum so und sovieltenmale mit der subjectiven confundiert.

13. Allein: „*Forma, quae non est ab ipso agente per formam, causat operationem, cujus agens non est dominus, si qua vero fuerit forma, quae sit ab eo, qui per ipsam operatur, etiam consequentis operationis dominium habebit*" (2. contr. Gent. c. 47. n. 3.).

Wie diese Stelle gegen die *praemotio physica* etwas beweisen soll, ist wirklich schwer zu begreifen. Der heil. Thomas erörtert hier die Wahrheit, dass die geistigen Substanzen einen Willen besitzen: „*Quod substantiae intellectuales sunt volentes.*" Die Form, von welcher er hier spricht, ist das durch den Verstand vorgestellte Object. *Forma autem intellecta, per quam substantia intellectualis operatur, est ab ipso intellectu, utpote per ipsum concepta, et quodammodo excogitata, ut patet de forma artis, quam artifex concipit et excogitat, et per eam operatur. Substantiae igitur intellectuales seipsas agunt ad operandum, ut habentes suas operationis dominium. Habent igitur voluntatem.* Jeder Commentar zu dieser Stelle ist vollkommen überflüssig, denn sie redet von der objectiven, specificativen Selbstbestimmung.

14. Ferner wird Folgendes eingeworfen: *"Omnis forma inclinat suum subjectum secundum modum naturae ejus. Modus autem naturalis intellectualis naturae est, ut libere feratur in ea, quae vult. Et ideo inclinatio gratiae non imponit necessitatem, sed habens gratiam potest ea non uti et peccare"* (1. p. q. 62. a. 3. ad 2.).

Der Einwurf, den sich der heil. Thomas daselbst macht, lautet: *gratia inclinat naturam rationalem in Deum. Si igitur angelus in gratia creatus fuisset, nullus angelus fuisset a Deo aversus.* Was bestreitet nun S. Thomas in seiner Antwort? Dass die Gnade den Willen mit **Nothwendigkeit zu Gott** neige. Neigt die *praemotio physica* den Willen mit **Nothwendigkeit zu seinen Objecten**? In keiner Weise, denn Gott bewegt den Willen der Natur desselben entsprechend. Objectiv ist er vollkommen frei. Aber auch subjectiv kennt er eine Nothwendigkeit nicht, weil die Bewegung durch Gott, diese vorübergehend mitgetheilte Form, nicht die ganze Potentialität des Willens ausfüllt.

Wenn aber Gott den Willen zur Thätigkeit bewegt, so kann doch derselbe nicht unthätig bleiben? Wir antworten, dass er das auch nicht könne, wenn er sich selber **allein** bewegt. Contradictorisch Entgegengesetzte können nicht **zugleich** existieren. Es ist demnach eine und dieselbe Nothwendigkeit, mit welcher der Wille in Thätigkeit übergeht, sei es, dass er von Gott, sei es, dass er von sich selber **allein** bewegt wird. Die Nothwendigkeit dieser Art verträgt sich indessen sehr gut mit der Freiheit, sonst müsste man behaupten, der Wille hebe seine eigene Freiheit auf, sobald er überhaupt eine Thätigkeit vollzieht. Eine andere Nothwendigkeit aber, als diese, vermögen die Gegner nicht nachzuweisen. *Si Deus movet voluntatem ad aliquid, incompossibile est huic positioni, quod voluntas ad illud non moveatur. Non tamen est impossibile simpliciter. Unde non sequitur, quod voluntas a Deo ex necessitate moveatur* (1. 2. q. 10. a. 4. ad 3.). *Si autem detur quod aliqua potentia activa ad opposita se habeat, non sequitur opposita esse simul. Quia etsi utrumque oppositorum, ad quod potentia se habet, sit possibile, unum tamen est incompossibile alteri* (de malo q. 6. a unic. ad 16.). *Voluntas, quando de novo incipit eligere, transmutatur a sua priori dispositione, quantum ad hoc, quod prius erat eligens in potentia et postea fit eligens actu. Et haec quidem transmutatio est ab aliquo movente, inquantum ipsa voluntas, movet seipsam ad agendum, et inquantum etiam movetur ab aliquo exteriori agente, scilicet Deo. Non tamen ex necessitate movetur* (l. c. ad 17.). *Licet ergo simul insit homini potentia ad opposita se habens, tamen opposita illa, ad quae se habet voluntas, non sunt simul* (l. c. ad 19.).

15. Ein weiterer Einwurf aus S. Thomas lautet: *"Qualitas*

hominis est duplex. Una naturalis, alia superveniens ... Qualitates autem supervenientes sunt, sicut habitus et passiones, secundum quas aliquis magis inclinatur in unum, quam in alterum. Tamen istae etiam inclinationes subjacent judicio rationis et hujusmodi etiam qualitates ei subjacent, inquantum in nobis est, tales qualitates acquirere, vel causaliter, vel dispositive, vel a nobis excludere. Et sic nihil est, quod libertati arbitrii repugnat" (1. p. q. 83. a. 1. ad 5.).

Nach der Auffassung unseres Autors lehrt S. Thomas, die *praemotio physica* sei eine Qualität wie der Habitus oder die Leidenschaft, wie er sie ja auch im frühern Argumente mit der Gnade vergleicht. Allein das hat der englische Meister nirgends gelehrt, vielmehr wird von ihm das Gegentheil vorgetragen. Die *praemotio physica* ist e i n e B e w e g u n g, n i c h t ein Z u s t a n d. *„Immutat autem (Deus) voluntatem dupliciter: uno modo movendo tantum, quando scilicet movet voluntatem ad aliquid volendum, sine hoc, quod aliquam formam imprimat voluntati. Sicut sine appositione alicujus habitus quandoque facit, ut homo velit hoc, quod prius non volebat"* (de veritate q. 22. a. 8.). Überall bemerkt S. Thomas, diese Bewegung habe ein u n v o l l k o m m e n e s Sein. Cfr.: 4. dist. 1. q. 1. a. 4. qu. 2. — ib. dist. 5. q. 2. a. 2. qu. 2. Wenn man die Lehre des heil. Thomas unrichtig erfasst, so ergeben sich freilich mancherlei Schwierigkeiten. Allein die Schuld daran trägt nicht der englische Meister.

121. Sehen wir genauer nach, auf was die Doctrin der Gegner abzielt, so ist es im Grunde nichts Geringeres, als die völlige U n a b h ä n g i g k e i t des Willens. Der Wille determiniert sich selber. Er braucht dazu Gott nicht. Er ist a l l e i n i g e Ursache seiner Selbstdeterminirung. Der heil. Thomas indessen bestreitet auf das entschiedenste, dass zur Freiheit die a u s s c h l i e ß l i c h e Selbstbestimmung gehöre. *„Non tamen hoc est de necessitate libertatis, quod sit prima causa sui, id quod liberum est. Sicut nec ad hoc, ut aliquid sit causa alterius requiritur, quod sit prima causa ejus* (1. p. q. 83. a. 1. ad 3.). *Deus operatur in unoquoque agente etiam secundum modum illius agentis. Sicut causa prima operatur in operatione causae secundae, cum secunda causa non possit in actum procedere, nisi per virtutem causae primae. Unde per hoc, quod Deus est causa operans in cordibus hominum non excluditur, quin ipsae humanae mentes sint causae suorum motuum. Unde non tollitur ratio libertatis* (de veritate q. 24. a. 1. ad 3.). *Instrumentum dupliciter dicitur. Uno modo proprie, quando scilicet aliquid ita ab altero movetur, quod non confertur ei a movente aliquod principium talis motus, sicut serra movetur a carpentario. Et tale instrumentum est expers libertatis. Alio modo dicitur instrumentum magis communiter, quidquid est movens ab alio motum, sive sit in ipso principium sui motus, sive non. Et sic ab instrumento non oportet, quod omnino excludatur ratio libertatis. Quia aliquid*

potest esse ab alio motum, quod tamen se ipsum movet. Et ita est de mente humana (l. c. ad 5.). *Ex praescientia Dei non potest concludi, quod actus nostri sint necessarii necessitate absoluta, quae dicitur necessitas consequentis; sed necessitate conditionata, quae dicitur necessitas consequentiae ut patet per Boëth. in fine consol. philos.* (l. c. ad 13.) *Manifestum est quod, cum aliquid movet alterum, non ex hoc ipso, quod est movens, ponitur, quod est primum movens. Unde non excluditur, quin ab altero moveatur, et ab altero habeat similiter hoc ipsum, quod movet. Similiter cum aliquid movet seipsum, non excluditur, quin ab alio moveatur, a quo habet hoc ipsum quod seipsum movet. Et sic non repugnat libertati, quod Deus est causa actus liberi arbitrii* (de malo q. 3. a. 2. ad 4.).

Non omne principium est principium primum. Licet ergo de ratione voluntarii sit, quod principium ejus sit intra, non tamen est contra rationem voluntarii, quod principium intrinsecum causetur, vel moveatur ab exteriori principio, quia non est de ratione voluntarii, quod principium intrinsecum sit principium primum (1. 2. q. 6. a. 1. ad 1.).

Actus voluntatis a solo Deo est, qui solus causa est naturae rationalis voluntatem habentis. Unde patet, quod non est contra hominis libertatem, si Deus voluntatem hominis movet, sicut non est contra naturam, quod Deus in rebus naturalibus operatur; sed tam inclinatio naturalis, quam voluntaria a Deo est, utramque praeveniens secundum conditionem rei, cujus est. Sic enim Deus res movet, secundum quod convenit eorum naturae (Comp. theol. c. 129.).

Etiam interior voluntas movetur ab aliquo superiori principio quod est Deus. Et secundum hoc Apostolus dicit, quod non est volentis, scilicet velle, neque currentis, scilicet currere, sicut primi principii, sed Dei miserentis (de malo q. 6. a. unic. ad 1.). *Electiones et voluntates immediate a Deo disponuntur. Oportet ergo omnium voluntatum et electionum motus in divinam voluntatem reduci, non autem in aliquam aliam causam, quia solus Deus nostrarum voluntatum et electionum causa est* (3. contr. Gent. c. 91.). Cfr. 1. 2. q. 109. a. 2. ad 1.).

Operatio illius agentis, quod per se agit, oportet quod in primum agens, sicut in causam reducatur. Quamvis enim hujusmodi entia per se agant, quia per propriam naturam et proprium judicium actus suos determinant, non tamen a se habent, quod agant, sed a primo agente, quod eis et esse, et posse, et agere confert (2. dist. 37. q. 1. a. 2. ad 5.).

Causa, quae est ex se contingens, oportet ut determinetur ab aliquo exteriori ad effectum. Sed voluntas divina, quae ex se necessitatem habet, determinat seipsam ad volitum, ad quod habet habitudinem non necessariam (1. p. q. 9. a. 3. ad 5.).

Diesen Zeugnissen des heil. Thomas gegenüber kann die Doctrin der Gegner nicht standhalten. Der Wille behält unter der

Bewegung Gottes seine volle Freiheit, obgleich er nicht unabhängiges, erstes Princip seiner Thätigkeit ist. Und er selbst ist es, der dasjenige will, wozu Gott ihn bewegt. Gott wirkt im Willen so, wie derselbe vermöge seiner Natur es fordert. Selbst dann, wenn Gott den Willen umändert, bewirkt es seine Allmacht, dass der Wille das, zu dem er umgeändert wurde, freiwillig begehrt (2. dist. 25. q. 1. a. 2. ad 1.). Denn so oft Gott den Willen umändert, bewirkt er, dass auf die frühere Neigung eine andere folge. Die erstere wird somit entfernt und die letztere bleibt zurück. Wenn er demnach den Willen zu etwas bewegt, so geschieht dieses nicht gegen die momentan im Willen existierende Neigung, sondern gegen diejenige, die er früher hatte (de veritate q. 22. a. 8.).

Jede Thätigkeit der Geschöpfe, der vernünftigen wie der unvernünftigen, muss demnach Gott, als der ersten Ursache zugeschrieben werden. Es geht nicht an, ihm bloß die Bewegung des Willens zum Guten und zur Glückseligkeit im allgemeinen zuzurechnen. Selbst die sündhafte Handlung hat als That, als actio Gott zur Ursache. *Alia opinio dicebat, actus peccatorum nullo modo, nec etiam inquantum actus sunt, a Deo esse. Et haec opinio tangitur in praesenti distinctione, quam ad praesens nulli vel pauci tenent quia propinquissima est errori duplici.*

Primo quidem, quia ex ea videtur sequi, quod sint plura prima principia. Hoc enim est de ratione primi principii, ut agere possit sine auxilio prioris agentis, et influentia ejus. Unde si voluntas humana actionem aliquam posset producere, cujus auctor Deus non esset, voluntas humana rationem primi principii haberet.

Quamvis solvere hoc nitantur dicentes, quod voluntas, et si per se possit actionem producere sine influentia prioris agentis, non tamen habet a se esse, sed ab alio, quod etiam exigeretur ad rationem primi principii.

Sed hoc videtur inconveniens, ut, quod a se esse non habet, a se agere possit, cum etiam per se durare non possit, quod a se non est. Omnis etiam virtus ab essentia procedit, et operatio a virtute. Unde cujus essentia ab alio est, oportet quod virtus et operatio ab alio sit.

Et praeterea, quamvis per hanc responsionem evitaretur, quod non esset primum simpliciter, non tamen posset vitari, quin esset primum agens, si ejus actio in aliquid prius agens non reduceretur sicut in causam.

Secundo, quia, cum actio etiam peccati sit ens quoddam, non solum secundum quod privationes et negationes entia dicuntur, sed etiam secundum quod res in genere existentes entia sunt, eo quod et ipsae actiones in genere ordinantur, sequeretur, si actiones peccati a Deo non sunt, quod aliquod ens essentiam habens a Deo non esset. Et ita Deus non esset universalis causa omnium entium, quod est contra perfectionem primi entis. Primum enim in quolibet genere, est causa eorum, quae sunt post, ut in 2° metaph. dicitur (2. dist. 37. q. 2. a. 2.).

Wie jedermann sieht, handelt es sich hier um **freie** Thätigkeiten, nicht um die **nothwendige und natürliche**, d. h. **unfreie** Hinneigung des Willens zum Guten und zu der Glückseligkeit **im allgemeinen**. Ebensowenig ist hier die Rede von jener Bewegung des Willens durch Gott, die, wie der Wind das Schiff im allgemeinen nach Osten bewegt, so dem Willen eine **allgemeine** Bewegung mittheilt. Daher bemerkt S. Thomas mit Recht: *„Nullum agens particulare potest universaliter praevenire actionem primi universaliter agentis, eo quod omnis actio particularis agentis originem habeat ab universali agente; sicut in istis inferioribus omnis motus praevenitur a motu coelesti. Sed anima humana ordinatur sub Deo, sicut particulare agens sub universali. Impossibile est ergo, esse aliquem rectum motum in ipsa, quem non praeveniat actio divina. Unde et Joannis c. 15. Dominus dicit, sine me nihil potestis facere* (3. contr. Gent. c. 149.).

Gott bildet aber auch die Ursache, dass der Wille Thätigkeits **princip**, dass er **Ursache** seiner eigenen Thätigkeit ist. Die Ursache wird vom heil. Thomas definiert als dasjenige, *„ad quod sequitur esse alterius, seu causati; vel principium influens in esse alterius, quod est ex ipso.* (Physic. 2. 10. 15. ed nova.). Wir müssen demnach eine **zweifache** Abhängigkeit des Willens von Gott unterscheiden. *„Actio cujuscunque entis creati dependet a Deo quantum ad duo. Uno modo, inquantum ab ipso habet perfectionem, sive formam, per quam agit; alio modo, inquantum movetur ab ipso ad agendum* (1. 2. q. 109. a. 1.). Die Thätigkeit Gottes, wodurch dem Willen diese Vollkommenheit, diese Form *per modum transeuntis* mitgetheilt wird, heißt in der natürlichen Ordnung *praemotio physica* schlechthin, weil der Wille dabei nicht selber thätig ist, sondern erst Thätigkeits **princip wird.** Die Bewegung des Willens durch Gott zur **Thätigkeit selbst** heißt simultaner Concurs, weil dabei nicht mehr Gott **allein**, sondern auch der Wille des Geschöpfes eine Thätigkeit ausübt. In der übernatürlichen Ordnung entspricht dieser Bewegung des Willens aus dem passiven Zustande heraus in den **activen** die *gratia operans;* der Bewegung aus dem **activen** zu der Thätigkeit, die *gratia cooperans*. Bei ersterem Vorgange ist der Wille selber **unthätig**. Er wird ausschließlich nur **bewegt**. Bei letzterem hingegen wirkt er selber mit. *Operatio enim alicujus effectus non attribuitur mobili, sed moventi. In illo ergo effectu, in quo mens nostra est mota, et non movens, solus autem Deus movens, operatio Deo attribuitur. Et secundum hoc dicitur gratia operans. In illo autem effectu, in quo mens nostra et movet, et movetur, operatio non solum attribuitur Deo, sed etiam animae. Et secundum hoc dicitur gratia cooperans* (1. 2. q. 111. a. 2.). Demzufolge unterscheidet sich sachlich oder real die **reine** Vorherbewegung von der Applicierung oder dem simultanen Concurse im Sinne des heil. Thomas. Bei dem Processe der Vorherbewegung wird der Wille Thätigkeits princip, wird er Ursache; bei der Applicierung geht dieses Princip, diese Ursache in eine wirkliche Thätigkeit über. Solange der Wille sich im passiven, unthätigen Zustande befindet, ist er der Grundlage nach oder radicaliter frei. Als Thätigkeitsprincip, als Ursache, *agens in actu*, besitzt er die Freiheit formell und eigentlichst. Als Agens *in potentia* hat der Wille keine Herrschaft, kein *dominium* über seine Thätigkeit oder Unthätigkeit. Er besitzt diese Herrschaft erst, wenn er *agens in actu*, Thätigkeitsprincip geworden ist. Als *agens in potentia* kann er demnach der Bewegung Gottes, der *praemotio physica* auch nicht widerstehen. Als *agens in actu* dagegen vermag er es. Dies ist aber auch nicht in dem Sinne zu verstehen, als besitze er die Herrschaft über die Thätigkeit, über die *praemotio* Gottes. Der Wille kann unmöglich über das nach Belieben, also frei disponieren, wovon er selber abhängt. Wenn man darum sagt, der Wille könne unter der *praemotio physica* „*non consentire si vult*", so bedeutet dieses nichts anderes, als dass der Wille die Bewegung durch Gott, stofflich, keineswegs aber activ, modificieren könne. Die Bewegung Gottes wird durch die schlechte oder gute Disposition des Willens bei der Aufnahme in denselben stofflich, materiell beeinflusst. Diese Beeinflussung kann unmöglich activ geschehen, d. h. durch eine Thätigkeit, die von der *praemotio physica* unabhängig ist.

Der Wille besitzt ohne *praemotio physica* keinerlei Thätigkeit. Wir haben nachgewiesen, dass es keine natürliche und nothwendige, d. h. unfreie subjective Bewegung (Thätigkeit) des Willens gibt. Indessen selbst angenommen, es existierte eine solche, sie wäre ungenügend. Gott muss den Willen zu jeder Thätigkeit bewegen, die freie ist davon nicht ausgenommen. Dass diese Bewegung eine vorhergehende genannt werden könne, wurde ebenfalls aus S. Thomas nachgewiesen, indem derselbe das Wort: *praecedere, praevenire* wiederholt gebraucht.

Nicht die Thomisten sind es folgerichtig, die eine neue Lehre aufgebracht haben, sondern die Gegner des heil. Thomas haben jene alte Lehre wieder aufgefrischt, von welcher Albert der Große sagt, dass sie zu seiner Zeit: *fere cessit ab aula et a multis modernorum reputatur haeretica* (in 2. dist. 35. a. 7. pag. 322.). Diese alte Lehre ist es, von welcher S. Thomas bemerkt: *quod sit propinquissima duplici errori. Ideo ad praesens nulli vel pauci eam tenent* (2. dist. 37. q. 2. a. 2.).

www.ingramcontent.com/pod-product-compliance
Lightning Source LLC
Chambersburg PA
CBHW032115230426
43672CB00009B/1743